민중 경험과 마이너리티

동아시아 민중사의 새로운 모색

민중 경험과 마이너리티
동아시아 민중사의 새로운 모색

초판 인쇄 | 2017년 1월 17일
초판 발행 | 2017년 1월 25일

편   자 | 역사문제연구소 민중사반, 아시아민중사연구회
발 행 인 | 한정희
발 행 처 | 경인문화사
등록번호 | 제406-1973-000003호(1973. 11. 8)
주 소 | 경기도 파주시 회동길 445-1 경인빌딩 B동 4층
전 화 | 031-955-9300 팩 스 | 031-955-9310
홈페이지 | http://www.kyunginp.co.kr/
이 메 일 | kyungin@kyunginp.co.kr

ISBN 978-89-499-4247-6   93910
값 32,000원

역사문제연구소 민중사반, 아시아민중사연구회

동아시아 민중사의 새로운 모색

민중 경험과 마이너리티

景仁文化社

차
례

책머리에

이 책은 역사문제연구소(역문연) 민중사연구반과 일본의 아시아민중사연구회(아민연)가 25년에 걸쳐 연구교류를 하면서 내놓은 첫 번째 단행본이다. 원래 한국과 일본에서 동시에 출간하기로 계획되어 있었다. 일본에서는 이미 1년여 전에 출간되었으나(アジア民衆史研究會 編, 『日韓民衆史研究の最前線』, 2015, 東京: 有志舍), 한국에서는 1년 정도 늦어져서 이번에 출간하게 된 것이다. 양측의 교류가 시작될 때부터 참가해온 나로서는 감회 깊은 일이 아닐 수 없다.

역문연과 아민연 간의 교류는 1991년 8월에 시작되었다. 당시 19세기 민중운동에 관심을 가지고 있던 나는 역문연 연구원으로 활동하면서 이이화 선생이 주도하던 <동학농민전쟁 백주년 기념사업 추진위원회>의 일도 맡고 있었기 때문에 자연스럽게 교류의 실무적인 책임을 맡게 되었다. 그 이후 96년(일본)과 97년(일본), 99년(한국)에도 공동 학술회의가 개최된 바 있지만, 지금과 같은 정기적 교류는 2005년에 시작되었다.

이전까지 역문연에서는 공동학술회의 참가자들을 주제에 따라 그때그때 정하였지만, 이때부터는 오늘날의 민중사반의 모태가 되는 연구모임이 만들어졌고, 그 구성원들이 중심이 되어 교류를 추진해나가기로 했다. 아민연 측의 참가자들도 이전까지는 60대가 넘는 경우도 포함하여

중견연구자들이 중심이었지만, 이때부터는 참가자들의 중심이 소장연구
자들로 바뀌게 된다. 물론 역문연에서는 처음부터 참가한 이이화 선생이
꾸준히 참석하고 있으며, 아민연에서는 후카야 가쓰미(深谷克己) 선생이
지금까지도 아민연의 공동대표를 맡고 있다.

　또 양측의 교류 초기, 특히 1991년 8월 당시 필동에 있던 역문연 강
당에서 열린 첫 교류 발표회 때는 민중과 민중운동에 대한 서로의 시각
에 큰 차이를 드러내기도 했다. 그때 역문연 측의 참가자는 앞서 언급한
이이화 선생 외에 정석종 당시 소장을 비롯하여 강만길, 김경태, 성대경,
조동걸 선생 등 연만한 연구자들이 대부분이었다. 아민연 참가자들도 연
배 면에서는 이에 못지 않았지만, 역사를 바라보는 시각이나 민중운동에
대한 인식 면에서 간과하기 어려운 차이가 있었기 때문에 자못 심각한
'논쟁'이 벌어지기도 했다. 이것은 역사인식 면의 차이뿐만 아니라, 한일
양국의 역사적 경험의 차이, 그리고 당시 양국이 처해 있던 사회 현실의
차이와도 깊은 관련이 있었던 것으로 보인다.

　그 뒤에 전개된 1990년대의 교류에서 역문연에서는 나를 비롯하여
상대적으로 젊은 연구자들이 참가하게 되면서 '심각한' 논쟁은 없었지
만, '국민국가'에 대한 이해를 비롯하여 서로의 문제의식에는 선뜻 합치
되기 어려운 이질적인 점들이 드러나고 있었다. 이 점에서도 2005년부터
는 다른 국면을 맞이하게 된다. 역사적 경험이나 사회 현실 등의 면에서
서로 달랐기 때문에 역사를 바라보는 시각이나 문제의식 역시 마냥 같을
수만은 없었다. 그러나 이때부터는 양자 간의 차이가 있었다 하더라도,
감내하기 어려울 정도는 아니었다.

　오히려 차이보다는 공통적인 문제의식을 서로 발견하게 되면서 함께
토론할 수 있는 꺼리가 많아졌다. 논의하는 과정에서 서로 자극을 받게
되었으며, 민중사에 대한 한층 풍부하고 다양한 생각들을 갖추어 나가는

계기가 되었다. 물론 소통이 원활한 것만은 아니었지만, 양측 모두 젊은 연구자들의 참가가 많아지면서 문제의식이나 시각 면에서도 공통성이 확대되어갔다고 생각된다. 무엇보다 2000년대에 들어 양국 모두에서 신자유주의가 더욱 확산되어가면서 사회 현실에 대한 공통적 감각이 형성되었기 때문이라고 생각한다.

이와 같이 공감대가 확대되면서 공동연구 결과를 단행본으로 출간하자는 논의가 제기되었다. 단행본 출간은 이미 이전부터도 비공식적으로 제기되어 왔지만, 선뜻 공식적 의제로 올리기가 쉽지 않았다. '변혁주체로서의 민중'을 넘어서야 한다는 점에 대해서는 공감하고 있었지만, 역문연 민중사반 구성원들 간에도 관심영역이나 문제의식에서 차이가 적지 않은 것이 현실이었기 때문이다. 그러나 앞서 언급했듯이 10여 년 간의 교류와 소통을 통해 역문연과 아민연 구성원들 간에는 민중사와 현실에 대한 공통적 인식과 감각이 확대되어 가고 있었을 뿐만 아니라, 민중사에 대한 새로운 모색을 위해서도 지금까지의 교류 성과를 한번 정리할 필요가 있다는 점에 합의하게 되었다.

이에 따라 2013년 2월(한국 울산대)과 2014년 2월[일본 수도대학(首都大學) 동경캠퍼스] 두 차례에 걸쳐 단행본 출간을 위한 워크숍이 개최되었다. 핵심 주제군은 '한일 양국의 민중사 연구 시각과 연구동향', '마이너리티 연구와 민중사', '민중의 다중적 경험의 재현 방법'으로 정해졌고, 모두 15편의 글이 발표되었다. 이 책은 두 차례 워크숍의 결과를 엮은 것으로 3부로 구성되어 있다. 1부 <민중사 방법론>에 3편, 제2부 <다양한 민중과 그 경험들>에 6편, 제3부 <마이너리티와 폭력>에 6편이 실렸다.

이 책이 담고 있는 민중사에 대한 시각이나 문제의식 등은 필자들 간의 충분한 사전 논의를 거친 것은 아니다. 오랫동안의 교류를 통해 민중사에 대한 서로의 문제의식을 논의해왔던 만큼 전체를 관통하는 공통의 문제의식이 없지 않지만, 각 부별 논문들 간에도 서로 다른 문제의식이나 시각이 드러나기도 한다. '마이너리티 연구와 민중사', '민중의 다중적 경험'이라는 핵심 주제군의 제목이 시사하듯이 이 논문집에는 다양한 민중상이 제시되고 있다. 그러나 이와 같이 민중 혹은 민중 경험의 다중성, 민중과 마이너리티 등 민중을 둘러싼 복잡하고 다양한 사회, 정치경제적 관계에 대해 다시금 이해해 나가는 것이야말로 기왕의 민중사를 넘어 새로운 가능성을 열어가는 중요한 계기가 되리라 생각한다.

앞으로도 좀 더 진전된 문제의식을 담은 공동연구가 이어지길 기대한다.

2017년 1월
필자를 대표하여 배항섭 씀

제1부

민중사 방법론

- 미디어를 이용한 민중사 연구
- 민중운동사 연구의 방법
- 동학농민전쟁에 대한 새로운 이해와 내재적 접근

미디어를 이용한 민중사 연구

- 지카마쓰 몬자에몬(近松門左衛門)이 말하는 자국 인식 -

스다 쓰토무(須田努) | 번역_이경원

1. 들어가며

일본에서 역사학의 계율이던 '전후 역사학'은 1990년대 붕괴되었고, 그와 거의 동시에 탈구축·언어론적 전환(이하 '전환'이라 칭함)의 영향력이 고조되었다. 이에 관해서는 많은 논저가 발표되었다.[1] 필자는 '전환'을 의식하며 새로운 계율인 '현대 역사학'과 민중사 연구의 관계에 대해 몇 차례 발언한 적이 있다.[2] 새삼스럽지만 이에 대해 간단히 언급하고자 한다.

'전환' 이래로 '현대 역사학'의 연구 대상은 죽음, 광기, 전승(傳承), 행위, 신체 등으로서, 인간 활동의 거의 모든 분야에 연구의 관심이 미치

---

[1] ピーター・バーク 編, 谷川稔 譯, 『ニュー・ヒストリーの現在』, 人文書, 1996; 吉見俊哉, 『カルチュラル・ターン, 文化の政治學へ』, 人文書院, 2003; フレドリック・ジェイムスン, 合庭惇ら 譯, 『カルチュラル・ターン』, 作品社, 2006; 『思想 特集: 歷史學とポストモダン』 833, 1999; 『思想 特集: ヘイドン・ホワイト的問題と歷史學』 1036, 2010 등.

[2] 須田努, 『イコンの崩壊まで』, 靑木書店, 2008; 須田努, 「イコンの崩壊から」, 『史潮』 73, 2013.

게 되었다. 나탈리 데이비스(Natalie Z. Davis)와 카를로 진즈부르그(Carlo Ginzburg)에 의해 역사 연구에 이용되는 사료의 영역도 넓어졌다.3 일본사 분야에서는 나리타 류이치(成田龍一)가 연구 성과를 올렸고,4 근년에는 역사학연구회가 "사료(史料)의 힘, 역사가를 둘러싼 자기장"이라는 제목의 특집을 기획한 바 있다.5 후지노 유코(藤野裕子)는 남성노동자의 능동적인 생활문화를 밝힌 연구는 예전에도 있었지만 그 연구들에서 표상된 역사 서술에는 기록이 남아 있지 않은 계층·성별 등이 배제되어 있었음을 지적하면서 사료를 독해하는 데 상상력이 중요하다는 것을 환기시켰다.6 '전환' 이후 민중사연구·사료론의 양상으로서 주목해야 할 논점이라 할 수 있다.

한편, 일본 근세사 분야에서 문예 작품을 통해 사회 풍속과 시대 상황을 고찰하는 연구는 '전환' 이전부터 아오키 미치오(靑木美智男)에 의해 선구적으로 개척되고 있었다.7

필자도 아오키의 연구와 '전환' 이래 민중사 연구의 양상을 의식하면서, 픽션의 세계로서 만담[落語] 작품, 조루리(淨瑠璃), 가부키(歌舞伎) 작품 등의 미디어를 소재로 한 역사 연구를 통해 민중의 집단 심성을 고찰해 왔다.8

---

3 ナタリー・Z・デーヴィス, 成瀬駒男 譯, 『歸ってきたマルタン・ゲール』, 平凡社, 1993; カルロ・ギンズブルグ, 上村忠男 譯, 『歷史・レトリック・立証』, みすず書房, 2001; カルロ・ギンズブルグ, 上村忠男 譯, 『歷史を逆なでに讀む』, みすず書房, 2003.

4 成田龍一, 『「大菩薩峠」論』, 靑土社, 2006.

5 『歷史學硏究』 912~914, 2013~2014.

6 藤野裕子, 「表象をつなぐ想像力」, 『歷史學硏究』 913, 2013.

7 靑木美智男, 『一茶の時代』, 校倉書房, 1988; 靑木美智男, 『深讀み浮世風呂』, 小學館, 2003; 靑木美智男, 「人情本にみる江戶庶民女性の讀書と敎養」, 『歷史評論』 694, 2008; 靑木美智男, 『「義民が驅ける」を讀む』, 柏書房, 2009.

정치사·제도사와 관련된 사료를 통해 사회 풍속과 민중의 심성을 이해하는 것은 불가능에 가깝다. 사료를 남기지 않은 사람들의 역사를 부각시키는 작업은 (그것이 설혹 픽션이라도) 그들의 '목소리'가 **반영**된 사료를 이용해야만 할 것이다. 이를 통해 종래 정치사·제도사 연구에서 누락·배제된 세계를 건져 올릴 수 있게 된다.[9]

다만, 픽션인 미디어를 이용하여 **실증 연구**를 할 때는 자각하고 주의해야 할 점이 있다. 연구사 및 다른 여러 사료를 통해 해당 시기의 정치적·사회적 배경(구조)을 파악해야 하고, 픽션을 만든 사람의 의도를 생각해야 하는 것이다.

픽션인 미디어(조루리·가부키·만담)는 에도시대(江戸時代)의 민중에게 가장 널리 향유된 오락거리로서, 시대에 부응하여 새로운 취향과 창의적인 구상을 받아들여서는 관객에게 인기를 받는 작품을 제공하고 있었다. TV 등의 대중매체나 인터넷 웹서비스에 현대의 우리 사회가 투영되듯, 조루리·가부키·만담에 에도시대를 살았던 사람들의 집단심성이 표상되어 있다고 볼 수 있다. 다만 주디스 버틀러(Judith Butler)가 논한 것처럼, 표상이라는 행위·표현에는 그것으로 **대표되지 않는** 사실과 현상[事象]이 배제되어 있음을 자각할 필요가 있다.[10] 미디어를 이용하는 연

---

8 須田努,「三遊亭圓朝の時代」,『歴史評論』694, 2008; 須田努,「文明開化と大衆文化の間隙」, 深谷克己 編,『東アジアの政治文化と近代』, 有志舍, 2008; 須田努,「織り込まれる伝統と開化」, 久留島浩·趙景達 編,『國民國家の比較史』, 有志舍, 2010; 須田努,「江戸時代中期 民衆の心性と社會文化の特質」, 趙景達·須田努 編,『比較史的にみた近世日本』, 東京堂出版, 2011; 須田努,「諦觀の社會文化史」, 關東近世史研究會 編,『關東近世史研究論集』, 岩田書院, 2012; 須田努,「江戸時代におけるメディア·スタディーズ」,『明治大學人文科學研究所紀要』72, 2013.

9 나카다이 노조미(中臺希實)는 지카마쓰 몬자에몬의 조루리 작품을 분석하여 이에(家)를 민중이 어떻게 인식했는가에 대한 문제에 천착했다(「メディアに表象される近世中期における「家」に對する都市部民衆の集合心性」,『家族研究年報』39, 2014).

구 방법은 사회학 분야에서 자명한 것이지만, 필자는 이러한 방법을 역사학 분야에 받아들여 조루리·가부키 속에 조선·조선인이 어떻게 묘사되어 있는지를 논해 왔다.11 에도시대 조일관계에 대해서는 조선통신사를 통해 선린 관계가 유지되었다는 긴장감 없는 연구가 이뤄지고 있지만(지면 관계로 이에 대한 비판은 생략한다), 조루리·가부키 작품 분석을 통해 에도시대 중기(18세기) 단계에서 조선·조선인을 멸시하기 시작했고, 에도시대 후기(19세기)에는 '진구황후(神功皇后) 삼한 정벌' 이야기가 무위(武威) 의식과 결합하여 조선 멸시관이 민중 레벨까지 확산되었으며 민족 멸시의 언설까지 등장했다는 **사실**을 볼 수 있었다. 그렇다면 동아시아에 함께 속한 중국을 에도시대 민중은 어떻게 의식했고, 또 이를 '거울'(비교대상) 삼아서 자국을 어떻게 인식했던 것일까? 이 글에서는 에도시대 중기(18세기)로 한정하여 이 문제를 다루고자 한다.

앞서 언급했듯 픽션인 조루리를 사료로 삼아 그로부터 민중의 중국의식·자국인식을 분석하기 위해서는 반드시 그 구조를 확인해야 한다. 이를 위해 먼저 선행 연구를 통해 중세 가마쿠라 시대(鎌倉時代) 지식인이 지녔던 타국의식과 자국인식을 확인한 다음, 그를 전제로 에도시대 전기(17세기)의 사상적 상황에 기초하여 지식인의 중국의식·자국의식을 고찰하고자 한다.

---

10 ジュディス・バトラー, 『ジェンダー・トラブル』, 靑土社, 1999.

11 須田努, 「江戸時代　民衆の朝鮮・朝鮮人觀」, 『思想』 1029, 2010(이후 趙景達 他 編, 『「韓國併合」100年を問う』, 岩波書店, 2011에도 수록); 須田努, 「通信使外交の虛實」, 趙景達 編, 『近代日朝關係史』, 有志舍, 2012; 須田努, 「近世人の朝鮮・朝鮮人觀」, 原尻英樹 他編, 『日本と朝鮮比較・交流史入門』, 明石書店, 2011.

2. 전제: 가마쿠라 시대 지식인(종교인)의 타국의식·자국인식

가마쿠라 시대(12~14세기) 지식인(종교인)의 타국의식과 자국인식에 대해서는 이치카와 히로후미(市川浩史)의 연구 성과를 통해 알 수 있는 내용을 간단히 언급하는 것으로 대신하고자 한다.[12] 이치카와는 무라이 쇼스케(村井章介)[13]의 연구에 근거하여 가마쿠라 시대의 사상가(종교인)를 분석하고는 아래와 같은 논점을 도출하였다.

> ① 일본은 변방·소국일 뿐만 아니라 이적(夷狄)의 나라이기도 하다는 자국인식이 형성되었다. 이는 종교적 열등감을 동반했지만, 여기에서 신국사상(神國思想)을 기초로 한 일본승지관(日本勝地觀)이 형성되었다.
> ② 불교와는 무관하다고 이해되던 조선을 제외하고, 천축(天竺)·진단(震旦)·본조(本朝: 일본)로 구성된 '내삼국(內三國)'이라는 시간·공간론＝'삼국'의식이 만들어졌다.
> ③ '진구황후 삼한 정벌'이 구전되면서 조선 멸시관과 연결되었다.
> ④ 몽고의 침입 이후, 삼한 정벌의 주인공인 '진구황후'와 그 아들 오진천황(應神天皇)을 신으로 받드는 신앙이 강화되었고, 일본을 세계의 중심에 위치시키는 발상이 나타났다.

본 논문의 문제의식에 기초하여 이치카와의 연구 성과를 정리한다면 다음과 같다. 몽골의 침입 이후 신국사상은 '진구황후 삼한 정벌'과 결부되었고, 불교적 열등감을 내포한 '삼국'의식은 변용되어서, 그 결과 일본

---

12 市川浩史, 『日本中世の光と影』, ペリカン社, 1999; 『日本中世の歴史意識』, 法藏館, 2005.

13 村井章介, 『アジアのなかの中世日本』, 校倉書房, 1988.

우위의 자국인식이 좀 더 강고해졌다. 즉, 불교적 열등감→ 신국사상 + '진구황후 삼한 정벌' = 일본 우위의 자국인식이 형성되었다.

3. 배경: 에도시대 전기 지식인의 중국의식·자국인식

1) 일본형 화이의식

에도시대의 유학(儒學)이 중국·조선의 그것과 비교할 때 분명히 이질적이었음은 이미 논증된 바이며,[14] 근년에는 마에다 쓰토무(前田勉)가 주자학 수용의 부적합성에 주목하여 일본 근세는 병영국가였음을 논하였다.[15] 일본은 무사에 의해 '근세화'가 추진되었기에 유교를 기반으로 한 국가지배체제가 수립되지 않은, 동아시아에서 특이한 '근세화'의 길을 걸었다는 미야지마 히로시(宮嶋博史)의 견해도 있다.[16] 또한 요나하 준(與那覇潤)은 일본 근세사회에 대해 "'중국화'로 향하는 맹아가 사회에서 송두리째 뿌리 뽑혔다"고 말하고 있다.[17]

일본의 특이한 근세화, 즉 '중국화'의 맹아가 뿌리 뽑혔다는 현상에 박차를 가한 것이 일본형 화이의식(華夷意識)이었다. 17세기 중엽, 명나라는 멸망했고 이적으로 간주되던 북방민족이 청나라를 건국했다(명청

14 尾藤正英, 『日本封建思想史研究』, 靑木書店, 1961; 渡辺浩, 『近世日本社會と宋學』, 東京大學出版會, 1985; 渡辺浩, 『東アジアの王權と思想』, 東京大學出版會, 1997.

15 前田勉, 『近世日本の儒學と兵學』, ぺりかん社, 1969. 또한 '일본 근세=병영국가'라는 개념은 마루야마 마사오가 선구적으로 제기한 바 있다(丸山眞男, 『日本政治思想史研究』, 東京大學出版會, 1952).

16 宮嶋博史, 「東アジア世界における日本の「近世化」」, 『歷史學研究』 821, 2006.

17 與那覇潤, 『中國化する日本』, 文藝春秋, 2011.

교체). 일본형 화이의식은 막번체제(幕藩體制) 하의 일본에서 명청교체의 영향으로 형성된 국제질서의식이었다.[18] 중국의 화이의식은 유교문명 수용의 우열에 기초한 것인 반면, 일본형 화이의식은 무위(武威), 즉 노골적인 폭력은 뒤로 물러나게 하고, 압도적인 군사력에 근간한 지배의 정당성을 권위로 내세운 지배이념[19]에 기초한 것이었다.

그렇다면, 일본형 화이의식이 형성되는 가운데 에도시대 전기(17세기) 지식인은 중국을 어떻게 의식했고, 이것을 '거울'삼아 어떠한 자국인식을 형성했을까? 이 문제에 대해서는 야마가 소코(山鹿素行, 1622~1685), 도쿠가와 미쓰쿠니(德川光圀, 1628~1701), 오가네 시게사다(大金重貞, 1630~1713)를 소재로 고찰하고자 한다.

2) 『중조사실(中朝事實)』로 보는 야마가 소코의 중국의식·자국인식

야마가 소코는 아이즈(會津)의 와카마쓰(若松)에서 낭인의 아들로 태어났는데, 이후 그의 가족은 에도로 이주했다. 소코는 9세에 하야시 라잔(林羅山)의 문하에 들어가 조숙한 수재로서 두각을 나타냈다. 1652년 하리마국(播磨國)의 아코번(赤穗藩) 번주 아사노 나가나오(淺野長直)를 섬긴 후 1660년에 아사노 가를 떠났는데, 간분(寬文)연간(1661~1672년)부터는 주자학을 비판하면서 '주공(周公)과 공자(孔子)의 서(書)'에 직접 의거했다는 '성학(聖學)'을 제창하여, 1665년에 『성교요록(聖教要錄)』을 간행했다. 그러나 이 책은 막부에 의해 '패륜'으로 간주되었고, 소코는 아코번의 아사노 가에 유배되었다. 이 유배기간에 집필한 것이 『중조사실(中朝事實)』이었다(1699년 간행). 주지하듯, 『중조사실』의 '중조'란 말은

---

18 朝尾直弘,「鎖國制の成立」,『講座日本史』4, 東京大學出版會, 1970.
19 朝尾直弘,「東アジアにおる幕藩体制」,『日本の近世』1, 中央公論社, 1991.

일본을, '사실'이라는 말은 역사를 각각 지칭하는 것이었다. 야마가 소코는 유학의 정치 이념이 일본에서 실현되고 있다고 하면서 이를 논증하기 위해 일본사를 서술한 것이었다. 소코에 관한 선행 연구는 풍부하다. 본 논문과 관련해서는 마에다 쓰토무의 연구 성과를 소개하고자 한다. 마에다는 야마가 소코가 『중조사실』에서 무위에 신화적인 근거를 부여함을 지적하면서도, '유교적인 화이관념'이나 '중화문명'관을 반드시 부정한 것은 아니라는 입장을 취한다. 그리고 마에다는 이 논점에 기반하여 아래와 같이 야마가 소코의 중국·조선관=일본인식을 도출하고 있다.[20]

① 진구황후의 '삼한 정벌'에서 나타나듯, 조선은 고대 시기 일본의 무위에 복종하여 일본에 조공하였기에 무위·문명 둘 다 일본보다 열등하다.
② 중국에 대해서는 황통(皇統)의 일계성(一系性)과 무위의 우월성을 말했다.
③ 유교적인 화이관념과 '중화문명'관을 꼭 부정했던 것은 아니다.
④ 일본과 중국은 문명을 공통 항목으로 하는 대등한 '선린(善隣)' 관계였다.

마에다의 성과 ①은 그 논거를 포함하여 앞서 서술한 중세 이래 일본 지식인이 품었던 조선관=일본 인식과 동질적인 것이라 할 수 있다. 그리고 ②에서 중국인식과 자국인식의 변화가 엿보인다.

결국 야마가 소코의 『중조사실』을 통해서, 중세 지식인(종교인)이 지녔던 불교적 열등감과 신도(神道)가 뒤섞여 형성된 '삼국(三國)'의식은 변모되었고, 무위에 입각한 일본형 화이의식이 일본은 '신국'이며 황통의 일계성을 지닌다는 신국사상과 일체화되었음을 알 수 있다. 이어서

---

20 前田勉, 『兵學と朱子學·蘭學·國學』, 平凡社, 2006.

야마다 소코와 거의 같은 시기 사람인 도쿠가와 미쓰쿠니를 소개하고자
한다.

3) 『대일본사(大日本史)』 편찬사업으로 보는 도쿠가와 미쓰쿠니의 중국의식

하야시 라잔·하야시 가호(林鵞峰) 부자와 친교가 있었던 도쿠가와 미
쓰쿠니는 하야시 가문에게서 학문적인 영향을 받았다고 파악된다.[21]
1657년에 미쓰쿠니는 에도에서 역사편찬사업을 시작했다. 1670년에 하
야시 라잔·가호 부자가 『본조통감(本朝通鑑)』 총 30권을 완성했는데, 이
에 자극을 받은 미쓰쿠니는 1672년에 편찬 사업 부서를 쇼코칸(彰考館)
이라 명명하고 관원도 증가시켜서 역사편찬사업을 본격화했다.

『대일본사(大日本史)』의 서술체제는 기전체(紀傳體)였다. 그 이유는
앞서 언급했던 『본조통감』이 편년체임을 의식하여, 그와 차별을 기하기
위한 것으로 파악된다. 한편으로는 미쓰쿠니가 중국 정사의 일반적인 체
제인 기전체를 강하게 의식한 것은 아닌가 하는 가설도 성립 가능하다.
이러한 가설을 의식하면서 도쿠가와 미쓰쿠니의 실천행위를 분석하고자
한다. 미쓰쿠니는 자신의 영지[히타치국(常陸國) 미토번령(水戶藩領)]에
서 영내 순찰, 사적 조사를 반복했다. 이러한 실천행위 가운데, 1690년에
히타치쿠지군(常陸久慈郡) 아라주쿠촌(新宿村)[22]에 세이잔장(西山莊)를
세워 은거한 후에 행했던 '나스국조비(那須國造碑)'[23] 복원 및 사무라이

---

21 鈴木暎一, 『德川光圀』, 吉川弘文館, 2006; 吉田俊純, 『水戶光圀の時代』, 校倉書
   房, 2000.
22 지금의 이바라키현(茨城縣) 히타치오타시(常陸太田市).
23 나스국조비: 미야기현(宮城縣)의 다가죠비(多賀城碑), 군마현(群馬縣)의 다고비(多

즈카고분(侍塚古墳)[24] 발굴의 양상을 확인해보고자 한다. 시모츠케국(下野國) 나스군(那須郡) 고구치촌(小口村)의 나누시(名主)인 오가네 시게사다(大金重貞)가 이 사업에서 중요한 역할을 담당했다. 먼저 재촌문인(在村文人)[25] 오가네 시게사다에 대해서도 여기에 언급해 두고자 한다.

4) 『나스기(那須記)』로 보는 오가네 시게사다의 학지(學知)

오가네 시게사다는 시모츠케국 나스군 고구치촌[미토번령으로 고쿠다카(石高)는 386석. 지금의 도치기현(栃木縣) 나스군(那須郡) 나카가와정(那珂川町)]의 나누시로서, 대규모 지주 경영을 전개하던 호농(豪農)이기도 했다. 오가네 가에 남아있던 『구기취조서(舊記取調書)』에 의하면,[26] 오가네 가문은 전국(戰國) 다이묘(大名) 사타케씨(佐竹氏)의 가신으로 파악된다. 선조 시게노부(重宣)는 1566년에 나스 세력 가라스야마 시게타네(烏山重胤)와의 전투에서 무공을 세웠으나, 세키가하라 전투에서 패배한 사타케씨가 1600년에 데와국(出羽國) 아키타(秋田)로 영지를 옮길 때 함께 가지 않고 그대로 남아 고구치촌에 정착한 내력이 있었다. 오가네

胡碑)와 함께 일본 3대 고비(古碑)로 인식되며, 현재 국보로 인정된 상태다. 비문에는 영창(永昌) 원년(영창은 당나라 연호. 영창 원년은 689년)에 고리노카미(評督)에 임명된 구니노미야쓰코(國造) 나스노아타이데(那須直韋提)가 경자년(700년)에 죽었는데, 오시마로(意斯麻呂) 등이 그 생전의 덕을 연모하여 비석을 세웠다는 내용이 쓰여 있다.

24 사무라이즈카 고분: 전방후원분 2기의 총칭. 남쪽으로 흐르는 나카강(那珂川) 우측 단구 위에 남면한 곳에 위치한다. 북쪽 고분을 시모사무라이즈카(下侍塚. 전체 길이 84미터), 남쪽 고분을 가미사무라이즈카(上侍塚. 전체 길이 118미터)라고 부른다. 축조시기는 모두 5세기 전반으로 추정된다.

25 杉仁, 『近世の地域社會と在村文化』, 吉川弘文館, 2001.

26 栃木縣立文書館寄託大金重晴家文書 No.81.

시게사다는 1641년에서 1646년까지 그 지역 하토촌(馬頭村)의 지조원 (地藏院)에 들어가 학문 수행을 했고, 장성한 후에는 시작(詩作), 예능에 폭넓은 관심을 보였다.[27]

시게사다는『나스기(那須記)』,『불법나물어(佛法裸物語)』,『전전난제 물어(田畑難題物語)』등을 저술했다. 이 가운데 1676년에 완성된『나스 기』15권[28]은 중세 시모츠케국 북동부에 세력을 지녔던 호족인 나스 일 족의 흥망을 중심으로 서술된 지리지다. 막번체제가 안정기에 접어든 17세기 후반, 막번의 영주와 민간지식인은 한문체 지리지를 많이 편찬했 다.[29]『나스기』도 한문체로 기술되었으므로 시게사다의 행위는 평화로운 세상(무기를 사용하지 않는 환경)에서 중국문명에 영향을 받은 지적 환 경, 분위기에서 자라난 문화 사업으로 위치 지을 수 있다.

본 논문에서 문제 삼는 '나스국조비'는 1676년에 승려 엔쥰(圓順)이 발견하였다. 이 비석이 중요하다고 생각한 엔쥰은 이를 오가네 시게사다 에게 알렸고, 시게사다는 이 비문을 베껴『나스기』「초벽친왕(草壁親王)」 항목에 게재하면서, 구사카베 황자(草壁皇子)[30]의 '능[御陵]'이 나스군에 건립되었다는 전승을 병기해 놓았다. 1683년에 시게사다는 미쓰쿠니에 게『나스기』를 헌상하였는데, 미쓰쿠니는 이를 읽고서 '나스국조비'의 존재를 알게 되었다. 이것이 '나스국조비' 수리와 사무라이즈카 고분 발 굴로 연결되는 단초가 되었다.[31]

---

27 栃木縣史編さん委員會,『栃木縣史』通史編 4, 1981.

28 栃木縣史編さん委員會,『栃木縣史』史料編 中世 5, 1976.

29 須田努,「中國化の限界から脫中國化へ向かう日本の近世」, 日韓歷史家會議,『第 12回日韓歷史家會議報告書 世界史における中國』, 2012.

30 생몰년은 662~689년. 아버지인 덴무천황(天武天皇)과 함께 임신(壬申)의 난에서 승리하여 황태자가 되었지만 병사했다.

31 '나스국조비'의 수리 및 사무라이즈카 고분의 발굴 경과에 대해서는, 齋藤忠·大和

또한 '나스국조비'는 근대 이래 고대사 연구의 실증을 통해 그 주체가 밝혀진 후에야 명명된 것으로서, 당시 미쓰쿠니와 시게사다는 그냥 '석비(石碑)'라고만 불렀으므로 본 논문에서도 이 비석을 '석비'로 표기하고자 한다. 아울러 같은 이유로 사무라이즈카 고분은 '구루마총(車塚)'으로 표기하고자 한다.

5) '석비' 수리, '구루마총' 발굴 사업을 통해 본 도쿠가와 미쓰쿠니의 중국의식

에도막부에 의해 미토번주는 정부(定府)로 파악되었지만, 도쿠가와 미쓰쿠니는 번주 재임중에 11차례나 미토에 들어가 영내를 시찰하고, 지역의 갖가지 역사적 정보를 수집했다. <표 1>은 그 양상을 정리한 것이다.[32]

〈표 1〉 도쿠가와 미쓰쿠니가 영내에서 얻은 역사 정보

연도	사항
1660년	다이와타리촌(台渡村) '죠쟈(長者)'의 구택(舊宅)에서 옛 기와가 나와서 막부에 헌상함.
1662년	히라이소촌(平磯村)의 햐쿠쇼(百姓)가 고총(古塚)을 파서, 석관(石棺)을 발견했고 또한 많은 유물을 발굴했다는 정보를 얻음.
1663년	무모향(武茂鄕)을 순회 시찰함.
1664년	이치게촌(市毛村) 후루사와 헤이노죠시게마사(古澤平之丞重正)가 고총을 파서 경통(經筒)을 얻었다는 정보를 얻음.
1667년	요시다(吉田), 시즈(靜) 두 신사를 중수함. 이때 동인(銅印) 한 개['정신궁인(靜神宮印)']를 얻음. 미쓰쿠니는 '기(記)'를 써서 신사에 바침.

久震平, 『那須國造碑·侍塚古墳の研究』, 吉川弘文館, 1986; 栃木縣立なす風土記の丘資料館展示図録, 『水戶光圀公の考古學』, 2004에 상세하게 해설되어 있다.
32 『水戶紀年』(茨城縣, 『茨城縣史料』, 近世政治編 1, 1970).

1670년	마에하마촌(지금의 히타치나카시)의 햐쿠쇼가 고분을 발굴하여 석곽(石槨)을 발견하고, 도(刀)·동기(銅器) 등을 출토해서는 작은 신사를 지어 이것을 안치했다는 정보를 얻음.
1673년	무모향을 순회 시찰함.
1683년	무모향을 순회 시찰함. 오가네 시게사다에게서 『나스기』를 헌상받음.
1687년	무모향을 순회 시찰함. 오가네 시게사다에게 '석비'의 복원을 명함.
1688년	성 남쪽 가사하라산(笠原山) 가미사키사(神崎寺)의 경내에서 '쇼쵸(正長) 2년'이라 쓰여진 경통을 얻음. 미쓰쿠니는 가미사키사가 고찰(古刹)이므로 수리할 것을 명하고, 또 경통의 '기'를 써서 바침.
1690년	니하리군(新治郡) 다마리촌(玉里村) 고묘사(光明寺) 경내의 고분을 발굴함.
1692년	무모향을 순회 시찰함. 다이호원(大寶院)에 가서 복원이 끝난 '석비'를 확인함. 바바촌(馬場村) 이나리사(稲荷社)에서 석검(石劍)이 출토되어 와카미야하치만(若宮八幡)에 보관되었다는 정보를 얻음.
1695년	오다노촌(小田野村) 호후쿠사(藤福寺)에서 미우라노스케(三浦介)의 상(像)을 봄. 무모향을 순회 시찰함.
1698년	무모향을 순회 시찰함.
1700년	무모향을 순회 시찰함.

미토번 영내에는 다마리후나츠카 고분[玉里舟塚古墳. 현재 오미타마시(小美玉市)]과 거대한 전방후원분(前方後圓墳)으로서 본텐산 고분[梵天山古墳. 현재 히타치오타시(常陸太田市)], 아타고산고분(愛宕山古墳. 현재 미토시) 등이 있었으나, 미쓰쿠니는 이런 '총(塚)'에는 관심을 두지 않았다. 반면에 미쓰쿠니는 '석비'와 '구루마총'이 있는 시모츠케국 무모향에 아홉 번이나 갔으니 그 지역에 특별한 관심이 있었다고 할 수 있다. 『수호기년(水戸紀年)』의 1687년 조에, "우리나라 비(碑)는 이보다 오래된 것은 없다. (중략) 삿사 무네키요(佐佐宗淳)에게 명하여 수색한 곳이다"라고 기록되어 있듯, 미쓰쿠니의 흥미와 관심 대부분은 『나스기』로 인해 알게 된 '석비'에 쏠려있었음을 알 수 있다.

본 논문에서는 미쓰쿠니가 세이잔에 은거한 후에도 그의 문화활동을 지원했던 측근 삿사 스케사부로 무네키요(佐佐介三郞宗淳)가 오가네 시게사다에게 보낸 편지인 총 28통[33]의 '삿사 무네키요 서한'을 통해 '석비' 수리 및 '구루마총' 발굴 양상을 분석했다. 덧붙여 세이잔장에 은거한 미쓰쿠니를 모셨던 삿사 무네키요는 미쓰쿠니와 시게사다의 관계를 주선하는 중개자로 역할했는데, 무네키요 서한에서 볼 수 있는 갖가지 작업 관련 지시는 미쓰쿠니의 의지를 반영한 것이었음을 첨언해 두고자 한다.

> * 1692년 정월 3일 (목록 No.1-1)
> 구루마총을 발굴하라는 것도 그쪽 사람들 앞에 가서 말씀하셨습니다. (중략) 석비 아래에 글로 적힌 것이 전혀 없었다면, 어쩌면 구루마총이 원래의 무덤이고 비석만 유즈카미(湯津上)로 옮긴 것이라고 생각됩니다. 그렇다면 구루마총을 발굴해 보고 싶습니다.

이 서한에서 '구루마총'의 발굴은 '석비' 수리가 종료되었기 때문에 시작되었다는 사실과 함께, 이 단계에서 미쓰쿠니는 아래와 같이 추론하고 있었음을 알 수 있다.

> '석비' 아래에서 문헌, 문자 사료가 발견되지 않는다면, '석비'와 관련된 인물의 본래 묘는 '구루마총'인데 '석비'만 지금의 장소[유즈

---

33 「大金重貞宛, 佐々宗淳書狀」 총 28통[栃木縣立文書館寄託, 『大金重德氏所藏文書』1(古代關係)]은 연도순이 섞여 있는 상태다. 오와쿠 신페이(大和久震平)는 이를 서지학적으로 분석하여 편년을 매겼다. 나스국조비의 수리는 겐로쿠(元祿) 4년(1691) 3월부터 시작된 것이 확인되었는데(大金重晴家文書 No.80-2. 宝暦 5年 『他領那須湯津上村國造碑御建立之次第扣』), 이를 참고해 각 서신의 내용을 검토하면, 오와쿠의 편년이 정확함을 알 수 있다. 본 논문에서도 오와쿠의 편년에 의거한다.

카미촌(湯津上村)]로 이동한 것은 아닐까? 고로 '석비'를 알려면 '구루마총'을 발굴할 필요가 있다.

미쓰쿠니는 『나스기』에 '석비' 관련 설명과 병기되어 있던 구사카베 황자의 전승 등을 믿지 않았던 것이다. 그는 '구루마총'이 '석비'에 기록된 인물의 묘라는 것을 '문서'=**문헌·문자 사료**로 확정하고자 했다. 이 문제에 대해 좀 더 고찰해 보자. 다음에 제시된 사료는 무네키요가 미쓰쿠니에게 출토 유물을 직접 '보실'지 여부를 확인한 서한이다.

　* 1692년 2월 21일 (목록 No.1-3)
　　위의 무덤(上之塚)에서 나온 것들에 대해 오늘 세이잔에 사람을 보내 여쭤보았습니다. (중략) 직접 보실 생각이라면 세이잔으로 보내드리려고, (중략) 보지 않겠다고 하시니.

이 서한을 통해 미쓰쿠니가 '위의 무덤'='구루마총'에서 나온 출토물을 직접 확인하고자 하지 않았음을 알 수 있다. 그의 관심은 '구루마총' 그 자체였지, 출토 유물에 대해서는 특별히 관심을 두지 않았던 것이다. 이러한 점은 다시 다음의 사료로 보완하고자 한다.

　* 1692년 2월 24일 (목록 No.1-4)
　1. 편지 드렸듯이, 구루마총에서 나온 것들에 대해 세이잔에 여쭤어보니, 보지 않을 것이므로 상자에 담아 원래의 장소에 두라고 명하셨습니다.
　1. 무덤에서 나온 거울, 고배(高杯), 화살촉 등을 그림으로 그려 보내라고 명하셨습니다.

미쓰쿠니는 굳이 현지에 가지 않더라도 무네키요와 시게사다에게 명하여 유물만 세이잔장으로 가져오게 할 수 있었다. 그러나 그는 그렇게 하지 않았다. 그림(도면)으로 그려서 제출하라고 지시했을 뿐이다. 마찬가지로 미쓰쿠니는 '고배'나 '화살촉' 등의 유물 자체에는 딱히 관심을 갖지 않았다.

'석비' 수리, '구루마총' 발굴 경과를 보면 미쓰쿠니는 물질문화에 그다지 관심을 보이지 않았음을 알 수 있다. 이 점은 시게사다도 마찬가지였는데, 그 역시도 '구루마총'에서 출토된 유물에는 특별한 관심을 보이지 않았던 것이다. 미쓰쿠니, 시게사다의 학지(學知)는 중국 문명·한자문화 지상주의였다고 할 수 있다.[34]

야마가 소코의 중국의식·자국인식을 앞서 언급했던 가마쿠라 시대 지식인(종교인)의 그것과 대비하면서 정리한다면, 유교적 열등감→ 신국사상 + 일본형 화이의식 = 일본 우위의 자국인식이 된다. 불교적 열등감은 유교적 열등감으로, '진구황후 삼한 정벌'은 일본형 화이의식으로 덧씌워진 것이다. 그러나 이것을 에도시대 전기(17세기)의 보편적인 정치사상이었다고 할 수는 없다. 같은 시기 도쿠가와 미쓰쿠니나 오가네 시게사다처럼 중국문명·한자문화로 강하게 경도된 사람도 있었기 때문이다. 당시 지식인들에게 중국이라는 존재는 양가적인 것이었다. 주의 깊

---

34 가모 군페이(蒲生君平, 1768~1813)가 고분 자체에 관심을 보여 1801년에 『산릉지(山陵志)』를 집필한 것에서 나타나듯이, 지식인의 물질문화에 대한 관심은 18세기부터 19세기 전반까지 기다리지 않으면 안 된다. 그 배경에는 국학의 맹아가 있다. 또한 19세기 초엽에 막부는 교학(教學) 수준이 높은 번에 대해서 가나 문자로 지리지를 편찬하라고 명령했지만 그것은 "중국을 배척하고 일본 문명을 주장하는, 다시 말하면 내셔널리즘의 맹아를 보인" 것이었다(白井哲哉, 『日本近世地誌編纂史研究』, 思文閣史學叢書, 2004). 가모 군페이는 고분을 유형화하여 『산릉지』에 편입시킬 의도였던 것으로 보인다. 19세기 일본 지식인의 물질문화에 대한 관심은 중국문명·한자문화에서 탈피한 귀결로서 나타났고, 또한 일본의 독자성을 찾는 역사인식으로 계속되었던 것이다.

게 봐야 할 점은, 가마쿠라시대와 에도시대 전기의 두 시기는 모두 중국을 '거울'로 삼으면서 일본 우위의 자국인식이 형성되던 때로서, '진구황후 삼한 정벌'과 일본형 화이의식 양자에는 무력을 신봉하는 심성이 계속 흐르고 있었다는 것이다.

4. 민중의 이국의식·자국인식

본 장에서는 3장을 배경으로 이러한 정치문화(상층문화)가 형성된 이후 민중의 타국의식·자국인식의 양상을 고찰하고자 한다. 구체적으로 말하자면, 에도시대 중기(18세기)의 저명한 극작가 지카마쓰 몬자에몬의 『국성야합전(國性爺合戰)』을 분석하여 지카마쓰가 어떻게 이국(異國)을 의식했으며, 이를 '거울'로 삼아 어떻게 자국(일본)을 인식했는지에 대해 논하고자 한다.

이노우에 아쓰시(井上厚史)는 『국성야합전』의 창작 배경은, 명청교체라는 격동에 영향을 받아 일본형 화이의식이 나타나 새로운 자아상을 형성한 데 있다고 서술했다.[35] 그러나 그는 새로운 자아상이 무엇인지에 대해서는 구체적으로 언급하지 않았다. 본 논문은 지카마쓰가 정치사상(상층문화)에 신경쓰면서도 한편으로는 '의리', '인과'라는 일정한 메세지를 만들어내서 민중에게 말을 거는 이른바 사회문화의 창조자이기도 했음을 의식하면서,[36] 『국성야합전』 작품 분석을 통해 지카마쓰 몬자에몬의

---

35 井上厚史,「『國性爺合戰』から『漢國無体 此奴和日本』へ」,『同志社國文學』58, 2003.

36 須田努,「江戸時代中期 民衆の心性と社會文化の特質」, 趙景達·須田努 編,『比較史的にみた近世日本』, 東京堂出版, 2010; 須田努,「諦觀の社會文化」, 關東近

중국인식과 자국인식을 실증하고자 한다.

1) 『국성야합전』으로 보는 지카마쓰 몬자에몬의 중국의식

1장의 무대는 대명국(大明國)의 남경성(南京城)이다. 대명국과 달단국(韃靼國)은 장기간 전쟁을 벌여왔다. 달단왕 순치(順治)는 대명국 17대 황제 사종렬(思宗烈=숭정제)의 비 화청(華淸)에 눈독을 들여 사자를 보내서 그녀를 넘기라고 말해왔다. 사종렬의 가신인 이도천(李蹈天)은 기갈(飢渴)에 고통 받는 민을 구하기 위해서라도 "달단에게 의지"해야 한다며 찬성하지만, 오삼계(吳三桂)는 아래와 같이 말하면서 달단국의 사자에 대해 반대를 표명한다.

> 대명국은 삼황오제의 예악을 일으키고, 공맹의 가르침을 이었으며, 오상(五常)과 오륜(五輪)의 도는 지금도 왕성하다. 천축에는 부처가 인과를 말하여 악을 끊고 선을 닦는 도가 있고, 일본에는 정직(正直)·중상(中常)이라는 신명한 도가 있다. 그런데 달단국에는 도도 없고 법도 없으며, 지칠 때까지 먹고 더울 정도로 껴입으면서, 사나운 자는 위에 서고 약한 자는 아래에 붙어, 선인·악인·지자(智者)·우자(愚者)의 구별도 없고 가축과 같은 북적(北狄)이라 흔히들 축생국(畜生國)이라 한다.

이 대사 속에서 대명국, 천축, 일본, 달단국이 등장한다. '삼국'의식 속에 있었던 진단은 대명국이었고, 달단국은 새롭게 등장했다. 그리고 달단국은 '북적, 축생국'으로 규정된다. "대명국은 (중략) 공맹의 가르침을 이었으며, 오상과 오륜의 도는 지금도 왕성"하다는 대사도 있는데, 얼

世史硏究會 編, 『關東近世史硏究會創立五〇周年記念論文集』, 岩田書院, 2012.

핏 유교적 문명관이 좀 더 강조된 것처럼 보인다. 그러나 그렇게 단순하지 않다. 위와 같은 오삼계의 말에 달단국 사자는 격노하여 다음과 같이 답하고 있기 때문이다.

> 참나, 대국이든 소국이든 우리의 도움을 얻어 백성을 기른 은혜도 모르고 계약을 변경하다니, 대명이야말로 도도 없고 법도 없는 하찮은 축생국이다. 군병(軍兵)으로 밀어붙여 황제도 황후도 한 번에 사로잡아서 우리 대왕에게 복속시킬 날을 손꼽아 기다리겠다.

'도움'＝식량지원이라는 은혜에 보답하지 않고 '계약'을 깨뜨린다는 행위가 '도'나 법도 없는 '축생국'의 징표가 되어있다. 여기에 나타난 '축생국'이라는 멸시는 유교문명이라는 일원적이고도 보편적인 가치기준에서 고정적으로 위치 부여되는 것이 아니다. 국가의 우열은 (물론 그 평가는 정치적이고도 자의적이지만) 당사자의 행위로 인해 뒤바뀌기 때문이다. 지카마쓰는 유교적 문명관에서 '북적'으로 간주되던 달단인을 통해 대명국을 '도'가 없는 축생국이라고 말하게 했다. 말할 것도 없이 '도'는 유교가 추구하는 보편적 가치이다. 달단의 사자가 이렇게까지 대명국을 멸시한 것은 대사 후반부에 나오듯 군사력에 대한 자신감에서 비롯한 것이었다. 지카마쓰는 유교문명보다도 군사력을 중시했기에 이를 국가 간 우열의 기준으로 삼은 것이다.

또한 지카마쓰의 타국인식이 직설적으로 드러난 곳은 무대의 1장뿐으로 다른 장면에서는 대명국과 달단국을 '거울'삼아서 일본을 말하는 설정을 취하고 있었다.

2) 『국성야합전』으로 보는 지카마쓰 몬자에몬의 자국인식

(1) '진구황후 삼한 정벌' 상기시키기

1장의 후반에서 이도천은 황제와 대명국을 배반하고 달단국에 가담했고, 황제는 이도천에게 살해되었으며, 대명국은 멸망한다. 오삼계는 황자를 데리고 멀리 달아났고, 황제의 누이인 센단 황녀(梅檀皇女)도 배를 타고 바다로 도망쳤다.

2장의 설정은 대명국의 옛 신하인 정지룡(鄭芝龍)이 일본의 규슈(九州), 히라도(平戶)로 망명하였고, 그와 일본인 아내 사이에서 낳은 와토나이(和藤內)는 성인이 된 상태였다. 와토나이가 해변에서 도요새와 조개의 싸움을 보고 병법을 깨닫고는 아버지의 조국 대명국으로 건너가 이도천을 죽이고 달단국에 쳐들어가겠다는 각오를 말하는 장면에서 지카마쓰는 "삼한을 물리친 진구 황후"라는 한 문장을 넣고 있다. 또한 4장에서는,

> 항로의 수호신인 진구황후라는 제왕은 신라를 물리치실 적에 바닷물을 끌어당기는 영험한 구슬로 배를 지켰기 때문에 주옥신(舟玉神)이라고도 한다.

라는 센단 황녀의 대사가 있다.

도요토미 히데요시(豊臣秀吉)의 조선 침략을 묘사한 『본조삼국지(本朝三國志)』(1719년에 초연됨)에서도 '진구황후 삼한 정벌' 이야기가 나왔고, 아울러 『제수검본지(梔狩劍本地)』라는 조루리 작품은 "진구황후(神宮皇后), 가미카제(神風), 아마테라스 오미카미궁(天照太神宮)의 명을 받고" 조선에 쳐들어 간 "일본의 신군(神軍)"이 "신라, 백제, 고려국이라는 사나운 오랑캐"를 공격하여 멸망시킨다고 설정되어 있다.[37]

중세에 지식인(종교인) 사이에서 전승되던 '진구황후 삼한 정벌' 이야기는 18세기 전반 지카마쓰에 의해 조루리를 매개로 서민 사이에 전달된 것이다. 지카마쓰는 일본인(=일본인의 피가 흐르고 있는 와토나이)이 해외를 침공한다는 장면에서 '진구황후 삼한 정벌'을 상기하게 했기 때문이다.

(2) 소국의식

2장에서 '중국 땅'에 건너간 와토나이는 호랑이를 물리친 후 "네놈들이 소국이라 멸시하는 일본인이지만, 호랑이가 무서워하는 일본의 기량을 아느냐?"라고 말하면서, 이도천의 가신에게는 "나의 부하"가 될 것을 강요한다. 3장에서 와토나이가 달단국에 복속한 장군 감휘(甘輝)를 찾아 시시가성(獅子ヶ城)으로 가서는 같은 편이 되어달라고 말하는 장면에서는, 와토나이와 함께 대명국에 건너온 모친이 "일본은 소국이지만 남자나 여자나 의(義)를 버리지 않는다"라고 말하면서 교섭자의 역할을 지니고 성내로 들어간다. 그리고 5장에서는 "고쿠센야(國姓爺) 네 이놈. 일본이라는 소국에서 기어 나와 중국 땅을 짓밟는구나"라는 이도천의 대사가 나온다. 이렇듯 일본=소국이라는 의식은 곳곳에서 볼 수 있다. 주목해야 할 것은 소국이라는 단어가 이후 계속해서 일본의 독자성⇠우위성을 주장하기 위한 포석이 된다는 점이다. 앞서 소개했듯 와토나이의 대사에서 '일본의 기량'이라는 것은 문맥상 무력과 동의어였다. 소국과 대치시키면서 일본의 무력을 강조한 것이다. 또한 3장 와토나이 어머니의 대사에서는 일본=의로운 나라라는 점이 강조된다. 지카마쓰는 일본을 소국이

---

37 같은 시기 기노 가이온(紀海音)은 1719년에 '진구황후 삼한 정벌'을 소재로 하여 '진구황후 삼한을 꾸짖다'를 상연하고 있었다.

면서도 무력이 뛰어나고 의로움이 두터운 나라라고 말한 것이다.

(3) 무(武)의 나라

일본 및 일본인의 무용(武勇)을 말하는 장면은 곳곳에 나온다. 지면 관계상 특징적인 것만 한정적으로 소개하고자 한다.

2장에서 와토나이가 해변에서 도요새와 조개의 싸움을 보고 병법을 깨닫는 장면에서는 아래와 같은 대사가 나온다.

> 내가 아버지의 가르침에 따라 중국의 병서를 익히고 우리나라 고금 명장의 합전(合戰)과 승패의 도리를 궁구하며 병법에 전념했는데, 지금 도요새와 조개의 싸움을 통해 병법의 오묘한 이치를 일시에 깨달았다. (중략) 우리나라의 『태평기(太平記)』를 보니, 고다이고(後醍醐) 천황은 천하에 왕으로서 조개가 크게 벌린 입처럼 넓은 영토를 통치하고자, (중략) 바라건대 중국에 건너가서 그 이치로 저들의 이치를 공격할 정도면 대명국과 달단 두 나라를 한꺼번에 삼킬 수 있을 것이다.

와토나이는 중국과 일본의 병서를 배우지만, 『태평기』에 있는 병법 (일본의 병법)이 중국의 그것보다 우월하여, 일본의 병법으로 전쟁을 시작하면 "대명국과 달단" 두 나라 모두 침략할 수 있다고 한 것이다. 호언 장담이지만, 지카마쓰는 이 대사 뒤에 "생각하기 시작한 무사의 일념, 그 장래야말로 믿음직스럽다"라는 한 문장을 집어넣었다.

4장에서 고쿠센야와 감휘가 오삼계와 협력하여 달단군, 이도천과 합전하기에 이르는 장면에서는, 아래와 같이 겐페이 쟁란(源平爭亂)을 상기시키는 서술이 있으며, 기케이류(義経流), 구스노키류(楠流)라는 어휘도 나온다.

일본에서 생장한 고쿠센야 (중략) 우리나라의 옛날 분지(文治)연간
에 무사시보 벤케이(武藏坊辯慶)가 아타카(安宅)의 관문지기를 속인
것을 예로 들어서 아즈사 유이(梓結衣)는 군병에게 눈짓하고 (중략)
일본류의 군대 명령 방식이다. 공격해 치는 것은 기케이류, 느슨하게
치는 것은 구스노키류.

와토나이라는 고유 명사는 일본(和)이나 중국(藤＝唐) 어느 곳도 아닌
혼혈임을 표상한다. 그러나 지카마쓰는 와토나이를 철저히 일본인으로
묘사하고 있었다. 와토나이가 말하는 '우리나라'는 물론 일본이었다. 그
는 중국 병서를 읽고 그 군법을 터득했지만, 실전의 장에서는 일본의 기
케이류, 구스노키류 병법으로 살아남은 것이다.

그리고 드디어 이도천이 웅거하던 남경성 공격 장면에서 와토나이는
"지략도 필요 없고 군법도 쓸 데 없다. (중략) 단 한 사람이 남경성에 올
라 달단왕과 이도천의 머리를 베는 것이다"라고 말한다. 병법(전술)에는
군대가 필요한데, 단신으로 타국에 들어간 와토나이에게 군대란 중국인
병사를 의미하게 된다. 지카마쓰는 결전 부분에서 일본 무사 와토나이만
활약하는 것으로 설정했다. 결국 이 대사에서는 일본인 무사의 무력(미시
적으로 본다면 무사의 개인적 무술)에 대한 신봉이 관철된 것이다. 그리
고 결전 장면에서는 아래와 같이 와토나이 개인의 활약이 서술되고 있다.

끌어당겨서 칼을 빼앗아 비틀고 구부리고 찌그러뜨린다. 창과 긴
칼도 빼앗고 빼앗아 비틀고 구부리고 눌러서 구부리고 꺾고 깨뜨린
다. 다가온 놈들은 발에 걸리면 밟아 죽이고, 손에 걸리면 비틀어 죽
이고 졸라 죽여서는 내던지고, 말 탄 무사는 말과 함께 붙잡아 마음대
로 조종하고, 네 다리를 붙잡아서 말을 내던지고. 사람을 내던지고 말
을 내던지며 의석(薏石)까지 섞어 던진 것은 사람이 할 수 있는 것으
로 보이지 않는다.

달단 군사를 흩어버린 와토나이는 이도천의 머리를 "뽑아 버렸다". 전투의 마지막에 이야기되는 것은 일본 무사 와토나이의 무시무시한 폭력이었다.

(4) 신의 나라 일본

일본='신국(神國)'이라는 표현도 많이 나온다. 2장에서 와토나이의 어머니는 "애, 와토나이야. 신국에 태어나 신에게서 받은 신체발부(身體髮膚)이니 짐승과 마주치면 힘자랑 따위의 어리석은 일은 저지르지 말거라"라고 말한다. 일본은 '신국'이고, 일본인의 신체는 신으로부터 받은 것인 한편, 바다를 건너 마주치게 될 대명국인과 달단국인은 '짐승'인 것이다. 5장에서는 아래와 같은 와토나이의 대사가 나온다.

> 나도 같은 일본 출신으로 태어난 나라를 버리지 않겠다고, 아마테라스 오미카미에게 권청(勸請)했다. (중략) 지금 제후, 왕이 되어 각자 사명을 부여받음은 전적으로 일본의 신력에 의한 것이다.

이 대사의 전제로서 와토나이, 오삼계, 감휘의 진영에서 이세신궁(伊勢神宮)의 '액막이부적 다이마(大麻)'를 권청한다는 이야기가 나오고 있다. 중국인인 감휘의 무공과 출세도 이세신궁, 아마테라스 오미카미의 힘에 의한 것일 따름이다. 지카마쓰가 일본의 신(아마테라스 오미카미)의 보편화와 신국 사상의 확산을 기도했다고 말한다면 지나친 것일까?

(5) 여자에게 다정한 '온화한' 나라

『국성야합전』은 전체가 무용담이다. 그런데 3장에서 정지룡이 중국에 남긴 딸로서 와토나이의 이복누이이자 지금은 감휘의 부인이 되어 있

는 긴쇼죠(錦祥女)의 대사에서는,

> 아무래도 여자로 태어난다면 나는 일본의 여자가 되고 싶다. 왜냐
> 하면 일본은 아주 부드러운 야마토(大和)의 나라라고 하니, 여자들에
> 게는 참 온화하고 좋은 나라 아니겠는가.

라는 부분이 있다. 일본은 여자에게는 '온화한' 나라인 것이다. 일본은
남자에게는 무력의 나라이고 여자에게는 '온화한' 나라라고 정리할 수
있다. 여기서 성적 편견을 볼 수도 있지만, 필자는 지카마쓰가 일본의 우
위성을 말하는 장면에 여자까지 동원했음에 주목하고 싶다.

(6) 신덕(神德)·무덕(武德)·성덕(聖德)의 융합

타국의식을 아로새기면서 일본인식을 명확히 했던 지카마쓰는 『국성
야합전』의 마지막을,

> 평화롭고 황송하옵게도 대일본의 군주가 다스리는, 신덕·무덕·성
> 덕의 나라. 끊임없이 나라가 번창하고 백성이 번창하는 은혜를 입어
> 서, 오곡의 풍요가 영원히 계속될 것임을 축도하노라.

라며 끝낸다. 달단국과의 전투에서 승리하고, 대명국도 다시 일으킨 일
본은 '신덕·무덕·성덕'의 나라이고 그 백성은 '번창'한다는 것이다.

야마가 소코가 『중조사실』에서 논리화한 신국사상과 일본형 화이의
식의 통합이라는 정치문화(상층문화)를, 지카마쓰는 조루리라는 미디어
를 이용하여 민중에게 '알기 쉽게' 말한 것이다.

5. 마치며

오카모토 기도(岡本綺堂)는 『국성야합전』을 분석하여, "'일본'이라는 것을 잊지 않고, '일본'의 빛 또는 '일본인'의 힘이라는 것을 매우 강조하고 있다", "이국을 대상으로 삼아 저절로 '일본'을 강하게 의식하게 된다"고 논하고 있다.[38] 오카모토의 혜안이라 할 수 있다.

지카마쓰는 간분 연간에 간행된 『명청투기(明淸鬪記)』를 통해 명청교체기 정씨와 청나라 사이의 전쟁에 관한 지식을 얻은 것으로 파악된다.[39] 루이 알튀세르의 이데올로기 분석 방법론에 의거한다면, 지카마쓰 몬자에몬은 신국사상과 일본형 화이의식의 통합이라는 고도의 정치사상(상층문화)을 민중에게 집단심성(하층문화)으로 연결하는 중개자로 위치 지을 수 있다. 한편, 『국성야합전』만 보면 여기에서 중국문명에 대한 언급이나 존경하는 마음은 발견할 수 없다. 중국문명에 경도된 지적영역이나 풍조가 존재했음에도 불구하고 지카마쓰는 이에 대해 입을 다물었던 것이다. 물론 조루리라는, 시각적으로 관객에게 이야기하는 픽션 세계에서 사상과 사유를 표현하기는 어렵다. 중국문명에 대한 동경이라는 추상도 높은 현상에 비하여 일본의 무를 '알기 쉽게' 강조하여 관객(민중)에게 호소하기는 쉽다. 초연 이래로 3년 동안 이례적으로 롱런한 히트작 『국성야합전』을 본 많은 민중은 일본이란 신의 나라, 무의 나라라고 인식한 것이다. 이는 미디어가 지닌 '알기 쉬움'의 함정이라고도 할 수 있다.

전국시대 이래의 난폭한 무사 논리는 17세기 말 이후에는 부정되었고, 안정적인 민간사회가 성립되었다.[40] 무사는 본래의 전투자 본분이 부

---

38 岡本綺堂, 「『國姓爺』の樓門」, 『演芸畵報』昭和 5年 2月號, 1930.

39 向井芳樹, 「國性爺合戰」, 『國文學 解釋と鑑賞』昭和 45年 10月號, 1970.

40 深谷克己, 『江戶時代』, 岩波書店, 2000.

정되었고 대신 통치자로서의 자각이 요구되었으며 재무관료로서의 능력까지 요구받게 되었다.[41] 이러한 정치적·사회적 추세에 반발하는 자(가부키모노 등)는 막부에 의해 철저히 탄압받았다. 쇄국으로 폐쇄된 사회에서 막번 영주의 권력은 민중세계에 파고들어 민중의 일상생활까지 규제하고자 했다. 신분구조가 고정화되었고, 지배의 그물코가 촘촘하게 펼쳐지게 되어 사람들은 이러한 폐쇄적 사회관계 속에서 세간의 눈을 의식하며 살아가게 되는, 균질적으로 규율화된 사회가 도래하게 되었다.

그러나 폐쇄된 사회 속의 소극적인 '항거'는 조루리라는 미디어 속에서 이전 시기의 향수라는 형태로 '알기 쉽게' 창조되어 전파되었던 것이다. 전국시대(16세기)는 가혹한 폭력의 세상이긴 했지만 민중에게는 자율의 기운이 있었고, 자신의 능력으로 고위험, 고수익을 추구할 수 있는 대외무역도 번성하였기에 일본인이 해외로 나가고 있었던 시대였다.『국성야합전』은 일본인의 피가 섞였고, 일본 '병법의 비밀'을 터득한 와토나이가 '중국'의 "대명국·달단 양국을 한 번에 삼키고자" 활약했던 이야기이다. 이 이야기에는 이전 시기의 향수가 넘쳐난다. 다만 문제는 현상에 대한 소극적 '항거'와 '알기 쉬움'이 폭력=무로 표상되었고, 여기에서 형성된 자국인식은 무력이 뛰어난 나라라는 것이 강조되어 있다는 점에 있다.

『국성야합전』은 18세기 초엽에서부터 19세기 전반까지 가부키로 95차례 공연되었다. 7대 계승자 마쓰모토 고시로(松本幸四郎)에 의하면, 와토나이=정성공(鄭成功)은 6척 2촌의 대도(大刀) 등을 세 자루씩 쓰는 용맹한 모습으로 등장했다고 하며,[42] 현대 가부키에서도 이 형태가 답습

---

41 일본 근세시기 무사는 폭력을 독점한 세습 무사였기 때문에 위정자로 군림해왔던 것으로, 동아시아의 시각에서 과거(科擧)가 없는 사회의 치자(治者)문제, 상황에 대해서는 신중히 접근할 필요가 있다.

되고 있다. 『국성야합전』에서 표상된 신의 나라, 무의 나라 일본이라는 자국인식은 일본 근세를 통해 재생산되었던 것이다.

42 「七代目松本幸四郎『和藤內』」, 『演芸畵報』 昭和 16年 11月號, 1941.

민중운동사 연구의 방법
- 통속도덕론을 둘러싸고 -

조경달 | 번역_배항섭

1. 머리말

민중운동사 연구가 활력을 잃은 지 오래되었다. 1960년대 후반~1970년대에 왕성했던 인민투쟁사 연구는 이미 사학사의 대상이 되었다. 사회사가 본격적인 융성기를 맞이한 80년대에 들어서자 그와 함께 인민투쟁사 연구는 급속히 인기를 잃었다. 민중사 연구 자체는 결코 쇠퇴했다고 할 수 없으나, 연구자의 관심은 민중의 운동이나 그 변혁주체성을 문제삼기보다는 민중의 일상생활이나 사람들의 관계성 등에 보다 관심을 쏟는 사회사의 연구방법에 끌리게 되었던 것이다.

그러나 민중운동사 연구는 그러한 사회사의 문제의식을 흡수하면서 새롭게 전개되기 시작했다. 일본사 연구에 한정해 보자면, 인민투쟁사 연구가 왕성했던 70년대 전반에 후카야 가쓰미(深谷克己)가 제창한 인정(仁政) 이데올로기론[1]은 위정자와 백성 사이에 존재한 지배와 합의의 시스템을 명시했다는 점에서 기념비적인 의미를 지닌다. 이는 정치문화론적인 문제의식을 선구적으로 제시했다고 할 수 있을 것이다. 당시까지

---

1 深谷克己, 「百姓一揆の思想」, 『思想』 584, 1973.

후카야는 정치문화라는 용어를 사용하지는 않았으나, 그 내용은 정치문화에 대한 착목이었다고 봐도 무방할 것이다. 그리고 이는 순수하게 '새로운 정치문화'에 착목한 린 헌트(Lynn Avery Hunt)의 문제의식[2]보다 앞선 것이었으며, 그람시가 말한 헤게모니론에도 대응하는 내용을 갖추었다고 생각한다.

오늘날 민중운동사 연구는 인민투쟁사 연구 전성기에 비하면 위세를 잃었지만, 역사학의 중요한 연구영역임에는 변화가 없다. 이는 이와 같은 정치문화론을 전제로 구성되어 있다. 후카야에 의하면 근래의 민중운동사 연구는 "운동·투쟁의 제 국면을 대상으로 삼으면서도, 단순히 국가 대항적인 현상만을 다루는 것이 아니라, 운동·투쟁을 낳은 각각의 사회, 그 시대 고유의 깊은 기반과 의식 구조에 관심을 두고자 한다"고 여겨진다.[3]

이를 내 나름대로 나 자신의 문제의식에 연관하여 보자면, 민중운동사 연구라는 것은 단순히 변혁주체의 동태에 관심을 두는 것뿐만 아니라, 운동·투쟁이라는 비일상적 세계로부터 오히려 민중의 일상적 세계를 역으로 비춰보려는 부분에 의의가 있다. 민중운동은 지배의 합의 시스템이 위기에 처하거나 파괴되었을 때 흥기한다. 따라서 민중운동의 과정을 보자면 지배의 합의 시스템의 내용과 실체, 그리고 사람들 사이의 관계성이나 인성, 일상생활의 양상 등도 엿볼 수 있다. 즉, 민중운동사 연구는 전체사를 꿰뚫어보기 위한 하나의 수단이다. 정치문화는 제1층=원리(정치이념, 정치사상 등), 제2층=현실(수세관습, 관민관계, 선거관행, 운동방식, 원하는 바, 미신 등), 제3층=표상(깃발, 표식, 언어, 제복, 의례, 축제 등)이라는 세 층으로 이루어져 있다는 것이 필자가 전부터 가지고

2 リン・ハント, 松浦義弘 譯, 『フランス革命の政治文化』, 平凡社, 1989.
3 深谷克己, 「民衆運動史研究の今後」, 深谷克己 編, 『民衆運動史-近世から近代へ』 5, 靑木書店, 2000, 12쪽.

있었던 생각이다. 그리고 민중운동사 연구에서 무엇보다 중요한 것은 제1층과 제2층의 모순, 어긋나는 점을 찾아내는 것이다. 린 헌트가 착목한 '새로운 정치문화'는 오로지 제3층이며, 장기파동적으로 측정되는 정치문화의 양상에는 그다지 관심을 두지 않는 것으로 보인다. 어쨌든, 민중운동사 연구는 정치문화사적 논의와 부딪히는 과정을 통해 전체사를 파악하는 데에도 기여할 수 있을 것이다.

근래의 민중운동사 연구에 큰 영향을 미친 연구로, 야스마루 요시오(安丸良夫)의 통속도덕론(通俗道德論)이 있다. 야스마루는 인민투쟁사 연구가 본격적으로 제창되기 이전부터 민중운동사라는 관점에서 통속도덕론을 전개하였다. 야스마루에 의하면 일본에서는 근면·검약·겸허·인종(忍從)·정직·경건·조식(粗食) 등의 용어로 표상되는 통속도덕이 18~19세기 민중 사이에서 주체적으로 내면화되는 방향으로 전국적으로 형성되어, 막번체제(幕藩體制)가 민중을 지배하기 위한 새로운 이데올로기가 되었다. 그러나 "통속적이고 전근대적인 도덕으로 보이는 것이 어떤 역사적 단계에서 새로운 '생산력'"이 된다. 때문에 이는 결국 일본 근대화를 비판하는 근거가 되는 한편으로, 일본 자본주의를 위한 지배적 이데올로기로 재편되기에 이르렀다는 것이다.[4]

이와 같은 야스마루의 통속도덕론은 오늘날까지 절대적인 영향력을 가진다. 조선사를 전공하는 나 역시 자극을 받아 그 방법론을 배웠다. 나는 동학연구에서 동학을 통속도덕론적인 관점에서 설명하였다.[5] 그러나 내가 배운 것은 어디까지나 통속도덕이 위에서부터 형성되어 민중들에

---

4 安丸良夫, 『日本の近代化と民衆思想』, 靑木書店, 1974. 특히 저서의 타이틀과 같은 이름인 제1장이 중요하다. 초출은 1965년이다. 『安丸良夫集』 1, 岩波書店, 2013에 재수록. 이하에서 야스마루의 저작은 『安丸良夫集』에서 인용한 것으로 한다.

5 趙景達, 『異端の民衆反亂-東學と甲午農民戰爭』, 岩波書店, 1998.

게 내면화를 요구하며, 민중 측에서도 상층 민중을 중심으로 부분적으로 그에 호응하려는 움직임을 보이게 되는 한 가지뿐이다. 야스마루의 방법을 그대로 조선의 민중운동사에 적용하려는 생각은 없었다. 아무리해도 적용하기 어려운 문제가 있었다. 통속도덕의 내면화라는 것은 당시 민중에게도 상당히 어려운 문제였다. 이는 비교사적 문제에 속하는 것일지도 모르나, 민중관 자체에도 관련된 문제가 있었다. 야스마루의 통속도덕론을 자세히 이해하는 연구자라면, 나의 논의가 야스마루와는 다른 점이 있음을 눈치 챌 것이라고 생각한다. 야스마루는 통속도덕을 내면화한 민중의 도덕주의와 규율성을 절대시하지만, 나는 그러한 민중관을 가지고 있지 않다.

나는 통속도덕을 내면화한 민중의 규율성에 착목했을 뿐만 아니라, 그들이 통속도덕을 폐기하는 국면에도 착목한 동시에, 통속도덕을 내면화하고자 했지만 그럴 수 없었던 민중이나 일탈하는 민중, 혹은 당초부터 통속도덕과는 무관한 민중이야말로 방대한 변혁 에너지의 가능성을 내보인다고 본다. 동아시아의 역사적 관점에서 볼 때, 야스마루의 통속도덕론은 상대화되지 않으면 안 된다.

야스마루는 하나의 틀을 시종 유지하고 체계화한 드문 역사가이다. 그러나 민중운동사 연구의 인기가 떨어지면서, 야스마루 사학에 의해 민중운동사의 본질이 이야기되는 것에 대해 우려하고 있다. 한편으로 그 유효성을 인정하면서도, 그 이상으로 명확히 비판하지 않으면 안 된다는 생각이다. 오늘날까지 야스마루의 통속도덕론에 대해서는 찬성뿐 아니라 비판도 많이 이루어졌으나, 비판은 대부분 일본사 연구자가 한 것이다. 조선사에서는 미야지마 히로시(宮嶋博史)가 약간 비판한 바 있으나,6 정

---

6 宮嶋博史, 「日本史認識のパラダイム轉換のために-「韓國倂合」 100年にあたって」, 趙景達·宮嶋博史 他編, 『「韓國倂合」 100年を問う』, 岩波書店, 2011.

리된 형태를 갖춘 것은 아니었다. 따라서 본고에서는 같은 조선사 연구의 입장에서, 의문을 지우기 힘든 야스마루의 통속도덕론을 재검토하고자 한다. 지금까지 나는 조선사라는 입장에서 비판하는 것을 삼갔으나, 나 자신의 연구가 일본사에서도 자주 언급되기에 이른 만큼, 일국사적 발상에 대한 타파가 요구되는 작금의 현실을 거울로 삼아 내가 생각하는 부분을 서술해보고자 한다. 그리고 그러한 작업을 통해 민중운동사 연구의 방법에 어떤 시사점을 제시할 수 있기를 기대한다.

2. 통속도덕과 동아시아

조선사를 연구하는 입장이면서도 야스마루의 통속도덕론에는 꽤 오래전부터 착목하고 있었는데, 내가 야스마루의 통속도덕론에 한층 강한 관심을 갖게 된 것은 미야지마 히로시의 소농사회론을 접한 이후였다. 미야지마에 의하면 역사적으로 동아시아는 세계사적으로 볼 때 균질적 소농사회로 규정할 수 있으며, 중국에서는 15세기, 조선과 일본에서는 17세기 이후 소농사회가 되었다는 것이다.[7] 이 사실의 발견은 중요하다. 이전까지 일본에는 봉건제가 존재했으나 조선과 중국에는 없었다고 여겨졌으나, 미야지마의 논의는 그러한 비대칭성을 무효화하고 오히려 동

---

7 宮嶋博史, 「東アジア小農社會の形成」, 『アジアから考える』 6, 東京大學出版會, 1994. 다만 소농사회의 안정도라는 점에서 동아시아 삼국 사이에는 차이가 있다. 조선과 중국은 뒤에서 언급하듯이 유동성이 매우 높은 사회였다. 이를 고려한다면 소농사회란 단순히 양적 의미에 그치는 것이 아니라 질적 의미에서도 살펴보아야만 한다. '지배층에서는 소농층의 광범위한 존재를 사회의 기초로 삼으려는 사조가 있고, 피치자층에서도 소농으로 자립하고자 하는 지향성이 당위적으로 존재하는 동시에 노력 여부에 따라 그것이 가능한 사회'라는 정의가 붙어야 할 것으로 생각한다.

질성에 착목한 것이다. 그 결과 동아시아 비교사의 길이 열렸다. 사실 소농자립은 가(家)의 존속을 바라는 많은 민중을 생산하는데, 그 결과로 중국에서는 종족이 왕성하게 형성되었고 조선에서는 족보 작성이 유행했다. 그리고 일본에서는 가직(家職)의식이 일반화되었다.

그렇다면 민중의 도덕의식은 어떻게 되었을까. 가가 존속되기 위해서는 근검과 성심이라는 도덕관념을 내면화하고 자자손손 계승하지 않으면 안 된다. 그것이야말로 야스마루가 이야기하는 통속도덕이다. 그리고 이 역시 동아시아 삼국에서 연이어 형성되었다. 중국에서는 청대 유행한 선서(善書)가 이에 해당하며 조선에서는 1860년에 탄생한 동학의 역할이 컸다.

그러나 야스마루의 통속도덕론은 이러한 비교사적 관심에서 제창된 것은 아니다. 주지하는 바와 같이 야스마루는 막스 베버의 『프로테스탄티즘의 윤리와 자본주의 정신』에서 힌트를 얻어 통속도덕론을 착안했다. 단, 베버가 근대자본주의의 추진력이 되는 자본가와 노동자를 중심으로 넓게는 시민계급 일반으로부터도 근검 에토스를 추출한 것에 비해, 야스마루는 농민을 중심으로 한 민중 일반에서 이를 끌어냈다는 점에서 다르다.

또한 이 역시 유명한 이야기이나, 야스마루의 통속도덕론은 마루야마 마사오(丸山眞男)와 그 학파가 합리적 정신이나 개아(個我)의 확립 등에서 근대적 주체 형성을 발견하고자 한 것에 대한 안티테제로서 제시되었다는 점이다. 야스마루는 그러한 방법을 '모더니즘의 도그마'라면서 강하게 비판하였다.[8] 그러나 마루야마적인 근대주의적 수법을 비판했다고 할지라도, 통속도덕론의 발상 자체가 베버라면 서구중심적인 굴레에서 벗어날 방법이 없다. 애초에 야스마루의 종교관은 시마조노 스스무(島薗

8 安丸良夫, 앞의 책, 1974, 8쪽.

進)가 비판한 것처럼, 주술로부터 해방되는 계기로서 통속도덕의 성립을 실현하려는 것으로, 근대주의적인 종교관과 뿌리를 같이 한다.[9] 근대주의 비판의 패러다임 전환은 전혀 실현되지 않았다.

분명 야스마루에게는 통속도덕을 동아시아의 농경사회에서 일반적인 것으로 보는 관점이 있다. 미야지마의 소농사회론에서 영향을 받았는지는 불분명하나, 후일 동아시아에서 통속도덕 형성을 '소농경영의 일반적 형성과 상즉적(相卽的)'인 것이라고 하였다.[10] 그러나 야스마루의 설명은 여기까지이다. 중국이나 조선에서 통속도덕이 종말사상과 세트가 되어 나온다는 점이 간과된 것이다.

원래 같은 소농사회라고 할지라도 병영국가적으로 규율화되어 중간 수탈이 배제된 '견고한' 타입의 일본은 '유연한' 타입의 조선이나 중국과 대조적이다.[11] 나는 소농사회로서 일본은 조선과 중국에 비해 안정적인 사회였다고 생각한다. 조선은 일본에 비해 유동적인 사회였고, 중국은 유동성이 더 높은 사회였다. 이곳에서 농민은 소농으로의 상승과 몰락을 반복하였고, 유민화(流民化) 현상이 빈번히 발생하였다. 이러한 일은 정치 정세나 세태에 반영되어 중국과 조선에서는 역성혁명을 끊임없이 모의했다. 그리고 이는 민중 사상에도 반영되어 종말사상이 유행했다. 청대 중국에서 유행한 선서(善書)라는 것은 민중세계에 만연해있던 종말사상을 배경으로 출현한 서적류로, '겁(劫)'=파멸에서 벗어나기 위해서는 선행을 계속 쌓을 수밖에 없다는 신앙에 기반한다.[12] 종말사상과 통속도

9　島薗進,「宗教研究から見た安丸史學-通俗道德論から文明化論へ」, 安丸良夫·磯前順一　編,『安丸思想史への對論』, ぺりかん社, 2010, 142쪽.

10 「「通俗道德」のゆくえ」,『安丸良夫著作集』 1, 307쪽.

11 岸本美緖,「東アジア·東南アジア傳統社會の形成」,『岩波講座世界歷史』 13, 1998.

12 山田賢,「世界の破滅とその救濟-淸末の『救劫の善書』について」,『史朋』 30, 1998;「生きられた「地域」-丁治逕『仕隱齋涉筆』の世界」, 山本英史 編,『伝統中國の地域

덕은 그야말로 세트 관계에 있으며, 청교도적인 금욕주의 형태와는 약간 차이가 있다. 일반적으로 종말사상은 현세적인데 비해 청교도주의는 내세적 논리로 움직인다.

또한 조선의 동학은 종말의 도래와 진인(眞人) 정씨의 탄생을 동반하는 왕조교체를 예언한 참서(讖書) 『정감록』의 유행을 배경으로, 이를 극복하기 위한 '수심정기(守心正氣)'라는 통속도덕의 실천을 추구하였다. 동학의 창시자 최제우는 당초 선약(仙藥) 복용과 주문 낭송을 통한 신비주의적이고 용이한 방법으로 만인의 진인화가 이루어진다고 했으나, 결국 '수심정기' 실천을 만인 진인화의 필요조건으로 삼았다. 제2대 교조 최시형 단계에 이르면, '수심정기'는 필요조건을 넘어 절대조건이 되었고, 신도들에게 합리주의적 통속도덕의 실천이 강하게 요구되기에 이른다. 여기서 동학 교문을 중심으로 한 정통사상=북접파가 성립하게 되는 것이지만, 동학의 반란=갑오농민전쟁은 만인의 진인화를 여전히 간편한 것으로 생각하고 민중을 변혁주체로 파악한 전봉준 등 이단동학=남접파에 의해서 주도되었다.[13]

이와 같은 동학에서의 정통과 이단의 문제로부터 야스마루의 논의로 돌아가자면, 납득하기 힘든 점이 눈에 띄기 시작한다. 야스마루는 ① "민중사상은 때로 그 통속도덕적 입장을 추구하는 것을 통해 통속도덕적 원리를 표방하며 매섭게 사회를 비판하였다"라든지, ② "통속도덕을 진지하게 실천해 온 인간만이 확신을 가진 예리한 비판자가 될 수 있었다"고 하였다. 또한 이는 막말유신기, 종교적 비약으로 보다 첨예한 형태가 될 가능성이 있었으나, 다만 ③ "세상을 바꾸겠다는[世直し] 관념의 발전은

像』, 慶應大學出版會, 2000; 「記憶される「地域」-丁治逗 『仕隱齋涉筆』の世界」, 『東洋史研究』 62-2, 2003.

13 趙景達, 앞의 책, 1998. 이하 동학과 갑오농민전쟁에 대해서는 이 책을 참조하였다.

일본에서는 세계사적으로 예외라고 해도 될 정도로 미숙했다"면서, ④ "이러한 관념에 고무된 종교 잇키(一揆) 사례는 보이지 않는다"고 하였다. 그리고 ⑤ 극단적인 사회변혁적 종교가 나타나지 않은 것은, 막말유신기에 나타난 새로운 종교가 모두 신도(神道)계통에 속했기에 천황제 이데올로기에 유착하기 쉬웠고, 민중의 통속도덕적 자기규율은 도리어 천황제 지배를 아래에서부터 지지하는 강력한 에너지를 제공하게 된 것이라고 하였다.[14] 이러한 설명은 대체로 납득할 만한 것으로 보인다. 그런데 나는 ③과 ④에는 동의하지만, ①과 ②에는 동의할 수 없다. ⑤에 대해서도 신도계 종교라는 점만으로 설명하는 것은 조금 관념적이지 않을까.

동학에서는 우직하게 통속도덕의 실천을 요구한 종문 중앙의 정통파=북접파는 신도들의 왕조비판과 사회비판을 억제하고 신도들에게 어디까지나 도덕적인 극기에 힘쓰는 개인 수양을 요구했다. 원래 이단에 속했던 동학은 주자학을 최고로 여기는 정통국가에 타협적인 모습을 보이게 되었다. 때문에 초대 교조 최제우는 1662년에 조선 남부 일대를 뒤덮은 임술민란 당시 재빨리 방관적 자세를 취했다. 제2대 교조 최시형도 갑오농민전쟁 때는 줄곧 반대하였다. 그들이 통속도덕적이 될수록, 왕조비판이나 사회비판은 동학의 내용 자체에 그러한 요소가 아무리 많이 갖춰져 있었다 할지라도 실천행위로서는 분출될 수 없었던 것이다. 따라서 민중의 사회불만에 응한 더 많은 이단세력이 동학 내에서 발생할 수밖에 없었고 그것이 바로 전봉준 등의 남접파였다. 더구나 동학의 지도자들은 거의가 사족임을 자부하는 향촌지식인이었다. 따라서 갑오농민전쟁에서 민중은 통속도덕 폐기라는 방향성을 가지고 투쟁을 전개하게 되었다.

14 「『世直し』の論理と系譜-丸山教を中心に」, 『安丸良夫集』 3. 이 논문은 히로타 마사키와의 공저이다.

여기에는 민중의 규범의식이나 폭력행위의 문제가 있다. 막말유신기의 민중은 통속도덕에 얼마나 충실했던 것일까. 오히려 반통속도덕적인 방향에서 사회변혁의 에너지를 발견할 수 있지 않을까. 또한 거기에는 민중폭력 문제가 가라앉아 있는 것은 아닐까. 어느 정도 종교적 형태를 취한 투쟁이라고 할지라도, 도리어 그렇기 때문에 종교적 일탈이 존재하는 것이다. 야스마루의 견해는 그러한 일탈을 경시하고 민중종교의 교리적 실천을 절대시한 것이 아닌가 생각된다. 그리고 급진적인 이단색채의 세상 바꾸기 종교가 나타나지 않은 것도, 단순히 신도계 종교의 문제로 돌릴 수는 없는 것이 아닐까. 불교계통이나 기독교계통에서 급진적인 신종교가 탄생하는 일도 가능했을 것인데, 왠지 그러한 종교는 나타나지 않았다.[15]

3. 민중의 규범의식

통속도덕론에 대해서는 당초부터 비판이 있었다. 그 중에서도 야스마루의 최초 저작 『일본근대화와 민중사상(日本近代化と民衆思想)』에 대한 후카와 기요시(布川淸司)의 비판은 날카로웠다. 후카와에 의하면, 근세 중·후기부터 일반민중이 통속도덕을 목적의식적으로 실천했다는 것 같은 이야기는 실증 차원에서 논파되었다고 하면서, 그렇기 때문에 촌락 지도자는 통속도덕을 고취하지 않을 수 없었고 다수의 민중은 민속적인

15 야스마루는 그 이유를 '쇼쿠호정권과 막번체제의 성립에 의해 철저하게 파괴되어 근세의 불교는 사회사상으로서의 생명력을 잃어버렸다'는 점에서 찾고 있다(위의 책, 107쪽). 그러나 아래에서 서술하듯이 나는 일본사회가 그 정도로 유동적이지 않았던 것이야말로 중요한 요소라고 생각한다. 유동적인 상황이라면 숨은 기독교인 등도 포함하여 그러한 종교에도 새로운 생명력이 만들어졌을 것이기 때문이다.

옛 관습에 익숙했다고 하였다. 그리고 많은 민중은 오히려 공리적(功利的)이고도 자기본위적으로 살았으며, 그랬기 때문에 야스마루가 말한 것과는 반대로 "통속도덕을 파괴하기 위해 주입된 인간의 에너지는 실로 거대했다"라고 했다. 야스마루의 논의는 도리어 촌락지도자나 상층농민에게 의거한 것이었으며, 민중의 에고이즘이나 그로부터 발현된 불복종의 논리를 인정할 수 없는 논의이므로, 야스마루가 비판하고자 한 모더니즘과 다를 바 없다는 것이다.[16]

나는 사실 후카와의 비판에 대부분 동의한다. 다만 "내가 '통속도덕'을 규범, 당위, 사회적 통념 등으로 인식하는 것을 후카와는 완전히 무시하고 있다"는 야스마루의 반론[17]은 중요하다. 당시 사람들에게 통속도덕은 통념이었고, 그렇게 살아가지 않으면 안 된다는 소농적 논리를 이해하고 있었다는 부분에야말로 민중적 갈등의 깊은 연원이 있다고 생각하기 때문이다. 근대이행기의 동아시아 민중이 통속도덕의 사회통념화를 둘러싸고 갈등의 골을 깊게 했음은 틀림없다. 이는 일본만의 문제가 아니라, 동아시아 비교사 연구에서 중요한 공통항을 발견한다는 점에서 큰 의미를 가진다는 것이 나의 생각이다. 그렇기에 동아시아사 연구의 귀중한 성과라는 평가와 함께 '통속도덕'이라는 용어를 그대로 사용하고 있는 것이다.

그러나 야스마루의 논의는 사회통념화라고 하면서도 그 실체를 보면, 역시 실태를 이야기한다 할지라도 민중은 통속도덕을 내면화해가는 존재로밖에 상정되지 않았다고 생각한다. "나는 '통속도덕'이라는 형태를 취해 자기를 형성해나갈 수밖에 없었던 민중의 실정 속에서 언어로 표출할 방도가 없었던 방대한 갈등과 비애를 읽어내고 싶다"[18]라든지, "(통념

---

16 布川淸司, 「安丸良夫 著『日本の近代化と民衆思想』」, 『日本史硏究』149, 1975.
17 「「民衆思想史」の立場」, 『安丸良夫集』1, 186쪽.

화를 매개로: 인용자) 일본인 특유의 성격 구조, 몸짓, 감수성과 행동양식의 특질 등도 형성되었음에 틀림없다"[19] 등의 문장을 접했을 때, 큰 위화감을 떨칠 수 없었다. 여기서 말하는 통속도덕론은 상당히 문학적일 뿐 아니라, 일본인의 국민성론으로까지 상승해버린 느낌이다.

민중은 통속도덕론적으로밖에는 자기형성할 방법이 없었다는 것은 정말일까. 이 점에 대해서는 후카와 이전에 일찍이 후카야 가쓰미가 비판하였다. 후카야는 후카와와 같이 통속도덕은 지주층이나 촌락 관리층의 도덕관이며, 자립성을 상실한 하층농민이나 반프롤레타리아층은 통속도덕의 실천을 위한 현실적 기초마저 빼앗겼다고 보았다. 그리고 그러한 인식 위에서 "'통속도덕'형의 자기규율로 주체를 확립할 수 없는 층, 따라서 독자적인 변혁주체로 나타나는 층을 계급투쟁을 실현하는 방식의 차이로까지 연결되는 것으로 명확히 위치 부여할 필요가 있다"고 했다.[20] 인민투쟁사 연구시대의 숨결이 느껴지는 문장이지만, 이야기하고자 하는 바는 명료하다. 막말유신시대의 민중운동은 반통속도덕 내지는 비통속도덕의 논리에 의거해서 일어났음에 보다 더 착목하지 않으면 안 된다는 것이다.

사실 야스마루가 이러한 비판을 받아들였는지는 알 수 없으나, 그 후 백성 잇키에 대해 상세히 연구했다. 『일본근대화와 민중사상』 제2편에 수록된 두 논문이 그것이다. 여기서 그는 백성 잇키의 양상과 그 과정에서 민중의 심성, 그리고 백성 잇키와 민속의 관계성 등을 선명하게 해명했다. 그런데 백성 잇키의 정당화 논리는 촌락 관리를 중심으로 내면화

---

18 「前近代の民衆像」, 『安丸良夫集』 5, 259쪽.

19 「「民衆思想史」の立場」, 『安丸良夫集』 1, 197쪽.

20 深谷克己, 「『歷史學硏究』 341号特集, 「天皇制イデオロギー」について」, 『歷史學硏究』 378, 1971.

된 통속도덕에 의해 뒷받침된 것으로 묘사했다. 그리고 그렇기 때문에 백성 잇키라는 비합법수단으로 발산될 수밖에 없었던 사람들의 내적 갈등은 깊었으며, 백성 잇키와 관련하여 다수 탄생한 원령담(怨靈譚)이나 의민담(義民譚) 등은 그러한 갈등의 산물로 여겨진다. 또한 야쿠자와 같은 사회적 일탈자가 잇키의 두목이 되는 일 등도 서술되었는데, 그러한 경우 잇키가 끝난 후에 따돌림을 당하거나 제재를 받았다고 한다. 이러한 이야기는 잇키에 참여한 사람들의 대세가 얼마나 통속도덕을 내면화하여 순종하고 있었는지에 대한 증거로 사용된 것이다. 야스마루는 '굶주린 빈민'이나 사회적 일탈자가 다수 참여한 막말의 세상 바꾸기 잇키[世直し一揆]도 언급하고 있으나, 이들의 폭력적 생활과 절도 등은 일탈행위에 불과했으며, 잇키의 논리는 어디까지나 "지역의 공동성 세계를 대변하는 징악(懲惡)의 행위"="공적인 정당성"이었다고 하였다. 세상 바꾸기 잇키에서 파괴행위[打ちこわし]가 격렬히 발생하고, 난주(亂酒), 난폭(亂暴), 난무(亂舞)에 의해 축제화되었으나, 잇키 민중의 대부분은 기본적으로 '응징'의 논리를 벗어나지 않았다는 것이다. 역시 잇키의 배경에 있는 논리에서 통속도덕을 보고 있다고 할 수 있다. 백성 잇키(百姓一揆)는 본질적으로 통속도덕에 투철한 민중의 인내가 한계점에 달하였을 때 발생하며, 잇키 과정도 통속도덕적 논리를 띠고 진행된다는 것이다. 사회적 일탈자를 주체적으로 보는 일의 중요성에 대해서는 다음 절에서 논하겠지만, 야스마루의 필치는 역시 통속도덕을 사회적 통념 이상으로 실태화하고 있는 것으로 보인다.

통속도덕론에 관해서는 민속학자 고마쓰 가즈히코(小松和彦)도 의문을 제기하였다. 고마쓰에 의하면, 야스마루는 민속에 관심을 가졌으나 그 관심은 백성 잇키와 같은 민중운동을 배후에서 지지하는 것에 대한 것일 뿐이며, 보다 복잡한 민속의 코스몰로지(cosmology)를 이해하고 있지는 않다는 것이다. 게다가 "상위권력에서 유래하는 '도덕'의 통속화"에 시점을 두는 것은 민중을 아래로 내려다보는 것에 지나지 않는다고 하였다.[21] 이 지적은 나를 포함한 일반적인 민중운동사 연구자에게도 적용되는 엄한 지적이다. 민속의 관점에서 볼 때, 역시 통속도덕에 의한 민중의 자기형성이라는 것은 허구로 보인다는 것이다.

민중은 반드시 통속도덕에 의해서만 자기형성을 하는 것이 아니라는 점은 야스마루의 맹우라고도 할 수 있는 히로타 마사키(ひろたまさき)도 주장하는 바이다. 히로타는 야스마루와 함께 통속도덕론을 다듬어 낸 역사가다. 그는 통속도덕의 양의성(兩義性)에 착목하여, 부정적인 면에 연구의 정열을 쏟지 않은 야스마루를 비판했다. 히로타에 의하면, 통속도덕은 농상(農商)활동을 활성화하는 한편, 천민차별을 만들어내는 온상이 되기도 했으며, 하층민중의 경우 반통속도덕적인 요괴도나 괴담 등 "악으로서 배제된 세계"에 매료되거나, 매춘이나 도착, 연극, 판화, 참배 여행 등 여러 여흥문화에도 익숙했다는 것이다. 그리고 통속도덕적 규범과는 당초부터 무관한 표류민이나 탄광부, 예능민, 야쿠자, 도시하층민 등의 존재를 인지해가면서 그들을 자신의 역사상에 포함하려 하지 않은 야스마루를 비판한다.[22] 이러한 비판의 배경에는 원래 근대사 연구자임에도 불구하고, 일본 제국주의나 제국의식 연구를 피해온 야스마루에 대한 불만이 있는 것 같다. 히로타에게는 근대 일본이 피차별부락민 차별이나 아이누, 오키나와 차별을 만들어내고, 아시아를 멸시하는 감정을 가지고 침략행위를 한 데 대한 짜증이 있다. 그리고 그러한 죄과는 저변 민중도 벗어날 수 있는 것이 아니며, 결국 제국의식은 그들 역시 받아들이게 된다는 것이다. 때문에 당연히, 제국의식의 문제는 단지 제국일본

---

21 小松和彦, 「安丸良夫の民族論」, 安丸良夫·磯前順一 編, 앞의 책, 2010.
22 ひろたまさき, 「日本帝國と民衆意識」, 安丸良夫·磯前順一 編, 위의 책.

의 문제일 뿐만 아니라, 일본민중, 일본국민의 문제이기도 하다는 것이다. 이러한 히로타의 민중관과 대비할 때, 야스마루의 일본민중관은 역시 너무도 지나치게 아름답다.

실제로 근세의 민중은 탐욕스러웠다. 근세사회는 사실 '신분상승'이 가능한 사회였다. 통속도덕은 '분수[分]'에 맞게 살아가라고 설파하는 듯하지만, 통속도덕의 고취자였을 촌락 관리층 등은 도리어 성[苗字]을 가지고 칼을 차기를 간절히 바라면서 그러한 상승 희망을 실현하는 사람들의 선두에 있었다. 무술을 익혀 사무라이 신분을 얻으려했던 백성도 적지 않았고, 그러한 희망을 배경으로 막말에는 널리 농병(農兵)이 탄생하는 계기가 되었다.[23] 통속도덕의 내면화란 그리 용이하게 이루어질 수 없었다는 것은 인지상정이 아니었을까.

이러한 사실은 동아시아의 역사를 보아도 그러하다. 야스마루는 사실 비교사에도 관심을 가졌고, 유럽뿐 아니라 중국 등과의 비교도 시야에 넣었다. 그러나 미야지마 히로시의 지적대로 동아시아 역사 차원에서의 통속도덕 비교는 없었다. 선서나 동학에 대한 관심은 거의 없다. 원래 중국과 조선의 민중반란에서도, 신분상승 희망을 무시하고 그 본질을 이야기하기는 불가능하다. 태평천국의 난에서는 평등주의가 관철되었던 것처럼 보이나, 그 실체를 보자면 천왕 홍수전을 정점으로 하는 신분제사회를 구축하려 한 것이었다. 태평천국의 사회제도가 규정된 '천조전무제도(天朝田畝制度)'는 근검순종이라는 통속도덕을 설파하는 한편, 농민을 신분상 가장 아래에 두고, 죄를 범하는 자는 농민으로 삼는다고 정하였다.[24]

또한 동학에서는 분명 '분수[分]'의 사상을 제창했으나, 갑오농민전쟁에서는 평등주의를 표방하는 한편, 그 반대 현상도 발생했다. 조선에서

---

23 深谷克己, 『江戸時代の身分願望』, 吉川弘文館, 2006.

24 「天朝田畝制度」, 『新編原典中國近代思想史』 1, 岩波新書, 2010.

는 풍수설에 기초하여 묘지를 정하고 자자손손의 번영을 바라는 민속이 성행했는데, 그 때문에 묘지를 둘러싼 소송(山訟)이 끊이지 않았다. 그래서 갑오농민전쟁에서는 묘지 소송에 패한 농민들이 '내세부귀'를 위해 농민군 간부에게 빈번히 소송을 제기하거나 스스로 묘지를 파헤치는[掘塚] 일이 왕성히 발생했다.

민중의 상승희망은 끊기 어려웠다. 식민지 조선에서도 신분상승을 바라는 빈농 등이 종말적 신흥종교에 모여들었다. 식민지 조선에서는 총독부가 학교교육과 농촌진흥운동 등을 통해 엄격히 위로부터 통속도덕을 고취했으나, 사람들은 그에 지쳐 떨어져 신흥종교로 옮겨갔다. 그리고 대부분의 신흥종교는 겉으로는 통속도덕을 주창하면서, 뒤로는 종말의 도래, 신왕국 탄생시의 신분상승을 약속했다.[25] 여기에 나타나는 것은 통속도덕을 관철하고 있던 민중의 모습이 아니다. 통속도덕의 강요에 대한 민중의 공리주의적 대응이며, 혹은 통속도덕의 폐기이다. 그리고 그러한 민중의 대응이야말로 점차 엄렬한 총독부 지배를 흔들게 된다.

이상과 같이 살펴보자면, 민중이 통속도덕에 의해 자기형성해간다는 논의는 일본사적으로도 동아시아사적으로도 일면적이라는 비난을 피하기 어렵다. 통속도덕은 사회적 통념으로서, 줄곧 지배자와 촌락 지배자, 종교가 등이 그를 고취하고 민중에게 집요하게 내면화하도록 요구했다. 그 결과 이를 내면화하여 자기형성한 것처럼 보이는 민중이 나타난 것은 분명 사실이다. 그러나 다수의 민중은 공리주의적으로 대응한 것이 아닐까. 원래 통속도덕은 가(家)를 존속유지하기 위해 내면화하려 한 것으로, 그 자체에 이미 공리주의적 동기가 내포되었음을 잊어서는 안 된다. 본래 통속도덕과 공리주의는 반드시 모순되는 것이 아니다. 때문에 통속도

25 趙景達, 『朝鮮民衆運動の展開——士の論理と救済思想』, 岩波書店, 2002, 제8~10장.

덕적 민중이란 어디까지나 이념형적인 존재로 받아들여져야 하며, 실체화해서는 안 된다. 혹은 가령 통속도덕을 내면화한 민중이 무시할 수 없을 정도로 모습을 드러냈다 할지라도, 민중운동과 같은 비상시에 민중은 그를 폐기하는 방향으로 움직인 것이 아닐까. 그리고 민중운동은 오히려 통속도덕이 폐기되면 될수록 격렬해질 가능성을 감추고 있었다고 생각한다.

4. 민중의 폭력

야스마루에게 통속도덕과 아울러 중요한 분석대상은 지배 이데올로기와 대항하는 종교이다. 이에 대해 시마조노 스스무가 근대주의적 이해라고 비판했음은 이미 언급하였다. 시마조노는 나아가 "종교의 다른 측면, 예컨대 사람을 억압, 배제로 내모는 측면은 거의 다루지 않고, 본원적 자유의 원천이라는 측면이 유난히 강하게 제시되는 것에도 불만이 남는다"라면서 야스마루를 비판했다.[26] 나는 이 비판에도 동감한다. 야스마루가 종교의 억압과 배제라는 문제에 대해 전혀 무관심하였던 것은 아니나, 결국 그다지 관심을 보이지는 않았다. 그리고 그것은 폭력과 종교의 관계성에 생각이 그다지 미치지 않았던 탓이라고 생각된다.

야스마루는 일본에서도 종말론적 구제사상이 근세의 후지코(富士講)에서 시작되어 메이지기 텐리교(天理敎)나 마루야마교(丸山敎), 오모토교(大本敎) 등에 계승되었다고 보았다.[27] 그러나 그 종교가 민중의 변혁운동과 이어지지 않았음을 문제로 삼는다. 중세 말기부터 근세 초두에 걸

---

26 島薗進, 앞의 논문, 2010, 155쪽.
27 「民衆運動における「近代」」, 『安丸良夫集』 2, 268쪽.

처 잇코슈(一向宗)나 기독교 신도에 의한 결렬한 투쟁이 있었으나, 여기에는 '민중적 종교왕국 관념'=유토피아 사상은 미숙했다. 게다가 이러한 종교는 쇼쿠호(織豊) 정권과 막번체제가 성립되면서 뿌리째 뽑혔고, 근세에서 막말유신기에 걸쳐 민중은 '민중적 종교왕국'을 구상하기 위해 이어받을 전통을 가질 수 없었다. 그 결과 "세상을 바꾸겠다는[世直し] 관념의 발전은 일본에서는 세계사적으로 예외라고 해도 될 정도로 미숙했다"고 하면서, "이러한 관념에 고무된 종교 잇키 사례는 보이지 않는다"고 했던 것이다.[28]

이러한 평가에 대해서는 이론이 없다. 그러나 종교와 반란이 결합하는가 하지 않는가와 관계없이 야스마루는 도덕=정의를 내세운 민중봉기에는 금욕주의가 관철된다고 보는 듯하다. 야스마루는 "독일 농민전쟁이나 태평천국 같은 큰 봉기가 일어났을 때 봉기한 집단 중에서 극심한 '금욕주의'적 규율을 고양하는 모습을 보이는 점, 일본의 백성 잇키 시에도 역시 봉기의 '금욕주의'가 맹아적이라고 할지라도 존재했다는 점에 대해서는 나 자신 역시 조금의 의문도 없다"[29]고 한다. 그러나 과연 이 평가는 타당한 것일까. 야스마루가 세상 바꾸기 반란 등에서 '굶주린 빈민'이나 사회적 일탈자가 행한 폭력을 단지 일탈행위로 보았다는 점은 이미 서술하였다. 따라서 여기서 말하고 있는 '금욕주의'라는 것이 비폭력적, 규율적인 운동을 시사한다는 것은 분명하다. 하지만 이 평가는 이상하다. 억측에 불과한 것이 아닐까.

독일 농민전쟁에서는 분명 강한 금욕주의가 움직이고 있었으나, 가장 유력한 지도자였던 토마스 뮌처(Thomas Müntzer)는 자신의 설교를 믿는 자들을 '선택된 자들의 모임'으로 조직화하고, 그들의 폭력과 약탈행위

---

28 「『世直し』の論理と系譜」, 『安丸良夫集』 3, 104, 105, 107쪽.
29 「「民衆思想史」の立場」, 『安丸良夫集』 1, 192쪽.

를 정당화했다. 뮌처는 자신을 '그리스도의 사자'라고 하면서 절대화하고, 그리스도의 적인 국왕과 영주 등은 존재해서는 안 될 자들로 삼아 그들을 처형하라며 소리 높여 외쳤다. 여러 가지 질서파괴는 공산주의적 사회를 실현하기 위한 것이며 신의 이름으로 정당화되었다. 또한 독일 농민전쟁에 이은 뮌스터 재세례파왕국 운동의 경우, 금욕주의는 무시무시한 폭력과 지도자의 추락이라는 결과로 이어졌고, 도덕관의 전도를 가져 왔다. 재산공유제가 실시되는 한편으로 일부다처제가 선언되었고, 안이한 살해가 일상화되는 공포정치가 행해졌다. 일반적으로 유럽의 천년왕국운동에서는 노먼 콘(Norman Rufus Colin Cohn)이 밝힌 바와 같이 지도자나 그 집단은 자신의 절대적 무오류성을 확신하여 '냉혹 무참한 집단'이 되었다.[30]

이는 태평천국의 난에서도 마찬가지였다. 홍수전 등 지도부는 엄격한 금욕주의를 민중에게 강요했음에도 불구하고, 자신들은 도덕적으로 타락하여 피로써 피를 씻는 내분을 일으켰으며, 그 집단 역시 흉폭하게 변했다. 태평군에게 살해당한 사람은 2,000만을 충분히 넘을 것이라고 한다. 천년왕국운동이든 태평천국운동이든 그 공산주의적 이상은 맑고 깨끗했으나 현실은 그에 반했다. 민중운동은 이러한 배반의 연속에 의해 때로는 후퇴하면서 조금씩 사회를 열어갈 수밖에 없었던 것이 아닐까. 그리고 그것은 영속적으로 성취되는 것이 아니다. 민중운동이 대중운동이나 시민운동으로 바뀌어도 마찬가지이고, 현재도 그렇다. 앞으로도 역시 그럴 것임에 틀림없다.

금욕주의가 격심한 폭력이라는 결과로 이어진 것은 조선도 예외가 아니었다. 일군만민의 이상을 내건 갑오농민전쟁에서 동학농민군 지도부는

30 ノーマン·コーン, 『千年王國の追求』, 紀伊國屋書店, 1978, 298쪽.

대개 금욕주의적으로 엄격한 규율을 세웠다. 그러한 규율은 예를 들어 지식층에 속한 농민군 간부에 의해 강제된 것처럼 보일지라도, 실은 분명 민중문화 속에서 배양된 것이었다. 전봉준이 발포한 엄격한 '군율'은 민중이 공동체적으로 자기형성해온 도덕성과 규율성을 위에서부터 끌어올린 다음 집약하여 다시 아래로 내려뜨린 것으로 생각할 수 있다. 지도부의 타락도 태평천국과는 달리 최후까지 발생하지 않았다. 그러나 결국 태평천국만큼 폭력적이고 잔학하지 않았다고는 할지라도, 그러한 통제에서 벗어나 '부랑배', '불항무뢰배(不恒無賴輩)' 등이 준동하면서 그에 이끌려 일반적인 농민이나 노비 역시 격렬한 폭력과 약탈 등을 행하였고, 역시나 축제적 상황이 나타나기에 이른다. 민중의 유토피아는 일군만민 사상이라는 이상을 배경으로 신분차별이 없는 모두가 함께 먹고 살 수 있는 평등·평균주의적 사회를 의미했으나, 다수의 빈민이나 천민이 참여함으로써 그와 같은 현실을 급진적으로 도모하려는 움직임이 나타나게 되었던 것이다.

당초 농민군 간부의 지도 아래 도덕적·규율적으로 그 구상을 도모하고자 했다. 그러나 해방된 공간에서 민중은 자신들만의 도덕 표준을 가지려 하게 되었다. 이러한 공간에서 덕망이 없는 사족이나 부민은 '재산약탈[掠財]'과 '엄형'의 대상이 되었으나, 빈민이나 이름 없는 이들은 예컨대 반도덕적 행위를 했더라도 사면되었다. 또한 폭력은 강렬해졌으나 기본적으로는 처형까지 이르지 않았다. 나아가 앞에서 언급한 대로 '내세부귀'를 바라는 공리주의적 움직임도 현저해졌다. 최고 지도자 전봉준은 이와 같은 사태를 곤란해 했고, 때문에 '관민상화(官民相和)'라는 합의 하에 치안기구로 유명한 집강소를 설치했다. 원래 도소(都所)로 불리는 민중자치기구가 있었으나, 그 기구만으로는 대응할 수 없는 사태에 이르렀던 것이다. 사족으로서 강한 책임의식을 지닌 전봉준은 이단인 동학을 신봉하고는 있었으나 기성 도덕관의 폐기까지는 바라지 않았다. 때문에 민중의 '난도(亂道)'를 이해할 수 없었고 최후까지 우민관(愚民觀)에서 벗어나지 못했다. 민중의 '난도'는 그야말로 철저한 질서파괴와 통속도덕의 폐기를 의미하는 것이었다. 통속도덕의 폐기만이 민중이 운동을 첨예화하고 그 변혁희망을 표현하는 것이 되었다. 유교국가와 재지사족이 강요하고, 동학교문이 요구한 통속도덕을 폐기하지 않고 민중에게 전진은 없었다. 따라서 그러한 '재산약탈', '엄형' 행위를 행한 동학농민군은 그들에게 고통 받은 재지사족에게도, "도적을 닮았으나 도적이 아니고, 민을 닮았으나 민은 아니다"(黃玹, 『梧下記聞』)라고 평가되면서 불가사의한 이들로 인식되었다.

다만 전봉준을 이은 최고 지도자 중 한 사람인 김개남의 경우, 당초에는 전봉준과 같이 엄격한 규율을 펼쳤으나, 이후 역성혁명적 지향을 보이게 되었고, 폭력과 잔학 행위를 용인하기에 이르렀다. 기존의 왕조체제를 전면적으로 부정한 경우, 민중의 폭력은 격렬해질 가능성을 숨기고 있었던 것이다. 그러나 갑오농민전쟁의 기본사상은 일군만민이며, 대부분의 민중은 이를 지지했다. 따라서 김개남은 오히려 민중의 지지를 잃게 되었다.

이상과 같은 민중폭력의 양상은 사실 막말유신기의 일본에서도 마찬가지이지 않았을까. 야스마루는 통속도덕을 운동 배경으로 가지는 백성 잇키의 도덕적 규율성을 높이 평가한 나머지, 빈민이나 무뢰배 등의 폭력·약탈을 단순한 일탈 행위로 치부해버렸으나, 이러한 평가는 그들을 역사의 한구석으로 쫓아내버리는 역사인식이 되어버리는 것은 아닐까. 혹은 그러한 일탈자와 잇키의 주역인 일반 민중의 열광성 사이 어디에 선을 그을 수 있는 것일까. 야스마루는 세상 바꾸기 잇키 등에서 통속도덕형의 인간이 일변하여 난주(亂酒), 난폭, 난무(亂舞)를 통해 축제화를 진전해가기는 할지라도 크게 보면 도덕의 범주를 벗어나지 않는다고 보고 있으나, 이러한 사실을 사료적으로 구분해내기는 상당히 어려울 것임에 분명하다.

잇키 민중의 대부분은 어디까지나 규율적이었고 일탈행위는 일부 사람에 한정되었다고 보는 것은 야스마루뿐만 아니라 근세 민중운동사 연구자들 중 다수가 그러한데, 다른 의견도 있다. 스다 쓰토무(須田努)의 연구이다.[31] 스다는 19세기 민중운동에서 '악당'의 존재를 발견하고 그들의 폭력에 착목했다. 그들은 '백성의식(御百姓意識)'을 마구 벗어 던지면서도, 공동체내의 자조(自助)작용＝유덕인(有德人)의 시행에 더욱 의존하려는 양면성을 지녔다. 그러나 세상 바꾸기 단계에 이르면, 막번영주나 유덕인, 호농층을 공포에 질리게 하는 존재가 되었고, 또한 대항폭력을 정당화하게 되었다. 농병 탄생 경위의 한 단면이다. 그리고 근대에 접어들자 민중운동은 신정(新政) 반대 잇키에서 보이듯이, 폭력·방화라는 일탈적 실천행위를 격렬히 전개하게 되는데, 그 원천은 '인정(仁政)' 이데올로기가 해체되어가던 텐포(天保) 이후 시기에서 찾을 수 있다. 일탈적 실천행위는 유신정권과 피치자 사이의 합의나 의사소통 단절에 의해 점차 격렬해지는데, 그 관계가 개선되고 합의의 길이 형성되면서 일탈적 실천 행위도 자율적으로 부정되어 간다는 것이다. 스다는 분명 민중의 폭력을 일탈행위로 표현하고 있으나, 그들의 존재를 단지 예외적인 존재로 규정하지 않고, 역사의 전면에서 다루었으며 그들의 의식이나 심성을 합리적으로 설명하고자 했다. 이 글에서는 생활자로서의 민중이 가지고 있던 이기성이나 강건함이 잘 서술되어 있다. 이는 질서를 갖춘 민중운동의 정당성·정통성과 그 예지에 대한 찬사라는 시점으로부터의 탈각을

---

31 須田努, 『「悪党」の一九世紀』, 青木書店, 2002.

의미할 뿐만 아니라, 세계사적 보편성 위에 일본근세사를 위치시키려는 시도라고도 할 수 있다. 이러한 연구 성과를 접하게 될 때면, 야스마루의 논의는 세계사적으로는 쉽게 납득하기 어려운 민중운동관이 된다.

사회적으로 배제된 빈민이나 하층민을 역사의 주체로 부상시키는 작업은 야스마루와 같은 세대인 라치 치카라(良知力)가 행한 바 있다.[32] 라치는 1848년 혁명시기 빈에서 어떻게 날품팔이 같은 저변의 프롤레타리아가 과감하게 싸웠는지 생생히 묘사했다. 그들은 오로지 이방인으로 구성되어 시민들로부터 '게으름뱅이'라고 멸시받고 적대시되었으나, 결국 국민군에 편입되었다. 그리고 빈이 황제군에 포위되자 시민은 재빨리 투항했으나, 최후까지 목숨을 걸고 황제군과 싸운 이들은 사실 프롤레타리아=이방인이었다. 앞서 엥겔스는 범슬라브주의 민족(서슬라브인, 남슬라브인, 루마니아인 등)을 '역사 없는 민(民)'으로 폄하했으나, 라치의 작업은 그러한 '역사 없는 민'을 복권하는 일이었다. 그들은 빈의 일반 시민들이 보자면 통속도덕 등과는 무관한 사람들이었다. 그러나 그러한 사람들이야말로 여러 문제를 품고 있는 한편, 역사를 전진시키는 원동력이었다는 사실도 라치는 간파한 것이다. 그들은 양의적인 존재였다고 할 수 있을 것이다.

일반적으로 정통적 마르크스주의에서는 자립적인 농민이나 공장노동자 등이 변혁의 주체로 여겨진다. 항상적인 일자리를 가지지 못하는 존재는 룸펜 프롤레타리아로서 배제의 대상으로까지 여겨진다. 라치는 그러한 역사관에 이의를 제기한 것이다. 그러나 야스마루의 작업은 그와 정반대에 서 있다. 야스마루는 주관적으로는 교조적인 마르크스주의를 배제하는 입장에 서려고 한 역사가이다. 그러나 사회적 일탈자의 주체

---

32 良知力, 『向こう側からの世界史』, 未來社, 1978; 良知力, 『青きドナウの亂痴氣』, 平凡社, 1985.

형성에 대한 관심이 놀라울 정도로 희박했다는 점에서, 마르크스주의를 정통적으로 계승한 역사가인 것처럼 보이기에 충분하다. 통속도덕론을 고집하고 부정적인 민중관을 가지려 하지 않은 결과, 저변민중에 대한 관심이 결락되어 갔던 것으로 생각된다.

따라서 야스마루는 근대시기 일본민중이 일으킨 죄상에 대해서는 결코 메스를 들이대려 하지 않았다. 히로타가 비판한 것처럼, 일반농민의 피차별민에 대한 폭력은 의식적이든 무의식적이든 연구 대상으로 삼지 않았고, 관동대지진이나 남경대학살, 나아가 풀뿌리 파시즘 등에서 보이는 아시아 민중에 대한 폭력은 아무래도 관심 밖의 일인 것처럼 보인다. 야스마루는 젊은 시절 이미 부락차별 문제, 식민지 문제·아시아 인식, 여성사 세 가지는 "결코 손을 대지 않겠다고 결심했다"고 하였다.[33] 그 이유는 확실하지 않은데, 스스로의 전공을 겸손하게 한정지었다고도 생각된다. 그러나 전후 역사학은 근대일본 비판이라는 측면을 강하게 띠고 있다. 천황제 비판이라는 점에서 야스마루 사학도 예외는 아니다. 그리고 천황제를 지탱한 것은 바로 민중이다. 야스마루의 민중론은 근대이행기까지는 통속도덕에 의한 주체형성이라는 측면을 강조하면서, 근대에 이르면 민중의 통속도덕적 자기규율은 천황제 지배를 아래에서 떠받치는 강력한 에너지가 되었다는 것인데, 이는 근대 민중을 객체화하는 이해로 보인다. 민중의 필사적인 주체적 자기형성이 근대에 이르러 타율적인 것이 되어버렸다는 것일까. 야스마루는 "국민국가론의 입장에 선 논자들에게 동의한다"[34]고 명언했는데, 국민국가론은 국민화하는 민중을 객체로 이야기하는 부분이 특징이라고 나는 생각하고 있다. 주체는 국민화를 위한 모듈을 강력히 이식·도입해가는 국민국가인 것이다. 원래 민

---

33 「「近代家族」をどう捉えるか」, 『安丸良夫著作集』 1, 284쪽.
34 「『文明化の経験』序論 課題と方法」, 『安丸良夫著作集』 6, 55쪽.

중운동사 연구와는 궁합이 좋지 않다. 민중운동사의 입장을 관철하려 한다면, 근대에 이르러서도 민중을 주체적으로 이야기할 필요가 있다. 근대에 이르면 민중의 주체적 자기형성이 타율적인 것이 되어버린다고 한다면, 그 위약성이 문제가 될 것이다. 또한 민중 주체를 문제 삼는다면, 그 책임도 문제 삼아야 할 것이며, 근대에 이르기까지 구체적으로 그러한 사상의 형성이나 운동의 형태를 연구해야 할 것이다. 야스마루의 논의는 일본민중에게 너무도 관대한 것이 아닐까. 어떻게 차별적, 배외적인 폭력을 만들어 낸 민중의 부정적 심성이 형성되었는가에 대해서는 어떤 설명도 없다. 이 문제의 해명은 민중사 연구자의 책무 중 하나이다.

5. 남은 문제: 맺음말을 대신하여

이상으로 야스마루의 논의에 대한 비판을 우선 마무리하고자 한다. 다만 마지막으로 야스마루가 거의 시야에 넣지 않았던 민중이 거점한 촌락[村]의 문제에 대해 비교사적으로 논의하고자 한다. 비교사적으로 볼 경우, 근대 일본에서 민중의 배외적 폭력 문제는 촌락의 폐쇄성에 연원을 둔 정치문화와 관련된 것이 아닐까 생각하기 때문이다.

이미 서술한 바와 같이 동아시아 삼국은 소농사회를 형성하고 있었으나, 촌락의 구조는 꽤나 달랐다. 주지하는 바와 같이 중국은 일반적으로 공동체를 형성하지 않는 것이 특징이었다. 그에 비해 일본과 조선에서는 명백히 공동체를 형성했다. 일본의 경우는 촌락의 구성원이 슈몬닌베츠아라타메쵸(宗門人別改帳)를 통해 파악되었으며 무라오키테(村掟)에 의해 구속되었다. 또한 5인조를 조직하여 상호 감시하게 하였다. 조선의 경우에도 마찬가지로 이와 각각 대응하듯이 호적(戸籍), 동약(洞約), 오가통

(五家統)이 있었다. 그리고 일본과 조선의 촌락 모두 자재권(自裁權)을 가졌다는 사실은 매우 높은 자율성을 보여준다. 또한 일본의 강(講)=조선의 계(契), 혹은 공동노동 등의 관행이 있었다는 사실도 중요하다.

그러나 촌락의 개방성에서 조선과 일본은 크게 달랐다. 일본에서는 전당잡히는 방법 등을 통해 실질적으로는 토지 매매가 이뤄졌다 할지라도, 전답영대매매금지령(田畑永代賣買禁止令)이 지조개정(地租改正) 때까지 지속된 것에 비하여, 조선에서는 토지매매가 원칙적으로 자유였다. 또한 규정처럼 존재한 것이, 일본에서는 다른 촌락으로의 이주=촌락 입주[村入]에는 유력자의 소개나 촌락 모임의 승인이 필요했고 그마저도 상당히 어려웠던 데 비해, 조선에서는 민중의 이동율이 매우 높았다. 즉, 조선은 일본에 비해 이동성이 높았는데, 공동체가 기본적으로 존재하지 않은 중국의 경우는 더욱 그러했다. 쑨원(孫文)이 중국의 민을 "흩어진 모래[散沙]"라고 묘사한 것은 그 때문이었다.

유동성이 높다는 것은 촌락이 개방되어 있음을 시사한다. 조선에서는 사실 호적 파악이 불완전하였고 동약 규제도 약하였으며 오가통도 충분히 기능하지 못했다. 유교적 민본주의적 사유와 정치문화가 관철되는 조선은 규율사회라기보다 교화사회의 성격이 강했던 것이다. 이러한 사회에서는 따돌림과 같은 현상은 벌어지기 힘들다. 촌락에 있기 힘들어지면 다른 촌락으로 이주하면 되는 것이었으니 따돌림은 효과적이지 않았다. 이는 잇키나 민란이 발생했을 때 이루어진 참가 강제의 방식이 일본과 조선에서 조금 다르게 나타나는 부분에서 잘 드러난다. 일본에서는 잇키에 대한 참가 강제가 촌락 단위로 이루어졌으나, 조선에서는 민란에 대한 참가 강제는 개인 단위로 이뤄지는 것이 일반적이었다. 그리고 유동성이 높았기 때문에 사회불안도 증가했고, 그것은 종말사상이 만연하는 온상이 되었다.[35] 의적이 다수 출현하였던 것도 그 때문이다. 세계적으로는 일반적으로 근대이행기에 의적이 많이 탄생하였고, 중국 등에서는 더욱 활발하였다.[36] 조선에서도 때로는 정국(政局)에도 영향을 미칠 정도로 현저하게 나타났다.[37] 그러나 의적 현상이 거의 없었던 일본은 역시 이질적이다.

따돌림 등도 매우 일본적이다. 이는 인습으로서 근대에도 현대에도 이어진 촌락의 정치문화이다. 담합도 그러하다. 그러나 야스마루는 이러한 부정적 정치문화에는 관심을 보이지 않는다. 연설회나 운동회, 민권강담 등 새로운 정치문화에는 큰 관심을 보이나 촌락의 기조에 있는 낡은 정치문화가 어디로 향하는가에 대해서는 침묵한다. 촌락의 배타성은 근대 천황제국가가 쉽게 형성될 수 있게 한 일본사회의 구조적 요인이지 않았을까. 전국의 폐쇄적인 무수한 촌락들이 천황제라는 망을 덮어쓰게 되면 일본열도에 크게 확대된 거대한 촌락＝천황제국가가 순식간에 탄생하는 것이다. 야스마루는 "일본의 경우 메이지유신을 경계로 지배체제가 먼저 재편성되어 근대세계에 재빨리 적응했기 때문에, 종교형태를 갖춘 민중운동이 사회체제를 근저에서 흔들지 못했다"라고 했으나,[38] 폐쇄적인 촌락 구조야말로 종말사상의 만연을 저지하고 국민국가 건설에 유리하게 작용했음을 잊어서는 안 된다고 생각한다. '흩어진 모래'의 민이 구성한 종말사상이 만연했던 중국에서 황제제도는 국민국가와 쉽게 융화될 수 없었다. 조선에서도 대한제국이 창설되고 신민화를 추진할 수는 있었으나, 갑오농민전쟁 후에도 종말관은 사회를 뒤덮었고, 점점 유동화

---

35 이러한 비교사적 고찰은 趙景達, 「近世の朝鮮社會と日本」, 『近代日朝關係史』, 有志舍, 2012에서 어느 정도 상세히 서술하였다.

36 フィル・ビリングズリー, 山田潤 譯, 『匪賊―近代中國の邊境と中央』, 筑摩書房, 1994.

37 趙景達, 앞의 책, 2002, 제6장.

38 「回顧と自問」, 『安丸著作集』 5, 121쪽.

하는 상황 하에서는 국민화에 실패할 수밖에 없었다.[39]

촌락 문제가 천황제 국가에 관련되어 있다면, 근대 천황제 고유의 '무책임의 체계'가 가지는 문제도 그와 관련해 생각해야만 하는 문제가 될 것이다. 마루야마 마사오는 '무책임의 체계'를 사상사적으로만 설명했으나, 이는 어디까지나 위로부터의 설명이다. 아래에서도 설명해야 한다고 본다면, 촌락 문제는 피할 수 없는 부분이 아닐까. 책임은 개인이 지지 않고 촌락 전체가 지는 것이며, 개인의 책임을 촌락 전체의 책임으로 돌려버리는 일본적 논리=애매한 책임이야말로 '무책임의 체계'를 만들어내는 큰 힘이었다는 것이 비교사적 견지로부터 비롯된 나의 견해이다. 개인이 공동체에 매몰되는 것은 공동체가 존재하지 않았던 중국에서는 있을 수 없는 일이었으며, 공동체가 존재한 조선에서도 반드시 자명한 일은 아니었다.

어쨌든, 야스마루는 통속도덕의 부정적 성격이나 민중 폭력 문제, 촌락의 정치문화에 관한 문제 등을 근대시기에도 연속하여 파악하기를 피해온 것으로 보인다. 이러한 부분의 해명은 이미 후학 연구자에게 맡겨졌던 것이다. 세계화가 점차 진전되고 신자유주의가 세계를 석권하는 상황은 빈부 격차를 확대하고 약자를 중심으로 새로운 민중을 만들어내고 있다. 또한 여기서는 공공성의 재생이 문제시되곤 하는데, 약자가 결집하는 공동체의 부활을 도모할 필요성도 강하게 요구된다. 민중운동사 연구는 한때 기세를 잃기는 했다. 그러나 도리어 지금이야말로 진지하게 매달리지 않으면 안 될 분야가 된 것이 아닐까.[40] 다만 일국사적인 연구

---

39 趙景達,「危機に立つ大韓帝國」,『岩波講座 東アジア近現代通史』2, 2010.

40 최근 윤해동은「일본에서의 한국 민중사연구 비판-趙景達을 중심으로」(『한국민족운동사연구』64, 2010. 이후『탈식민주의 상상의 역사학으로』, 푸른역사, 2014에 수록)라는 논문에서 민중의 자율성을 부정하고, 민중을 주체로 역사를 바라보는 것

는 금물이다. 비교사적 방법이 필수이며, 그 중에서도 동아시아 비교사는 중요하다. 또한 근대사 연구에 한정해 보자면, 민중관계에 얽혀서 전개되는 연대운동이나, 그 반대인 배외운동 등을 도출하는 작업도 중요할

에 대해 의문을 표명하고 있다. 이 논문은 「일본에서의 한국 민중사연구 비판」이라는 제목을 달고 있으나, 오직 나의 민중운동사 연구에 대한 비판으로 되어 있다. 여기서는 일본의 역사학계에 속한 나의 아이덴티티 문제까지 논란을 가하고 있다. 오랜만에, '반쪽빠리'(반일본인)라는, 이미 사어(死語)가 된 어휘까지 생각났다. 식민지 근대성을 비판하는 윤해동이 포스트콜로니얼한 존재인 자이니치(在日)에 대해 그러한 논란을 가하는 것에 대해서는 놀라움을 금치 않을 수 없으며, 민중운동에 대한 이해가 그토록 피상적인 것에 대해서도 놀랐다. 이 논문은 재일조선인 연구자 전부를 비판하는 것인 동시에, 민중운동사 연구 일반에 대한 비판이기도 한 것으로 보인다. 또한 윤해동에 의하면, 조경달은 통속도덕론을 야스마루 요시오로부터 차용하면서 야스마루가 민중을 방법적 개념으로 이용한 데 비해, 조경달은 민중을 실체화해버렸다면서 비판한다. 이 논의에서는 나의 논의를 왜소화하려는 의도가 느껴지는데, 본고의 서두에서도 서술했듯이, '민중운동사 연구는 전체사를 통찰하기 위한 하나의 수단이다'라는 것이 나의 기본적인 입장이다. 이미 서술하였듯이 사실 통속도덕적 민중을 실체화하고 있는 것은 야스마루 쪽이 아닐까. 민중운동을 통해 민중의 심성이나 일상적 세계를 알고자 하는 것은 어디까지나 전체사를 구상하기 위한 방법이라는 것은 지금까지도 논해왔던 바이다(예를 들면 趙景達, 앞의책, 2002, 서장의 제1절을 참조). 윤해동은 야스마루를 '민중운동사 연구의 대가'로서 권위화하고 교조적으로 이해하고 있는 듯하나, 과연 야스마루의 실증연구를 포함한 저작을 얼마나 공들여 읽고, 나의 논의와의 차이를 얼마나 알아챘는지 의문이다. 나의 논의에 대한 비판에 급급했던 탓인지 민중운동사 연구의 의의 자체를 모두 부정하는 듯한 논의가 되어버렸다. 원래 윤해동의 논문은 내가 지금까지 행한, 윤해동을 비롯한 연구자가 주장하는 식민지 근대성론 비판에 대한 반론으로서 쓰였을 테지만, 내 비판에 대해 하나하나 성실하게 실증적으로 응답한다는 수단을 취하지 않고, 오로지 논리적인 반비판만 구사하고 있다. 게다가 나의 전공 영역인 민중운동사 연구를 직접 비판하는 것으로 반론을 대체하려고 하고 있다. 나는 식민지 근대성론 비판에 임하여, 원래의 전공인 19세기 연구에서 식민지 연구로 비중을 옮겼다. 즉, 식민지 근대성론의 씨름판에 올라서서 조금씩 비판을 쌓아 올려왔던 것이다. 그러나 윤해동은 이에 응하지 않았을 뿐만 아니라, 나의 씨름판에 발을 올리지 않고 자신의 씨름판에서 나의 씨름판에 비판을 퍼붓고 있는 데 지나지 않는다. 이래서는 건설적인 논쟁이 될 수 없다. 참으로 유감스럽다.

것이다. 민중의 상호인식에도 메스를 들이대야 한다. 식민지 조선에서는 총독부에 의해 중국인과의 연대의 길을 저해당한 조선민중이 도리어 배화(排華)에 나섰고, 1931년 7월, 백수십 명의 중국인을 살해한 비참한 사건을 일으켰다.[41]

　민중운동사 연구가 해야 할 일은 많다. 지금까지 거침없이 야스마루를 비판했는데, 이 역시 야스마루 사학의 거대함 때문에 그를 극복하지 않고는 앞으로 민중운동사 연구에 진전이 없을 것이라고 생각하기 때문이다. 앞으로 민중운동사 연구의 활성화를 기대해 마지않는다.

---

41 趙景達, 『植民地期朝鮮の知識人と民衆-植民地近代性論批判』, 有志舍, 2008, 제5장 제6절을 참조.

동학농민전쟁에 대한 새로운 이해와 내재적 접근*

배항섭

1. 머리말

동구권 사회주의가 붕괴되고 포스트모더니즘(Post Modernism)과 포스트-콜로니얼리즘(Post Colonialism), 국민국가에 대한 비판 등이 유행하면서 일국사적, 서구중심적, 발전론적 역사인식에 대한 회의와 비판이 제기되어 왔다. 그러나 19세기 민중운동사 연구에는 그러한 영향이 즉각적으로 미치지 않았고, 기왕의 인식틀에 대한 비판이나 성찰이 활발하게 일어나지도 않았다. 그 이유 가운데 상당 부분은 연구자들의 지적 태만 등 연구 내적인 요인 때문이지만, 다음과 같은 연구 외적인 상황도 작용하였다고 생각된다.

베를린 장벽과 구소련의 붕괴 직전인 1980년대 말은 6·10항쟁으로 표현되는 민주화운동과 최대 규모의 노동운동이 일어나면서 한국사회의 민중운동이 최고조에 달할 때였다. 또한 동학농민전쟁(이하 '농민전쟁') 100주년을 앞두고 대대적인 학술·기념사업이 시작된 것도 이 무렵이었다. 1988년에는 망원한국사연구실에서 공동작업으로 『1862년 농민항쟁』

* 이 글은 『역사비평』 110호(2015, 138~172쪽)에 게재되었던 글을 일부 수정한 것이다.

을 펴낸 데 이어 베를린 장벽이 붕괴된 1989년에는 역사문제연구소에서 '동학농민전쟁100주년기념사업추진위원회'가 결성되었고, 한국역사연구회에서는 1894년 농민전쟁 100주년을 기념한 5개년의 학술사업이 사실상 시작되어 1991~1997년에 걸쳐 5권의 책이 출간되었다. 역사학연구소가 『농민전쟁 100년의 인식과 쟁점』(거름, 1994)을 준비한 것도 비슷한 시기였다.

이러한 분위기에 따라 농민전쟁 연구에는 사회주의 붕괴의 충격이 즉각적으로 반영되지 않았다. 그러나 농민전쟁 100주년 사업이 기세를 올릴 무렵 다른 한편으로는 이미 민중운동사에 대한 일반인들이나 연구자들의 관심이 급격히 식어가고 있었다. 또 민중운동사가 발 딛고 있던 역사인식에 대한 근본적 비판들이 제기되고 있었다. 그럼에도 농민전쟁을 비롯한 19세기 민중운동에 대한 근본적인 성찰이나 새로운 방법론과 시각에 대한 고민은 2000년대에 들어 시작되었다. 이때는 이미 민중운동사에 대한 관심이 급격히 퇴조한 다음이었다. 100주년에 기세를 올렸던 대부분의 연구자들도 민중운동에 대한 관심을 접었으며, 신진 연구자들은 거의 나오지 않았다.

민중운동에 대한 사회적·학문적 관심이 크게 퇴조한 핵심적 요인으로는 무엇보다 국내외적 정세의 격변이나 다양하고 새로운 학문 조류의 거센 도전에 대응하여 민중운동을 새롭게 이해하려는 연구자들의 노력이 미흡했다는 점을 깊이 자성하지 않을 수 없다. 그동안 민중운동사 연구 역시 다른 분야의 연구와 마찬가지로 서구중심적·근대중심적 인식에 규정되어 진행되어 왔다. 서구적 경험을 준거로 한 발전론적·목적론적 역사인식에 입각하여 민중운동이 역사의 진화론적 전개 과정을 증명해주는 표상이라는 점을 선험적으로 전제하여 왔다. 이에 따라 민중운동 연구도 한 사회의 사회경제적·정치적 모순의 표현이자 그 모순을 극복하고 한 단계 발전된 사회를 향해 나가려는 민중 의식의 표현이라는 면에 초점을 두고 진행되어 왔다.

물론 민중운동이 그러한 점과 전혀 무관한 것은 아닐 것이다. 그러나 민중운동은 다만 한 사회의 모순을 표출하는 면만 지닌 것이 아니다. 민중운동이나 민중의식은 사회의 구조나 지배체제, 지배이데올로기의 영향 아래서 형성되는 것이지만, 거꾸로 당시 사회를 역투사하여 조명할 수 있는 계기가 되기도 한다. 민중은 자신들의 생각을 글로 거의 남기지 못했다. 그런 점에서도 민중운동은 중요한 의미를 가진다. 민중운동이 전개되는 시공간에서야말로 일상적인 삶 속에서 잘 보이지 않던 민중의 생각이 집중적으로 드러나기 때문이다. 따라서 특정한 사회나 시기에 발발하는 민중운동의 요구조건이나 투쟁양상에서 드러나는 민중의 행동양식과 생각은 다만 사회구조나 지배체제, 지배이념에 규정된 것일 뿐만 아니라, 거꾸로 그것은 당국이나 지식인들의 기록에서는 잘 볼 수 없거나, 그것만으로는 확인하기 어려운 당시 사회의 이면이나 밑바닥, 혹은 은폐되어 있는 구조, 의식 등을 확인할 수 있는 중요한 단서가 된다.

이 글에서는 민중운동 연구가 가진 이러한 의미에 비추어 지금까지의 농민전쟁 연구가 보여준 문제점을 비판적으로 검토함으로써 새로운 연구 시각을 열어나가는 한편, 그를 통해 농민전쟁에 대한 새로운 이해를 모색해보고자 한다. 그를 위해 먼저 농민전쟁 직후부터 이루어진 연구들이 기본적으로는 서구중심적, 근대중심적 역사인식에 입각하여 진행됨으로써 근대를 지향하는 민중, 민족으로서의 민중이라는 이해를 보여주고 있었다는 점을 비판적으로 검토할 것이다. 이어 농민전쟁 100주년 무렵부터, 특히 2000년 이후 이루어진 연구성과들 가운데 새로운 시각이나 접근방법을 보여주는 연구들을 '내재적 접근'이라는 맥락에서 이해함으로써 서구중심적/근대중심적 역사인식을 벗어나 새로운 농민전쟁상을 구성하는 적극적인 단서로 삼고자 한다.

2. 서구·근대중심적 농민전쟁상

1) 서구·근대중심적 역사인식의 형성

농민전쟁이 끝난 19세기 끝자락은 이른바 신학/구학 논쟁이 시작된 시점이기도 했다. 신학구학논쟁은 20세기 초두까지 이어졌으나, 신학의 승리로 결판이 났다. 논쟁은 "신학=서양문명=진보", "구학=동도=미개"라는 이분법으로 귀결되었다.[1] 그에 따라 "우리나라가 오천여년간 예의 문명의 나라였으나 오늘날 야만의 부락으로 추락한 것은 누구를 원망하고 누구를 탓할 것이오"라고 한 데서도 알 수 있듯이[2] 전통적 유교 사회 속의 문명국이던 한국은 서양문명 세계의 내습과 함께 갑자기 야만으로 추락하게 되었고, 그러한 변화는 한국 지식인 스스로에 의해 시인되는 것이 대세였다. 이는 단순히 서구중심주의가 성립하였음을 의미한 것이 아니다. 동서의 관계가 전통적인 그것과 역전된 배후에는 사회진화론, 혹은 그를 바탕으로 한 발전론적 인식이 자리 잡고 있었다. 동시에 동양문명과 서양문명의 관계가 근대적 시간관념에 따른 진보(근대)와 미개(전근대)의 개념으로 확장되어 규정되었다는 점에서 구학에 대한 신학의 승

---

1 이광린, 「구한말 신학과 구학과의 논쟁」, 『동방학지』 23·24, 1980; 김도형, 『대한제국기의 정치사상연구』, 지식산업사, 1994; 김도형, 「한말 근대화 과정에서의 구학 신학 논쟁」, 『역사비평』 36, 1996; 백동현, 「대한제국기 신구학 논쟁의 전개와 그 의의」, 『한국사상사학』 19, 2002; 박정심, 「자강기 신구학론의 '구학[儒學]' 인식에 관한 연구」, 『동양철학연구』 66, 2011 참조.
2 楊致中, 「守舊가 反愈於就新」, 『太極學報』 22, 1908, 13쪽.

리는 근대중심주의의 승리이기도 하였다. 그 후 지난 1세기 한국의 역사와 사회과학 연구가 서구중심주의와 근대중심주의에 압도적으로 규정되면서 진행되었음은 주지하는 대로이다.

서구중심주의가 비서구를 타자화하여 서구와 비서구의 비대칭적 관계를 구성하는 사유방식이라면, 근대중심주의는 전근대를 타자화하여 근대와 전근대의 비대칭적 관계를 만들어내는 사유방식이다. 근대중심주의는 전근대를 타자화하여 진보·발전된 근대를 향해 달려가야 할 숙명을 지닌 뒤쳐진 시간대로 규정한다. 이점에서 근대중심주의는 근원적으로 목적론적인 역사인식을 내장하고 있다.[3]

이후 농민전쟁에 대한 이해도 기본적으로 이러한 인식에 규정되어 진행되었다. 유교적 사유를 그대로 가지고 있던 일부 전통지식인을 제외하면, 농민전쟁을 긍정적 내지 진보적 사건으로 보든 부정적 내지 퇴영적 사건으로 보든 마찬가지였다.[4]

우선 농민전쟁 당시부터 농민전쟁과 농민군에 대한 문명개화론자들의 반응은 농민군의 행위를 "패역(悖逆)한 거사"로 규정하던 보수지배층과 차이가 있었다. 집강소 시기 이후에는 상대적으로 긍정적이던 인식이 표변했지만, 적어도 농민전쟁 발발 초기로 한정해 볼 경우 농민군에 대한 이들의 생각은 우호적이기조차 하였다. 예를 들면 윤치호나 장박은 농민전쟁이나 농민군이 부패한 수구세력의 정부를 반대하고 '근대적' 갑오개혁을 이끌어냈다는 점에 대해 긍정적으로 평가하였다.

그러나 이후 농민전쟁에 대한 문명개화론 계열 지식인들의 평가는 부

---

3 근대중심주의에 대해서는 배항섭, 「동아시아사 연구의 시각: 서구·근대중심주의 비판과 극복」, 『역사비평』 109, 2014a 참조.

4 이하 농민전쟁 당시부터 1920~30년대까지 동학농민전쟁에 대한 인식에 대해서는 배항섭, 「1920-30년대 새로운 동학농민전쟁상의 형성」, 『사림』 36, 2010a 참조.

정적으로 변하게 된다. 우선 『독립신문』은 농민군의 행위가 강도나 화적, 토비(土匪)에 불과하다고 비난하였다. 그것은 농민군들에게는 민지(民志)가 바로 잡히지 않았기 때문이라고 하면서 민지를 바로 잡기 위해서는 무엇보다 '공(公)'과 '신(信)'으로 요약되는 '서구/근대'적 가치의 확립이 필요함을 역설하였다.[5] 『독립신문』뿐만 아니라 같은 무렵 발간되었던 『매일신문』 역시 문명 대 야만이라는 인식틀 속에서 농민전쟁을 이미 지화하였다. 그 핵심은 문명진보를 반대하는 친청 사대적 배외주의 운동이라는 데 있었다.[6] 농민전쟁을 긍정적으로 평가했다고 이해되는 박은식조차 농민군이 "지방에서 분풀이와 폭정에 대한 응징은 행했지만 담력과 학식이 부족했던 탓에 중앙 정부의 개혁에까지 이르지 못한 것은 참으로 한스러운 일이다"라고 하였다.[7] 서구적 근대의 경험을 준거로 그와의 거리재기를 통해 역사상을 이해하는 접근 방식이었고, 비서구와 전근대는 서구와 근대를 향해 발전해나가야 한다는 발전론적·목적론적 역사인식이 그대로 드러나 있었다.

농민전쟁에 대한 서구·근대중심적 이해는 그 이후로도 한층 군건한 형태를 띠면서 이어졌다. 농민전쟁이 대체로 '반봉건'과 '반침략'을 지향한 운동이었고, 기존 사회 질서를 부정하고 근대사회로 나아가려는 민족운동 내지 '부르주아 혁명'의 성격을 가진 민중운동이었다고 이해하는 역사상이 형성된 것은 1920~30년대였다. 또 같은 맥락에서 엥겔스의 독일농민전쟁 연구의 영향을 받은 '종교적 외피론'에 입각한 연구 역시 식민지 시기부터 시작되었다. 농민전쟁을 근대지향적 민족운동으로 바라보

5 「獨立論(寄書)」, 『대조선독립협회회보』 13, 1897, 7~8쪽.

6 홍동현, 「1894년 동학농민전쟁에 대한 문명론적 인식의 형성과 성격」, 『역사문제연구』 26, 2011, 164~166쪽.

7 박은식 지음, 김승일 옮김, 『한국통사』, 범우사, 1999, 138쪽.

는 시각, 그리고 독일농민전쟁, 혹은 프랑스혁명 등 서구 부르주아 혁명의 경험을 차용하여 동학농민전쟁을 이해하려는 이러한 인식틀이 기본적으로 서구·근대중심적 역사인식에 기반하고 있었음을 말할 필요도 없다. 이러한 인식틀은 해방 이후에도 그대로 이어졌다.

해방 이후 한국사학계가 식민사학의 극복을 위해 '내적 발전' 과정으로서의 한국사상을 구축하기 위한 노력에 심혈을 기울였음을 주지하는 대로이다. 1967년 12월에 창립된 한국사연구회의 「발기 취지문」에도 잘 드러나 있듯이 당시 한국사연구를 주도하던 연구자들의 목적은 "한국사를 과학적으로 연구하고 이를 더욱 발전시킴으로써 한국사의 올바른 체계를 세우고, 아울러 한국사로 하여금 세계사의 일환으로서 그 정당한 위치를 차지하게끔 한다"는 데 있었다.[8] 한국사는 세계사의 흐름에 비추어 길게는 10세기나 뒤쳐졌을 뿐만 아니라, 봉건제가 결여되었다는 등의 논리로 세계사의 '온전한' 전개과정에 미달한 것으로 규정해 왔던 식민사학자들의 한국사상을 불식하고 세계사와 동일한 궤적을 '정당하게' 거쳐 왔음을 밝히겠다는 의지를 드러낸 것이었다.

이러한 의지와 노력을 통해 식민사학은 불식되었다. 그를 통해 "한국사로 하여금 세계사의 일환으로서 그 정당한 위치를 차지하게끔 한다"는 목적은 달성되었다. 그러나 여기서 말하는 세계사란 말할 것도 없이 서구가 구성해 놓은 서구중심적·근대중심적 세계사를 말한다. 한국사의 '내적 발전' 과정이 강조되고 그에 따라 한국사도 세계사와 동일한 경로를 거치며 발전해 나갔음이 확인되었다. 그러나 그것은 다른 한편 객관적으로 한국사의 전개과정이 서구에 비해 수 세기가 뒤진 '후진' 것이었음을 증명하는 과정이기도 했다. 그 '후진성'을 벗어나기 위해 한국은 여

---

8 「발기취지문」, 『한국사연구』 79, 148쪽.

전히 서구가 앞서 걸어간 '근대'의 길을 열심히 따라가야 했다.

그러한 인식을 기초로 하여 나온 농민전쟁의 민중상이 바로 '민족으로서의 민중'과 '근대지향적 민중'이다. 양자는 같은 맥락에 놓여있지만, 민족으로서의 민중은 식민지 경험과 분단현실이라는 독특한 경험을 반영하고 있는 만큼 따로 나누어서 살펴보고자 한다.

2) 민족으로서의 민중

<동학농민혁명기념재단> 홈페이지(http://www.1894.or.kr)에는 '동학농민혁명'의 역사적 의의를 대략 다음과 같이 규정하고 있다.

> 1894년 이후 전개된 의병항쟁, 3·1독립운동과 항일무장투쟁, 4·19혁명, 광주민주화운동의 모태로서 한국의 근대화와 민족민중운동의 근간이고, 평등사상과 자유민주화의 지평을 연 근대민족사의 대사건이었다.

농민전쟁을 근현대사를 관통하는 민족대서사에 배치하는 이러한 이해는 중고등학교의 교과서에서도 마찬가지이다. 1980~90년대의 민중운동사연구 경향이 반영된 제7차 교과과정에서는 동학농민전쟁이 의병운동, 독립협회, 애국계몽운동 등과 함께 <구국민족운동의 전개>에 편제되어 있었다.[9] 또 '제7차 교육과정 한국근현대사 서술지침'은 "동학 농민운동이 실패한 후, 동학 농민군의 잔여세력이 을미의병 투쟁에 가담하고, 나중에는 활빈당을 결성하여 반봉건, 반침략의 민족운동을 계속하였음을

---

9 「(교육부 고시 제1997-15호) 고등학교 교육과정: 교과목별 교육과정 해설(사회과)」, 178쪽.

이해한다"라고 하여 농민전쟁을 민족운동이라는 맥락에서 이해할 것을 주문하고 있다.[10] 2007 개정 교육과정에서는 제7차 교과과정에서와 달리 농민전쟁을 갑오개혁과 함께 <근대적 개혁 추진 과정>에서 서술하도록 하였다. 그러나 동학농민전쟁에 대해서는 "반봉건적, 반침략적 근대 민족 운동의 성격을 지니고 있음을 파악하고, 갑오개혁 때 추진된 근대적 개혁 내용을 살펴본다"라고 하여 여전히 근대민족운동으로서의 성격을 강조하고 있다.[11]

농민전쟁을 근대민족운동의 흐름 속에 계보학적으로 위치 지워 파악한 최초의 글은 1924년에 문일평에 의해 제출되었다. 그는 3·1운동 이후 재발견된 민중에 대한 기대가 고양되던 무렵 '갑오혁명'과 3·1운동은, 계급을 강조하고 민족을 강조한 점과 수단의 차이(폭력/평화)는 있으나, 생존권을 주장한 점에서 동일한 선상에 있음을 지적하였다.[12] 동학농민전쟁-의병전쟁-3·1운동-민족해방운동-4·19-민주화운동과 통일운동으로 이어지는 한국근대민족운동의 계보학적 파악의 원형을 보여준다. 이러한 이해는 해방 이후의 연구로 이어졌다.

식민사관 극복을 위해 조선후기로부터 개항 이후로 이어지는 역사 전개과정을 '내적 발전' 과정으로 서로 연결하여 이해할 것을 주장한 김용섭은, 조선후기의 사회경제적 변화를 1876년 이후의 근대사의 전개과정과 연결하여 파악하고자 하였다. 그는 농민전쟁과 관련하여 "근대화를

---

10 이에 대해서는 배항섭, 「현행 고등학교 근현대사 교과서 서술에서 보이는 민중상」, 『한국사연구』 122, 2003; 배항섭, 「동학농민전쟁에 대한 역사교과서 서술내용의 새로운 모색-동아시아적 시각과 '나눔과 배려'의 정신을 중심으로」, 『역사와 담론』 62, 2012 참조.

11 「교육과학기술부 고시 제2011-361호 [별책 4] 및 교육과학기술부 고시 제2012-3호 [별책 4]」, 『고등학교 교육과정(I)』, 181~183쪽.

12 文一平, 「甲子以後 六十年間의 朝鮮」, 『開闢』 43, 1924.

향한 사회개혁운동"일 수 있는 전제조건, 곧 조선후기의 사회변동과 발전적 소인이라는 측면과 제국주의에 항거하는 민족운동으로서의 측면을 동시에 주목하고자 하였다.[13]

'민족으로서의 민중'이라는 시각은 식민지 경험과 해방 이후의 분단 현실, 그에 따른 강력한 반공주의에도 크게 규정된 것이었다. 그 단서는 "반식민지화 민족운동으로서의" "동학란"을 주장한 김용섭의 글을 통해 확인할 수 있다. 그는 동학농민군의 "9월의 민족적 봉기는 일본군벌의 영토적 점령을 목표로 한 침략행위에 반대한 거국적 민족봉기"이며, "선진자본주의국과 후진국가 간에 볼 수 있는 경제문제를 위요(圍繞)한 일반적인 논법의 적용을 불허하는 절박한 단계에서의 투쟁"이었다고 하였다. 또 전봉준의 민족의식은 "봉건척사론자들의 단순 배외열"이나, "진취적 자주적 민족주의자로서의 선각자적 역할을 담당하지 못했던 개화론자들과 달리 봉건제의 부정을 토대로 한 근대적 민족주의"이며, 그런 점에서 "후진국 민족운동의 기본방향에 접근하는 것"이라고 하였다.[14] 식민지 경험, 그리고 반공주의에 의해 왜곡된 관제 민족주의에 대한 대안 모색의 단초를 보인 시각이라고 판단된다. 반공이데올로기에 짓눌려 있던 분위기 속에서 저항적 민족주의를 통해 시대의 모순을 해결하고자 한 지식인들의 움직임은 4·19 이후 본격화하였다.[15]

1970년대에 들어 '내재적발전론'에 입각한 연구들이 일정한 성과를 거두면서,[16] 그에 따른 근대로의 변화를 민중운동에서 찾으려는 노력이

13 김용섭, 「동학난연구론-성격문제를 중심으로」, 『역사교육』 3, 89쪽.
14 김용섭, 「전봉준공초의 분석-동학란의 성격일반」, 『사학연구』 2, 1958, 2쪽, 40~47쪽.
15 이혜령, 「자본의 시간, 민족의 시간」, 권보드래 외, 『지식의 현장, 담론의 풍경』, 한길사, 2012 참조.
16 1972년 성균관대 대동문화연구소에서 『대동문화연구』 9를 <19세기의 한국사회>

이어졌다. 1975년에 발간된 『한국문화사신론』은 앞부분의 통사와 뒷부분의 분류사로 구성되어 있는데, 24개 분류사 주제 가운데 하나가 민중운동사이다. '민중운동사'가 한국사의 한 분야로 시민권을 부여받은 기념비적 저작이다. 집필을 담당한 정창렬은 홍경래란, 임술민란, 동학혁명운동, 의병전쟁, 3·1운동, 노동자·농민운동(1920~30년대)을 다루면서 농민전쟁의 역사적 의의를 한국의 민중운동·민족해방운동사에서 중요한 위치를 차지한다는 데서 찾았다. 그는 농민전쟁이 ① 민족·민주적 변혁의 기본역량은 민중, 즉 농민층에 있다는 사실을 객관적으로 증명하였고, ② 민족주의적 변혁의 주체로서의 민중은 자기의 사상, 자기의 조직을 가져야 된다는 중요한 교훈을 남겼다고 하였다.[17] '민족으로서의 민중'이라는 인식이 이어지고 있음을 알 수 있으며, 민중적 민족주의의 원형을 드러내고 있다.

1970년대에는 강력한 권위주의체제가 지속되는 한편, 경제적으로는 고도성장이 이루어지면서 정치·사회적 모순이 격화되고 그에 대한 저항이 민주화운동으로 결집되기 시작했다. 1980년에 들어 '서울의 봄'과 광주민주화운동을 계기로 민중은 다시 주목되기 시작했다. 민중적 민족주의가 제기되고 민중사학이 탄생했다. 이 무렵 민중은 대체로 생산수단과 통치수단, 위광(威光) 수단에서 소외되어 수탈·억압·차별당하는 피지배자로 정의되었다.[18] 민족주의가 진정한 의미에서 민족적이고 역사의 진보에 기여하기 위해서는 이러한 민중들의 요구를 수렴해야 한다고 이야

. 라는 주제의 특집호로 발간하여 그때까지 연구된 농업, 수공업, 상업·시장, 신분제 등에 걸친 '자본주의 맹아'를 정리했다.

17 정창렬, 「한국민중운동사」, 중앙문화연구원 편, 『한국문화사신론』, 중앙대학교출판부, 1975.

18 한완상, 『민중과 사회』, 종로서적, 1980, 79쪽.

기되었으며,[19] 민중적 민족주의가 제창되었다. 민중적 민족주의를 제창한 정창렬은 이전의 시각을 발전시켜 농민전쟁을 "민족해방의 과정", "해방의 주체역량으로서의 민중적 민족으로서의 결집과정"으로 이해하고자 하였다.[20] 나아가 그는 "근대민족주의의 확립은 세계사적으로는 부르주아의 몫이었지만, 19세기 말 조선에서는 부르주아보다 농민층에 의해 보다 본격적으로 시도되고 실천되었다는 점이 한국사의 특징이었다"고 말했다.[21]

여기에는 민중과 부르주아(개화파)가 내셔널리즘과 근대를 지향한 점에서는 동일하며, 다만 토지개혁 구상에서의 차이 등 노선상의 차이가 있었을 뿐이라는 인식이 전제되어 있다. 이러한 발상은 민중의 생각과 행동을 엘리트들의 그것에 수렴시키는 결과를 초래함으로써 민중의 행동과 생각으로부터 '근대'를 상대화할 수 있는 가능성을 배제하는 것이다.

한편 1980년대 중반에는 마르크스주의를 수용한 젊은 연구자들에 의해 지배층 중심의 역사서술을 극복하고 민중이야말로 역사 발전의 주체이고 역사는 민중이 스스로를 해방시켜가는 과정이라는 새로운 역사인식이 민중사학이라는 이름으로 자리 잡았다.[22] 1986년에 발간된 『한국민중사』 1·2는 민중사학을 표방한 최초의 통사였다. 민중사학은 역사학 자체의 쇄신이 아니라 지배이데올로기로 기능하고 있던 1970~80년대 민족주의 역사학에 대한 비판에서 출발하여 민중을 주체로 한 민중해방에 복무하는 역사학을 추구하였다.[23] 그러나 여기서도 민중은 어디까지나

19 박현채, 「분단시대 한국 민족주의의 과제」, 『한국민족주의론』 2, 창작과비평사, 1983, 60~61쪽.
20 정창렬, 「동학과 동학란」, 이가원 외 편, 『한국학연구입문』, 1981, 194쪽.
21 정창렬, 「갑오농민전쟁연구」, 연세대박사학위논문, 1991, 273쪽.
22 김성보, 「'민중사학' 아직도 유효한가」, 『역사비평』 1991년 가을호.

'민족으로서의 민중'이었다. 임술민란은 "19세기 말의 자주적 근대화를 예비하는 민족운동의 주체세력이 형성되는 과정"으로,[24] "갑오농민전쟁은 실로 자주적 근대화를 달성하려는 민족운동의 최고봉"이자 "식민지하 민족해방투쟁의 전개에 귀중한 경험"으로 자리매김되었다.[25] 이 무렵의 민중 개념은 좀 더 구체화 되었으나, 기본적으로는 이전 시기와 동일하였다. 예컨대 농민전쟁에 대한 관심이 최고조에 달했던 1990년대 초반 공동연구를 통해 나온 『1894년 농민전쟁연구』(전5권)에서는 농민전쟁의 주체를 빈농층을 중심으로 한 임노동층, 빈민층, 영세수공업자, 영세상인층 그리고 일부 부농층 등 "봉건적·민족적 모순"을 담지한 광범위한 계층에서 찾고자 하였다.[26]

'민족으로서의 민중'이라는 시각은 현재까지도 이어지고 있다. 최근 농민전쟁에 대한 연구사를 정리한 한 글에서는 농민전쟁의 성격에 대해 "농민군의 정치·사회·경제적 지향이 반봉건 근대화와 반침략 자주화의 실현을 통한 근대민족국가의 수립에 있었다는 것은 논란의 여지가 없다"라고 하였다.[27] "여지가 없다"라는 표현은 필자 개인의 취향이 반영된 것이기는 하지만, 거기에는 농민전쟁에 대한 학계의 대체적인 이해가 반영된 것으로 판단해도 무방할 것이다.

'민족으로서의 민중상'은 식민지 경험의 트라우마, 분단과 그에 따른 강력한 반공이데올로기 속에서 체제 저항적, 대안적 민족사회의 구축을

---

23 배성준, 「1980-90년대 민중사학의 형성과 소멸」, 『역사문제연구』 23, 2010.

24 한국민중사연구회 편, 『한국민중사』 2, 풀빛, 1986, 38~40쪽.

25 위의 책, 88~89쪽.

26 이영호, 「1894년 농민전쟁의 사회경제적 배경과 변혁주체의 성장」, 『1894년 농민전쟁연구』 1, 1991.

27 양상현, 「농민들의 개혁운동」, 한국사연구회 편, 『새로운 한국사 길잡이』(하), 지식산업사, 2008, 79쪽.

향한 고심의 결과이다. 그러나 민족대서사 속에 그려진 민중상은 민족주의 엘리트 지도자들에 의해 동원되고 이끌리면서 민족의 일원으로서만 행동하는 존재들로, 민족대서사가 제시하는 역사적 전망에 의해 통제되고 전유되는 존재들로 재현될 뿐이다. 민중이, 독자적 삶의 방식이나 문화 속에서 만들어진 고유한 생각이나 행동을 가진 행위주체(agency)로 인식되거나 인정될 여지가 없다.[28] 이러한 민중상은 민족이라는 근본적 가치들과 범주들을 쓸모없게 만들거나 전복시킬 가능성이 있는, 다른 가치들과 범주들을 배제하고 억압함으로써 주변화시키는 계서제적인(hierarchical) 전략의 표출이라는 서발턴(subaltern) 연구의 지적은 경청할만하다.[29]

3) '근대'를 지향하는 민중

19세기 후반 민중운동사에서는 대체로 민중이 '근대'를 지향한 것으로 이해하고 있다. 이러한 인식을 최초로 보인 것은 1908년 김기환이 『대한흥학보』 8호에 기고한 글이다. 이 글은 청일전쟁에 이르기까지 한중일 삼국의 외교적 교섭과정을 살피려는 의도에서 쓰여진 것이다. 글의 앞머리에 적시된 글의 순서는 다음과 같다.

일청전쟁 전 한일청 삼국의 교섭 — 천진조약 — 동학당의 혁명적 활동 — 일청 개전(開戰) — 이홍장 — 시모노세키(馬關) 강화조약 — 노독불 삼국의 간섭 — 요동반도 환부(還付)[30]

---

28 이 점은 민중운동을 민족사의 서사 속으로 전유하고 있는 교과서 내용이 가진 문제점에 대해 지적하는 속에서도 언급한 바 있다(배항섭, 앞의 논문, 2003 참조).
29 김택현, 「'서발턴의 역사'와 제3세계의 역사주체로서의 서발턴」, 『역사교육』 72, 1999, 105~108쪽.
30 碧人 金淇驥, 「日淸戰爭의 原因에 關한 韓日淸 外交史」, 『大韓興學報』 8, 1909,

이 글은 이상의 순서에서 제시된 목차 가운데 일부, 곧 1868년부터 1878년까지의 외교관계만 서술하고 미완인 채로 끝을 맺고 있어서 농민전쟁에 대한 그의 생각을 자세히 확인할 수는 없다. 다만 위에 제시한 글의 순서에서 드러나듯이 농민군에 대해 '동학당'이라는 상대적으로 온건한 표현을 하고 있으며, 농민군의 행위에 대해서는 '혁명적 활동'이라고 하여 적극적인 의미를 부여하고 있다.[31] 이후 '평민혁명'으로 평가한 박은식의 『한국독립운동지혈사(韓國獨立運動之血史)』(1920), 그리고 동학사상의 '평등·자유' 정신을 강조하면서 농민전쟁을 '민간개혁당'에 의한 '정치적 개혁운동'으로 규정한 이돈화,[32] 동학을 '조선혁명당'으로 규정한 고광규 등을 거쳐[33] 1922년에는 황의돈이 농민전쟁을 갑오혁신운동으로 명명하고, 조선역사상 유일하게 "전민중의 자유적 권리, 평등적 행복을 요구키 위하여" 일어난 '민중적 혁신운동'이었음을 분명히 하고 있다.[34] 1927년에는 김자립이 최초로 '동학혁명'이라는 용어를 사용하였다.[35] 이상에서 김기환 이후의 연구자들이 사용하고 있는 '혁명'이라는 용어는 서구의 부르주아 혁명에 준하는 것을 의미한다. 그것은 앞서 언급한 황의돈이 농민전쟁을 루터의 '종교혁명', 프랑스의 '자유혁명', 영국의 명예혁명, 미국의 '독립혁명' 등에 비견한 점, 또 농민전쟁을 루터

36쪽.

31 이하 농민전쟁 직후부터 1920~30년대에 이르기까지 농민전쟁에 대한 이해의 변화 과정에 대해서는 배항섭, 앞의 논문, 2010a 참조.

32 白頭山人, 「홍경래와 전봉준」, 『개벽』 5, 1920, 44~45쪽.

33 高光圭, 「동학당과 갑오역」, 『학지광』 21, 1921, 372~373쪽.

34 黃義敦, 「民衆的叫號의 第一聲인 甲午의 革新運動(續)」, 『개벽』 23, 1922, 74쪽.

35 金自立, 「五百年間의 革命運動」, 『개벽』 70, 1926. 천도교 인사였던 박달성도 1927년 '동학혁명'이라는 용어를 사용한 바 있다(朴達成, 「孫義菴의 三大快事(逸話中에서)」, 『別乾坤』 10, 1927).

의 종교개혁이나 프랑스 혁명과 비교한 고광규와[36] 김병준,[37] 이학인의 글[38] 등을 통해 확인할 수 있다.

해방 이후에는 주로 식민지 잔재의 청산과 신국가건설이라는 과제에 대응하여 동학사상이나 농민전쟁이 가진 근대적 성격이 강조되었다. 김상기는『동학과 동학란』(1947)에서[39] 동학사상 가운데 들어있는 "인내천(人乃天)과 사인여사천(事人如事天)" 사상을 루소의 <민약설(民約說)>에 비유하기도 했다. 김용덕은 농민전쟁이 "평등주의·혁명주의·민족주의로 말미암아 모든 잡다한 전근대적 요소에도 불구하고 본질적으로 우리의 자주적인 근대화운동이었던 것이다"라고 주장하였다.[40] 이 무렵의 근대화란 다름 아닌 '서양적 근대'를 말하는 것으로[41] 한국은 서양이 걸어간 것과 동일한 '근대'를 좇아가야 한다는 가치론적 목적의식이 내포된 개념이었다.

근대를 지향하는 민중상은 1862년에 일어난 임술민란 연구에서도 동일하게 나타났다. 임술민란의 근대지향성을 적극적으로 평가하는 식민지시기의 글은 찾지 못했지만, 민중운동사가 활발하게 연구되는 1980년대에 들어오면 임술민란은 역사발전단계론에 입각하여 근대를 지향한 운동이라는 맥락에서 이해되기 시작한다. 정창렬은 임술민란에 대해 국가·

---

36 高光圭, 「동학당과 갑오역」, 『학지광』 21, 1921.

37 金秉濬, 「동학군도원수 전봉준」, 『별건곤』 14, 1928, 13쪽.

38 李學仁, 「동양최초의 민중운동 동학란의 가치」, 『천도교회월보』 255, 1932, 32쪽.

39 金庠基,『동학과 동학란』, 1947. 이글은 1931년 8월 1일~10월 9일에 걸쳐『東亞日報』에 연재하였던 내용을 단행본으로 출간한 것이다.

40 김용덕, 「동학사상연구」, 『중앙대학교논문집』 9, 1964.

41 예컨대 1962년의 한 토론회에서 천관우는 "한국의 근대화는 서양적인 근대로의 변모를 말한다"고 하였다(「第1回 東洋學 심포지움 速記錄」, 『震檀學報』 23, 1962, 397~398쪽).

국왕에게 민본 이데올로기에 명실상부한 내용과 실체를 담아줄 것을 요구한 운동이었다고 지적함으로써 민중의식을 새로운 시각에서 파악하고자 하였다. 이는 민중의식을 계급=계급의식이라는 맥락, 곧 토대반영론적 시각이나 수탈에 대한 저항이라는 논리 속에서 파악하던 기왕의 연구와 다른 접근으로서, 연구사적으로 중요한 의미를 가진다. 그러나 그 역시 "민본 이데올로기가 근대적인 방향으로 성장, 발전해 갈 수 있는 가능성을 스스로 간직하고 있었음을 드러낸다"거나,42 임술민란 당시의 민중은 자기 고유의 계급적 이익을 가진 사회경제적 계급이 아니었고, 스스로를 새로운 문화, 사회적 담당 주체로 의식하지 못하였던 것으로 이해하였다.43 근대지향적 민중상을 전제로 하고 있음을 알 수 있다. 이영호도 임술민란에 대해 개항 이전 단계에서 반봉건투쟁의 최고단계에 이른, 근대사회로의 변혁을 요구하는 아래로부터의 농민운동이었다고 하여44 근대사회를 지향하며 투쟁하는 민중상을 그리고 있다.

김용섭은 1862년 농민항쟁은 "지주제를 부정하는 토지개혁의 구호를 정면으로 내세우"지 못하였고, 이에 따라 "반봉건운동으로서는 아직 본궤도에 진입하지 못하고 있었"다고 평가하였다.45 이러한 이해는 조선사회가 봉건사회이고 그 물적 토대를 이루는 기본적 생산관계가 지주-소작관계였다는 점, 그리고 이 시기는 근대자본주의사회로 나아가야 할 시기였다는 점을 선험적으로 전제한 후, '제대로 된 반봉건투쟁', 곧 근대 자본주의사회를 전망할 수 있는 투쟁이 되기 위해서는 지주제에 대한 전면

42 정창렬, 「조선후기 농민봉기의 정치의식」, 『한국인의 생활의식과 민중예술』, 성균관대출판부, 1984.
43 정창렬, 「백성의식, 평민의식, 민중의식」, 한국신학연구소 편, 『한국민중론』, 1984.
44 이영호, 「1862년 진주농민항쟁의 연구」, 『한국사론』 19, 서울대 국사학과, 1988.
45 김용섭, 「조선왕조 최말기의 농민운동과 그 지향」, 『한국근현대농업사연구』, 일조각, 1992, 362~363쪽.

적 공격이 이루어져야 한다는 당위적 인식에서 초래된 것으로 보인다. 서구가 경험한 근대로의 이행 경로를 준거로 하여 그와 다른 점을 '온전한' 발전 경로에 미달한 '한계'로 지적한 것이다. 전형적인 목적론적·발전론적 인식에 다름 아니다.

농민전쟁 연구에서도 마찬가지였다. 민중들 역시 서구적 근대, 곧 문명개화론을 추구하던 엘리트들과 마찬가지로 근대를 지향하는 존재라는 점이 선험적으로 규정되었고, 민중운동사는 근대를 향해 투쟁하는 민중 혹은 그럴 가능성이 있는 민중의 모습을 부각시키는 방향에서 접근되었다. 근대 지향과 무관하거나 그에 근접하지 못한 요소들은 아직까지 민중운동이 본 궤도에 오르지 못했다거나, 한계인 것으로 해석되었다. 몇 가지 예를 들어보면 다음과 같다. 앞서 언급한 『한국민중사』는 농민전쟁을 "자주적 근대화를 수행하려는 혁명전쟁"[46]으로 이해하였고, 『한국근대민중운동사』는 농민전쟁이 "우리나라의 부르조아 민족운동을 심화·발전시키는 커다란 추진력이 되었다"고 보았다.[47] 이러한 시각은 1990년대에도 이어졌다. 1997년에 나온 『1894년 농민전쟁연구』 5권에서는 "개화파는 농민의 동력에 의거하여 반봉건혁명을 추진하고, 민중과 연대하여 외세를 견제하면서 근대변혁을 추진했어야" 하고, "농민전쟁은 중세사회를 극복하고 역사의 새로운 지향을 제시"함과 동시에 "봉건지배층을 대체하고 역사를 주도해나갈 새로운 세력을 발견하여 이들을 뒷받침해주는 일을 담당하였어야 한다"고 하였다.[48]

이러한 연구들은 대체로 사회경제적 모순의 심화→ 민중의 사회의식

---

46 한국민중사연구회 편, 앞의 책, 1986, 78~79쪽.
47 망원한국사연구실 한국근대민중운동사서술분과, 『한국근대민중운동사』, 돌베개, 1989, 132~133쪽.
48 한국역사연구회, 『1894년 농민전쟁연구』 5, 역사비평사, 1997, 89쪽.

과 정치의식의 성장 → 반봉건운동이라는 도식으로 접근하고 있다. "농촌사회 구성의 변화는 조선에서의 근대를 향한 변혁주체의 성격을 규정하"고, 민중운동이 "궁극적으로 지향하는 새로운 사회건설의 방향을 사회경제적 측면에서 해명하는 것을 과제로 삼는다"는 데서도[49] 알 수 있듯이 전형적인 토대반영론의 시각을 보여준다. 특정 시기의 민중운동을 역사가 한 걸음 발전된 단계로 나아가고 있음을 증명해주는 현상으로 이해하는 시각이다. 이러한 시각에서 민중은 다만 역사의 단계적 발전을 증언하는 증인으로 호출되는 수동적 존재에 불과하다.[50] 현재의 연구자들이 선험적으로 전제하고 있는 바, "역사발전의 궤도 위를 달려가는 존재"라는 이미지에 부합되지 않는 한 민중이 능동적 행위자로 인식될 수 있는 가능성은 압살된다. 근대를 지향하지 않거나 반대하는 모습은 한계로 지적되거나 외면되거나, 근대를 지향하는 것으로 왜곡된 역사상이 구축된다.

그러나 민중의식의 실상은, '근대이행기'의 역사과정이 이론으로서의 '서구'가 구성해 놓은 단선적 발전 과정으로는 포착하기 어려운, 복잡한 갈래들이 얽혀있는 과정이었음을 경험적으로 확인해준다. 그 점에서 '근대이행기'의 민중사는 그 시기 인간의 삶과 생각이 함축하고 있던 다양한 가능성을 발견하는 계기가 될 수 있으며, 나아가 서구·근대중심주의에 내포된 발전론적·목적론적 인식에 의해 배제·억압된 것들로부터 다양한 가능성을 시사받을 수 있는 것이기도 하다. 민중사가 근대/전통의

---

49 한국민중사연구회 편, 앞의 책, 1986, 78~79쪽.
50 개별행위자는 한 상황에 의해 규정되기만 하는 것이 아니라 동시에 그 상황의 생산에도 참여한다는 점에서 초개인적 구조를 중시하는 사회결정론의 시각은 민중운동뿐만 아니라 한 사회를 인식하는 데도 불충분하고 위험하다(알랭 투렌 지음, 조형 옮김, 『탈산업 사회의 사회 이론: 행위자의 복귀』, 이화여대출판부, 1994, 13쪽).

이분법적 이해를 넘어서서 근대를 재사유하고 상대화하는 하나의 방법일 수 있는 것도 이 때문이다.51

3. 내재적 접근과 서구·근대중심주의 비판

1) 〈반근대 지향론〉과 '외부적 시선'

앞서 살펴본바 농민전쟁에 대한 지금까지의 연구들이 보여주고 있는 '민족으로서의 민중', '근대를 지향하는 민중'이라는 이해의 가장 중요한 문제점은 우선 서구중심/근대중심적 인식을 전제로 한 발전론적·목적론적 역사인식이라는 점, 그에 따라 심판자 내지 이론으로서의 지위를 가지는 서구·근대라는 '외부적 시선'이 전제되고 있다는 점, 그리고 민중운동에 대한 내재적 접근은 외면되고 있다는 점이다. 이러한 접근은 민중이 가지고 있던 고유한 측면을 사상하거나 소홀하게 함으로써 민중의 고유한 의식세계에 대한 이해를 어렵게 한다.

뿐만 아니라 민중의 삶과 그들의 생각이나 행동을 근대화운동과 민족운동의 흐름 속으로 몰아넣는 역사 이해는 특히 근대이행기 혹은 그 이

---

51 민중사가 가진 이러한 의미에 대해서는 배항섭, 「'근대이행기'의 민중의식: '근대' 와 '반근대'의 너머」, 『역사문제연구』 23, 2010b 참조. 차르테지의 다음과 같은 지적 역시 같은 맥락에서 이해할 수 있을 것이다. 그는 근대 시민사회 바깥 영역에 있는 나머지 사회를 현(근)대/전통의 이분법을 사용하여 개념화하는 것은 '전통'을 탈역사화하고 본질화하는 함정을 회피하기 어려우며, 전통 쪽으로 내몰리는 영역이 근대적 시민사회의 원칙들에 부합하지 않는 방식으로 근대와 맞설 수 있는 가능성을 부정하는 것이라고 하였다(파르타 차르테지, 「탈식민지 민주국가들에서의 시민사회와 정치사회」, 『문화과학』 25, 2001, 143쪽).

전 시기의 민중사를 통해 근대나 내셔널리즘에 대해 '성찰'할 수 있는 계기를 부정하는 것이다. 이러한 사정을 고려할 때 '근대화'나 '민족'이라는 코드와는 다른 생각과 행동을 보였던 민중사의 복원은 민중들의 고단한 삶, 그리고 복잡한 생각과 행동을 통해 그 시대의 역사상을 풍부하게 할 뿐만 아니라 그를 토대로 근대에 대한 비판적 성찰을 할 수 있는 하나의 중요한 단서가 될 수 있다고 생각한다.[52]

그런 점에서 근대지향의 민중상을 비판하며 민중의 지향이 '근대적'이라기보다 오히려 '반근대적'이었다고 주장한 조경달의 견해가 주목된다.[53] 이러한 인식은 한국 학계에도 수용되어 일부 연구자들에 의해 농민전쟁이 "반봉건주의·반자본주의·반식민주의를 동시에 충족시키는 근대화"를 지향했다는 견해가 제시되기도 했다.[54] 중요한 문제제기라고 생각한다. '반근대론' 혹은 '반자본주의론'은 농민군의 경제적 지향이 부르주아적, 자본주의적 근대화가 아니었음을 분명히 하고 있다. 이는 전근대에서 근대로의 발전이라는 도식에 의해 전유된 민중을 구출해내고 주체성에 입각한 민중상을 구축할 수 있는 단서를 제공한다는 점에서 의미가 크다.

그러나 농민전쟁에 대한 근대지향론과 마찬가지로 '반근대지향론' 혹은 '반자본주의지향론' 역시 프랑스혁명 당시의 농민운동, 그를 수용한 일본 근대민중운동에 대한 연구성과에 의거하여 농민전쟁을 이해하고자 한 시도였다. 내재적 분석에 의한 귀납적 접근이 아니라, 다른 나라의 경

---

52 배항섭, 앞의 논문, 2003 참조.

53 趙景達, 「甲午農民戰爭の指導者＝全琫準の研究」, 『朝鮮史叢』 7, 1983.

54 정창렬, 「동학농민전쟁과 프랑스혁명의 한 비교」, 『프랑스혁명과 한국』, 일월서각, 1991; 고석규, 「1894년 농민전쟁과 '반봉건 근대화'」, 『동학농민혁명과 사회변동』, 한울, 1993.

험을 준거로 하여 제기되고 있다는 면에서는 여전히 문제적이며, 서구중심적 역사인식의 자장(磁場)을 벗어난 것은 아니었다.

예컨대 앞서 언급한 조경달의 견해는, 민중운동이 근대를 지향했다는 역사인식은 세계사적인 경험에 비추어 보더라도 설득력이 없다는 판단에 근거하고 있다. 여기서 말하는 세계사적 경험은 주로 프랑스혁명 당시의 농민운동이나 일본의 '근대이행기' 민중운동에 대한 연구성과를 수용한 것이다.[55] 이에 따르면 프랑스혁명 시기의 농민혁명이나 메이지유신 이후 일본의 민중운동이 기존의 질서·관행과는 다른 새로운 근대적·자본주의적 법과 질서나 경제원리가 자신들의 일상생활에 타격을 주고 생존을 위협하자 그것을 반대한 것이라는 점에서 '반자본주의적'이었다고 한다. 특히 르페브르(Georges Lefebvre)는 혁명 당시 농민운동이 부르주아운동에 포섭되지 않았고, 그와는 다른 발생·진행·위기·경향을 가지고 진행되었으며, 도시민중과 더불어 프랑스혁명에 개입함으로써 혁명의 진행이나 성격에 영향을 미친 독자적·자율적 사회운동이라고 하였다.[56]

확실히 민중은 지배엘리트와는 구분되는 독자적인 문화영역이나 의식세계를 가지고 있었다. 그것은 사람들이 행동하는 맥락을 제공하는 관습과 밀접한 관련을 가진다.[57] 또한 민중은 지배이념이나 체제로부터 자

---

55 조경달 지음, 박맹수 옮김, 『이단의 민중반란』, 역사비평사, 2008, 26쪽.

56 이하 메이지 유신기 일본 민중운동과 프랑스 혁명 당시 농민운동에 대해서는 시바따 미찌오, 『근대세계와 민중운동』, 한벗, 1984; 稻田雅洋, 『日本近代社會成立期の民衆運動』, 筑摩書房, 1990; 鶴卷孝雄, 『近代化と傳統的民衆世界』, 東京大出版會, 1991; 이세희, 「프랑스혁명기의 농민운동에 대한 연구사적 고찰」, 『부대사학』 10, 1986; 최갑수, 「프랑스혁명과 농민운동 논쟁에 대한 소고」, 『역사비평』 17, 1992 여름; 알베르 소불, 「아나똘리 아도의 논문에 대하여」, 『역사비평』 17, 1992년 여름호 참조.

57 에릭 홉스봄, 금동택 외 옮김, 『저항과 반역 그리고 재즈』, 영림카디널, 2003, 232~236쪽; E.P. Thompson, "The Moral Economy of the English Crowd in the

유로울 수 없었다.[58] 민중은 일상생활 세계에 토대를 둔 고유한 문화를 가지고, 그에 따라 '근대이행기'에도 엘리트와 구별되는 독자적·자율적 의식을 보이지만, 다른 한편으로는 지배체제나 이념 등으로부터도 완전히 자유로울 수는 없는 존재이다.[59]

이는 민중의식이나 지향도 민중운동이 발발했던 당시 사회의 지배체제나 이념과 밀접한 관련을 가질 수밖에 없었음을 의미한다. 실제로 세계사적으로 볼 때도 '근대이행기'의 민중은 관습에 호소하는 방식으로 자신들의 요구를 정당화하는 것이 일반적이었고, '구법(舊法)'에 근거한 요구는 저항을 철저하게 급진적인 형태로 이끌기도 하였다.[60] 이러한 사실은 민중의식이 생산관계나 사회체제가 유사하다 하더라도 그들의 삶을 지탱해온 관습이나 구법에 따라 다양할 수 있었음을 시사하는 것이기도 하다. 따라서 농민전쟁의 지향도 당시 조선의 지배체제나 이념 등이 어떠했느냐에 따라 프랑스나 일본 등의 민중의식이나 지향과는 다른 모습을 보일 수도 있다.

예컨대 조경달이 농민군의 '반근대성'과 관련하여 중요하게 지적하는

Eighteenth Century", *Past and Present*, No.50, Feb. 1971. pp.78~79; 조오지 뤼데, 박영신·황창정 역, 『이데올로기와 민중의 저항』, 현상과 인식, 1993, 46~57쪽, 71쪽 참조.

58 톰슨에 따르면 평민문화는 자기 정의적이거나 외부적 영향에 무관한 것이 아니라 귀족 통치자의 통제와 강제에 대항하여 수동적으로 형성된다고 하였다. E.P. Thompson, *Customs in common*, Penguin Books, 1993, pp.6~7.

59 이는 Sutti Ortiz의 다음과 같은 표현에서도 확인된다. "이데올로기는 개인에게 당면한 세계에 대한 관점을 제공한다. 또 다른 관점은 그가 지닌 경험, 그리고 사회적 환경의 현실성으로부터 파생된다". Sutti Ortiz, "Reflections on the Concept of 'Peasant Culture' and Peasant 'Cognitive Systems'", Teodor Shanin edt., *Peasant and Peasant Societies: selected readings*, Penguin Education, 1971, p.333.

60 Paul H. Freedman, *Images of the medieval peasant*, Stanford University Press, 1999, p.298.

점은 토지소유문제이다. 그는 근대적인 배타적 토지사유제를 추구했던 개화파와 달리 농민적 토지소유를 요구했기 때문에 반근대적 지향을 드러낼 수밖에 없었고, 이것은 본원적 축적과정을 수반하는 근대가 농민들에게는 다른 한편 비참한 것이라는 점을 상기시킨다고 했다.[61] 르페브르가 농민혁명의 독자성 또는 자율성과 관련하여 강조한 것도 농민혁명의 반자본주의적 성향이었고, 이는 일본 자유민권운동 시기의 민중운동에 관한 연구에서도 마찬가지였다. 자본주의적 법과 질서나 경제원리가 농민들의 생존조건을 악화시키고 있었기 때문에 농민들은 관습, 특히 공동체적 권리와 규제에 근거하여 맞서 싸웠고, 이 점에서 분명히 '반자본주의'적이었다.

그러나 한국의 경우 1894년 당시에는 아직 '근대가 농민들에게 비참한 것이라는 점을 상기할 만한 본원적 축적과정'은 진행되지 않았다. 또한 토지소유관계나 매매관습을 통해 볼 때 한국에서는 이미 조선후기부터 근대적 소유구조나 '시장친화적' 매매관습이 강고하게 자리잡고 있었다.[62] 개항 이후에도 토지소유와 관련하여 새로운 자본주의적인 법이나 제도라고 특기할 만한 것이 없었다. 때문에 농민전쟁 당시에도 농민군이 토지제도와 관련하여 제시한 요구조건이나 개혁구상은 근대지향, 혹은 반근대지향 어느 한쪽으로 특정하기에는 매우 복잡한 양상을 보이고 있었다.[63]

생활인으로서의 민중이 저항한 것은 자본주의나 근대 그 자체가 아니었다. 새로운 법과 제도, 질서가 전통적 관습과 달리 자신들의 삶을 침해

---

61 조경달 지음, 박맹수 옮김, 앞의 책, 2008, 338쪽.
62 이에 대해서는 裵亢燮, 「조선후기 토지소유 및 매매관습에 대한 비교사적 검토」, 『한국사연구』 149, 2010c 참조.
63 배항섭, 앞의 논문, 2010b 참조.

하고 혼란을 가져왔기 때문에 거기에 저항한 것이다. 여기에는 '새로운 것=근대적·자본주의적인 것'이라 하더라도 관습을 거스르지 않는 것이라면, 또는 자신들의 생존조건을 악화시키지 않는다면 그에 대한 태도도 달라졌을 가능성이 내포되어 있다. 전근대 민중이 지배층의 이념이나 문화를 전유한 것과 마찬가지로 '근대적인 것'도 전유 과정을 거쳐 민중 저항의 자원이 될 수도 있다. 또 그러한 과정 속에서 민중은 자신들의 고유한 문화를 새롭게 만들어갔던 것은 아닐까? 따라서 서구적 경험을 수용하여 민중운동='반근대성'이라는 점을 선험적으로 전제하는 것은 민중운동=전근대를 '근대'와 대립적·단절적인 시각에서만 바라보기 쉽다는 점에서도 위험하다.[64]

결국 '근대이행기'의 민중운동이 '근대'에 대해 취한 태도에 어떤 '보편성'이 있다면, 그것은 민중운동의 지향이 '근대' 혹은 '반근대'였다는 것이 아니라, 지배 이념이나 정치체제, 관습이나 사회적 환경과 밀접한 관련이 있고, 그에 따라 매우 다양할 수 있다는 데서 찾아야 할 것이다. 또한 민중의 생각이나 행동에 대한 이해는 그들의 일상을 둘러싼 지배이념이나 정치체제, 관습이나 사회적 환경과 관련하여 내재적으로 접근되어야 함을 잘 보여준다.

2) 내재적 접근: 농민군의 의식과 유교에 대한 재해석

농민전쟁 100주년 무렵을 정점으로 하여 한국사학계에서는 농민전쟁을 비롯한 민중운동에 대한 관심이 크게 줄어들었다. 이러한 현상은 한국에만 국한된 것이 아니었다. 민중운동에 대한 관심이 줄어드는 요인이

---

64 조경달의 '반근대론'에 대한 검토로는 배항섭, 「근대를 상대화하는 방법: 민중사에서 바라보는 근대」, 『역사비평』 88, 2009 참조.

나 시기 면에서 서로 차이가 있지만, 이웃한 일본이나 중국 역시 마찬가지이다.[65] 그러나 2000년 이후, 특히 최근에 들어 동학과 농민전쟁에 대한 연구가 양적 면에서는 오히려 이전 시기에 비해 많아지는 모습을 보이고 있다. 이러한 현상은 농민전쟁에 대한 연구관심이 퇴조하기 시작한 지 얼마 되지 않아서 한국동학학회(1997)와 동학학회(2000)가 창립되었고, 100주년을 계기로 농민전쟁의 주요 무대였던 각 지방자치단체들이 활발하게 기념사업을 진행하기 시작하였다는 점과 무관하지 않을 것이다. 또 2004년 「동학농민혁명 참여자 등의 명예회복에 관한 특별법」이 통과되고, 2010년에는 민간단체였던 기왕의 <(재단법인)동학농민혁명기념재단>을 승계하여 문화체육관광부 산하의 특수법인인 <동학농민혁명기념재단>이 출범하여 『동학농민혁명 국역총서』의 간행을 비롯하여 학술대회 개최 등 다양한 학술사업을 추진 중이라는 점 역시 깊은 관련이 있을 것으로 보인다.

이런 사정 때문에 동학사상과 농민전쟁은 여전히 단일 주제로서는 매우 많은 논문을 쏟아내는 연구분야로 남아 있다. 특히 120주년을 맞이한 지난해에는 각급 학회와 단체에서 개최된 학술대회만 하여도 거의 20여 건에 육박한다. 이와 같이 농민전쟁 연구가 양적인 면에서는 오히려 많아지는 모습을 보이고 있지만, 100주년 이후 한국사회 안팎의 변화나 새로운 학문 조류에 적극적으로 대응하는 새로운 시각이나 접근방법을 보

---

65 1970년대 이후 한중일 민중운동사 연구의 동향에 대해서는 배항섭, 「임술민란의 민중상에 대한 재검토-근대지향성에 대한 비판과 동아시아적 시각의 모색」, 『역사와 담론』66, 2013; 須田努, 「'전후 역사학'에서 이야기 된 민중이미지를 지양한다」, 배항섭·손병규 편, 『임술민란과 19세기 동아시아 민중운동』, 성균관대출판부, 2013; 須田努, 「運動史研究 "原体験"」, 『歴史學研究』816, 2006; 須田努, 『イコンの崩壊まで』, 靑木書店, 2008; 肖自力·陳亞玲, 「최근 10년간의 태평천국사 연구」, 배항섭·손병규 편, 앞의 책, 2013 참조.

여주는 글은 많지 않다. 특히 근대에 대한 근본적 회의가 제기된 지 오래되었고, 신자유주의적 질서가 전 지구를 휩쓸고 있는 시대 상황은 '반봉건 반외세'로 요약되는 기왕의 농민전쟁상이 21세기를 살아가는 오늘 우리 사회에 어떤 의미를 주는지에 대한 깊은 성찰을 요구하고 있지만, 그와 관련된 진전된 고민은 잘 보이지 않는다.

다만 100주년 이후의 연구에서 보이는 새로운 경향으로 내재적 접근, 특히 유교에 대한 재해석과 관련하여 유교와 동학을 이전과는 다른 맥락 속에서 이해하고, 나아가 농민군의 생각과 행동도 유교라는 지배이념, 혹은 그의 전유라는 맥락 속에서 새롭게 이해하려는 연구들이 나타나고 있다는 점을 들 수 있다.

내재적 접근의 필요성은 일찍부터 제시되어왔다. 예컨대 북한의 오길보는 1959년 「갑오농민전쟁과 동학」(『력사과학』 3)에서 이청원이 제시한 종교적 외피론을 반박하였다. 오길보는 서구와 조선은 종교가 민중들의 생활과 관련하여 가지는 의미에서 차이가 난다는 점, 조선은 서구와 달리 중앙집권적 정치체제였고, 상품화폐경제가 상당히 발달해 있었다는 점, '1811~12년 평안도 농민전쟁'도 종교적 외피를 쓰지 않았다는 점 등을 들어 "중세기의 모든 폭동이 예외 없이 종교적 외피를 써야 한다는 것은 아니다"라고 지적하였다. 종교적 외피론은 '시대의 제조건'이나 '일정한 발전단계'를 고려하여 창조적으로 적용되어야 한다는 오길보의 주장은 명시적이지는 않았지만 내재적 접근의 필요성을 지적한 것에 다름 아니었다.[66]

---

66 오길보, 「갑오농민전쟁과 동학」, 『동학연구』 12, 2002에 재수록, 277~278쪽. 이와 유사한 주장은 정창렬, 안병욱에게로 이어졌다. 이에 대해서는 배항섭, 「동학농민전쟁의 사상적 기반에 대한 연구현황과 과제-동학(사상)과 농민전쟁의 관계를 중심으로」, 『사림』 45, 2013, 154~155쪽 참조.

필자 역시 민중의식이 한편으로는 독자성을 가지지만, 다른 한편 지배체제·이념으로부터도 자유로울 수 없다는 점을 전제로 농민군의 토지개혁구상을 조선후기 토지의 소유구조나 매매관습과 연결하여 파악함으로써 농민군의 의식을 '근대' 지향 혹은 '반근대' 지향 가운데 어느 일면만으로 이해하기 어려움을 지적한 바 있다.[67] 또한 농민전쟁 시기 농민군의 공론이나 농민군에 의해 형성되어 가던 새로운 정치질서를 조선후기 향촌사회의 향중공론이나, 민란 등의 경험을 통해 축적되어 간 새로운 공론과 정치의식이라는 맥락에서 접근해보기도 하였다.[68] 이경원도 최근의 한 학술대회에서 농민군의 활동을 조선후기 사회에서 향촌지배층의 조직이었던 향회, 유회 등의 조직이나 공동체 의식 등과 연결하여 파악하고자 하였다.[69]

내재적 접근이라는 면에서 가장 두드러진 연구는 동학사상 혹은 농민군의 의식을 지배이념인 유학사상과 연결하여 이해한 데서 볼 수 있다. 물론 동학사상을 유학사상과 연결하여 이해한 연구는 매우 일찍부터 제출되었다. 우선 윤사순은 최제우의 동학과 유학의 관련성에 대해, "유학의 사상요소를 제외하면 동학이 성립할 수 없을 정도로, 동학에서 유학 성격의 사상이 차지하는 비중은 막중"하다고 하였다. 그러나 동학은 유학을 벗어난 입장에서 자유자재로 취사선택하고 심지어 변용하는 형식으로 원용하면서, 그 시대의 요구에 맞도록 체계함으로써 유학적 통치체

---

67 배항섭, 앞의 논문, 2010b 참조.

68 배항섭, 「19세기 후반 민중운동과 공론」, 『한국사연구』 161, 2013; 배항섭, 「19세기 향촌사회질서의 변화와 새로운 공론의 대두-아래로부터 형성되는 새로운 정치질서」, 『조선시대사학보』 71, 2014b 참조.

69 이경원, 「조선후기 향촌사회의 공동체적 질서와 동학농민군의 활동 양상」, 역사학연구소/역사문제연구소 주최 학술대회, 『동학농민전쟁의 경험과 의미』, 2014년 11월 7일.

제의 한계를 파기하고 새로운 '사회적 개벽'을 지향한 데에 유학의 한계를 벗어난 동학의 독자적 정체성이 있다고 하였다.[70]

윤사순이 유학과 동학의 관계를 강조하면서도 동학사상의 긍정적·발전적 모습을 지적한 것과 달리 우윤은 동학사상을 부정적인 것으로 이해하였다. 그는 최제우의 동학사상이 유학의 도덕질서를 회복하고 수심정기(守心正氣)를 통해 이를 더욱 내면화하는 방향이었으며, 그 때문에 그가 제시하는 새로운 사회상이 관념적인 무극대도의 이상향, 혹은 복고적 유학적 도덕질서의 회복이라는 모습으로 나타났다는 점에서 '반봉건성', 곧 근대성은 보이지 않는다고 이해하였다.[71] 동학경전에 대한 분석이 아니라 농민군의 <포고문> 분석을 통해 농민군의 보수성을 가장 강하게 지적한 연구자는 유영익이다. 그는 <무장포고문(茂長布告文)>을 분석하여 전봉준이 유교적 윤리덕목을 철두철미하게 준수했던 모범적 선비이며 유교적 합리주의자였음을 강조하였다. 이어 그것을 핵심 논거로 하여 농민군은 어떠한 새로운 '근대적' 비전 내지 이상을 제시하지 못하였다고 하였으며, 오히려 농민군이 '봉건적' 차등적 사회신분질서를 이상화하고 있음을 특히 강조하였다.[72]

유학과 동학의 관련성을 강조하는 이러한 연구들은 김상준의 지적처럼 동학을 근대적 사상으로 보는 입장이든, 봉건질서 혹은 유교적 도덕질서의 회복을 지향한 복고적 사상으로 보든 모두 근대성의 출현을 전통과의 단절, 특히 유교와의 단절 속에서 찾는다는 점에서는 같은 인식을

---

70 윤사순, 「동학의 유학적 성격」, 민족문화연구소 편, 『동학사상의 새로운 조명』, 영남대출판부, 1997, 106~108쪽.

71 우윤, 「동학사상의 정치, 사회적 성격」, 『1894년 농민전쟁연구』 3, 1993, 290~292쪽.

72 유영익, 「전봉준 의거론」, 『동학농민봉기와 갑오경장』, 일조각, 1998.

보이고 있다. 유교와의 단절 여부가 근대성 여부로 치환되어 이해되고 있는 것이다.[73] 이러한 이해와 달리 김상준은 동학을 유교의 대중화, 그리고 '초월성의 내재화', 곧 성이 속을 통섭(encompass)하던 전근대적 세계 구성 원리로부터, 속이 성을 통섭하는 근대적 세계 구성 원리로의 역전이라는 맥락에서 이해한다.[74] 성속의 전환과 초월성의 내재화라는 베버의 논리를 수용하여 동학을 유교의 종교개혁이라는 맥락에서 이해한 연구는 이미 조혜인에 의해 이루어진 바 있다.[75] 조혜인 역시 윤사순과 마찬가지로 유교가 아니라, 동학을 유교의 변용으로 보든 종교개혁의 결과로 보든 관계없이 동학에서 '근대성'을 찾고자 하였다. 그러나 김상준은 이와 달리 '유교적 근대성'에서는 근대성의 두드러진 특징으로 "영원한 자기 비판과 자기 갱신 능력"을 지적한 마셜 버만(Marshall Berman)의 규정을 강조하고 있다. 그래서 그는 유교가 대중 유교로서의 동학을 형성하게 된 계기를 윤사순의 지적처럼 "유학을 벗어난 입장"이 아니라, 유교 내부에 내재하던 근대성의 동력, 곧 자기비판과 자기 부정의 능력이 발현된 데서 찾고 있다.[76]

'전통'에 근거하여 근대가 출현하고 근대성이 발아한다는 김상준의 입장은 매우 흥미롭다. 또 그는 '복수의 근대성론'에 입각하여 각 문명에는 근대성의 계기가 잠재해 있으며, 다른 문명과의 조우에 의해 잠재해 있던 근대성이 발아한다는 입장에 서 있다. 그러나 그는 앞서 언급했듯이 근대성의 두드러진 특징으로 "영원한 자기비판과 자기 갱신 능력"을

73 김상준, 「대중 유교로서의 동학」, 『사회와 역사』 68, 2005, 168쪽.

74 김상준, 위의 논문, 169~170쪽; 유교적 근대성에 대해서는 김상준, 「조선후기 사회와 '유교적 근대성' 문제」, 『대동문화연구』 42, 2003에서 본격적으로 논의하고 있다.

75 조혜인, 「동학과 주자학: 유교적 종교개혁의 맥락」, 『사회와 역사』 17, 1990.

76 김상준, 앞의 논문, 2005, 201~202쪽.

지적하면서, 동시에 근대성의 핵심으로 성속의 전환에 따른 초월성의 내재화를 강조하고 있다. 전자와 후자의 관계가 선명하지 않다. 후자는 종교혁명에 대한 베버의 이해이다. 전자의 추상적 수준의 근대성이 왜 반드시 후자로 귀결되어야 하는지, 나아가 동학과 유교의 관계가 성속의 전환, 초월성의 내면화를 의미하는 지에 대해서는 좀 더 분명한 설명이 필요하다고 생각된다.[77]

이상의 연구들은 대체로 동학의 경전을 중심으로 한 동학사상과 유학사상의 관계를 다루고 있지만, 최근 농민전쟁 전후 농민군이나 동학교도들의 행동과 생각을 유교와 관련하여 이해하려는 연구들이 본격적으로 제출되고 있다. 물론 농민군의 행동과 생각을 유교와 연결하여 이해하려는 연구 역시 앞서 언급한 유영익 외에도 일찍부터 제시된 바 있다. 예컨대 정창렬은 그의 박사학위 논문에서 집강소 시기인 1894년 6월 순창에 있던 전봉준이 일본 낭인집단인 천우협(天佑俠)에 보낸 글에서 "'심하도다. 유교의 도가 행하여지지 않는 것'이라면서 '민유방본 본고방령(民惟邦本本固邦寧)' 이념을 재차 강조하고 있다"는 점을 들어 농민군이 추구한 새로운 질서는 '유교의 본래적인 도(道)'가 행하여지는 세계를 의미하는 것이 아닌가 생각된다고 하였다.[78] 그는 농민군이 추구한 새로운 질서와 유교의 관계를 더 이상 천착하지는 않았다. 그러나 유영익과 달리 농민군의 생각을 유학과 연결하여 파악하고자 하면서도 그 점을 부정적으로 이해하지 않았다는 점에서 주목된다.

농민군의 의식을 본격적으로 유교와 관련하여 이해한 연구자는 조경

---

77 동학을 유교에 대한 종교개혁이라는 맥락에서 이해한 최근의 연구로는 송호근, 『시민의 탄생』, 민음사, 2013 참조. 이에 대한 비판은 배항섭, 「서구중심주의와 근대중심주의, 역사인식의 天網인가」, 『개념과 소통』 14, 2014c 참조.

78 정창렬, 「갑오농민전쟁연구」, 연세대 박사학위논문, 210쪽.

달이다. 그는 농민군의 생각과 행동을 '사(士)의식'이라는 개념을 통해 설명한 바 있으며,[79] 그 이후 조선왕조의 국가 지배가 장기간 지탱될 수 있었던 요인으로 지배에 대한 어떤 합의시스템＝조화의 논리로서 유교적 민본주의가 있었음을 전제로 민란과 농민전쟁에서 보이는 민중의식을 설명하고자 하였다. 그에 따르면 민본주의는 덕치(德治) 내지 인정(仁政)과 주구(誅求) 사이의 애매한 지점에 위치해 있었으나, 민의 신분상승과 수령-이향체제에 의한 새로운 수탈체계의 등장으로 애매한 균형은 붕괴되었다고 하였다. 그에 따라 발발한 민란은 스스로 사의식으로 무장해 나간 민중들이 붕괴된 균형의 복원과 이전 정치문화로의 회귀를 요구하는 것이었다. 나아가 1894년의 동학농민전쟁은 단순히 이전 정치문화로의 복귀가 아니라 유교적 민본주의의 원리에 가탁하여 새로운 '공동성'을 창출한 급진적 변혁시도인 것으로 파악했다.[80]

필자 역시 조경달의 책에 대한 서평에서 민유방본이나 왕토·왕신사상 등 유교적 이데올로기에 기반하여 자신들의 행동을 정당화하고 있었음을 지적한 바 있으며,[81] 이후에도 농민군이 내세운 정당성의 기반을 조선사회의 지배 이념인 유교와 관련하여 이해하고자 하였다. 농민군은 유교이념을 내면화하고 전유함으로써 자신들의 행동을 정당화하고자 하였고, 그를 통해 치자(治者)들이 스스로 약속했으면서도 현실정치에서는 저버리고 있던 민본이념과 인정을 회복하고자 하였다는 것이다. 그렇다 하여 농민군의 의식이 유교에 매몰된 채 끝난 것이 아니라, 인정을 회복하

---

79 조경달 지음, 허영란 옮김, 『민중과 유토피아』, 역사비평사, 2009, 109~133쪽.

80 趙景達, 「政治文化の變容と民衆運動-朝鮮民衆運動史の立場から」, 『歷史學硏究』 859(增刊號), 2009.

81 배항섭, 「'등신대'의 민중상으로 본 동학농민전쟁-조경달, 『이단의 민중반란: 동학과 갑오농민전쟁』」, 연세대학교 현대한국학연구소 편, 『해외한국학평론』 4, 2006.

려는 강력한 희원(希願)이 결과적으로는 새로운 정치질서를 열어가고 있었음을 강조하였다.[82]

농민전쟁 당시 예천지역 농민군 활동을 분석한 홍동현은 농민군이 향촌지배층이 독점하고 있던 유학의 도덕적 가치를 전유함으로써 향촌지배층보다 명분적으로 우위를 점하고자 하였고, 위기에 처한 왕을 구하기 위한 '의병'을 자임함으로써 무장봉기를 정당화할 수 있었다고 하였다.[83] 그는 또 교조신원운동부터 농민전쟁 시기에 걸쳐 동학교도와 농민군의 의식세계와 그것이 가진 의미를 지배이념인 유교와의 관련 속에서 접근하기도 했다. 교조신원운동 시기부터 농민군은 보국안민 제폭구민 등 지배이념인 유교적 사유에 기반한 사회·정치적 가치들을 전유함으로써 자신들의 행위를 정당화하였음을 밝히고 있다.[84] 이경원은 1890년 전후 동학포교 과정과 수행방법, 그리고 복합상소 시기 동학교도들의 척왜양 운동과 보은집회 시기의 동학교도들이 내세운 충의와 척왜양창의 등을 분석하여 그것이 유교적 실천윤리와 깊이 연관되어 있었음을 지적하고 있다.[85] 허수 역시 교조신원운동기에 동학교단과 정부 간에 벌어진 담론투쟁 양상을 유교적 형식과 내용이라는 면에서 고찰하였다. 동학과 정부 양자의 입장을 조선왕조의 지배이데올로기인 유교와 관련하여 이해하고

---

82 배항섭, 「19세기 지배질서의 변화와 정치문화의 변용-仁政 願望의 향방을 중심으로」, 『한국사학보』 39, 2010d; Bae Hang seob, Foundations for the Legitimation of the Tonghak Peasant Army and Awareness of a New Political Order, *ACTA KOREANA*, VOL.16, NO.2, **DECEMBER 15, 2013**.

83 홍동현, 「1894년 동학농민군의 향촌사회내 활동과 무장봉기에 대한 정당성 논리 – 경상도 예천지역 사례를 중심으로」, 『역사문제연구』 32, 2014, 327~333쪽.

84 홍동현, 「1894년 '東徒'의 농민전쟁 참여와 그 성격」, 『역사문제연구』 20, 2008.

85 이경원, 「교조신원운동기 동학지도부의 유교적 측면에 대한 고찰」, 『역사연구』 19, 2010.

자 하였다는 점에서 주목된다.[86]

이상에서 알 수 있듯이 최근 들어 동학사상은 물론 농민전쟁 당시 농민군의 생각과 행동에 대해서도 지배이념이던 유교와 관련하여 이해하려는 경향이 뚜렷하게 보이고 있다. 이러한 연구들이 제시하는 농민군의 지향은 일률적이지는 않다. 근대지향성을 주장하는 연구도 있고 그 반대도 있으며, 근대 혹은 반근대지향론 안에서도 그 내용에 차이가 있다.

그러나 이러한 차이에도 불구하고 특히 농민전쟁이나 교조신원운동의 전개과정에서 보이는 농민군이나 동학교도들의 생각과 행동을 유교와 관련하여 이해하려는 연구들에서 보이는 공통점이 있다. 그것은 서구의 경험을 준거로 한 접근을 거부하고, 동학사상이나 농민전쟁을 조선사회의 지배이념이나 정치체제, 민중들이 살아가는 삶의 현장이던 향촌사회의 질서나 공동체 의식, 그 속에서 형성된 다양한 관습 등과 관련하여 내재적으로 접근하고자 했다는 것이다. 그리고 그러한 내재적 접근을 통해 드러나는 민중상은 기왕의 서구중심적·근대중심적 연구에서 묘사되던 민중상과는 많이 달랐다. 뿐만 아니라, 농민군의 의식과 관련하여 지금까지의 서구중심·근대중심적 역사서술에서는 부정적인 것으로 이해되어 오던 유교 역시 다른 맥락 속에서 이해되고 있음을 확인할 수 있다.

물론 농민군의 생각을 오로지 유교와의 관련 속에서만 이해하거나, 유교적인 것으로 환원하여 이해해서는 곤란할 것이다. 앞서 언급한 바와 같이 민중은 지배이념이나 체제로부터 자유로울 수 없었지만, 지배엘리트와는 구분되는 독자적인 문화영역이나 의식세계도 가지고 있었다. 이는 민중의 생활과 의식은 지배이념에 규정되면서도 그와는 다른 차원을 구성하고 있으며, 그 점에서 민중문화에는 확실히 어떤 독자성이 존재하

---

86 허수, 「교조신원운동기 동학교단과 정부 간의 담론투쟁-유교적 측면을 중심으로」, 『한국근현대사연구』 66, 2013.

였음을 의미한다. 다른 한편 뤼데(George Rudé)에 따르면 민중운동은 본래적 요인과 외래적 요인의 쌍방향으로부터 영향을 받아 일어나는 것이며, 민중의식이나 문화도 고정적·정태적인 것이 아니라, 외래의 요소와도 끊임없이 교섭하면서 그것을 자기 것으로 만들어가기도 하는 동태적인 것이다. 예컨대 프랑스 혁명 당시 민중은 기본적으로 자신의 '내재적', 전통적 관념들을 가지고 혁명에 참여했지만, 부르주아와 비슷한 어휘나 관념(자유, 사회계약론, 인민주권론)을 받아들이고 있었다.[87]

조선후기의 민중 역시 특히 18세기 후반부터 유교라는 지배이념을 내면화해 나갔지만, 일상생활을 영위하며 끊임없이 노력하는 속에서, 또 외부로부터 새로운 영향을 받고 그것을 전유함으로써 스스로 변화의 길을 모색해나갈 수도 있었다. 따라서 유교를 받아들였다 하더라도 누적된 경험 속에서 독자성을 가지고 있던 민중의식이 나아간 길은 매우 복합적이고 다양한 방향으로 열려 있었다고 생각한다.

민중은 모든 주체와 마찬가지로 내부적으로 충돌·대립하기까지 하는 다양한 정체성을 지닌 존재이다. 저항의 주체일 뿐만 아니라 상황에 따라서는 억압하는 쪽에 가담하기도 한다. 그러나 다른 한편 그러한 다양성이야말로 특정한 체제나 이데올로기에 전일적·일방적으로 회수되기 어렵게 만드는 민중의식의 중요한 특징이기도 하다는 점을 지적해 둔다.

---

87 조오지 뤼데, 앞의 책, 1993, 46~57쪽, 71쪽, 134쪽.

4. 맺음말

해방 이후 농민전쟁에 대한 이해는 대체로 서구중심적·근대중심적 역사인식에 기반하고 있다. 이러한 이해는 지금까지도 농민전쟁 연구의 주류를 차지하고 있다. 그러나 이는 역사과정을 서구적 근대성을 향해 달려나가는 과정으로 파악하는 단선적 발전론으로, 근대에 특권적 지위를 부여하고 근대-전근대를 비대칭적인 이항대립의 관계로 규정한다. 이러한 시간관에서 전근대는 근대를 향해 직선적으로 달려가야 할, 근대에 종속적 시간일 뿐이다. 때문에 전근대로부터 근대를 질문할 수 있는 가능성은 봉쇄된다. 곧 진보의 이념이자 발전의 약속으로 특권화된 근대를 상대화하고 새로운 역사상을 구축하기 어렵다. 이 점에서도 목적론·발전론에 입각한 '민족으로서의 민중상', '근대를 지향하는 민중상'은 근본적으로 재고되어야 한다.

후카야 가쓰미(深谷克己)의 말대로 민중운동사 연구는 무엇보다 역사를 고정된 것, 목적론적인 무엇으로 파악하는 것이 아니라 인간의 삶이 주체적으로 대응해나가는 속에서 역사를 어떤 가능성으로 이해하려는 데 그 의의가 있다.[88] 근대 이전의 시간에 대한 심판자의 위치이자 그러한 시간들의 최종 목적지인 근대에 살며 전근대의 시간들을 단지 근대를 향해 달려오는 '발전과정'으로만 이해하는 발전론적 목적론적 인식에 대한 발본적 비판이 필요하다. 발전론적 인식은 그 시대의 사회와 사람들 속에 잠재되어 있거나 드러난 여러 요소 가운데 발전을 담보하는 것들만을 끄집어내어 역사를 재구성한다. 그 결과 근대라는 여과지를 통해 걸러진 요소들, 근대와 무관하거나 배치되는 요소들은 억압되고, 배제되거

---

88 深谷克己, 「民衆運動史研究の今後」, 深谷克己 編, 『世界史のなかの民衆運動』, 東京: 青木書店, 2000, 23쪽.

나 왜곡된다.

그러나 민중의식은 지배이념에 규정되면서도 그와는 다른 고유한 성격을 가지고 있다. 이른바 '근대이행기'에도 민중의식은 부르주아의 그것과는 다른 측면을 가지고 있었다. 민중의식은 이론으로서의 '서구'가 구성해 놓은 단선적 발전 과정으로는 포착하기 어려운, 복잡한 갈래들이 얽혀있는 독자적 영역을 가지고 있었다. 이는 민중의 생활세계나 의식이 국가권력이나 지배층에 온전히 포섭될 수 없는, 지배적 가치나 이념만으로는 이해하기 어렵고 또 거기에 쉽사리 포섭되지도 않는 상대적 자율성과 독자성을 가지고 있었음을 의미한다.

이 점에서 농민전쟁과 농민군의 의식에 대한 연구는 특권화된 '근대', 근대중심적·서구중심적 역사인식, 목적론적·발전론적 역사 서술에 의해 배제되거나 억압·왜곡되었던 민중의 삶과 의식을 재조명하고 거기에 숨겨져 있는 다양한 가능성을 새롭게 발견해나갈 수 있는 단서가 될 수 있다. 민중사가 서구중심주의를 극복하고 근대-전통의 이분법적 이해를 넘어서서 전근대로부터 근대를 다시 바라보고, 상대화할 수 있는 하나의 방법일 수 있는 이유도 여기에서 찾을 수 있는 것이다.

서구·근대 중심적 역사인식의 가장 큰 문제점은 비서구 혹은 전근대 사회에서 보이는 특정한 현상이 다른 정치 사회적 요소들과 어떤 내적 연관을 가지는지에 대한 이해를 처음부터 차단해버린다는 데 있다.[89] 농민전쟁이나 농민군의 의식에 대한 이해 역시 크게 다르지 않을 것이다. 이 점에서도 농민군의 의식이나 지향을 민중들이 살아가던 삶의 현장이던 향촌사회의 질서나 공동체 의식이나 그 속에서 형성된 다양한 관습, 특히 유교라는 지배이념과의 관련 속에서 이해하려는 새로운 연구경향

---

89 이에 대한 좀더 구체적인 논의는 배항섭, 앞의 논문, 2014a 참조.

은 주목된다. 무엇보다 이런 연구는 서구의 경험을 준거로 한 접근을 거부하고, 농민군의 의식을 당시 조선사회 내부로부터 파악하는 '내재적 접근'을 지향하기 때문이다. 동시에 그것은 '전근대적인 것'으로 봉인되어 있던 유교를 비롯하여 조선사회를 구성하던 다양한 정치 사회 사상 등 다양한 요소들 간의 관계, 그러한 요소들과 농민군의 의식이나 지향을 재배치·재맥락화하려는 의식적 노력의 소산이기도 하다. 그러한 노력은 결국 서구·근대의 경험과 대비하여 그 거리나 차이에 기대어 비서구·전근대의 역사 과정을 이해해온 방식을 벗어나 조선사회와 사람들의 삶을 구성하고 사유하던 방식과 원리를 규명하는 내재적 이해로 연결될 것이다.

제2부

다양한 민중과 그 경험들

동학 포교와 유교 윤리의 활용

이경원

1. 머리말

동학사상은 포교 과정에서 계속 변화되었다. 최제우가 득도한 후 동학을 포교하기 시작했을 때 동학사상은 완성된 것이 아니었다. 주요 동학경전은 대부분 포교 이후에 저술되었고 이 과정에서 동학사상이 확립되어갔다. 이는 포교 당시의 상황이 동학에 영향을 끼쳤음을 방증한다. 동학은 포교 과정에서 많은 난관에 부딪혔다. 제1대 교주 최제우는 포교할 때 수령, 유생들의 비난을 받았고 이에 대응하면서 도를 전수하는 것이 과제였다. 제2대 교주 최시형이 최제우 처형 이후 지하 포교 시기를 거쳐 1880년대 중반 충청도, 전라도 지역에 포교했을 때에는 수령들의 탄압으로 가산을 탕진한 교도를 구제하는 것이 가장 큰 문제였다.

포교 과정에서 생겨난 문제를 해결하기 위하여 동학지도자들은 기존의 유교 윤리나 향약과 같은 공동체 운영 원리를 적극적으로 수용하거나 활용하였다. 최제우는 동학은 서학과 같은 사학이라는 수령, 유생들의 비난에 대하여, 서학인들의 오륜을 버린 풍습을 비판하면서 대응했다. 또한 포교 이후 수령, 유생들의 비난이 계속되는 가운데 교도들에게 동요하지 말고 수도할 것을 당부하면서, 수신제가(修身齊家), 성(誠)·경(敬)·신(信)을 동학의 수도로 활용하였다. 최시형은 포교 이후 수령의 탄압으로 재산을 잃은 교도 간의 공동체의식을 북돋기 위하여 향촌사회 구성원 전체에게 작용했던 향약의 덕목을 동학의 하늘을 공경하는 방법으로 활용하였다. 이와 같이 포교 상황은 동학사상의 유교적 요소와 밀접한 관련이 있었다.

포교 과정에서 동학사상에 영향을 끼친 유교 윤리나 유교 공동체에 대한 연구는 거의 없다. 최시형이 동학을 공인받고자 교리에 유교 윤리를 강화했다는 연구가 눈에 띌 뿐이다.[1] 그러나 이 연구는 최제우의 동학 포교와 유교 윤리의 관계에 대해서는 소홀히 다루었고, 최시형의 충청도, 전라도 지역 동학 포교와 유교 윤리를 유기적으로 살펴보지 못한 한계가 있다.

이에 본 논문에서는 동학사상의 유교적 요소가 동학 포교와 어떠한 연관성이 있는지를 살펴보려 한다. 2장에서는 최제우가 포교 과정에서 삼강오륜(三綱五倫), 수신제가, 성·경·신 등의 유교 윤리를 수용하거나 활용해나가는 과정을 살펴보겠다. 3장에서는 최시형이 충청도, 전라도 지역에 동학을 포교하는 과정에서 수령들의 탄압이 심해지는 가운데 향약의 공동체 운영 원리를 동학의 공동체의식으로 만들어가는 과정을 살펴보겠다.

2. 최제우의 동학 포교와 삼강오륜, 수신제가, 성·경·신

최제우는 동학을 포교하면서 몇 가지 어려움에 부딪혔다. 최제우가 포교를 시작하자 수령, 유생들의 비난, 음해가 있었다. 그들은 동학이 서

---

1 朴孟洙, 「동학과 전통종교와의 교섭-최제우·최시형을 중심으로」, 『동학사상의 새로운 조명』, 영남대학교출판부, 1998, 187~193쪽.

학과 같은 사학이라고 비판하였다.

<세상 사람들이 나의 도를> 서학이라고 이름하는데 내가 어찌 서
학으로 나의 몸을 드러내어 열었겠는가. 초야에 묻혀 있던 사람으로
서 나도 또한 <드러내어 여는 것이> 원이로다(< >는 인용자)[2]

위의 「안심가(安心歌)」 내용에서 동학은 서학이라는 음해가 있었음을
알 수 있다.[3] 이러한 비난은 동학을 배척하는 유생들의 글에서도 확인된
다. 유생들은 동학을 서학이 얼굴만 바꾼 것이라고 하였다.[4]

유생들은 동학의 천주는 서학을 따라한 것이라고 인식하였다. 1863년
동학을 반대하는 도남서원 통문에서는 동학 주문에서 외우는 천주는 서
양의 천주를 따라한 것이고 병을 고치는 부수(符水)는 황건(黃巾)을 좇아
한 것이라고 하였다.[5] 이와 같이 동학의 천주를 곧 서학의 천주로 보는

---

2 「龍潭遺詞」 安心歌, 『東學思想資料集』 1, 94쪽. 동학경전의 내용을 현대어로 고
   쳐서 인용하였다. 동학경전에 대한 이해와 동학경전을 현대어로 고치는 작업은 주
   해 윤석산의 『東經大全』(東學社, 1996)과 『龍潭遺詞』(東學社, 1999)를 참고하였
   다. 이하에서는 각주를 생략하였다.

3 안심가뿐만 아니라 최제우의 통문에서도 동학을 서학이라고 비난했던 사실을 알
   수 있다(「東經大全」 通文, 『東學思想資料集』 1, 45쪽).

4 1864년 『凝窩先生文集』 응(應) 지소(旨疏)에서도 동학은 서학의 얼굴만 바꾼 것이
   라고 하였다(『凝窩先生文集』 1, 卷之五, 472쪽). 경상감사 서헌순 장계(狀啓)에서
   도 최제우는 서양을 배척한다고 하면서 오히려 사학을 따라했다고 하였다(『日省錄
   』 高宗1年 甲子 2月 29日 庚子). 이러한 유생들의 동학에 대한 인식은 2대 교주
   최시형이 동학을 포교할 때에도 마찬가지였다. 유생들은 동학이 서학을 배척한다
   고 하지만 비호하고 있으며 천주학의 이름만 바꾼 것이라고 하였다(「梧下記聞」,
   『東學農民戰爭史料叢書』(이하 '『史料叢書』') 1, 43쪽; 「日史」, 『史料叢書』 7,
   450쪽; 『國譯 修堂集』 1, 149쪽). 이와 같이 동학은 포교 과정에서 서학과 같다는
   비난을 계속받고 있었다.

5 「道南書院通文」(崔承熙, 「書院(儒林)勢力의 東學 排斥運動 小考-1863年度 東學

유생의 인식은 이후에도 계속되었다. 1893년 경상도 성주 출신 유생 이 승희(李承熙)는 동학에서 천주를 섬기고 복을 비는 것은 서학과 다를 바 없다고 하였다.[6] 또 최시형이 탄압을 피하고자 동학 주문에 나오는 천주 를 상제로 바꾼 것에서도 동학의 천주가 문제가 되었음을 짐작해 볼 수 있다.[7] 유생들은 동학의 천주는 서학을 모방한 것이라고 하면서, 이것을 근거로 동학이 사학이라고 비난했던 것이다.

이러한 비난뿐만 아니라 포교 이후 사람들이 입도하면서 내부에서도 문제가 발생했다. 입도한 사람 가운데 도를 어지럽히는 자들이 생겨난 것이다.

> 입도한 사람들 가운데 몰지각한 사람들이 각자 말만 듣고 입도해 서 입으로만 주문을 읽어 도성입덕이 무엇인지도 모르고서 나도 득도 했네, 너도 득도했네 하니 어지럽고 인정이 없는 이 세상의 보잘 것 없는 저 사람은 어찌 저리도 볼품없는가.[8]

이와 같이 주문이나 도성입덕에 대해서 잘 모르면서 득도했다고 하는 사람들이 문제를 일으켰다. 포교 이후 최제우가 자신이 가르치지도 않은 것을 멋대로 만들어 내고 속성으로 득도하려는 제자들을 꾸짖고,[9] 난도 자(亂道者) 난법자(亂法者)를 타이르는 내용에서도[10] 교도 내부에 문제가

　　排斥 通文分析」, 『韓㳓劤博士停年紀念史學論叢』, 知識産業社, 1981, 552쪽에서 재인용).

6 『韓溪遺稿』 通諭東學徒(http://db.history.go.kr/item/level.do?levelId=sa_045_0070_0020).

7 「本敎歷史」, 『史料叢書』 27, 309쪽; 「天道敎書」, 『史料叢書』 28, 173쪽.

8 「龍潭遺詞」 道修詞, 『東學思想資料集』 1, 120~121쪽.

9 위의 자료, 124쪽.

10 위의 자료, 125~126쪽.

발생하고 있었음을 알 수 있다.

포교 이후 최제우는 외부의 비난에 대응하고 교도 내부의 문제를 해결하기 위하여 유교 윤리를 수용하여 동학의 요소로 새롭게 만들었다. 최제우가 유교 윤리를 동학에 도입한 것은 그의 학문 배경과 관련이 있다. 최제우의 집안은 퇴계 이황의 학맥을 잇는 유교적 소양을 갖춘 가문이었다. 그의 아버지 근암 최옥도 이름이 알려진 선비였다.[11] 이러한 가정환경에서 자란 최제우는 자연스럽게 유교 윤리를 접했을 것이다. 그가 동학경전에서 삼강오륜의 풍습이 잘 지켜지지 않음을 안타까워하거나,[12] 삼강오륜을 버리고 현인군자가 될 수 없다고 언급한 것에서도[13] 그의 유교적 소양을 짐작해 볼 수 있다.

최제우가 활용했던 유교 윤리나 유교 경전 용어는 포교 활동을 벌이면서 가장 힘들었던 시기 집필한 경전에서 잘 나타난다.

〈표 1〉「교훈가」, 「도수사」, 「권학가」의 유교 윤리 및 유교 경전 용어

동학경전	유교 윤리 및 유교 경전 용어
교훈가〈용〉 (1861년 11월 하순 12월 초순)	• 三綱五倫 • 安貧樂道 修身齊家 • 精誠 恭敬
도수사〈용〉 (1861년 12월 하순)	• 安貧樂道 • 誠 敬 • 修人事待天命 • 修身齊家 三綱五倫 • 孔子 • 仁義禮智信 • 信

11 表暎三, 『동학(1)-수운의 삶과 생각』, 통나무, 2004, 41~42쪽.

12 「龍潭遺詞」 勸學歌, 『東學思想資料集』 1, 129쪽.

13 「龍潭遺詞」 道修詞, 『東學思想資料集』 1, 121쪽.

권학가〈용〉 (1862년 1월)	• 父子有親 君臣有義 夫婦有別 長幼有序 朋友有信 • 堯舜盛世 • 安貧樂道 • 輔國安民 • 聖賢 • 誠 敬

* 출전:「龍潭遺詞」,『東學思想資料集』1, 亞細亞文化史, 1979.
* 비고: 〈용〉은「龍潭遺詞」

　　위의 <표 1>의「교훈가(敎訓歌)」,「도수사(道修詞)」,「권학가(勸學歌)」는 최제우가 1860년 득도한 후 1861년 6월부터 경주를 중심으로 포교 활동을 벌이다가 수령, 유생의 비난을 받게 되어 1861년 11월부터 12월 사이 경주에서 남원으로 거처를 옮기는 과정이나 남원에 이르렀을 때 집필된 경전들이다.[14] <표 1>을 통해 이 경전들에서 삼강오륜, 수신제가 혹은 안빈낙도(安貧樂道), 성·경·신이 공통적으로 나오고 있음을 알 수 있다. 이 유교 윤리, 유교 경전 용어는 포교와 매우 밀접한 관련이 있었다. 최제우는 삼강오륜, 수신제가 안빈낙도, 성·경·신을 활용하면서 포교 이후 발생한 문제를 해결하였다.

　　삼강오륜은 외부의 비난에 대응하면서 동학의 중요한 요소가 되었다. 앞서 보았듯이 유생들로부터 동학은 서학이라는 비난을 받았다. 이에 대해 최제우는 동학의 치병 능력이 서학보다 훨씬 뛰어나다는 것을 강조하면서 포교 활동을 계속 펼쳐나갔다. 최제우는 서학인들은 아무리 보아도 명인이 없으며 동학의 선약을 이길 수 없다고 하였고,[15] 동학의 하날님만

---

14 최제우의 동학 포교와 동학경전의 저술연대, 저술동기 등에 대해서는 표영삼의 글(「동학경전의 편제와 내용」1~18,『신인간』422~441, 1984~1986; 앞의 책, 2004)을 참고하였다.

15 「龍潭遺詞」安心歌,『東學思想資料集』1, 94쪽.

믿으면 괴질에 죽을 염려가 없다고 하였다.[16] 이와 같이 동학의 우수성을 주장하는 한편, 서학인들은 오륜을 버리고 제사를 지내지 않는다고 비판하였다.

> 우습다. 저 사람은 <서학을 믿는 사람들은> 저희 부모 죽은 후에 신(神)도 없다고 하면서 제사조차 안지내고 오륜(五倫)을 벗어나면서도 자신은 오직 빨리 죽어 <천당에 가기를> 원하는 것은 무슨 일인가. 부모 없는 혼령 혼백 저희는 어찌 유독 있어(< >는 인용자)[17]

최제우는 유생들의 비난에 대응하는 과정에서 서학인들의 제사를 지내지 않는 풍습을 문제 삼았다. 최제우의 동학 포교보다 뒷 시기인 1893년(계사) 1월 기록이기는 하지만 황현의 『오하기문』에 의하면, "그 당(黨)은 숨어 있었을 뿐이지 그 교(教)가 마침내 끊어진 것은 아니었고 서학과 다름을 강하게 주장하였다. 서학은 매장 제사의 풍습이 없으나 동학은 그러한 풍습이 있고, 서학은 재물과 여색을 탐하나 동학은 그렇지 않다고 하였다. 그 무리는 그것을 믿고 진실한 도학(道學)으로 생각했지만 실은 천하고 속된 천주학의 찌꺼기를 취한 것이었다"라고 하였다.[18] 이렇게 유생들의 비난에 대응하는 가운데, 동학에서는 오륜을 버린 서학인들의 풍습을 비판한 것이다.

그런데 최제우의 서학에 대한 비판은 당시 정부, 유생들의 인식과 비슷하였다. 1839년 「척사윤음(斥邪綸音)」에서는 서학인들이 삼강오륜을 버리고 부모의 제사를 지내지 않으면서 죽은 후 자신의 복을 비는 것은

---

16 「龍潭遺詞」勸學歌, 『東學思想資料集』 1, 136쪽.

17 위와 같음

18 「梧下記聞」, 『史料叢書』 1, 43쪽.

모순된 것이라고 비판하였다.[19] 경상도 유생 홍정하(洪正河)는 부모와 자식이 일기(一氣)로 되어 있으니 죽은 부모의 혼령이 있다고 하면서 제사를 지내야 하는 이유를 설명하였다.[20] 이러한 유생과 마찬가지로 최제우는 서학인들이 오륜을 버렸다고 비판한 것이다. 최제우가 서학에 대해 유생과 비슷한 시각을 가지고 있으면서 동학을 계속 포교할 수 있었던 것은 당시 민중에게 스며있는 유교적 관습 때문이었다. 조선후기 민중들에게 조상숭배 관념은 절대적이었다.[21] 이렇게 민중이 효나 제사 등의 유교적 관습을 가지게 된 배경은 몇 가지로 추측해 볼 수 있다. 먼저『격몽요결』과 같은 학습서의 보급을 들 수 있다. 사족들은『격몽요결』을 보급하여 민중에게 제사나 상례와 같은 유교의 예를 가르치려고 했다.[22] 또 조선후기 보성지역 향약에서는 부모에게 함부로 대하는 자, 부모의 상중에 행실이 바르지 않은 자, 제사에 불참한 자에게 벌을 내렸다.[23] 이러한 사족들의 교화를 통해 민중도 제사와 같은 유교적 관습을 접했을 것이다. 이에 최제우는 서학인들이 오륜을 버리고 제사를 지내지 않는다고 비판하면서 민중에게 다가갈 수 있었던 것이다.

최제우 포교 이후에도 삼강오륜은 동학이 서학을 비판하는 근거가 되었다. 1891년에 지어진 것으로 추정되는 동학가사 「충효가」에서는 "무군무부(無君無父) 행실(行實) 업고 통화통색(通貨通色) 마고 하네 조상에게 제(祭)도 않고 외국인과 내외 하네 천주께만 공경하고 세상 임군 몰라

---

19 『憲宗實錄』憲宗 5年 己亥 10月 18日 庚辰(http://sillok.history.go.kr/main/main. jsp).

20 「大東正路」,『朝鮮事大·斥邪關係資料集』6, 507쪽.

21 黃善明,「儒教와 韓國人의 宗教心性」,『新宗教研究』7, 2002, 185쪽.

22 韓睿嫄,「初學 漢文教材로서의『擊蒙要訣』의 意義-朝鮮儒教의 慣習化 過程」,『漢文教育研究』33, 2009, 523쪽.

23 長興文化院,『長興 鄉約 모음』, 1994, 67~68쪽.

보며 서국도(西國道)만 옳다 하야 그 친척을 일수하네"라고 하였다.[24] 이 와 같이 동학가사에서는 조상에게 제사를 지내지 않는 서학인들을 비판 했다. 이러한 내용은 신원운동기 동학교도의 방문에서도 확인해볼 수 있 다. 동학교도는 서울의 외국인 학당, 교회당에 붙인 방문에서 서학은 "조 두(俎豆)를 버리고 음사(淫祠)를 행한다"고 하면서 성현이 말한 부(父)와 군(君)이 없다고 비판하였고,[25] "죽어서도 곡읍(哭泣), 분상(奔喪)의 절개 가 없다"고 하였다.[26] 유생들의 비난에 대응하기 위해 수용된 삼강오륜 은 동학의 서학 비판 의식의 중요한 요소가 되었던 것이다.

삼강오륜은 포교 이후 외부의 비난과 관련이 깊은 반면, 수신제가 안 빈낙도는 교도들에게 수도를 가르치면서 수용되었다. 포교 이후 수령, 유생들의 비난이 일어나자 최제우는 교도에게 동요하지 말고 집안의 일 부터 잘 지키면서 수도하라고 당부하였는데, 이때 수신제가 안빈낙도를 언급하였다.[27] 이러한 내용을 통해 수신제가 안빈낙도는 동학의 가도화 순(家道和順)과 밀접한 연관이 있다고 추측된다.

> 이는 역시 그러해도 수신제가 아니 하고 도성입덕 무엇이며 삼강
> 오륜 다 버리고 현인군자 무엇이며 가도화순하는 법은 부인에게 관계
> 하니 가장이 엄숙하면 <부인이> 이런 빛을 왜 하겠으며 부인 경계
> 다 버리고 자신 역시 괴이하니 절통하고 애달프다. 남편이 그러하니
> 부인도 그러한 도리는 어쩔 수 없지만 현숙한 모든 벗은 차차차차 경
> 계해서 안심 안도하여 주소(< >는 인용자).[28]

---

24 「東學歌詞」 忠孝歌(金鐸, 「韓國史에서 본 西學과 東學의 比較硏究」, 『論文集』 4, 韓國精神文化硏究院 韓國學大學院, 1989, 24쪽에서 재인용).

25 「東學文書」, 『史料叢書』 5, 58쪽.

26 위의 자료, 60쪽.

27 「龍潭遺詞」 敎訓歌, 『東學思想資料集』 1, 62~63쪽.

위의 「도수사」의 내용에서 수신제가와 가도화순이 병렬적으로 나온다. 이러한 내용만으로는 가도화순과 수신제가가 어떤 관계에 있는지 알기 어렵다. 그런데 가도화순과 수신제가의 관련성은 최시형의 설교기록인 「이기대전」에서 조금 엿볼 수 있다. 「이기대전」에서는 부부화순을 설명하면서 "일인(一人)이 선(善)하면 천하가 선하다. 일인이 화(和)하면 일가(一家)가 화하다. 일가가 화하면 일국(一國)이 화하다. 일인이 화하면 일가가 화하고 천하가 화한 것을 누가 막을 수 있겠는가"라고 하였다.[29] 부부화순을 일인, 일가, 천하의 화목으로 확대시켜 설명하는데, 이는 수신제가치국의 설명 방식과 비슷하다. 그리고 수신제가 역시 가족의 화목을 중요시했다는 점에서 수신제가와 가도화순의 연관성을 짐작해 볼 수 있다. 조선사회에서는 유교적 이상형을 실현하기 위하여 어렸을 때부터 수신제가를 교육했는데, 수신제가는 가족 공동체 내에서 부모에 대한 사랑, 형제간의 우애를 지키기 위해 온화한 안색과 말투가 중시되었다.[30] 이러한 수신제가의 가족 간의 사랑, 우애가 동학의 가도화순으로 활용된 것으로 추측된다.

성·경·신은 수신제가와 같이 동학의 수도와 관련이 있었다. 성·경·신은 사서에서 언급되는 중요한 덕목이었다. 성은 「중용」에서 천리의 본연이고 진실하고 망령됨이 없고자 하는 것이라고 하였다.[31] 「맹자」에서 공경지심은 예로 나타난다고 하였다.[32] 신은 「중용」에서 붕우에 대한 믿

28 「龍潭遺詞」道修詞, 『東學思想資料集』 1, 121~122쪽.
29 愼鏞廈, 「東學 第二代 敎主 崔時亨의 『異氣大全』」, 『韓國學報』 21, 1980, 151쪽.
30 韓睿嫄, 앞의 논문, 2009, 521~522쪽.
31 「中庸」 第20章(成百曉 譯註, 『懸吐完譯 大學·中庸集註』, 傳統文化硏究會, 1991, 93~94쪽).
32 「孟子」告子章句上(成百曉 譯註, 『懸吐完譯 大學·中庸集註』, 傳統文化硏究會, 1991, 322쪽).

음, 윗사람에 대한 신임으로 설명되었다.[33] 이러한 성·경·신의 덕목을 최제우가 동학의 수도로 활용했던 것은 그의 부친 최옥의 영향이었던 것으로 추측된다. 최옥의 『근암집』을 보면 그의 성·경·신에 대한 생각을 엿볼 수 있는데 성은 자사, 증자의 말을 인용하여 지식을 끝까지 추구하는 '뜻의 성실', 그리고 '몸의 성실'을 의미한다고 했고,[34] 경은 여러 행동에 휩쓸리는 마음의 병을 고치는 약이라고 하였다.[35] 그리고 이러한 성·경이 모두 신과 통한다고 보았다. 이러한 최옥의 성·경·신에 대한 생각이 최제우에게 전해졌을 것이라고 짐작된다.

성·경·신은 하날님을 위하는 자세로 활용되었다. 최제우는 정감록의 십승지인 궁을을 응용하여 동학의 영부를 만들었는데 영부를 불에 태워 마시면 병을 고치고 양인을 제압할 수 있다면서 포교하였다.[36] 그런데 영부의 효험은 천주를 정성과 공경으로 지극히 위하는 사람에게 나타난다고 하였다.

> 하루하루 먹는 음식도 성·경 이자 지켜내어 하날님을 공경하면 어려서부터 있던 몸의 병도 약조차 쓰지 않고도 나을 수 있다. 집안의 우환 없이 일 년 삼백육십일 하루같이 지나가니 하늘이 돕고 신이 도운 것 아니겠는가. 차차차차 실제로 경험하니 윤회시운(輪回時運)이 분명하구나.[37]

---

33 「中庸」第20章(成百曉 譯註, 『懸吐完譯 大學·中庸集註』, 傳統文化研究會, 1991, 93쪽).

34 지은이 최옥, 옮긴이 崔東熙, 『近庵集』, 창커뮤니케이션, 2005, 730쪽.

35 위의 책, 732쪽.

36 『日省錄』高宗1年 甲子 2月 29日 庚子.

37 「龍潭遺詞」勸學歌, 『東學思想資料集』 1, 137쪽.

위의 「권학가」 내용과 같이 성·경은 천주를 위하는 자세였다. 이에 최제우는 수령, 유생들의 탄압을 피해 남원으로 떠나면서 교도에게 성·경을 계속 강조했다. 「교훈가」에서는 "지각없는 사람들아 남의 수도 본을 받아 정성을 들이고 또 정성과 공경으로 정심수신(正心修身)하여라"라고 하였다.[38] 「도수사」에서는 "어질고 어진 벗은 어둡고 우매한 이 사람 부디부디 흉보지 말고 성과 경 두 글자 지켜내어 차차차차 닦아내면 무극대도 아닐런가"라고 하였다.[39] 그리고 최제우는 성과 신은 연결되어 있다면서 정성과 믿음이 모두 중요하다고 했다.[40] 한편 최제우는 포교하면서 만나는 사람들과 붕우유신의 관계를 맺고자 했고,[41] 입도하는 사람들을 벗이라고 불렀다. 신은 스승과 제자, 교도 간의 덕목으로 새롭게 해석되었던 것이다.

이러한 성·경·신은 동학의 핵심 요소가 되었다. 「좌잠」에서는 "별도의 다른 도리는 없다. 오직 성·경·신 세 글자"라고 하였다.[42] 최시형 또한 "성·경·신이 없으면 비록 한평생이라도 이 도의 이치를 꿰뚫기 어렵다"고 했고,[43] 충청도, 전라도 지역에 동학을 포교하면서도 "도는 오로지 성·경·신 세 글자에 있다"고 하였다.[44] 성·경·신은 동학의 천주를 공경하는 자세로 활용되어 포교 상황에서 계속 강조되었고, 이러한 과정을 거쳐 동학에서 빼놓을 수 없는 요소가 되었던 것이다.

---

38 「龍潭遺詞」 敎訓歌, 『東學思想資料集』 1, 78쪽.

39 「龍潭遺詞」 道修詞, 『東學思想資料集』 1, 118쪽.

40 「東經大全」 修德文, 『東學思想資料集』 1, 24쪽.

41 「龍潭遺詞」 勸學歌, 『東學思想資料集』 1, 138쪽.

42 「東經大全」 座箴 『東學思想資料集』 1, 32쪽.

43 주 29와 같음.

44 「海月文集」, 『韓國學資料叢書 9 - 東學農民戰爭篇』, 321쪽.

3. 최시형의 동학 포교와 충, 효, 환난상휼

1864년 최제우가 처형을 당하고 동학교단은 크게 흔들렸다. 동학교단은 경상도 북부, 강원도 산간 지역에서 머물면서 조직을 정비하였고, 이 시기 최시형이 2대 교주가 되었다. 최시형은 다시 포교할 준비를 마치고 1880년대 중반부터 충청도, 전라도 지역에 동학을 포교하였다.[45] 포교 이후 교도가 늘어남에 따라 수령들의 탄압도 심해졌다. 교도의 가산을 해치고 빼앗는 식이었다. 이러한 내용은 삼례취회(參禮聚會) 의송단자(議送單子)에 잘 나타난다.

> 서학의 여파로 보고 열읍(列邑)의 수령이 늘어세워 조사하고 잡아 가두고, 돈과 재물을 몽둥이로 뒤지면서 죽음에 이르게 하고, 이를 따라 향곡(鄕曲) 호민(豪民)들도 집을 부수고 재산을 약탈하여 <동학교도가> 살던 곳을 떠나고 재산을 탕진하게 되니 비록 이단을 금하는 것으로 그것을 말할 수 있겠는가(< >는 인용자).[46]

위의 삼례취회 의송단자에서뿐만 아니라 삼례취회 이후 전라감사의 감결(甘結)에서도 각 읍의 하속(下屬)들이 동학교도의 재물을 빼앗음을 지적하였다.[47] 또 각 읍의 교예배(校隸輩)는 동학교도와 교도가 아닌 자들까지 동학이라고 통칭하면서 침탈을 자행했다.[48] 이렇게 동학교도뿐 아니라 관에서도 수령, 각 읍 하속들의 탄압을 문제 삼고 있는 것을 볼

---

45 박맹수, 「동학농민혁명에 있어서 동학의 역할」, 『동학농민혁명과 사회변동』, 한울, 1993, 51~55쪽.

46 「各道東學儒生議送單子 完營」, 『韓國民衆運動史資料大系』 1, 73쪽.

47 「甘結」, 『韓國民衆運動史資料大系』 1, 77쪽.

48 위의 자료, 85쪽.

때 그 정도가 매우 심했음을 알 수 있다. 이러한 탄압으로 인해 동학교도 가운데 재산을 탕진한 자들이 늘어났다.[49] 이에 최시형은 교도 간에 서로 도와줄 것을 당부하였는데, 이 과정에서 향약과 같은 유교 공동체의식을 적극적으로 도입해 동학의 공동체의식으로 활용하였다.

향약은 사족들의 규약이지만 마을 구성원 모두에게 적용되기도 하였다. 향약의 규약이 비교적 잘 남아 있는 장흥, 보성 지역의 경우를 보자. 향약의 덕업상권(德業相勸)은 향촌사회 구성원 간에 옳은 일을 서로 권유함을 말하는데,[50] 1894년 보성향교 소장의 향약장정(鄕約章程)에 의하면 "임금께 충성하고 어버이에게 효도하며 어른을 공경하고 스승을 높이 받들며 형은 우애하고 아우는 공손하며 남편은 온화하고 아내는 따르며 가까운 친척끼리 화목하고 이웃마을과 융화한다"라고 했다.[51] 이러한 내용을 통해 마을 사람들 간에 충, 효와 같은 유교적 실천 윤리와 가족 친족 이웃 간의 화목을 강조했음을 알 수 있다. 향약의 환난상휼(患難相恤)은 마을의 공동체 질서를 더 잘 보여준다. 위의 보성지역 향약장정의 환난상휼 가운데 "가난하고 궁핍한 자에 대한 문제이다. 가난한 생활에 안정하며 분수를 지키고 살려 해도 생계가 너무 곤란한 사람은 재정을 마련하여 구제해주고 또는 빌려주어서 그로 하여금 생활을 경영해갈 수 있게 하고 자립할 수 있도록 해서 세월이 가면 점차 배상할 수 있게 해준다"는 내용이 실려 있다.[52] 이렇게 환난상휼은 이웃을 대상으로 하기 때문에 마을의 공동체 질서와 매우 밀접한 관계에 있었다. 한편, 조선후기 보성의 면약 가운데 친족이나 이웃 간에 화목하지 못한 사람이나 어

---

49 「敬通」, 『韓國民衆運動史資料大系』 1, 83쪽.

50 長興文化院, 『長興 鄕約 모음』, 1994, 10쪽.

51 김경옥 외 편역, 2004, 『보성의 향약과 계』 무돌, 20쪽.

52 위의 책, 24쪽.

려운 이웃을 구제하지 않은 사람 등에게 벌을 가한 사실에서 향약의 규약이 마을 공동체 질서를 방해하는 사람들에게 제재를 가했음을 알 수 있다.[53]

최시형은 포교 이후 교도 간의 공동체의식이 매우 필요해지자 향약을 적극적으로 수용하여 동학의 수도, 즉 하늘을 공경하는 방법으로 활용하였다. 그가 활용한 향약의 유교 윤리는 충청도, 전라도 지역에 동학을 포교할 때 작성된 1883년 통유십일조(通論十一條)와 1891년 통유십조(通論十條)의 내용에서 잘 나타난다.

〈표 2〉 통유십일조와 통유십조의 유교 윤리 및 유교 경전 용어

통문명(通文名)	유교 윤리 및 유교 경전 용어
통유십일조(1883)	• 誠敬信 • 忠君上 • 孝父母 • 修身齊家
통유십조(1891)	• 誠敬信 • 三綱五倫 • 仁義禮智 孝悌忠信 • 信 • 安分樂道 修身齊家 • 患難相救 貧窮相恤

* 출전: 「侍天教宗繹史」, 『東學農民戰爭史料叢書』 29, 1996; 「海月文集」, 『韓國學資料叢書 9−東學農民戰爭篇』, 1996.

먼저 <표 2>를 통해 최제우가 포교 과정에서 도입했던 유교 윤리인 성·경·신, 삼강오륜, 안분낙도 수신제가가 최시형의 동학 포교 시기에도 계속 나타남을 알 수 있다. 그밖에 충, 효와 같은 유교적 실천윤리와 환

---

53 위의 책, 56~57쪽.

난상구 빈궁상휼(患難相救 貧窮相恤)의 향약 덕목이 나타나는 것이 특징적이다. 충, 효는 향약에서 강조한 유교적 실천 윤리였고 환난상구 빈궁상휼 역시 향약의 덕목이었다. 최시형은 포교 과정에서 향약의 충, 효와 같은 유교적 실천 윤리와 환난상구 빈궁상휼 등의 공동체의식을 수용했던 것이다.

최시형은 충, 효를 동학의 하늘을 공경하는 방법으로 활용했다. 이것은 복합상소 전에 동학지도부가 작성한 도소조가회통(都所朝家回通)에서 잘 나타난다. 도소조가회통에서는 "진실로 천명을 듣고 진실로 천위(天威)를 두려워하고 진실로 천시(天時)를 좇아 부모를 섬기는 것은 정성으로 하늘을 섬기는 것인즉 효에 힘을 다 써야 합니다. 군(君)을 섬기는 것은 정성으로 하늘을 섬기는 것인즉 충에 목숨을 다해야 합니다"라고 하였다.[54] 충, 효가 하늘을 섬기는 방법이 될 수 있었던 것은 최시형이 국왕과 부모에게 천주가 있다고 생각했기 때문이다. 최시형은 천지만물이 천주를 모시고 있다고 보았다. 그가 "새소리 또한 시천주(侍天主)의 소리이다",[55] "도가(道家)에 손님이 오면 천주 강림하였다고 하라",[56] "어린아이도 천주를 모시고 있으므로 때리지 마라"[57]라고 한 것을 보면 천지만물에 하늘이 깃들어 있다고 생각했음을 알 수 있다. 이러한 천관에 입각해서 보면 국왕과 부모도 천주를 모시고 있기 때문에 국왕에게 충성하고 부모에게 효도하는 것이 곧 하늘을 공경하는 일이었다. 최시형이 충청도, 전라도 지역에 동학을 포교하며 하달했던 1883년 통유십일조의 '충군상(忠君上)', '효부모(孝父母)'나,[58] 1889년 신정절목의 '충, 효를 남

---

54 「都所朝家回通」, 『韓國民衆運動史資料大系』 1, 88~89쪽.
55 「天道教會史草稿」, 『東學思想資料集』 1, 433~434쪽.
56 「天道教創建史」, 『東學思想資料集』 2, 126쪽.
57 愼鏞廈, 「崔時亨의 「內則」·「內修道文」·「遺訓」」, 『韓國學報』 12, 1978, 199쪽.

보다 뛰어나게 실천하면 특별히 상을 줄 것(忠孝卓異之行 則特施重賞事)'[59]의 충, 효는 하늘을 공경하는 방법이었던 것이다.

또 효는 동학의 가도화순을 실천하는 중요한 윤리가 되었다. 앞서 보았듯이 가도화순은 최제우가 동학을 포교할 때부터 나왔지만 최시형의 포교 시기에 더욱 강조되었다. 최시형이 부녀 신도들을 상대로 지은 내수도문의 첫 번째 조항은 "부모님께 효를 극진이 하오며 남편을 극진이 공경하오며 내 자식과 며느리를 극진이 사랑하오며 하인을 내 자식과 같이 여기며 육축(六畜)이라도 다 아끼며 나무라도 상(上) 순을 꺾지 말며 부모님 분노하시거든 성품을 거스르지 말며 웃고 어린 자식 치고 울리지 마옵소서. 어린 아이도 하날님을 모셨으니 아이 치는 게 곧 하날님을 치는 것이니 천리를 모르고 일행아이를 치면 그 아이가 곧 죽을 것이니 부디 집안에 큰 소리를 내지 말고 화순하기만 힘쓰옵소서. 이같이 하날님을 공경하고 효성하오면 하날님이 조화하시고 복을 주시나니 부디 하날님을 극진이 공경하옵소서"이다.[60] 이러한 내수도문의 조항에서 최시형이 집안의 화순이 곧 하늘을 공경하는 것이라고 했음을 알 수 있다. 최시형은 그의 설교기록인 「이기대전」에서 부부화순이 오도(吾道)의 첫 번째로 도가 통하고 통하지 않는 것은 내외화순에 달려 있다고 했다.[61] 그는 향약의 유교적 실천윤리인 효를 가도화순의 윤리로 만들었다. 1892년 1월 통유문에서는 "도유(道儒)는 효경부모(孝敬父母)함으로써 내외화순(內外和順)함을 위주로 할 것"이라는 조항이 있고,[62] 1892년 11월 삼례취

---

58 「侍天敎宗繹史」, 『史料叢書』 29, 67쪽.

59 「海月文集」, 『韓國學資料叢書 9 – 東學農民戰爭篇』, 309쪽.

60 주 57과 같음.

61 주 29와 같음.

62 「侍天敎宗繹史」, 『史料叢書』 29, 82쪽.

회 이후 경통에서도 "효로써 부모를 섬기고 법도로써 집안을 화목하게 하며"라고 했다.[63] 최시형이 향약을 활용하는 과정에서 효와 가도화순이 결합된 것이다.

향약의 향촌사회 공동체의식은 동학의 유무상자(有無相資)에 영향을 끼쳤다. 앞서 보았듯이 향약은 형제, 친족, 이웃 간의 화목이나 구휼을 강조하는 향촌사회 공동체의식을 가지고 있었다. 1880년대 중반 충청도, 전라도 지역 포교 이후 수령들이 교도의 재산을 빼앗아가자 최시형은 향약의 공동체의식을 교도 간의 공동체의식으로 만들었다. 최시형이 1883년 통유십일조에서 "형제와 화목하게 지내라", "향리(鄕里)를 구휼하라"고 하였고,[64] 1888년 무자통문에서 "도인 간에 형과 아우같이 서로 도와야 한다"라고[65] 한 것에서, 향약의 형제 간, 이웃 간의 화목 구휼이 교도 간의 공동체의식으로 변화했음을 알 수 있다. 이러한 동학교도 간의 공동체의식이 동학의 유무상자가 되었다.

환난상구 빈궁상휼은 선현의 향약에 있는데 이것은 우리 도에 이르러 더 중요하다. 도인들은 한결 같이 상애상자(相愛相資)를 따를 것[66]

위의 1891년 통유십조의 조항에서 향약의 환난상구 빈궁상휼과 동학의 상애상자가 관련성이 있음을 알 수 있다. 1892년 10월 신원운동이 시작된 후 가산을 탕진하는 교도가 늘어나자, 최시형은 교도 간의 유무상

63 「敬通」, 『韓國民衆運動史資料大系』 1, 82쪽.
64 「侍天教宗繹史」 通諭十一條, 『史料叢書』 29, 67~68쪽.
65 「海月文集」 戊子通文, 『韓國學資料叢書 9 – 東學農民戰爭篇』, 307쪽.
66 「海月文集」 通諭十條, 『韓國學資料叢書 9 – 東學農民戰爭篇』, 324쪽.

자를 더욱 강조했다. 1892년 11월 삼례취회 이후 경통에서는 "대의에 참여하여 가산을 탕진한 자를 불쌍하게 여기고 집에서 관망하며 포식한 자가 어찌 마음이 편안하겠는가. 유무상자하여 유리걸식하는 일이 없도록 하라"고 하였다.67 또 1893년 2월 복합상소 전 통유문에서 "재산을 탕진한 자를 불쌍하게 여겨라. 어찌 혼자만 편히 지내려고 하는가. 반드시 유무상자할 수 있도록 서로 합심하여라"고 했다.68 포교 이후 신원운동을 전개하는 과정에서 향약의 공동체의식이 동학의 유무상자로 활용되었던 것이다.

최시형은 동학을 포교한 후 수령들의 탄압을 받자, 교도 간의 구제와 결속을 위하여 향약의 공동체의식을 교도 간의 공동체의식으로 변화시켰다. 이에 동학의 하늘을 공경하는 방법에는 향약의 유교 윤리가 활용되어 나타났다.

> 사람이 되어 직분이 백성에 처한 바에는 곧 임군이 하날이라. 극진이 직분을 직혀서 위로 임군에 힘을 도와 충성을 다하며 아래로 부모를 공경하며 형제를 화하며 골육을 화목하며 이같이 함을 떠나면 가이 써 도(道)가 아니라 삼가 지킴이 가함69

위의 최시형의 유훈 내용에서 향약의 충, 효, 화목이 동학의 수도로 활용되었음을 알 수 있다. 여기서 충, 효, 화목은 앞서 보았듯이 동학의 하늘을 공경하는 방법이었다. 이렇게 향약의 덕목이 동학의 수도로 변하는 과정에서 향약의 공동체의식이 동학의 유무상자로 바뀌어 동학은 사

---

67 주 63과 같음.
68 「侍天敎宗繹史」通諭文, 『史料叢書』 29, 91쪽.
69 愼鏞廈, 앞의 논문, 1978, 200쪽.

회윤리가 되고 있었다. 1889년 신정절목은 육임의 역할이 실려 있는데 충, 효, 화목, 구휼과 관련하여 상을 내리라는 조항이 있었다.

一. 충, 효를 남보다 뛰어나게 실천하면 특별히 상을 줄 것
一. 친족과 화목하고 빈민을 구제한 벗은 충, 효의 예에 의거하여 상을 줄 것[70]

앞서 보았듯이 충, 효는 하늘을 공경하는 방법이었다. 친족과 화목하고 빈민을 구휼하는 것은 향약의 공동체의식이 동학의 공동체의식으로 활용된 것이라고 볼 수 있다. 이러한 동학의 공동체의식은 사람들이 동학에 들어가는 계기가 되었다. 사람들은 동학에 들어가면 가난한 사람은 부자가 되고 빈한한 사람을 도와준다고 해서 입도했다.[71] 동학의 공동체의식인 유무상자가 사회 윤리가 되는 과정에서 동학은 사람들에게 더욱 다가갈 수 있었던 것이다.

4. 맺음말

이상에서 동학 포교 이후 유교 윤리가 활용되는 과정을 살펴보았다. 최제우가 동학을 포교할 때는 수령, 유생들의 비난과 수도에 대해 잘 모르는 자들이 생겨나는 것이 문제였다. 포교 이후 발생한 문제를 해결하기 위하여 최제우는 삼강오륜, 수신제가, 성·경·신 등의 유교 윤리를 동학의 요소로 변화시켰다. 삼강오륜은 수령, 유생들의 비난에 대응하는

---

70 주 59와 같음.
71 「時聞記」, 『史料叢書』 2, 177쪽; 「柏谷誌」, 『史料叢書』 11, 630쪽.

과정에서 동학의 서학 비판 의식이 되었다. 수령, 유생들은 동학이 서학과 같은 사학이라고 비난하였다. 이러한 비난에 대해 최제우는 동학과 서학의 차이점을 주장하는 한편, 서학인들이 오륜을 버리고 부모의 제사를 지내지 않는다고 비판하였다. 최제우의 서학 비판 의식은 유생들의 시각과 비슷한 것이었다. 그러나 민중도 유교적 관습이 있었기 때문에 최제우는 서학인들이 오륜을 버렸다고 비판하면서 포교 활동을 펼칠 수 있었다.

수신제가는 최제우가 교도에게 수령, 유생들의 비난에 동요하지 말고 수도에 전념할 것을 강조할 때 언급되었다. 최제우는 수신제가를 인용하면서 교도에게 집안을 잘 돌보면서 수도하라고 당부하였다. 이러한 내용에서 수신제가와 가도화순의 관련성이 추측된다. 수신제가도 가족 간의 사랑, 우애, 온화함을 중시했기 때문에 동학의 가도화순과 통하는 면이 있었을 것이다.

성·경·신은 동학의 하늘을 공경하는 자세로 활용되었다. 최제우는 동학의 영부가 병을 고치고 화를 면하게 해준다면서 포교하였다. 그런데 정성과 공경으로 하늘을 위하는 사람만이 영부의 효험을 볼 수 있었다. 이러한 정성과 공경은 최제우가 남원으로 떠나 교도에게 수도를 가르치기 어려워졌을 때 더욱 강조되었다. 한편 최제우는 스승과 제자, 교도 간의 관계를 붕우유신의 관계로 새롭게 만들었다. 이와 같이 삼강오륜, 수신제가, 성·경·신은 최제우의 동학 포교 시기 활용된 유교 윤리였다.

1880년대 중반 이후 최시형이 동학을 포교할 때에는 향약의 유교 윤리가 동학의 수도로 활용되었다. 당시에는 수령들이 교도의 재산을 해치고 빼앗는 것이 가장 큰 문제였다. 수령들의 탄압으로 재산을 잃은 교도가 많아지자 교도 간의 공동체의식을 강조할 필요성이 커졌고, 최시형은 기존 향촌사회의 공동체 질서에 영향을 미친 향약의 규약을 동학의 수도로 활용하였다.

이 과정에서 향약의 충, 효와 같은 유교적 실천 윤리는 동학의 하늘을 공경하는 방법이 되었다. 최시형은 천지만물에 천주가 있다고 생각했기 때문에 국왕과 부모도 천주를 모신 존재라고 보았다. 이에 충과 효가 동학의 수도가 된 것이다. 또 효는 가도화순의 중요한 요소였다. 최시형은 가도화순이 곧 하늘을 공경하는 것이라고 생각했는데 이 가도화순을 실천하기 위해서 먼저 효를 강조하였다. 최시형은 효를 가도화순의 윤리로 활용했던 것이다.

향약의 충, 효가 동학의 수도가 되는 한편, 향약의 공동체의식은 동학의 유무상자로 활용되었다. 향약의 규약 가운데 형제, 친족, 이웃 간의 화목이나 구휼 등 향촌 구성원 모두에게 미치는 공동체의식이 있었다. 이러한 향약의 공동체의식은 동학교도 간의 공동체의식으로 활용되었다. 1880년대 중반 이후 최시형은 충청도, 전라도 지역에 동학을 포교하면서 교도에게 형제, 이웃과 같이 화목하고 구휼할 것을 강조하였다. 이러한 교도 간의 공동체의식이 동학의 유무상자가 되었다. 1892년 신원운동이 시작된 후 수령의 탄압이 심해지자 최시형은 유무상자를 강조하였다. 향약이 동학의 수도로 활용되는 과정에서 향약의 마을 공동체의식이 동학교도 간의 공동체의식으로, 더 나아가 동학의 유무상자로 변화되었던 것이다. 동학의 유무상자는 빈한한 사람들이 동학에 들어가는 계기가 되었다. 이렇게 유교 윤리를 활용한 동학의 수도나 공동체의식을 당시 민중이 어떻게 받아들였는지는 본 논문에서 다루지 못했다. 이 부분에 대한 연구는 추후의 과제로 남겨두고자 한다.

1894년 동학농민군의 향촌사회 내 활동과 무장봉기에 대한 정당성 논리*
- 경상도 예천지역 사례를 중심으로 -

홍동현

1. 머리말

1894년 동학농민전쟁은 그동안 한국 근대민족주의 역사의 흐름 속에서 이해되었으며, '근대민족해방운동의 선구'로서 확고한 위치를 차지할 수 있었다. 하지만 최근 '새로운 민중사'에 대한 모색[1]과 함께 동학농민전쟁에 대한 서술에도 새로운 전환이 요구되고 있다.[2] 민족과 계급에 의

---

* 이 글은 『역사문제연구』 32(2014)에 게재된 「1894년 동학농민군의 향촌사회 내 활동과 무장봉기에 대한 정당성 논리」를 단행본 구성에 맞게 일부 수정한 것이다.

1 최근 역사문제연구소 민중사반을 중심으로 80년대 민중사학의 실천성을 비판적으로 계승하고 다면화된 현실상황에 맞는 새로운 민중에 대한 인식을 모색하고 있다. 이에 대해서는, 역사문제연구소 민중사반 지음, 「총론」, 『민중사를 다시 말한다』, 역사비평사, 2013; 이용기, 「'새로운 민중사'를 향해 가는 우리의 여정 - 민중사반略史」, 『역사문제연구소 회보』 57, 2014를 참고.

2 최근 민중의 자율성에 입각해서 1894년 동학농민전쟁에 대한 새로운 서술을 시도하고 있는 연구로는, 조경달 저, 박맹수 역, 『이단의 민중반란』, 역사비평사, 2008; 김선경, 「갑오농민전쟁과 민중의식의 성장」, 『전통의 변용과 근대개혁』, 태학사, 2004; 배항섭, 「19세기 지배질서의 변화와 정치문화의 변용: 인정 원망의 향방을

해서 획일화되거나 근대 발전론적 시각에 의한 단선적인 이해에 대한 문제제기와 함께 '민중의 논리'로 정당하게 다시 서술되어야 한다는 것이다. 즉, 기존 연구에서 동학농민전쟁에 참여한 농민군은 근대민족국가 수립이라는 하나의 목적론적 시각에서 볼 때 여전히 '미흡한 집단'[3] 또는 '정치의식의 후진성'[4]이라는 고유한 특징을 지닌 존재로 포착되었다. 따라서 농민군은 항상 엘리트층에 의해 '올바른 지도'가 필요한 존재로 대상화되며, 그들의 역사는 엘리트층의 이데올로기적 목적에 의해 전유될 수밖에 없었다.

동학농민전쟁사를 정당한 '민중(농민)의 논리'로 다시 서술한다는 것은 우선 민중이 독자적이고 자율적인 의식을 지닌 존재라는 것을 인정하는 것에서부터 출발한다.[5] 농민들은 자신들의 의식과 논리에 의해 동학농민전쟁에 대한 참여를 선택하고 행동들을 결정했다는 것이다. 결국

중심으로」, 『한국사학보』 39, 2010; 배항섭, 「근대 이행기의 민중의식-'근대'와 '반근대' 너머」, 『민중사를 다시 말한다』, 역사비평사, 2013; 홍동현, 「1894년 '東徒'의 농민전쟁 참여와 그 성격」, 『민중사를 다시 말한다』, 역사비평사, 2013 등이 있다.

3 고석규, 「집강소기 농민군의 활동」, 『1894년 농민전쟁연구』 4, 역사비평사, 1995, 138쪽.

4 서영희, 「1894년 농민전쟁의 2차 봉기」, 『1894년 농민전쟁연구』 4, 역사비평사, 1995, 166쪽.

5 라나지트 구하는 "역사에 순수한 자연 발생성의 공간은 없다"는 안토니오 그람시의 글을 인용하면서 민중의 역사가 식민주의 사학뿐 아니라 민족주의 및 맑스주의 역사학에 의해서 '부당하게' 전유되어 왔으며, 식민지 인도의 농민 봉기의 역사를 '정당하게' 농민의 관점에서 다시 서술할 것을 주장하였다. 이는 곧 농민이 스스로 반란을 만들어 냈다고 인정하는 것이며 어떤 의식이 농민에게 있다고 보는 것으로, 그런 관점에서 그는 농민봉기의 역사를 서술하고자 했다(김택현, 『서발턴과 역사학 비판』, 박종철출판사, 2003, 97~128쪽; 라나지트 구하 지음, 김택현 옮김, 『서발턴과 봉기』, 박종철출판사, 2008, 18~20쪽).

1894년 동학농민전쟁 당시 농민군의 고유한 행동과 의식을 분석하여 그들의 논리를 정당하게 설명함으로써 엘리트 정치와 분리되는 '민중의 정치'를 드러내 보일 수 있다. 그러나 1894년 동학농민군이 기록한 자료가 남아 있지 않은 (또는 남겨지지 않은) 상황에서 그들의 의식과 논리를 재현하는 것은 쉽지 않은 작업이다. 다만 지배층이 남긴 자료에 대한 '전복적인 독해'와 '결을 거슬리는 독해'를 통해서 그들의 의식을 포착할 수 있을 것이다.[6]

1894년 향촌사회는 지배층에 의해 억눌려왔던 민중의 다양한 욕망들이 표출된 공간이었다. 따라서 당시 민중들은 향촌사회에서 지배층에 대한 폭력과 약탈, 모욕주기 등 다양한 방식으로 그들의 권위를 부정했다. 이에 대해 향촌 지배층은 당시 동학농민군의 행동들을 "원망(怨望)에서 발단"하여 "종국에는 패역(悖逆)을 행하며 난리를 일으"킨 무분별한 '폭력'에 불과한 것들로 인식하고, 이를 마치 '고발'하듯이 수많은 기록들을 남겨놓았다. 따라서 이들 기록에 대한 전복적 독해를 통해 향촌 지배층이 은폐 또는 왜곡하려 했던 농민군의 의식(또는 욕망)을 읽어낼 수 있을 것이다.

특히, 본 논문의 분석 대상이 되는 경상도 예천지역에서는 한 공간에 동학농민군의 접소(接所)와 이에 적대적인 향촌지배층의 집강소가 각각 설치되어 상호 긴장관계를 유지하며 대치했다. 이후 집강소 측의 동학농민군 매살(埋殺) 사건이 벌어지면서 긴장은 더욱 고조되어 격렬하게 대립하였다. 더욱 흥미로운 것은 양측이 사건 발생 직후부터 무력충돌을

---

6 구하는 대부분 반봉기적 관점에서 쓰인 현전하는 자료들을 '굴절된 거울'에 비유하는데, 그 거울에 비춰진 왜곡된 이미지 속에서 농민의 인식과 의지를 포착할 수 있다. 즉, 타자에 의해서 생산된 이미지에 대한 '전복적 독해'를 통해 가능하다는 것이다(라나지트 구하, 위의 책, 31~35쪽).

전면화하지 않고, 서로 「통문(通文)」을 주고받으며 각자의 입장을 밝히고 있다는 점이다.7 따라서 당시 주고받은 「통문」을 분석함으로써 매살 사건의 성격뿐 아니라 1894년 당시 예천지역에서 전개된 '비일상적 상황'에 대한 그들의 인식과 행동에 대한 정당성 논리를 엿볼 수 있을 것이다.8

본 글에서는 우선 1894년 당시 예천지역 향촌 분위기, 접소와 집강소의 설치과정과 활동 등을 '관민상화(官民相和)' 원칙의 반영이라는 측면에서 살펴볼 것이다. 이런 분위기 속에서 8월 10일 동학농민군 11명의 매살 사건이 발생하게 되는 배경과 성격을 살펴보고자 한다.

다음으로 매살 사건을 둘러싸고 동학농민군의 접소와 향촌지배층의 집강소 사이에 논박을 주고받은 「통문」을 살펴볼 것이다. 양측이 주고받은 「통문」은 8월 10일 매살 사건 직후부터 시작해서 8월 28일 무력 충돌하는 당일까지 이어졌다. 이들은 대략 10여 차례 통문을 주고받았는데, 화지도회를 기점으로 「통문」의 논조가 바뀐다. 우선 전반 부분은 주로 매살 사건의 성격문제와 책임여부를 두고 논박했으며, 화지도회 이후부

---

7 이러한 긴장관계가 일정기간 무력충돌로 이어지지 않고 유지될 수 있었던 것은 7월 이후 정부와 동학교단이 합의한 '관민상화(官民相和)' 원칙이 예천지역에도 반영되었기 때문이었다. 이밖에 예천지역 동학농민전쟁의 전개과정에 대해서는, 신영우(「1894년 영남 예천의 농민군과 보수집강소」, 『동방학지』 44, 1984)와 박진태(「1894년 경상도지역의 농민전쟁」, 『1894년 농민전쟁연구』 4, 역사비평사, 1995)가 이미 구체적으로 밝혔다.

8 「통문」은 『갑오척사록(甲午斥邪錄)』(『東學農民革命史料叢書』 3, 이하 '『叢書』'로 한다)에 수록되어 있는데, 본 자료는 집강소의 양향도감(糧餉都監)으로 동학농민군 진압에 직접 참여한 반재원이 집강소의 활동상을 일기 형식으로 기록한 것이다. 『갑오척사록』은 집강소에서 보낸 「통문」뿐 아니라 다행히 동학농민군으로부터 받은 「통문」까지 기록하고 있다. 『갑오척사록』에 기록된 동학농민군의 「통문」이 비록 지배층에 의해서 재서술된 것이지만, 그들이 자신들의 우월감이나 자신들의 논지를 정당화하기 위해서 기재하고 있기 때문에 지배층에 적대적인 농민군의 의식을 읽는 데 무리가 없을 것이다.

터는 '매살 사건'의 책임여부를 넘어서 무장봉기와 연계하여 '척왜(斥倭)' 문제를 제기하고 있다. 전자에서 향촌사회 내에서 활동하던 동학농민군의 의식을 볼 수 있다면, 후자에서는 지역적 범위를 벗어난 동학농민군의 무장봉기를 정당화하는 논리를 살펴볼 수 있을 것이다.

2. 동학농민군의 향권 장악과 매살 사건

1) 동학농민군의 설접(設接) 행위와 향권 장악

경상도 서북부는 동학 창도 초기부터 포교가 빠르게 확산된 지역이었으며, 동시에 서원을 중심으로 한 동학배척운동이 활발하게 전개되기도 하였다.[9] 또한 1871년 영해에서 발생한 '이필제의 난'에서 볼 수 있듯이 신향(新鄕) 세력이 동학세력과 결탁하여 향권 장악을 시도하기도 하였다.[10] 이처럼 예천, 상주, 문경, 성주 등 경상도 서북부 지역은 향촌 구성원 사이에 동학을 둘러싼 갈등이 일찍부터 표출되었다. 이러한 향촌 내 갈등은 1893년 보은집회 이후 새로운 국면에 접어들게 된다.

우선 본 논문에서 살펴볼 예천지역에서는 관동포(關東包: 예천, 문경)나 상공포(尙功包: 상주, 예천)가 설치될 정도로 동학조직이 상당한 세력을 형성하고 있었으며,[11] 이를 기반으로 1893년 보은집회에도 적극적으

---

9 최승희, 「서원(유림) 세력의 동학배척운동 소고」, 『한우근박사정년기념사학논총』, 지식산업사, 1981.

10 그동안 1871년 '이필제 난'에 대한 연구는 '교조신원운동'이나 '민란'적 차원에서 접근했으며, 대체로 동학교도들이 중심이 되어 전개된 '민란'이었음에 이해를 같이 한다. 특히 장영민은 신향과 구향의 향전적 성격이 이필제가 주도한 '영해민란'의 배경이 되었음을 밝혔다(장영민, 「1871년 영해 동학란」, 『한국학보』 47, 1987).

로 참여했다.[12] 특히 보은집회 이후 관동포 소속의 수접주(首接主) 최맹순(崔孟淳)이 예천 소야(蘇野)에 접소를 설치한 뒤부터 더욱더 세력이 확장되고 있었다.[13] 최맹순의 설접 행위를 포착한 당시 향촌지배층은 이를 심각하게 우려했는데, 이는 설접 행위가 단순히 사학(邪學) 집단의 확산 차원이 아니라 기존의 향촌 지배 네트워크를 위협했기 때문이다. 실제 보은집회 이후 향촌사회로 돌아간 교도들은 이전과 달리 자신들의 조직을 이용해 향촌지배층의 탄압에 적극 대응하는 등 대립각을 세웠다.[14] "동네의 어리석은 평민·노비·머슴 등의 무리들은 자신들이 득세한 시기"[15]라고 했듯이, 접소에 참여한 구성원은 주로 기존 향촌지배질서에서 소외된 세력이었다. 이들은 또한 수접주 최맹순이 '황잡난류(荒雜亂類)'라고 한 진술에서 확인할 수 있듯이,[16] 단순히 종교적 목적이 아닌 기존 향촌지배질서에 불만을 품은 자들로 접소를 중심으로 향촌 내 지배질서를 부정하고자 했다.

이러한 설접 행위는 6~7월 사이에 활발히 이루어지는데, 예천 지역에만 48개의 접소가 설치되었다.[17] 이는 결국 접소를 중심으로 한 동학

11 신영우, 「경북지역 동학농민혁명의 전개와 의의」, 『동학학보』 12, 2006, 8~12쪽.

12 朴衡采, 「侍天教宗繹史」, 『叢書』 29, 101쪽.

13 『甲午斥邪錄』, 『叢書』 3, 7쪽.

14 오지영의 『동학사(東學史)』 초고본(『총서』 1, 450~451쪽)에 의하면 보은집회 해산 이후 향촌사회로 돌아간 동학교도들은 적극적으로 조직망을 형성해 토호 및 관의 탄압에 대응하는 모습을 보였다. 이로부터 추측컨대 보은집회 이후 동학조직이 기존 향촌지배층의 네트워크에 대응하는 농민 중심 네트워크로 기능한 것으로 보인다(홍동현, 「1894년 '東徒'의 농민전쟁 참여와 성격」, 『민중사를 다시 말한다』, 역사비평사, 2013, 183~184쪽).

15 『甲午斥邪錄』, 『총서』 3, 8쪽.

16 「甲午斥邪錄」, 『총서』 3, 106쪽.

17 『甲午斥邪錄』, 『총서』 3, 8쪽; 「甲午斥邪錄」, 『총서』 3, 106쪽.

농민군의 네트워크가 기존 향촌지배층의 네트워크를 압도하여 무력화하는 것으로 볼 수 있다. 이미 주변의 많은 관아들은 대부분 "수령들이 모두 공석" 중이었으며, 예천군수 또한 집무를 보지 않아 '공관(空官)'이 되어 제 기능을 하지 못했다.[18] 특히, 금곡의 경우에는 지역 유림들의 네트워크인 '유계소(儒契所)'를 무력화시키고 그 자리에 접소를 설치하기도 하였다.[19]

이처럼 수령을 정점으로 하고 사족과 이향 세력이 중심이 되어 형성되었던 향촌지배질서는 1894년 동학농민군에 의해 와해되거나 제 기능을 상실한 상태에서 접소가 이를 대신했다. 당시 예천지역에 설치된 48개 접소 가운데 최맹순의 소야접소와 권경함(權景咸)의 금곡접소, 박현성(朴顯聲)의 퇴치(退致)접소, 조성길(趙成吉)의 유천(柳川)접소가 가장 활발하게 활동했다.[20] 그 중에 최맹순의 소야접은 관아의 업무를 대신하는 등 기존의 향권을 잠식할 정도로 막강한 영향력을 행사했다.

하지만 동학농민군의 향권 장악은 관권을 완전히 부정하기보다는 관권과의 관계를 통해서 발현되었다. 우선 소야접 최맹순은 '관민상화'라는 북접교단의 기본 원칙에 따라 향촌 질서를 안정적으로 이끌어가고자 했다. 따라서 그는 관이나 기존 향촌지배 세력과의 충돌을 최대한 자제했다.[21] 향후 집강소가 읍리(邑吏)들이 주축이 되어 동학농민군에 대응하

---

18 「渚上日月」, 173쪽, 185쪽.

19 이곳 유계소는 이황의 문인이었던 박운(朴蕓, 1535~1596)의 학행을 받들기 위해서 지역 유림 451명이 모여 설치한 것이다.

20 예천의 23개면 가운데 농민군이 집중적으로 가담한 지역은 동노, 유천, 개포, 저곡면이다. 이들 지역민의 참여가 집중된 이유는 과도한 조세수취와 소작료 남징(濫徵) 등과 관련하여 지주, 향리층에 대한 농민들의 불만이 누적되었기 때문이라고 한다(신영우, 앞의 논문, 1984, 210~212쪽).

21 신영우는 무장봉기에 부정적이었던 북접교단의 태도 등을 근거로 이 시기 북접교단

기 위한 반(反)농민군 조직으로 설치되었음에도 불구하고 양자 사이에 상호협조적인 관계가 유지될 수 있었던 것도 '관민상화'라는 기본 원칙을 서로 인정했기 때문으로 보인다.

이에 반해 예천지역 여타 접소는 최맹순의 의도와는 달리 자신들의 영향력을 확대하기 위해 기존의 지배세력과 충돌했다. 특히 이 지역 향리들과의 충돌이 잦았으며, 현직 관리인 안동부사를 나무에 묶어 구타하기도 했다.22 뿐만 아니라 부민들에 대한 약탈과 늑도(勒道)를 위해 읍내를 횡행하기도 하였다. 결국 이에 대응하기 위해 7월 24일 읍리들이 중심이 되어 대책을 상의한 후 7월 26일 집강소라는 반농민군 조직이 설치되었다. 집강소 설치 이후 최맹순과 집강소 사이에 상호협조적인 관계가 유지되기도 하였으나, 향권을 확대하고자 한 여타 다른 접소의 동학농민군과는 적대적이거나, 혹은 잦은 충돌이 발생할 수밖에 없었다. 결국 이러한 적대적 갈등관계가 '매살 사건'으로 이어지게 된 것이다.

2) 향권의 확대 과정과 동학농민군 매살 사건

설접 이후 예천지역 향촌지배층과 동학농민군 사이의 갈등이 표면화된 것은 7월 말 읍리들이 집강소를 설치하면서부터이다. 당시 동학농민

의 기본원칙을 '관치(官治) 질서 유지'와 '포교활동'이었다고 규정하였다. 하지만 좀 더 구체적인 조사가 필요하겠지만 전주성 철수 이후 향촌사회 분위기는 정부(김학진)와 전봉준이 기본적으로 합의했던 '관민상화'라는 대원칙 하에서 치안 유지 등 향촌사회의 안정을 찾고자 서로 협력하고 있었다. 그런 차원에서 정부는 '집강차정안(執綱差定案)'을 전봉준과 최시형에게 제시했으며, 이는 동학교도 가운데 한 명을 집강에 임명해서 치안을 유지하고자 한 것이었다(「洪陽紀事」, 『총서』 4, 105~106쪽). 그런 측면에서 이 시기 동학교단은 일방적인 관치질서 유지보다는 관과의 등등한 입장에서 향촌사회를 안정시키고자 했던 것으로 보인다.

22 「甲午斥邪錄」, 『총서』 3, 9~10쪽.

군은 읍의 외곽지역을 장악한 이후, 영향권을 읍내까지 확대하고자 압박해오고 있었다. 이때 동학농민군의 주요 공격 및 포섭대상이 된 세력은 읍내에 거주하던 향리층이었다. 이들은 오랫동안 읍정(邑政)을 장악하면서 부세수취에 직접 관여했을 뿐 아니라 상품농업을 통해 부를 축적한 독농(篤農)이었다. 따라서 동학농민군은 이들을 포섭해 자신들의 영향력을 읍내까지 확대하고자 한 것으로 보인다.[23]

동학농민군은 대체로 늑도를 통해 읍리들을 강제로 포섭했는데, 전(前) 영장 이유태(李裕泰)와 읍리 황준대(黃俊大), 김병운(金炳運)에 대한 협박과 구타도 그런 차원에서 행사된 것으로 보인다. 심지어 그들을 포섭하기 위해 황준대와 김병운의 조상묘를 훼손하여 심각한 모욕을 주기도 하였다. 당시 향촌지배층은 이러한 '불법적' 폭력과 '비윤리적' 행위들을 근거로 동학농민군을 '화적(火賊)'이라 비난했다. 특히 조선은 조상묘 훼손은 유교적 윤리관에 입각하여 매우 엄중한 형벌에 처했으며, 심지어 묘를 파헤쳐 시체를 드러낸 경우엔 참형(斬刑)에까지 처하도록 경국대전에 규정하고 있었다. 하지만 당시 동학농민군에 의한 '굴총(掘塚)'은 각 지역에서 빈번히 이뤄진 것으로 보인다.[24] 이러한 행위는 대체로 오랜 원한과 관련된 보복 차원에서 이루어지기도 했으나, 예천지역에서는 읍리에 대한 늑도 차원에서 이루어진 것으로 보인다.

한편 읍내에 설치된 집강소는 동학농민군의 늑도에 대응하여 대체로 내부 구성원들의 동요를 차단하는 데 주력했다. 집강소의 규율이라 할

---

23 1894년 당시 동학농민군의 향리 포섭은 여러 지역에서 광범위하고 매우 적극적으로 이루어지고 있었다. 이는 행정에 밝은 향리들을 통해 읍폐를 폭로하고 이를 공론화하는 한편 군현의 행정력을 장악하기 위한 것이었다(홍동현, 「충청도 내포 지역의 농민전쟁과 농민군 조직」, 연세대학교 석사학위논문, 2003, 33~34쪽).

24 최시형이 각 지역의 접주에게 보낸 경통에서 '굴총'을 엄격히 금할 것을 적시한 것은 이에 대한 반증으로 볼 수 있을 것이다.

수 있는 「약조(約條)」는 모두 10개항으로 되어 있는데, 그 가운데 일반적인 명령지휘계통을 제외한 7개항은 구성원 통제와 관련된 것이었다.[25] 특히 네 번째 조항에서는 "약조를 어기고 입도한 자는 그 집을 헐어버리고 군율로 다스린다"고 하여 입도를 엄격하게 규제하였다. 이와 함께 이들은 "대개 왕을 수호하는 뜻을 취하여서 순국하는 본뜻을 잃지 않았다"고 표방하거나,[26] '부의집강령(扶義執綱令)'이라는 집강기(執綱旗)까지 제작하여 내걸고 있었다. 이는 관아가 실상 무력화된 상황에서 '의(義)'를 내세워 관을 대신해 무장활동을 정당화하고자 한 것으로 보인다.[27]

집강소는 읍내 구성원들에 대한 단속뿐 아니라 외곽지역까지도 병사를 파견하여 동학농민군을 견제하기도 했다. 이로 인해 읍내 진출을 꾀하던 동학농민군과 충돌할 수밖에 없었다. 먼저 집강소는 앞서 읍리들을 구타하거나 협박했던 유천접 소속 동학농민군을 체포했으며, 이들의 석방을 요구하는 유천접과 대립했다. 흥미로운 점은 이때 집강소에서 당시 사정들을 소야접의 최맹순에게 알려 문제를 해결하려 했다는 것이다. 즉, 집강소는 유천접 소속 동학농민군의 불법적인 행위와 협박을 소야접에 알리는데,[28] 이를 알게 된 최맹순은 바로 유천접 접주 조성길을 체포하여 죄안(罪案)을 작성한 뒤 집강소에 넘겨 조치토록 했다.[29] 이는 당시 소야접과 집강소가 중심이 되어 '관민상화'라는 기본 원칙에 따라 향촌질서

---

25 「甲午斥邪錄」, 『총서』 3, 22~23쪽.

26 「甲午斥邪錄」, 『총서』 3, 24쪽.

27 당시 예천관아는 농민군을 견제할 만한 무력을 갖추지 못했다. 당시 기록에 의하면 관포군은 불과 20명뿐이고 속오군도 제도만 있을 뿐 유명무실한 상태였다(신영우, 『갑오농민전쟁과 영남 보수세력의 대응 - 예천·상주·김천의 사례를 중심으로』, 연세대학교 박사학위논문, 1991, 72쪽).

28 「甲午斥邪錄」, 『총서』 3, 29쪽.

29 「甲午斥邪錄」, 『총서』 3, 31쪽.

를 통제 또는 유지하고자 했기 때문으로 보인다.

하지만 예천지역에서 상당한 세력을 형성하고 있던 금곡접은 여전히 집강소와 대립관계를 유지했다. 이들은 집강소에 「통문」을 보내 읍내 지주 4명을 압송하여 보내줄 것을 요청했다. 이에 대해 집강소는 "수만 명 백성들의 목숨이 이들에게 의지해 유지된다. 만약 이 사람들이 없다면 당초 포악한 자들을 막아서 어려움을 구제하려던 계책도 수포로 돌아갈 것이다"라며 금곡접의 요청을 거절했다.[30] 이들 지주 4인은 집강소에서도 인정했듯이 향후 예천지역에 대한 주도권을 장악하기 위한 중요 인물들이었다. 따라서 집강소와 금곡접 사이에 이들을 포섭하기 위한 갈등이 고조되었다.

양측의 갈등은 다음날 매살 사건이 발생하면서 최고조에 이른다. 집강소가 동학농민군이 귀산(貴山)이라는 마을에 '침범'하여 '노략질'과 '구타'를 자행하고 있다는 소식을 듣고 병사들을 파견하여 11명을 체포했는데, 그 자리에서 바로 생매장하여 살상한 것이다. 이 소식을 들은 금곡접은 집강소에 통문을 보내 진상규명을 요구하는 한편 책임자 압송을 요구하였다. 더구나 이 사건 바로 전날 발생한 청복정(淸福亭) 도인 7인에 대한 처벌로 인해 집강소와 소야접의 관계도 악화되고 있었다.[31]

결국 소야접까지 매살 사건에 대한 책임을 집강소에 물으면서 양측

---

30 「甲午斥邪錄」, 『총서』 3, 28쪽.
31 집강소는 「약조」를 위반하고 동학에 입도했다는 이유로 청복정 도인 7인의 집을 허물고 구금했다(「甲午斥邪錄」, 『총서』 3, 29쪽). 이에 대해 소야접은 이례적으로 집강소에 통문을 보내 도인을 석방하지 않으면 "반드시 큰일이 생길 것"이라며 경고했다(「甲午斥邪錄」, 『총서』 3, 37쪽) 사실 청복정 도인 7인은 상주의 상공접 소속으로, 상공접은 경상도 북부지역에서 매우 위세를 떨치던 세력이었다. 따라서 소야접이 이를 중재하기 위해 청복정 도인의 석방을 요구했던 것으로 보인다. 하지만 집강소는 끝내 이들을 돌려보내지 않았으며 오히려 귀화하여 자신들의 관할 하에 있으니 간섭하지 말라며 거듭 거부하였다(「甲午斥邪錄」, 『총서』 3, 41쪽).

사이에 형성되었던 '관민상화' 분위기는 와해될 위기에 놓였으며, 곧바로 집강소는 사방이 동학농민군에게 포위되어 압박받게 되었다. 이후 집강소는 구금되었던 유천접주 조성길과 부하 7명을 석방하는 한편 소야접에 사자를 보내 관계를 개선하고자 했으나 실패하였다. 결국 읍내에서 가까운 화지(花枝)에서 동학농민군의 대규모 도회(都會)가 개최되면서 동학농민군과 집강소의 관계는 무력충돌 국면으로 들어서게 된다.

이상에서 살펴보았듯이 1894년 7월 이후 예천지역은 동학농민군의 접소 중심으로 향촌질서가 빠르게 재편되었다. 동학농민군의 접소는 기존의 향촌지배조직을 부정했으며, 그 자리를 대신해 향권을 장악하였다. 이들은 자신의 영향력을 확대하기 위해 읍정에 밝은 향리와 전곡을 축적한 부호가들에게 늑도를 시도했다. 뿐만 아니라 마을에 동학농민군을 파견해 향권을 행사하기도 하였다. 한편 읍리들이 중심이 되어 설치된 집강소는 관권의 공백 상황에서 그를 대신해 동학농민군에 대응하고자 하였다. 하지만 집강소는 기왕의 향촌지배조직이 아니었기 때문에 군수의 승인을 받았을 뿐 아니라 '의'를 내세워 명분을 확보하고자 하였다. 이처럼 매살 사건은 '공관(空官)'이라는 비정상적 국면, 즉 '불법'과 '합법'의 경계가 모호한 상황에서 발생하여 치열한 논박이 전개되었다.

3. 매살 사건을 둘러싼 논박과 동학농민군의 봉기의식

1) 동학농민군의 향촌사회 내 활동과 '행형(行刑)' 의식

1894년 8월 10일 예천지역에서 발생한 매살 사건은 집강소가 "노략질을 하고 몽둥이로 사람들을 때려 거의 죽을 지경"이라는 동학농민군의

'침탈 행위'를 보고받고, 병사를 파견하면서 시작되었다. 이들은 추격 끝에 동학농민군 11명을 체포했으며, **"우리는 모두 동인(東人)이다. 너희들이 우리를 죽인 뒤에 어찌 감히 살 수가 있겠는가"**[32]라는 동학농민군의 협박에 격분하여 동학농민군을 곧바로 모래사장에 묻어 살상하였다. 이때 병사들은 **"화적을 섬멸하라는 경영(京營)의 지시가 이미 내렸는데 이와 같은 화적들을 어찌 잠시라도 살려둘 수 있겠는가"**[33]라고 하여 자신들의 행위를 정당화했다. 사건 발생 당일 금곡접은 체포된 11명의 석방을 요구하는 「통문」을 보냈으며, 이에 대해 집강소가 도인이 아닌 화적을 매살하였다는 답문을 보내면서, 이후 매살 사건을 둘러싼 양 진영의 논박이 전개되었다.

우선 이번 논박은 집강소에서 화적론을 내세워 자신들의 행위를 정당화하는 「통문」을 금곡접소에 보내면서 시작되었다. 즉, "너희 접의 도인이라 하고 있으나 이는 전혀 사리에 맞지 않다. 이른바 도인이란 자가 어떻게 밤을 틈타 타인을 겁략할 수 있단 말인가? 도(道)와 적(賊)은 원래부터 구별이 있으니 그것을 혼돈하여 의심을 가질 필요는 없다"[34]라고 하여 도인과 동학농민군의 행위를 구분하여 불법으로 규정하였다. 따라서 자신들은 도인이 아닌 '진장(眞臟)'이 이미 드러난 도적을 처벌했으니 더 이상 논의할 필요가 없다는 것이다. 이러한 「통문」 내용을 통해 향촌 지배층의 당시 상황에 대한 몇 가지 인식을 확인할 수 있다.

첫째, 향촌지배층이 당시 '관민상화'라는 특수한 상황을 인정했다는 것이다. 즉, 집강소에서 동학의 존재를 인정했으며, 이전처럼 동학교도라

---

32 "我等皆東人殺我之後汝等豈敢生乎"(「甲午斥邪錄」, 『총서』 3, 30쪽).

33 "剿滅火賊已有京營令飭如此火賊何可遲延晷刻"(「甲午斥邪錄」, 『총서』 3, 30쪽).

34 "貴接道人云者萬不近理所謂道人者寧可有乘夜怯人之理乎道與賊自別不必混議致疑焉"(「甲午斥邪錄」, 『총서』 3, 30쪽).

는 이유만으로 동학농민군을 처벌할 수 없었음을 의미한다. 그렇다고 동학에 대한 그들의 적대적 인식[35]이 변한 것은 아니다. 그들은 집강소의 설립 목적은 '동도(東徒)의 침탈'을 방어하기 위한 것임을 분명히 했으며, 집강소의 「약조」에도 '화적'이 아닌 '도인'을 방어 대상으로 명시했다.[36] 이들은 여전히 동학에 적대적이었으나, '관민상화'라는 특수한 상황으로 인해 표면상 협력적일 수밖에 없었을 것이다. 더구나 당시 향촌 사회 상황은 동학농민군이 물리적 우위에 있으면서 오히려 도인이 아닌 자가 속인(俗人)으로 구분되어 불이익을 당하는 '파탕지중(波蕩之中)'에 있었다. 따라서 '감히' 도인이라 하여 사사로이 처벌할 수 없었던 것이다.

둘째, 향촌지배층이 자신들의 활동을 정당화하기 위해 '화적론'을 내세웠다는 것이다. 교화를 명분으로 공공연히 시행되던 향촌지배층의 사형(私刑)은 18세기 이후 약화되어서 대체로 지방관만 행형(行刑)에 대한 권한을 지녔다. 그러나 당시 예천지역이 '공관' 상태였다는 점에서 향촌지배층이 행형할 수 있는 여건은 마련된 상태였다.[37] 그럼에도 불구하고 집강소의 구성원들이 주로 향리층이었다는 점,[38] 무엇보다도 동학농민군

---

35 경상도 지역 향촌지배층은 동학을 사설(邪說)이며, 이를 따르는 교도들을 괴귀(怪鬼)한 무리로서 배척해야 할 대상으로 인식하고 있었다(권대웅, 「경상도 유교지식인의 동학농민군 인식과 대응」, 『한국근현대사연구』 15, 2009, 83~85쪽).

36 「甲午斥邪錄」, 『총서』 3, 22~23쪽.

37 16~18세기 향촌지배층은 향약 등을 통해 형벌권을 보유하고 있었으나, 18세기 현종대부터 향촌지배층의 무단적, 사적인 형벌을 배제시키고 국가의 집권력과 공적인 대민지배를 강화하였다. 하지만 19세기까지도 지역에 따라서 관권이 약한 지역에서는 여전히 향촌지배층의 행형권이 유지되었다. 이와 관련해서 심재우, 「18세기 獄訟의 성격과 刑政運營의 변화」, 『한국사론』 34, 1995를 참고.

38 당시 집강소의 지도부에는 양반, 향리, 평민이 모두 참여하고 있었으나 실권은 향리가 장악하고 양반은 예우 차원에서 명단에 올라 있었다(신영우, 앞의 논문, 1991, 214쪽).

이 향권을 장악하여 이미 행형이 이루어졌다는 점에서 집강소의 행형행위는 명분이 약할 수밖에 없었다. 따라서 이들은 '화적'을 강조하면서 화적들로부터 마을을 방어하기 위해 조직되었음을 여러 차례 확인했다. 뿐만 아니라 '의'를 내세워 자신들의 무장과 활동을 정당화하는 한편, 왕명이나 감결(甘結), 또는 국법에 명시된 '화적에 대한 대응'을 자신들의 행형에 대한 명분으로 삼았다.

따라서 집강소는 이번 매살 사건에 대해서 "몰래 작당을 하여 돈과 재산을 강제로 빼앗고 사사로이 남의 무덤을 파헤치고 백성들을 모함하고 형벌을 자행"하였으니, 매살된 11명은 도인이 아니라 화적이라는 점을 분명히 하였다. 또한 "화적의 무리를 섬멸하는 것은 **국법이 허락한바**"이기에 11명을 죽인 것은 전혀 문제가 되지 않는다며 재차 자신들의 행위를 '국법'까지 제시하며 정당화하였다. 이어서 집강소는 매살 사건에 항의하는 금곡접에 통문을 보내 "저들은 이미 화적의 무리이니 또한 귀 접소의 죄인이 아니겠는가?"라며,[39] 오히려 동학농민군 측에 반문하기도 하였다.

한편 매살 사건 당시 동학농민군은 자신을 체포한 부병(部兵)들 앞에서 "우리는 동인이다"라고 당당히 신분을 밝혔다고 한다. 즉, '도인'이라는 자기 정체를 분명히 밝혔으며, "너희들이 우리를 죽인 뒤에 어찌 감히 살 수가 있겠는가!"라며 협박까지 했다. 집강소 측의 주장대로 이들이 무분별한 약탈과 구타를 자행한 화적에 불과했다면 이처럼 당당할 수 있었을까? 최소한 그들은 자신들의 행위를 불법적인(부당한) 행위라고 인식

---

39 "暗地作黨勒奪錢財私掘人塚搆捏平民恣行刑責是豈修道之事乎十一人致死事已悉於前通以火黨而執贓死固其所復何可論彼旣火黨則亦豈非貴所之罪人乎不計罪之有無無難戕命之諭甚是未解者也勦滅火黨國法所許人人皆誅有何首倡之可論乎"(「甲午斥邪錄」, 『총서』 3, 39~40쪽).

하지 않은 것으로 보인다. 그렇다면 농민들이 이처럼 자신들의 행동에 당당할 수 있었던 것은 무엇 때문일까?

이와 관련해서 '관민상화'의 조건으로 동학농민군에 제시된 집강차정안(執綱差定案)에 주목할 필요가 있다. 집강차정안은 정부가 전주성 철수 이후 향촌사회를 안정시키고 '난민'의 무분별한 행동을 통제하는 등 치안 유지를 위해 동학농민군에게 제시한 것이었다.[40] 이때 집강에게 주어진 권한은 지역에 따라서 다르겠지만, 대략 조선시대 향촌지배층에게 허락된 '행형권' 정도였을 것으로 보인다. 즉, 동학농민군은 접소(또는 집강소)를 통해 기존의 향소나 향회의 자치 기능을 대신했으며,[41] 공관 상태에서 실질적인 행형의 주체로 인식했다.

따라서 예천지역 동학농민군은 행형의 주체로서 허물을 찾아내어 깨끗이 씻어낸다는 '세구색반(洗垢索瘢)'이란 문자를 내걸고,[42] "명성(名聲)을 구하라"[43]고 외치며 마을을 돌아다니면서 기존의 폐단을 바로잡고자 한 것이다. 또한 소야접이 보낸 「통문」에서 자신들의 도[동학]는 "오늘 입도하면 내일은 형제가 되어 포덕하고 수행하며 백성들을 널리 구제하는 것이 본뜻"이며, 백성들이 "관청의 가렴주구와 이교의 토색과 양반의 토호질을 견디기가 힘들어" 한다는 말을 듣고 '일을 잘 아는 접의 사람[知事接傍]'을 선발해 마을을 돌아다니며 "기강을 바로잡고 포악한 행동을 금지하도록 하는 것[明正綱紀禁斷豪悍者]"이라고 했다.[44]

뿐만 아니라 이들은 동학을 통해 유학의 도덕적 가치를 전유함으로써

40 홍동현, 앞의 논문, 2013, 185~186쪽.
41 김양식, 『근대 한국의 사회변동과 농민전쟁』, 신서원, 1996, 146~147쪽.
42 박성수 주해, 『저상일월』, 민속원, 2003, 187쪽.
43 박성수 주해, 위의 책, 189쪽.
44 「甲午斥邪錄」, 『총서』 3, 38쪽.

행형자로서 향촌지배층보다 명분상 우위를 점했다. 즉, 동학농민군은 동학을 황천(皇天)이 내리신 '**보안지양규(保安之良規)**'로 내세워 당시 향촌지배층이 독점하던 도덕적 가치를 전유할 수 있었으며,45 이를 통해 자신들의 행위에 대한 정당성을 확보하고자 하였다. 결국 도인들은 기왕의 타락한 향촌지배층(유학)을 대신하여 "나라를 반석과 같이 안정시켜 오래도록 보전하고 왕업(王業)을 영원히 안정"시킬 수 있는 실행 주체가 될 수 있었다. 따라서 이들은 향촌사회의 안정을 책임지고 있는 입장에서 죄의 유무를 헤아리지 않고 사형(私刑)을 자행한 집강소를 질책하는 한편 사람들을 선동하거나 소요를 일으키지 말 것을 경고하기도 하였다.

이와 함께 '화적의 무리를 섬멸하라는 국법'을 거론하는 집강소 측의 주장에 대해서도 오히려 행형의 절차를 문제 삼았을 뿐 아니라 "국인개왈가살지(國人皆曰可殺之)"46라는 맹자의 글을 인용하여 이번 매살 사건을 '무고로 인한 억울한 죽음[無辜橫罹]'으로 규정했다. 그들이 설사 불의한 짓을 했어도 절차에 따라 죄를 따져 물은 뒤 그에 합당한 처벌을 했어야 하는데, 그러한 절차를 무시한 채 함부로 살상한 것은 '국법'뿐 아니라 성현의 가르침에도 어긋난다는 것이다.47 따라서 이번 매살 사건은 오직 '공법'에 따라 다시 조사하여 판결해야 하니 그 주모자를 압송하

---

45 "皇天陰騭界之以保安之良規將欲安盤石壽箕翼以奠無疆之歷服則道自道矣何必別之"(「甲午斥邪錄」, 『총서』 3, 46쪽). 이들은 또한 유학과 동학을 비교하여 대동소이하지만 '애당지심(愛黨之心)'에는 오히려 동학이 낫다고 하여 비교우위를 언급하기도 하였다. 이에 대해서 집강소 측에서는 "나라를 걱정하고 백성을 다스리는 도리는 유도 속에 완전히 갖추어져 있는데 어떤 도가 유도보다 낫다는 것인지 모르겠다"고 반문했다(「甲午斥邪錄」, 『총서』 3, 48쪽).

46 『맹자(孟子)』「양혜왕편(梁惠王編)」에 나오는 내용으로, 왕이 정치를 펼칠 때 인재의 등용이나 처벌은 신중하게 백성들의 의견을 수렴해야 한다는 것을 말하고 있다.

47 「甲午斥邪錄」, 『총서』 3, 53~54쪽.

여 보낼 것을 거듭 요구하였다.

뿐만 아니라 동학농민군은 인근 지역 접주 13명과 회합하여 매살 사건을 논의한 뒤 공론을 모아 집강소에 전달했다. 그 내용을 보면 매살된 11명은 공경하고 덕을 닦는 데 한결같았던 도인으로서 "제멋대로 어긋난 행동을 하지 않았을 것"이니 '호종적형(怙終賊刑)'48과 '살월인우화(殺越人于貨)'49로 논죄해서는 안 된다는 것이다. 결국 이번 사건은 향촌지배층에 의해서 자행된 사형(私刑)으로 "파묻혀 죽은 사람들의 부모처자의 애통한 울부짖음이 도로에 가득하며 원성이 하늘에 사무쳤"으니, "고금지통법(古今之通法)"과 "왕장지성헌(王章之成憲)"에도 명기되어 있는 "살인한 자는 죽인다"는 원칙에 따라 자신들이 조치를 취해 죽음을 당한 동학농민군의 원통함을 없애겠다는 것이다.

이상에서 살펴보았듯이 당시 동학농민군은 도덕적으로 우월한 도인이면서 동시에 기존의 향촌지배층을 대신해서 행형과 법의 올바른 집행자라는 지위를 자처하며 이를 행사하고자 했다. 따라서 동학농민군은 회합을 통해 공론을 모으는 과정을 거쳐 매살 사건을 부당한 사형(私刑)에 의한 억울한 죽음으로 규정하고 책임자에 대한 정당한 처벌을 집행하고자 했다.

2) 동학농민군의 무장봉기와 '의병'론

집강소에 매살 사건에 대한 책임을 추궁하던 동학농민군은 8월 21일,

---

48 호종적형은 믿는 데가 있어서 범죄했거나 고의로 재범했을 경우 절대 용서해 주지 않는다는 뜻으로 『서경(書經)』「순전(舜典)」에 나오는 고사(故事)이다.
49 살월인우화는 재물을 탐내어 사람을 죽이기까지 하는 것을 뜻하며, 『서경』「강고편(康誥篇)」에 나온다.

갑자기 금곡과 화지에서 대규모 집회를 개최한다. 집회에 참가한 동학농민군은 1만여 명이나 되었으며, 장차 읍내를 도륙내겠다고 떠들고 다녀 읍민의 동요가 심각하다는 것이다.[50] 이들은 조총과 창검으로 무장했으며, 촌가에서 양식을 약탈하여 피난민들이 들판을 가득 메울 정도였다.

이처럼 예천지역은 매살 사건을 계기로 접소와 집강소 사이의 '관민상화'가 와해되었으며, 결국 양자 간의 무력충돌 분위기로 전환되었다. 특히 읍내에 가까운 곳에서 모인 화지도회는 집강소에 '매우 거칠고 당돌한' 내용의 통문을 보내 "읍을 도륙하려 한다"고 협박했다. 이들은 매살 사건 주모자 압송을 거듭 요청하는 한편 이를 근거로 집강소를 압박했다.

한편, 매살 사건과 관련하여 몇 차례 협박성 「통문」을 보내던 화지도회는 8월 28일 갑자기 이전에는 전혀 없었던 '척왜(斥倭)'를 언급하기 시작한다. 즉, 이들은 집강소 측에 「통문」을 보내 아래와 같이 '척왜창의(斥倭倡義)'에 동참할 것을 적극 촉구하였다.

> 조선 사람이 조선 사람을 해치는 것은 같은 지역에 사는 사람들의 상정이 아닙니다. 500년 동안 왕도정치가 펼쳐지던 나라에 왜인들이 득세를 하여 억조창생이 덕화(德化)를 입지 못하고 있습니다. 천리의 방기(邦畿)가 어떤 지경에 이르렀습니까? 도탄에 빠진 백성들이 어떻게 편안하게 살 수 있겠습니까? **지금 동학[道中]의 본뜻은 왜를 물리치는 것입니다.** 예천 고을의 일은, 읍인들은 도인들이 모이는 것을 의심하고 도인들은 읍인들이 군대를 편성하는 것을 의심한 데서 비롯되었으나, 실제로 죄를 지은 사람은 2사람입니다. **오늘 본읍(예천)에서 도회를 열고 죄인들을 잡아들인 뒤에 한마음으로 왜를 물리칠 계획입니다. 같은 동토(東土)의 백성들인데도 만약 왜를 물리치려는 뜻이**

---

50 「甲午斥邪錄」, 『총서』 3, 52쪽.

없다면 하늘 아래에서 당신들이 옳은 것입니까? 도인들의 의가 옳은 것입니까? 도인들은 의병입니다. 그렇게 아시기 바랍니다.[51]

위의 「통문」을 마지막으로 양측이 무력충돌을 하게 된다는 점에서 이번 「통문」은 동학농민군이 집강소에 보낸 '최후통첩'이나 마찬가지였다. 동학농민군은 8월 21일 화지도회 직후 무장을 강화하거나 양식을 약탈하는 등 어떤 '큰 전투[兵亂]'를 준비하고 있었다. 또한 바로 직전까지 화지도회와 집강소 사이엔 매우 적대적인 분위기 속에서 곧 무력 충돌이 예상되었다. 이 때문에 집강소는 소야접에 중재를 요청하기 위해서 사신을 파견하는 한편 안동도총소(安東都摠所)와 순영(巡營)에 군사적 지원을 호소하기도 하였다. 그런데 갑자기 동학농민군은 집강소에 같은 '조선인'임을 강조하면서 '척왜'에 동참할 것을 촉구할 뿐 아니라, "동학의 본뜻은 왜를 물리치는 것입니다"라고 하며 자신들을 '의병'이라 칭했다. 이는 앞서 통문에서 동학의 본뜻이 '광제창생(廣濟蒼生)'에 있음을 강조하며, 향촌사회에서 자신들의 행위를 정당화했던 것과는 다른 것이었다. 즉, 화지도회는 단순히 매살 사건과 관련해서 집강소에 '보복'하기 위한 것보다는 무장봉기 국면으로 전환하기 위해 개최된 것으로 보인다. 이처럼 동학농민군은 무장봉기 국면으로 전환하면서 '일본군의 침략'과 연계시키고자 하였다.

우선 7월 들어 예천 주변 지역에서는 일본군이 경복궁을 습격하여 왕과 왕비를 볼모로 잡았을 뿐 아니라 왕의 머리까지 가위질했다는 '흉측

---

51 "以朝鮮害朝鮮非是同水土之常情也五百年王政倭酋得勢億兆蒼生不被德化千里邦畿至於何境塗炭生靈何以奠保乎方今道中之本意斥倭也 醴邑之事邑人疑於道人之會道人疑於邑人之設軍其實在於罪者二人也今日當都會于本邑罪人捉致後同心斥倭爲計矣同是東土之民如無斥倭之義則戴天之下汝可乎道人之義可乎道人則義兵也以此知悉"(甲午斥邪錄」, 『총서』 3, 68~69쪽).

한 소문'이 전해졌다.[52] 6월 21일 일본군이 경복궁을 무력으로 침탈한 이후 이 지역에서 그와 관련된 소식들이 반(反)개화 정서와 결합되어 확산된 것으로 보인다. 특히 청일 양군의 군사적 충돌로 민심이 동요하는 상황에서 일본군이 대구를 점령해 사람들이 피난을 떠나고 있다는 소문은[53] 당시 지역민들에게 상당한 공포로 다가왔을 것이다. 뿐만 아니라 일본은 청일전쟁 이후 원활한 전쟁수행을 위해 군용전선을 가설하고 병참부를 설치하려고, 예천에서 가까운 태봉, 문경, 대구 등 영남 북서부지역에 병사를 파견했다.[54]

이와 같은 주변정세 동향들은 일본군의 침략으로 나라가 곧 망할 것 같다는 흉측한 소문이 확산되는 근거가 되었으며, 이로 인해 영남지역 민심이 몹시 동요하고 있었다. 더구나 일본군이 영남지역에 진출한 이후 8월 말까지 일본군과 조선인 사이에 15건에 이른 크고 작은 충돌이 있어왔으며, 8월 24일 예천지역에서 얼마 떨어지지 않은 용궁에서는 동학농민군과 일본군 사이 무력충돌이 벌어져 일본군 1명이 사살되기도 하였다.[55]

이처럼 일본군의 진주 이후 발생한 잦은 무력 충돌로 동학농민군은 일본군에 대한 공포와 두려움을 단순히 소문이 아닌 현실적인 문제로 인식하였으며, 이에 대한 대응으로 무장봉기를 준비해야 했다. 따라서 동학농민군은 무장봉기를 위한 세력 확장과 명분 확보를 위해 도회를 개최하여 '척왜창의'를 내세웠던 것이다. 우선 매살 사건 이후 경색된 집강소

---

52 박성수 주해, 앞의 책, 2003, 180쪽.

53 박성수 주해, 위의 책, 186쪽.

54 이와 관련해서는, 강효숙, 「청일전쟁에 있어 일본군의 東學農民軍 진압」, 『인문학연구』 6, 원광대학교 인문학연구소, 2005를 참고할 것.

55 『시사신보』는 9월 25일 「동학당의 습격」이라는 제목의 호외로 비중 있게 보도하였다.

와의 관계 개선은 척왜에 공감할 수 있었던 향촌지배층을 포섭하기 위해서는 반드시 해결해야 할 과제였다. 화지도회 이후 집강소 측을 더욱 압박한 것도 같은 맥락에서 이해할 수 있으며, 결국 "오늘 본읍(예천)에서 도회를 열고 죄인들을 잡아들인 뒤에 한마음으로 왜를 물리칠 계획입니다"라고 최후통첩을 보내게 된 것이다. 특히 "같은 동토의 백성들인데도 만약 왜를 물리치려는 뜻이 없다면 하늘 아래에서 당신들이 옳은 것입니까? 도인들의 의가 옳은 것입니까?"라고 하여, 이번 매살 사건을 척왜와 연계시키고 있었다.

결국 동학농민군은 '척왜'를 통해 집강소를 무력 공격할 명분을 확보하고, 또한 내부적으로 국지성을 극복하고 결속력을 강화할 수 있었다. 즉, 지역 공동체를 위협하는 일본이라는 외부세력을 개입시켜 내부 결속을 강화하는 한편 위기에 처한 왕을 구하기 위한 '의병'을 자임함으로써 무장봉기를 정당화할 수 있었다. 이로써 동학농민군의 '설군(設軍)'은 '의'에 합당하며, 동참하기를 거부하는 집강소의 '설군' 행위는 불가한 것으로 공격 대상으로 삼을 수 있었던 것이다.

4. 맺음말

예천지역에서 동학농민군의 움직임이 본격적으로 포착되기 시작한 것은 1894년 6월부터이다. 관동포 수접주 최맹순이 예천의 소야에 접소를 설치한 이후 6~7월 사이에 48개의 접소가 설치되었다. 이러한 동학농민군의 설접 행위는 기존의 향촌지배질서를 전복하고 새로운 지배질서로 재편함을 의미했다. 동학농민군의 접소는 공관 상태인 관아를 대신해서 조세수취나 사송(詞訟) 등을 해결하기도 했으나, 그렇다고 관아의 공권력을 부정한 것은 아니었다. 당시 동학농민군은 정부와 동학교단 간에 체결한 '관민상화'라는 기본 원칙을 고수한 채 향권을 장악하고자 한 것이다. 따라서 읍내에 설치된 반농민군 조직인 집강소와 무력충돌 없이 일정한 긴장관계를 유지할 수 있었다.

한편 일부 동학농민군은 향권을 확대하고자 마을을 돌아다니며 기강을 확립하는 한편 읍리들에 대한 늑도를 시도하였다. 그 과정에서 읍내에 설치된 집강소 세력과의 충돌은 불가피했다. 결국 마을을 순회하던 동학농민군 11명이 집강소에서 파견된 병사들에게 체포되어 매살 당하는 사건이 발생했다. 하지만 이 사건이 곧바로 양측의 무력충돌로 이어지진 않았으며, 사건 처리를 둘러싼 논박이 한동안 전개되었다.

논박은 무장봉기 국면으로 전환되는 화지도회를 기점으로 성격이 바뀌는데, 우선 화지도회 이전 동학농민군은 매살 사건 관련자 처벌을 강하게 주장했다. 그 근거로 매살 사건을 집강소의 사형에 의한 억울한 죽음으로 규정하고, 책임자를 처벌해 희생자와 가족들의 애통함을 풀어줘야 한다는 것을 들었다. 매살 당한 11명은 도인으로서 향촌사회의 잘못된 기강을 바로잡기 위한 공무를 수행하는 과정에서 뜻밖의 화를 당했으며, 절차를 무시한 채 사사로이 사람을 죽인 책임을 묻겠다는 것이다. 또한 이를 통해 동학농민군은 스스로 행형의 주체로서 향촌 사회에서 부당하게 자행된 것을 바로잡겠다는 의식을 강하게 표출하고 있었다.

한편 화지도회 이후 동학농민군은 갑자기 '척왜창의'를 내세우며 집강소의 참여를 촉구하였다. 이는 소문으로 확산되고 있던 일본군의 침략이 현실화되는 위기 속에서 내부 결속을 강화하는 한편 무장봉기를 정당화하기 위한 것이었다. 결국 의병을 자임한 동학농민군은 창의에 불참한 집강소에 대한 군사적 행동을 단행할 수 있었다.

이상에서 살펴보았듯이 향촌 지배층 입장에서 1894년 예천지역은 동학농민군에 의해 기강이 무너진 '파탕지중'에 놓여 있었으며, 마을을 돌아다니며 온갖 폭력과 약탈을 일삼는 동학농민군은 화적에 불과했다. 따라서 그들은 있는 힘을 다해 '화적'들을 물리쳐, 예천지역에서 다시 '천일지광(天日之光)'을 볼 수 있도록 하였다. 하지만 동학농민군은 자신들의 행위에 대해서 매우 당당했으며, 행형자로서의 역할을 제대로 하지 못하는 수령을 대신하여 잘못을 찾아내 바로잡고자 하였다. 이는 이미 도덕적 가치를 상실한 유학을 대신하여 동학을 수행함으로써 가능하다고 생각하였다. 즉, 도인은 백성들을 구제하고 왕업을 안정시킬 의무를 지녔기에 자신들의 행위에 당당할 수 있었던 것이다. 따라서 일제의 침략이 가시화되는 상황에서 척왜창의를 내세워 향촌 구성원들의 결집을 도모한 것은 어쩌면 당연한 것이었다.

갑오개혁기 경찰제도 개혁과 민중의 경찰인식

이토 슌스케(伊藤俊介) | 번역_홍동현

1. 머리말

갑오개혁은 1894년부터 1896년에 걸쳐 조선에서 전개된 일련의 근대화 추진운동인데, 지금까지는 서구형 근대를 당위로 보는 근대주의적 시각에서 개혁의 '근대성'을 적극적으로 평가하려는 경향이 강했다.[1] 필자는 이러한 평가에 의문을 품고, 갑오개혁을 조선에서 개혁 주도세력들이 근대의 존재 방식을 둘러싸고 벌인 대립과 갈등으로 파악해왔다. 갑오개혁의 핵심 멤버는 온건개화파를 중심으로 한 개화파 관료였는데, 이들은 유교를 기조로 한 전통적 민본주의에 입각해서 '자강(自强)'을 목표로 개혁을 구상했으며 갑오개혁 초기를 이끌었다. 한편, 조선을 실질적 보호

---

[1] 대표적인 연구로서 유영익, 『갑오경장 연구』, 일조각, 1990; 유영익, 『동학농민봉기와 갑오경장』, 일조각, 1998; 왕현종, 『한국근대국가의 형성과 갑오개혁』, 역사비평사, 2003 등을 참조. 한편 쓰키아시 다쓰히코(月脚達彦)는 갑오개혁을 메이지일본의 '공정(公定) 내셔널리즘'을 도입한 것으로 주장했으나 개화파관료의 개혁구상의 독자성과 조선의 현실에 주목하지 않고 외래형 근대라는 틀을 개혁의 귀결점이라 파악한 점에서 다른 연구와 동일한 문제를 내포한다(月脚達彦, 「甲午改革の近代國家構想」, 『朝鮮史研究會論文集』 33, 1995; 月脚達彦, 「朝鮮の開化と「近代性」-斷髮·衛生·コレラ防疫」, 朴忠錫·渡辺浩 編, 『「文明」「開化」「平和」-日本と韓國』, 慶應義塾大學出版會, 2006).

국으로 삼으려던 일본은 일본의 제도문물을 조선에 전면 이식함으로써 일본식 개혁을 단행하려 획책했다. 갑오개혁은 이처럼 서로 다른 개혁구상을 지닌 정치 주도세력들을 중심으로, 현실정치에서 발생하는 여러 복잡한 길항관계 속에서 전개되었다. 결과적으로는 일본의 의도대로 일본식 개혁에 개화파 관료가 포섭돼 버렸지만, 이는 개화파 관료들에게 '의도치 않은 결과'에 다름 아니었다. 이와 같은 이상과 현실의 괴리가 초래되었다는 아이러니야말로 갑오개혁의 본질적 성격이라고 생각한다.[2]

그렇다면 이런 성격 아래 진행된 갑오개혁에 대해 피지배층, 특히 조선의 일반 민중들은 어떻게 인식하고 대응했을까? 청일전쟁과 을미사변, 단발령으로 이어지는 흐름 속에서 조선 내에서는 반일·반(反)개화 정서가 고조되었으며, 초기 의병투쟁으로 대표되듯 일본을 배척하고 갑오개혁에 반대하는 움직임들이 각지에서 전개되었다. 그러나 유교적 전통에 근거해 일본의 침략이나 개화정책에 반대하며 초기 의병투쟁을 이끈 전통적 지식인과 달리,[3] 다수의 민중들은 그날그날 생업에 종사하며 생활에 필요한 양식을 구해야 하는 존재였다. 그런 그들에게 갑오개혁은 어떤 의미였고, 또 갑오개혁에 반대하는 논리는 어떻게 형성되었을까?

이러한 의문을 검토하고자 필자가 주목한 것은 갑오개혁의 경찰제도 개혁과 그 운영 실태이다. 오비나타 스미오(大日方純夫)는 일본의 근대국가 건설과정에서 경찰은 내무행정의 일부로서 국가권력의 "물리적 강제 장치" 기능이 강하게 요구되었고, 국가권력에 의한 위로부터의 근대

2 伊藤俊介, 「朝鮮における近代警察制度の導入過程-甲午改革の評価に對する一考察」, 『朝鮮史研究會論文集』 41, 2003; 伊藤俊介, 「甲午改革と王權構想」, 『歷史學研究』 864, 2010 등을 참조.

3 김상기, 『한말 의병연구』, 일조각, 1997 제5장; 오영섭, 「갑오개혁 및 개혁주체세력에 대한 보수파 인사들의 비판적 대응-그들의 상소문을 중심으로」, 『국사관논총』 36, 1992; 朴宗根, 『日淸戰爭と朝鮮』, 靑木書店, 1982 등을 참조.

화가 추진될 때 경찰이 "강제활동을 담당하는 첨병"으로 일반 민중 앞에 등장했다고 지적했다.[4] 이러한 경찰의 모습은 갑오개혁 당시 일본의 전략적 의도 아래 조선에도 그대로 도입되었다. 그런데 이를 뒤집어 생각해보면 조선 민중에게는 경찰의 등장이야말로 갑오개혁 당시 그들의 눈앞에 나타난 가장 직접적인 변화였다고 할 수 있다. 따라서 필자는 이 시기 경찰의 운영방식, 그리고 그에 대한 민중의 인식과 대응을 분석함으로써 민중의 갑오개혁에 대한 시선 및 개혁에 대한 반대논리에 접근할 수 있다고 생각한다. 이를 위해서는 전통적인 질서유지를 둘러싼 조선왕조시대의 정치문화 방식, 개항 이후 일본의 조선에 대한 영향력 확대와 조선정부의 개화정책 등과 연계하여, 이 문제를 검토할 필요가 있다.

본 논문에서는 필자가 지금까지 고찰해 온 내용을 정리하고,[5] 이와 함께 새로 검토한 자료를 바탕으로 이를 보완하면서 갑오개혁 당시 경찰제도 개혁의 추이와 실태, 그리고 그에 대한 민중의 인식과 반응에 대하여 개혁 이전과의 관계를 염두에 두면서 살펴보고자 한다.

2. 개항과 조선 민중의 경찰 인식

조선시대 경찰기구를 간략히 살펴보면, 서울에는 16세기 중엽에 수도 경찰기구로 좌우 포도청이 설치되었다. 그리고 지방에서는 지방관인 관

---

4 大日方純夫, 『日本近代國家の成立と警察』, 校倉書房, 1992를 참조.

5 伊藤俊介, 앞의 논문, 2003; 伊藤俊介, 「甲午改革期地方警察制度の實施と各地での抵抗」, 久留島浩・趙景達 編, 『國民國家の比較史』, 有志舍, 2010; 伊藤俊介, 「甲午改革における警察制度改革と警察官吏」, 『アジア民衆史研究』16, 2012a; 伊藤俊介, 「甲午改革期の警察と民衆」, 『千葉史學』61, 2012b 등을 참조.

찰사나 수령이 경찰권을 행사하고 포졸(捕卒)·포교(捕校)라 불리는 하급 관리가 경찰 업무를 담당하였다.6 당시 조선정부의 경찰기구 운영은 유교적 문치(文治)와 민본(民本)이라는 전통적인 정치론에 입각한 것이었다. 이는 좌우포도청의 설치 과정을 통해 볼 수 있다. 15세기 중엽 조선은 잦은 세제개혁으로 농민부담이 증가하고 농촌이 피폐해져서, 각지에 도적이 횡행하는 등 치안 악화가 사회문제로 떠올랐다. 이에 따라 치안을 전문적으로 관장하는 경찰기구를 설치하자는 건의가 수없이 조선정부에 제기되었다. 하지만 이런 건의가 있을 때마다 많은 문신 관료들은 유교적 이상 정치를 추구하는 조선에서 무단적 경찰기구를 상설하는 것은 왕도정치가 실천되지 않음을 자인하는 것이라며 강력히 반대했다.7 이후에도 치안 업무는 임시로 조직되었을 뿐, 실질적으로 좌우 포도청이 설치된 것은 경찰기구 설치가 처음 건의된 지 100여 년 뒤의 일이었다.

이처럼 무단적인 경찰에 대한 위정자들의 거부감은 19세기 중엽 세도정치의 발호와 서구의 충격이라는 내우외환 속에서, 그에 대응하기 위해 왕조권력을 강화하고 풍속문란을 교정하는 과정에서도 마찬가지였다. 위정자들은 무단적인 대민행정이 국가 통치 본연의 모습에 어긋날 뿐 아니라 민중의 강한 저항 에너지를 폭발시킬 것이라며 크게 우려했다. 따라서 그들은 무단 통제를 적극 피하고 민중의 생활관습을 어느 정도 묵인한다는 기본 방침을 취했다. 이를 '덕치적 경찰지배'라고 할 수 있는데, 이러한 기본 방침 아래 말단 경찰 관리와 민중들 사이에 지배와 저항을 둘러싼 갈등과 공존 관계가 형성되었음은 신창우가 거론한 바 있다.8 그

---

6 이연복, 「구한국 경찰고(1894~1910)-일제 침략에 따른 경찰권 피탈과정 소고」, 『서울교육대학논문집』 4, 1971, 150쪽.

7 차인배, 『조선시대 포도청 연구』, 동국대학교 박사학위논문, 2007 참조.

8 慎蒼宇, 『植民地朝鮮の警察と民衆世界(1894~1919)-「近代」と「伝統」をめぐる政治

에 따르면, 경찰과 민중 사이에 때로는 폭력적 대립관계가 형성되기도 하지만, 한편으로는 '관용적이고 위험한 경찰질서'라고도 할 만한 완만한 공존관계가 존재했다고 한다.

하지만 경찰기구의 실상과 경찰에 대한 민중의 인식은 1876년 조일수호조규(강화도조약)체결 이후 많은 일본인들이 조선에 진출하는 가운데 변하기 시작했다. 개항 이후 조선 민중의 일본관은 거류 일본인과 접촉하면서 형성되었다. 조선에 건너온 일본인은 조선인을 멸시하고 안하무인격으로 행동했으며, 일본 상인은 입도선매(立稻先賣)나 고리대금 등을 통해 조선인을 과도하게 수탈했다. 이로 인해 조선 민중의 대일감정은 악화되었다. 부정적 인식은 자연히 왜구나 임진왜란처럼 과거 일본이 조선왕조를 침략했던 기억과 맞물려 보다 강고하게 이미지화되었다.[9]

이와 함께 서울을 비롯한 인천·부산·원산 등 각 개항장에서는 일본인과 조선인 사이에 갈등과 대립이 벌어지고, 일본 배척을 호소하는 사건도 점차 증가했다. 그런 가운데 조선정부는 포도청이나 각 개항장에 마련된 경찰에게 사건 수사를 명령하여 주모자를 체포하게 했다. 또한 외국 공사관, 거류지의 활동 경비도 모두 그들이 담당하도록 하였다.[10] 이러한 경찰기구의 업무 방식은, 반일감정이 고조되는 가운데 조선 민중들이 '대일 협력자'까지는 아니더라도 경찰에 대해 악감정과 불신감을 갖게 된 가장 큰 요인으로 작용한 것으로 보인다.

조일수호조규 체결 이후, 조선 정부는 서구 국가들에 대한 개국, 개화

文化』, 有志舍, 2008 참조.

9 배항섭, 「개항기(1876~1894) 민중들의 일본에 대한 인식과 대응」, 『역사비평』 27, 1994 참조.

10 배항섭, 위의 논문; 박은숙, 「개항기(1876~1894) 포도청의 운영과 한성부민의 동태」, 『서울학연구』 5, 1995, 162~164쪽; 한국경찰사편찬위원회, 『한국경찰사』, 내부치안국, 1972, 323쪽 등을 참조.

정책을 수행할 방침을 정하고 개화파 관료들을 중심으로 다양한 개혁을 전개했다. 이들 개혁은 일본의 강한 영향 하에 진행됐으며 내용도 상당 부분 일본의 제도를 모방한 일본식 개혁이었다. 그러나 별기군 설치에 따른 구식군대의 하급병사에 대한 차별대우에서도 드러나듯이 개혁에 불만을 품은 사람도 적지 않았다. 결국 그들의 불만은 군란(軍亂)으로 표출되었으며, 평소 일본과 일본식 개혁을 추진하는 조선정부에 반감을 지녔던 조선 민중도 가세했다. 1882년 임오군란은 일본과 개화파가 하나로 연결되어 있다는 인식 하에 전개된 반일·반개화 운동의 단서가 되었다.[11]

임오군란은 조선정부의 요청으로 출동한 청나라의 군사개입으로 진압됐지만, 조선 내의 반일·반개화 정서는 그대로였다. 그런 상황에서 김옥균·박영효·홍영식 등 젊은 급진개화파는 잇달아 일본식 개화정책을 단행했다. 그 중 하나가 바로 근대적 경찰기구인 순경부(巡警部)의 설치였다. 박영효는 수도행정기관의 수장인 한성부판윤에 취임한 직후, "근래 순찰이 해이하고 강도나 절도사건에 대한 근심이 없는 곳이 없다"며 서울에 순경부를 설치할 것을 강력히 주장했다.[12] 순경부에 대해 『고문경찰소지(顧問警察小誌)』에서는 다음과 같이 언급했다.

지금으로부터 27~28년 전(1882년경을 가리킨다: 인용자) 한국 군대에서 포수를 선발하여 순라졸(巡邏卒)이라는 것을 조직했는데, 한성부 안을 순찰하며 단속하도록[巡察警邏] 하여 법을 위반한 무리들[不法徒]을 체포해서는 태형을 가하고 석방했다.[13]

11 배항섭, 위의 논문; 박은숙, 「개항기(1876~1894) 군사정책 변동과 하급군인의 존재양태」, 『한국사학보』 2, 1997 등을 참조.
12 『承政院日記』, 고종 20년 1월 23일조.
13 岩井敬太郎 編, 『顧問警察小誌』, 韓國內部警務局, 1910, 3쪽.

즉, "법을 위반한 무리들"의 체포와 처벌에 대한 즉결권이 순라졸에게 맡겨졌음을 알 수 있다. 이는 1872년에 '위식괘위조례[違式詿違條例, 위경죄즉결례(違警罪卽決例)의 전신]'를 제정하고 나졸(이후의 순사)의 순찰과 경범죄 단속업무를 강화하고자 도쿄 경시청에서 제정한 제도14를 그대로 모방했다고 봐도 좋다. 1881년 조사시찰단이 일본으로 파견됐을 때는 일본의 경찰제도도 상세히 조사했다.15 박영효는 그 조사 내용을 바탕으로 새로운 경찰기구를 창출하고자 했다. 이를 통해 경시청(警視廳) 대경시(大警視) 가와지 도시요시(川路利良)가 전개한 것과 같은 일본식의 무단적 경찰 방식을16 조선에서도 실현하고자 했던 것이다.

나아가 박영효는 국가권력에 의해 위로부터 문명개화를 강력하게 추진한 일본을 모방하여, 순경부를 개화정책에도 동원한 것으로 보인다. 순경부 설치와 함께 전개된 개혁 사업에는 근대 도시건설과 도시위생을 목적으로 한 치도국의 설치가 있었다. 김옥균이 저술한 『치도약론(治道略論)』에 "설국(設局) 이후 모든 업무는 순검(巡檢)에게 맡겨야 한다"고 했듯이, 이 또한 도시 형성에서 경찰의 역할을 강조하면서 제기되었다.17 그런 점에서 순경부가 치도국 업무의 실질적 담당자로서 판잣집 철거나 노변의 대소변 단속 등을 맡았던 것으로 보인다.

하지만 이러한 시도는 임오군란 이후 확산되던 일본과 개화정책에 대한 조선 민중의 악감정을 한층 강화시켰다. 특히 도로 확장을 이유로 도로 위 판잣집을 강제 철거했는데, 이는 민중을 더욱 분노케 하는 원인이

---

14 大日方純夫, 앞의 책, 1992, 173~177쪽.

15 「日本國內務省各局規則二」, 한국학문헌연구소 편, 『박정양전집』 5, 아세아문화사, 1984.

16 大日方純夫, 앞의 책, 1992, 205쪽.

17 「治道略論」, 한국학문헌연구소 편, 『金玉均全集』, 아세아문화사, 1979, 11~17쪽.

되었다. 결국 이로 인해 박영효는 한성부판윤에서 쫓겨났다.[18] 또한 판잣집을 순경부가 철거했다면 민중의 분노는 당연히 순경부로도 향했을 것이다. 그 후 급진개화파는 민씨정권과의 대립이 심화되는 가운데 일본의 지원을 받아 1884년 갑신정변을 일으켰으나 실패했다. 갑신정변의 실패는 조선에 대한 일본의 영향력을 약화시켰고, 이후 민씨정권이 청나라에 협조적인 대외정책을 전개하는 가운데 일본식의 급진적인 개화정책도 모습을 감추었다. 이와 때를 같이 하여 순경부는 병정(兵丁)으로 통합되었고,[19] 민중들 사이에 고조되었던 경찰에 대한 불만과 반발 양상도 점차 감소하는 추세를 보였다.[20]

3. 갑오개혁과 반(反)경찰의식의 형성

1894년 7월, 조선에 대한 지배권을 강화하기 위해 청나라와의 전쟁을 획책하던 일본은 경복궁을 군사 점령하고, 김홍집·어윤중·김윤식 등 온건개화파를 중심으로 갑오정권을 수립시켰다. 이에 조선 내에서는 또다시 일본과 조선정부에 대한 반발이 고조되면서 전국 각지에서 배척운동이 전개되었다.[21] 그 과정에서 조선 민중은 조선정부의 명령으로 반일행위를 단속하던 경찰을 명확히 '대일 협력자'로 간주하게 되었다.

경상남도 밀양에서 발생한 경찰 살인사건을 사례로 살펴보자. 8월 5일 일본인 전신(電信) 기술자가 인부 30여 명과 함께 전선 가설 공사를

---

18 『承政院日記』, 고종 20년 3월 22일조.
19 岩井敬太郎 編, 앞의 책, 1910, 3쪽.
20 박은숙, 앞의 논문, 1995, 184쪽.
21 朴宗根, 앞의 책, 1982, 172~188쪽.

위해 밀양의 나루터에 들어섰다. 그들은 조선인 사공에게 배를 내어 줄 것을 요구했으나 거절당했으며, 그곳에 모인 수십 명의 조선인들에게 돌팔매질 당했다. 전신 기술자는 즉각 밀양부에 가서 부사에게 항의했고, 부사는 사과하며 "가해자를 수사해 반드시 엄벌에 처할 것"을 약속했다.[22] 그런데 소동이 있고나서 15일 후, 밀양부 경찰이 누군가에게 살해당하는 사건이 발생했다. 경찰의 시신은 공개되었으며, "이 순사는 대(大) 청국(淸國)의 은혜를 잊고 소(小) 일본(日本)을 따르며 사민(四民)을 고통스럽게 하여 사형에 처함"이라고 적힌 푯말이 시신 옆에 걸려 있었다.[23] 아마도 살해당한 경찰은 투석사건의 수사와 단속을 담당했던 것으로 보인다. 이미 청일전쟁 초기부터 조선 민중의 반일 감정이 조선 경찰에게 향하고 있었음을 잘 보여주는 사례라 할 수 있다.

하지만 청일전쟁 전개 과정에서 조선 경찰기구와 일본의 유대관계는 더욱 강화되어갔다. 일본군이 조선에서 이동할 때는 조선 정부의 명령에 따라 각 지역 경찰들이 길잡이로 동원되었다.[24] 또한 전쟁터에서 조선인 인부를 징용할 때는 그 지역 경찰이 인부들의 도망을 막는 등 감시 역할을 하기도 했다.[25] 그밖에도 경찰들은 일본에서 파견된 사절의 송영(送迎)과 경호에 동원되었다.[26] 한편 서울과 각 개항장의 일본인 거류지에서는 영사관에서 파견된 경찰과 함께 각 지역 경찰이 거류 일본인의 보호와 경비를 담당했다. 그런데 만약 일본인과 조선인 사이에 충돌이 발생하면 문제를 일으킨 조선인을 체포하여 엄하게 처벌했다.[27] 이런 상황에

---

22 「朝鮮愚民の妄動」, 『二六新報』 1894년 8월 12일.

23 「巡査を殺す」, 『萬朝報』 1894년 8월 29일.

24 「月と鼈」, 『萬朝報』 1894년 9월 12일.

25 「人夫としての朝鮮人」, 『郵便報知新聞』 1894년 10월 28일.

26 「東萊府使, 勅使を送迎す」, 『萬朝報』 1894년 9월 1일.

서 조선 민중이 경찰을 '대일 협력자'로 보는 시각이 더욱 강해지는 것은 필연적이었다. 그리고 이러한 인식은 전쟁 상황이 일본의 우세로 기울면서 일본의 눈치를 살피는 경찰이 나타남에 따라,[28] 조선 민중들에게 한층 더 강고하게 각인되었다고 생각한다.

갑오정권의 경찰제도 개혁은 이러한 상황에서 진행되었다. 일본의 내정간섭이 아직 본격화되지 않은 갑오개혁 초기, 갑오정권은 개혁의 참모 역할을 하던 유길준을 중심으로 경찰권력의 행사 범위를 최소화했다. 그리고 민중의 생활공간을 보장하는 등 '덕치'와 '민본'을 핵심으로 한 독자적인 정치사상에 기초해 경찰 개혁을 구상하였다. 이를 위해서 그는 좌우 포도청을 통합 개편하는 형태로 경무청(警務廳)을 조직하는 등 점진적인 개혁을 전개했다.

그러나 일본은 자국의 대조선정책을 추진하는 데 경찰의 '물리적 강제 장치' 기능을 중시했다. 따라서 일본은 일본공사관 경찰 경시(警視) 다케히사 가쓰조(武久克造)를 경무청 경무 고문으로 임명하여 일찍부터 무단적인 일본식 경찰개혁을 추진하려 하였다. 이후 전쟁 상황이 변하면서 대조선정책도 소극적 간섭에서 적극적 간섭으로 전환되고, 오토리 게스케(大鳥圭介)의 후임으로 '일원적 통치체제'의 창출을 주장했던 이노우에 가오루(井上馨)가 주한공사로 임명되었다. 그리고 갑신정변 실패 이후 일본으로 망명했던 급진개화파의 박영효가 조선 정계에 복귀하면서, 경무청의 일본화는 더욱 박차를 가하게 되었다.[29]

---

27 「再び韓人の亡狀」, 『東京朝日新聞』 1894년 9월 29일; 「不逞の韓人二名を捕ふ」, 『時事新報』 1894년 10월 21일; 「仁川爭鬪事件」, 『二六新報』 1895년 3월 28일 등의 기사에서 이러한 사례가 확인된다.

28 「韓官の阿諛」, 『時事新報』 1894년 8월 30일.

29 伊藤俊介, 앞의 논문, 2003.

이 경찰제도 개혁의 가장 큰 특징은 기존의 문치적인 경찰상에서 무단적인 경찰상으로 급격한 변화가 강제되었다는 점이다. 그를 단적으로 보여주는 것이 '위경죄즉결장정(違警罪卽決章程)'의 시행이다. '위경죄즉결장정' 자체는 일본의 '위경죄즉결례'를 번역한 것으로 8월 14일에 제정된 '행정경찰장정(行政警察章程)'의 제4절에 실려 있지만,[30] 그 단계에서는 아직 시행되지 않았다. 다케히사의 영향력이 강화되는 가운데 시행이 추진된 것이다.[31] 이에 따라 순경부 시대에 시도되었던 민중에 대한 단속 강화 태도가 다시 부활했다. 실제로 그 직후부터 '위경죄즉결장정'의 적용이 급증하는데 군국기무처는 이에 수반하는 순검의 직권남용까지도 우려하고 있었으니,[32] 이를 통해서 민중에 대한 경찰의 강압성을 엿볼 수 있다. 또한 '순검징벌례(巡檢懲罰例)'를 비롯해 여러 규칙을 제정하는 동시에, 조선인 순검에 대한 일본인 경찰의 일상적 경찰업무 '지도' 체제도 시행되었다.[33] 그 결과 뇌물 수수의 단속 및 징벌 강화에서 단적으로 보이듯이,[34] 그동안 조선 민중과 경찰 사이에 형성된 질서유지를 둘러싼 공존 관계에도 점차 균열이 생겼다. 이처럼 '덕치적 경찰지배'는 '무단적 경찰지배'로 변했으며, 조선 민중은 경찰 권력의 위협에 일상적으로 노출되었다.

아울러 갑오개혁에서는 이노우에와 박영효를 중심으로 국가 권력에 의한 위로부터의 개화정책이 추진되었다. 하지만 주로 일본의 이권 확보

---

30 『舊韓國官報』, 개국 503년 7월 14일.

31 「違警罪處分」, 『二六新報』 1894년 9월 1일.

32 『舊韓國官報』, 개국 503년 9월 11일.

33 伊藤俊介, 앞의 논문, 2003.

34 「賄賂の惡弊は到底防ぐ能はざる乎」, 『萬朝報』 1895년 3월 7일. 이 기사는 김모(金某)를 투옥하고 뇌물 5엔을 징수한 조선인 순검이 일본인 경찰관의 개입으로 인해 면직 당한 것으로 보도하고 있다.

에 초점이 맞춰져 있었으며, 조선 민중에게는 오히려 기존 질서 및 생활 공간의 훼손과 혼란만 가져왔을 뿐이었다. 그리고 개화정책을 담당한 존재는 평소 민중들에게 깊은 반감을 샀던 경찰이었다. 특히 '구습타파'를 내세운 민간신앙 탄압으로 서울 안의 무당은 도성 밖으로 추방되었고, 당시 세력을 자랑하던 반일적 종교단체인 관우신앙의 무당 진령군(眞靈君)은 경무청의 철저한 수사로 체포되었다.[35]

위생사업과 관련해서는 조선 북부를 중심으로 콜레라가 유행하자, 일본인 거주 지역에 콜레라가 확산되는 것을 막기 위해, 거류지와 연결되는 지역에 방역소를 설치하였다. 그리고 부근을 지나는 조선인을 붙잡아 병의 유무와 상관없이 순검이 소독약을 살포했다.[36] 또한 방역과 관련해서, 어떤 순검은 "나쁜 병을 전파하는 매개체"라는 구실을 붙여 노점상에서 팔던 참외를 몰수한 후에 파출소에서 모두 먹어버리는 등,[37] 민중 수탈과 결합된 단속사례도 확인된다. 또한 순경부 시절 조선 민중의 분노를 샀던 도로 확장 또한 일본인 거류지에서 다시 시행되어 거류지 부근의 판잣집 철거, 조선인의 거류지 밖 퇴거 등이 강제로 이루어졌다.[38] 그밖에도 길거리에서 다투거나 연을 날리는 것 금지, 의류의 간소화와 같은 상세한 금령(禁令)이 차례로 제정되었고, 이를 위반한 자는 '위경죄 즉결장정'에 따라 체포되었다.[39]

이런 상황에서 조선 민중들 사이에 전통적인 '덕치적 경찰지배' 속에

---

35 伊藤俊介, 앞의 논문, 2012b, 16~18쪽.

36 伊藤俊介, 위의 논문, 18~19쪽.

37 「笑談一束」, 『時事新報』 1895년 8월 31일.

38 「京城の道路修繕」, 『漢城新報』 1895년 9월 23일; 「釜山特報」, 『時事新報』 1895년 5월 30일.

39 「長煙管と斷髮」, 『東京朝日新聞』 1895년 2월 6일.

서 기존의 질서유지 공간을 공유하던 경찰이라는 인식은 멀어져 갔다. 대신 그와는 근본적으로 성질을 달리 하는 '대일협력자', '일상을 위협하는 존재'라는 인식, 심지어는 개화정책으로 인한 '생활 파괴자'라는 인식이 점차 확산되었다.

4. 경찰에 대한 반발과 저항 확대

갑오개혁기에는 반일운동 단속 강화, 경찰에 대한 일본의 영향력 증대, 무단적 경찰지배체제의 형성, 나아가 경찰권력에 의한 위로부터의 개화정책이라는 일련의 변화가 지속되었다. 그 속에서 조선 민중은 경찰을 일본 및 갑오개혁정권과 연결된 존재로 간주하여, 불신감과 반발을 키워갔다. 그리고 그러한 감정은 경찰관리에 대한 폭행, 수사방해, 개화정책에 대한 비협조 등 다양한 형태의 저항으로 표출되었다. 여기서는 몇 가지 사례를 소개하고자 한다.

1) 조직적 수사 방해

1894년 9월 11일 충남 천안에서 일본인 6명이 조선인에게 살해당했다. 그들은 일본군에 종사하는 인부였으나, 고된 노역을 피해 부산으로 도망치던 중에 천안에 이른 것이다. 마침 천안에서는 조선인 인부들이 다리 공사를 하고 있었다. 도망치던 일본인이 그 다리를 건너가다 멈춰서 말을 건넸으나 말이 통하지 않자 서로 입씨름을 했다. 그러다 화가 난 일본인 한 명이 가지고 있던 칼로 조선인 인부를 살해했다. 이에 조선인 인부들이 "어찌 일본인이 이처럼 난폭한 짓을 하는가!"하며 소리를 지르자, 이를 듣고 몰려든 조선인들이 일본인에게 돌을 던지거나 몽둥이로 난타하는 등 6명을 모두 살해하고 시신을 그 자리에 묻어 버렸다.[40]

　일본인 살해 소식을 통지받은 일본 영사관은 사건의 진상을 수사하기 위해 영사관 경찰 순경과 경무청 순검을 천안으로 파견했다.[41] 그러나 그곳에 모인 많은 조선인들은 그들에게 돌을 던지는 등 방해하면서 경찰관의 천안 진출을 저지하였다.[42] 방해 행위가 잠시 지속된 후, 영사관 경찰관 경부(警部) 오기와라 히데지로(荻原秀次郎)가 군수 김병숙의 협력을 받아 겨우 수사에 나섰다. 그러나 주민들은 그의 질문에 모호한 증언을 반복하며 수사를 방해했다.[43] 결국 김치선, 조명운이 체포됐지만 이들은 체포될 때까지 수사에서 벗어나 종적을 감추고 있었다.[44] 이로 보건대 당시 인근 주민들이 그들을 숨겨주었을 가능성이 매우 높다. 결국 두 사람은 경무청에 인도됐지만, 이 사건과 수사 과정에서 조선 민중의 일본인에 대한 반감과 함께 일본인 살해 사건을 수사한 경찰에 대한 지역 전반의 저항을 엿볼 수 있다.

2) 개화정책에 대한 반발

　앞서 언급했듯이 개화정책에 대해 조선민중은 다양한 형태로 반발했다. 특히 방역에 대한 각 지역의 반응은 매우 싸늘했다. 다만 개화파 계

---

40 김병화 편, 『근대한국재판사<추록>』, 한국사법행정학회, 1975, 40~41쪽;「日本人六名殺害取調の結果附たり」,『万朝報』1894년 10월 7일.

41 「巡査出張」,『毎日新聞』1894년 10월 1일.

42 「三たび「大院君」を論ず」,『國民新聞』1894년 10월 12일.

43 「日本人虐殺事件と關係者の就縛」,『毎日新聞』1894년 11월 11일.

44 김병화 편, 앞의 책, 1975, 41쪽.

열의 지방관이 있던 일부 지역에서는 솔선해서 방역을 실시하기도 했다. 하지만 대부분의 지역에서는 일본이 일방적으로 강요한 근대의료에 대해 불신을 거두지 않았으며, 관민(官民) 모두 비협조적인 태도를 취했다.[45] 종교 탄압에 대해서도, 서울에서는 탄압 대상이 된 어느 무당이 "의복은 다시 본래의 백의(白衣)로 복귀시켜라", "개혁은 멈추고 신임 관리들은 모두 물러나야 한다"는 등의 말을 했다가 경무청에 구속되는 등,[46] 조선 정부와 개화정책을 직접적으로 비판한 사례도 확인된다.

또 하나, 풍속교정에 반발한 사례로서, '장연관휴대금지령(長煙管携帶禁止令)'에 대한 조선 민중의 반응을 살펴보자. '장연관휴대금지령'은 구습을 타파하고 조선인에게 개화의식을 부식시키는 것을 목적으로 박영효가 강력히 추진한 것이었다. 금지령 반포 이후 이를 위반한 자는 그 자리에서 즉각 체포되었다.[47] 그러나 조선인에게 담뱃대의 길이는 소지자의 신분과 재산을 나타내는 척도였다. 긴 담뱃대의 휴대는 일종의 자기표현 수단이었던 것이다.[48] 또한 담뱃대는 조선민중에게 노동 중간의 휴식을 의미했을 뿐만 아니라, 그들은 담뱃대가 맹호로부터 자기 몸을 지켜주는 부적이라고 믿었다.[49] 그들은 담뱃대를 항상 몸에서 떼어놓지 않고 소중하게 지니고 다녔다. 따라서 민중은 '장연관휴대금지령'이 시행되자 "이번 금령을 낸 것은 일본에서 돌아온 박영효다"라면서, 박영효에게 격한 분노를 표출하였다.[50] 실제 박영효가 정부 내부의 권력투쟁에

45 伊藤俊介, 앞의 논문, 2012b, 18~19쪽.
46 「巫女」, 『漢城新報』 1894년 9월 11일.
47 「長煙管と斷髮」, 『東京朝日新聞』 1895년 2월 6일.
48 오종록, 「담뱃대의 길이는 신분에 비례한다」, 『조선시대 사람들은 어떻게 살았을까』 1, 청년사, 1996.
49 今村鞆, 『朝鮮風俗集』, 斯道館, 1914, 216쪽.
50 「長煙管の携帶禁止」, 『報知新聞』 1895년 1월 31일.

서 패해 실각하자 민중은 조선정부의 체포령 때문에 인천으로 도망가는 박영효에게 돌을 던졌다.[51] 그리고 서울에서는 그동안의 응어리진 원한을 풀려는 듯 "일부러 긴 담뱃대를 가지고 다니는 사람"이 "200여 명 이상에 달한다"고 하였다. 경무청에서도 위반자가 너무 많아 일일이 대처하지 못하고 단속을 완화할 수밖에 없었다.[52]

3) 경찰 자체에 대한 저항 자세

경찰제도개혁에 따른 조선민중의 경찰에 대한 불만은 때로는 폭력이라는 형태로 경찰 관리에게 직접 향했다. 서울에서는 순검에 대한 폭행, 감금 같은 사건들이 잇따랐는데, 심지어 정월 대보름에 열리는 투석전을 중지시키려 한 순검에게 군중들이 돌을 던져 죽이는 소란도 발생하였다.[53] 한편 경찰제도 개혁은 말단의 경찰 관리에게까지 업무의 확대와 규율의 엄격화, 그리고 일본인 경찰관의 일상적 감시 등과 같은 변화를 강요하는 것이었다. 따라서 경찰 관리 중에서 새로운 제도에 반발해 직무를 포기하거나, 명령 위반, 심지어 기존의 전통적인 치안 질서로의 회귀를 주장하면서 새로운 제도에 저항하는 모습을 보이기도 했다.[54]

경찰에 대한 반발은 1894년 7월 이후 지방제도개혁이 실시된 지역 사회에서 더욱 고조되었다. '지방관제'에 따른 지방제도 개혁, 군영 폐지와 그에 따른 지방 경찰제도의 시행은 각 지역 관리와 병사들의 반발을 불러왔다. 그리고 그들은 임오군란 당시처럼 민중과 공동 투쟁 체제를 취

---

51 「朴泳孝氏の直話」, 『都新聞』 1895년 7월 21일.

52 「故意に罪を犯す者數百名」, 『時事新報』 1895년 8월 15일.

53 伊藤俊介, 앞의 논문, 2012b, 19~20쪽.

54 伊藤俊介, 앞의 논문, 2012a, 참조.

하면서 새로운 제도에 저항했다.[55] 이러한 저항운동의 특징은 새로운 제도에 반대한다는 구호를 내걸면서 대부분 그 공격 대상이 경찰에 집중되었다는 점이다. 충남 공주에서 발생한 관청 습격 사건에서 신임 참서관(參書官)은 피해를 입지 않았으나, 총순(總巡)과 순검에게는 집요한 폭행이 가해졌다.[56] 황해도 해주에서 발생한 비슷한 사건에서도 총순과 순검 살해만 보고되었다.[57] 또한 의주의 도로에서는 경기도 개성에서 근무하던 순검과 우체사의 역부(驛夫)가 폭행을 당했는데, 순검의 경우는 차고 있던 검에서부터 경관 모자까지 몸에 걸친 모든 것을 빼앗긴 반면, 역부의 우편물에는 손도 대지 않았다고 한다.[58]

이러한 사건들은 지방 경찰제도 도입으로 직무를 잃었거나 일본인 경찰의 엄격한 감시 아래 놓인 데 대한 지방 관리와 병사들의 위기감을 반영한 것이었다. 또한 갑오농민전쟁을 비롯한 반일운동을 진압·수사하기 위해 파견된 경찰에 대한 악감정이 지방 사회에 형성된 것이 배경으로 작용했던 것으로 보인다. 함경도 함흥·경성 등지에서는 관찰사가 중심이 되어 새로운 제도의 수용을 거부하거나 지역에서 조직적으로 옛 제도를 부활한 사례 등도 확인할 수 있다.[59]

이상과 같은 경찰에 대한 반발과 저항의 확대는 앞에서도 서술했듯이 일본과 갑오정권에 대한 조선 민중의 반발과 직접 연관되었다. 따라서 갑오정권도 이 문제를 중시하고 경찰관의 무장 해제 및 단속 완화 등으

---

55 「地方兵の解放」, 『東京朝日新聞』 1895년 9월 22일.

56 「公州の暴徒」, 『漢城新報』 1895년 10월 7일; 「公州の騷動」, 『漢城新報』 1895년 10월 17일.

57 「黃州匪徒」, 『每日新聞』 1895년 10월 16일.

58 「巡檢と驛夫の遭難」, 『漢城新報』 1895년 9월 27일.

59 伊藤俊介, 앞의 논문, 2010 참조.

로 대응하려 했다.[60] 그러나 을미사변으로 인한 반일·반개화 정서의 급격한 고조로 위정자들도 경찰 권력을 통해 대처할 수밖에 없었으며, 민중의 경찰에 대한 악감정은 더욱더 증대되었다. 그리고 단발령을 계기로 그들의 분노는 폭발했으며, 각 지역에서 전개되던 의병 투쟁과 같은 일본 배척운동에 호응하기도 했다. 이때 그들의 화살이 향한 곳은 경찰이었다. 안동 의병이나 진주 의병의 경찰서 방화 공격, 나아가 함경도 함흥·갑산 등에서 벌어진 반일운동의 경찰 관리 살해 등,[61] 곳곳에서 경찰이 습격당했다. 그들에게 경찰은 일본인이나 개화파 인사들과 마찬가지로 배격의 대상이었던 것이다.

5. 맺음말

개항 이후 일본인의 유입에 따라 대일감정이 악화되고, 아울러 일본의 영향 아래 진행된 개화정책에 대한 반발이 높아지는 가운데, 경찰에 대한 조선 민중의 인식은 변하게 된다. 일본을 배척하자는 호소는 단속 대상이 되었고 위로부터의 개화정책은 그들의 생활공간을 파괴했다. 무엇보다도 순경부를 설치하려는 시도는 기존의 문치적인 질서유지의 정

---

60 박지태 편, 「警務聽에 頒給한 鎗丸을 軍部에 還交하는 件」, 『대한제국기 정책사자료집Ⅳ-군사·경찰』, 선인문화사, 1999, 62쪽. 신창우에 의하면, 제3차 갑오개혁기 경찰제도 개혁은 기본적으로는 제2차 갑오개혁의 연장선상에서 이뤄졌으면서도 "민중의 일상생활 안녕을 첫째로 둔 직무 자세"를 재차 명확히 했다고 하며, 그 구체적인 내용으로 "민본주의적 단속 강조, 급격한 해고를 억제한 과도기적 조치의 관용성, 유교적 명분에 근거한 서열체계 구축"이라는 세 가지를 들었다(신창우, 앞의 책, 2008, 109~117쪽).

61 伊藤俊介, 앞의 논문, 2010 참조.

치문화에 큰 변화를 강요하는 것이었다. 이러한 경찰을 매개로 생활환경이 급격히 바뀌자, 조선 민중은 그에 크게 반발하였다. 그리고 그러한 반발이 이 시기 개화파 관료에 의한 개화정책의 좌절, 임오군란의 반발과 갑신정변 실패의 배경이 되었음을 간과해서는 안 될 것이다.

갑신정변 이후 그러한 반발은 일본의 영향력이 후퇴하는 가운데 일단 진정되지만, 청일전쟁과 갑오개혁을 계기로 재연된다. 조선 민중은 일본 배척운동을 단속하거나 일본군의 경비, 또는 길 안내에 종사하는 경찰을 '대일 협력자'로 인식했다. 또한 경찰제도 개혁으로 '무단적 경찰지배'가 전개되는 가운데 '일상을 위협하는 존재'가 된 경찰에 대한 불신은 더욱 강화되었다. 더욱이 국가 권력에 의한 위로부터의 개화정책은 민중에게 경찰은 '생활의 파괴자'라는 인식을 갖게 했고, 그들은 경찰을 향해 다양한 방식의 저항 자세를 표출했다. 이는 순경부 당시 경찰에게 보여준 감정과 같은 것이었다. <일본→ 개화→ 경찰>이라는 반발 감정의 연쇄는 민중 속에 일관된 문맥에서 형성되었다고 할 수 있다.

결국 경찰제도 개혁은 갑오개혁으로 인해 조선 민중에게 가장 가까운 곳에 나타나 민중이 직접 체험한 변화였으며, 그들에게 경찰은 갑오개혁 그 자체였다. 따라서 초기 의병으로 대표되는 일련의 활동에서 발생한 경찰 습격이야말로 그들의 반일·반개화와 직접 연결된 것, 즉 자신들의 일상을 지키기 위한 가장 직접적 형태의 갑오개혁 반대투쟁이나 마찬가지였다.

고종의 아관파천으로 갑오개혁은 좌절되었고, 이어서 등장한 대한제국은 '구본신참(舊本新參)'이라는 슬로건 아래 갑오개혁 당시 진행된 개혁을 구제도에 적합한 형태로 수정했다. 그 과정에서 경찰도 과도한 일본식 경찰상에서 이전의 방식, 즉 '덕치적 경찰지배' 체제로 회귀했다. 이러한 회귀야말로 순경부 설치와 갑오개혁으로 붕괴 위기에 처했던 기존 질서를 회복하는 동시에, 전통적 정치 이념인 '민본'과 '덕치'를 내세워 근대국가를 건설하려 한 조선의 국가 권력 모습을 규정하는 대단히 중요한 요소였다. 하지만 그러한 경찰의 모습은 러일전쟁 이후 일본의 조선 식민지화가 본격적으로 진행되는 가운데 다시 한 번 개편을 겪게 된다. 그런 흐름 속에서 조선 민중의 경찰에 대한 인식과 반응이 어떠한 모습을 보이게 되는지에 대해서는 일제 무단 통치의 연속성이라는 문제와 연계해서 향후 과제로 남기고자 한다.

아시오 광독 반대운동 지도자 다나카 쇼조의 '자연'
- '천(天)' 사상과 관련하여 -

나카지마 히사토(中嶋久人) | 번역_한봉석

1. 서론

자본주의에 의한 산업혁명 이후 본격화된 근현대 사회는 20세기 후반 이래로 커다란 기로에 놓여 있다. 인간이 '작위'적으로 '자연'을 '개발'해 온 근현대 사회는 그 결과로 발생한 자연파괴 때문에 존망의 위기에 서게 되었다.[1] 이제 역설적으로, 그와 같은 결과를 초래한 근현대 사회의 존재 방식 자체를 근저에서부터 다시 포착하지 않으면 안 되게 되었다.[2]

아시오광독(足尾鑛毒) 문제는 근현대 일본에서 처음 발생한 공해에

---

[1] 근현대 일본사회의 최근 사례로는 2011년 3월 11일의 동일본대진재를 계기로 발생한 후쿠시마 제1원자력발전소 사고를 들 수 있다. 후쿠시마 원자력발전소에 대해서는 中嶋久人, 『戰後史のなかの福島原發―開發政策と地域社會』, 大月書店, 2014에서 다루었다.

[2] 인간의 자연파괴는 근현대 사회만의 것은 아니다. 적어도 농업 개시와 함께 이뤄진 자연환경의 개변 이래, 각각의 인류사회에 고유하게 존재했다고 생각된다. 본론에서 서술한 것처럼, 만년의 다나카 쇼조도 전근대로 소급하여 자연파괴를 이야기했다. 다만 근현대 사회에는 산업혁명 이후의 비할 데 없는 기술·생산력의 발전에 의해서 자연파괴도 비할 데 없는 규모로 진행되어, 인류사회 전체의 존망 위기로 의식되었다.

의한 자연파괴로 자리매김할 수 있다. 도치기현(栃木縣) 아시오 지역에는 근세 이후 구리광산이 있었다. 1876년, 자본가 후루카와 이치베(古河市兵衛)가 아시오 동산(銅山)을 매수해 근대적 기술을 도입했고, 그 결과 비약적으로 구리 산출량이 늘어나면서 유력한 외화 획득 산업이 되었다. 그러나 한편으로, 구리 생산에 따른 광독이 무방비로 처리되면서 아시오의 와타라세강(渡良瀬川)을 오염시켰다. 더욱이 구리 생산에 의한 매연이나 무분별한 벌목 때문에 아시오 동산 주변의 산림은 황폐했다. 상류 부분의 산림 보수력(保水力)을 잃은 와타라세강은 어느 때보다 홍수를 반복하고, 광독에 오염된 와타라세강의 물은 어류나 식물을 해치고, 인간에게도 미치게 되었다. 광독에 의한 자연파괴 상황에 대해서, 광독 피해민인 니와타 겐파치(庭田源八)는 「광독지 조수충어 피해실기(鑛毒地鳥獸蟲魚被害實記)」(1898)에서 다음과 같이 말하고 있다.

　　2월의 춘분이 되면, 와타라세강 연안에는 버드나무가 많이 싹을 틔우고 뿌리 주변에는 밀처럼 생긴 풀들이 많이 자라났습니다. 이 풀은 억새풀이라고 해서 자르면 피 같은 유액이 나왔습니다. 그 뿌리 주변에 살면서 지렁이가 "우타우타" 노래하는[3] 즈음은 항상 5시 4~50분부터 해가 질 무렵으로, 해질녘의 아름다운 소리가 강물에 메아리쳐서 매우 즐거웠습니다. 버드나무 잎이 점점 푸르러지면 그 주변에는 갈대나 줄 등의 풀이 자라 있었습니다. 또한 강에 있는 섬의 물가에는 할미새가 많아서 벌레나 거미를 먹이로 삼으며 유유히 돌아다녔습니다. 광독 때문에 버드나무도 마르고 풀도 시들고 지렁이도 죽고 거미도 죽어버려서 먹이가 없기 때문에 할미새도 볼 수 없습니다. (중략) 풀과 나무가 말라서 곡물은 조금도 수확하지 못할 뿐 아니라 아침저녁 국을 끓이는 데 쓸 푸성귀조차 없으므로, 사람들은 당장 재산을 잃

---

3 일본에서는 지렁이가 운다고 믿고 있다. '우타우타'는 땅강아지 등 곤충의 울음소리라고 한다.

어버리면 생명을 잃어버리기 마련입니다. 여러분께 바라건대, 우리 도 치기현 아시오군 아즈마촌(吾妻村) 오오아자(大字) 시모하네다(下羽 田) 1번 니와타 겐파치의 집으로 와주시기 바랍니다. 모든 것을 확실 히 말씀드리겠습니다.4

니와타 겐파치는 광독이 발생하기 이전의, 초목이나 벌레, 새들로 가 득찼던 와타라세강 유역의 자연과 광독 이후의 자연을 대비하고, 그것이 생활의 위기에 직결됨을 제시하고 있다. 이와 같은 자연파괴·생활파괴에 대해 민중들은 일어섰다. 아시오 광독 문제는 1890년 수해를 계기로 표 면화됐는데, 와타라세강 연안의 도치기·군마(群馬) 두 현의 민중은 아시 오 광독 문제에 대한 대책을 요구하는 운동을 전개했다. 이 운동에서 가 장 비타협적으로 싸운 인물이 다나카 쇼조(田中正造)였다. 다나카 쇼조 는 1891년에 중의원 의원으로서 제국의회에서 아시오 동산의 조업 정지 를 요구하는 질문을 했고, 이후 의회에서 여러 차례 질의를 계속하여 광 독 반대를 주장하였다. 이어 와타라세강 유역의 지역 민중과 광업 정지 를 요구하는 지식인들을 조직하고, 아시오 광독 반대운동을 지도했다. 또한 아시오 광독 문제의 '대책'으로 와타라세강 하류의 도치기현 야나 카촌(谷中村)을 유수지로 희생하는 치수사업이 강행되자, 다나카 쇼조는 야나카촌으로 이주하고, 야나카촌의 잔류민들과 함께 싸웠다.5

다나카 쇼조는 이미 근세부터 나누시(名主)로서 영주 롯카쿠(六角)의 학정에 맞서 싸운 바 있고, 근대에는 국회개설·헌법제정을 요구하는 자 유민권운동에 참가했다. 중의원 의원이 되고나서는 메이지(明治)정부에 반대하는 민당(民黨)6의원으로 활약해왔다. 이런 이유로 다나카 쇼조의

---

4 『近代民衆の記録』 1, 新人物往來社, 1972, 166쪽.

5 아시오 광독 문제 전체에 대한 나의 인식은 館林市史編さん委員會 편, 『館林市史』 資料編 6·近現代 Ⅱ, 館林市, 2010의 해설에서 집필했다.

<〈그림 1〉 광독 피해지도

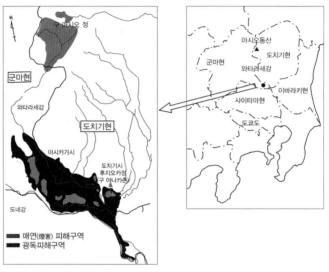

* 출전: 『館林市史』 資料編 6

사상적 원류를 근대적 정치사상에서 구하고, 그로부터 다나카 쇼조의 일
관성을 보는 연구자가 많다. 대표적 연구자로, 도오야마 시게키(遠山茂
樹),[7] 가노 마사나오(鹿野政直),[8] 유이 마사오미(由井正臣),[9] 사토 유시(佐
藤裕史),[10] 고마쓰 히로시(小松裕)[11] 등을 들 수 있다. 반면에 만년의 사

6 [번역자 주] 제국의회 초기 자유당·입헌개진당 등 자유민권운동의 흐름을 답습해
  번벌정치에 반대한 정당을 지칭한다.

7 遠山茂樹, 「田中正造における「政治」と「人道」」, 『経済と貿易』 109, 1973. 이후에
  『遠山茂樹著作集』 4, 岩波書店, 1991에 수록.

8 鹿野政直, 『資本主義形成期の秩序意識』, 筑摩書房, 1969.

9 由井正臣, 『田中正造』, 岩波新書, 1984.

10 佐藤裕史, 「田中正造における政治と宗教」(一)·(二)·(三), 『法學』 61-1·2·5, 1997
   a·b·c. 사토의 연구는 후술할 다나카 쇼조의 정치에서 종교로의 전환이라는 점을

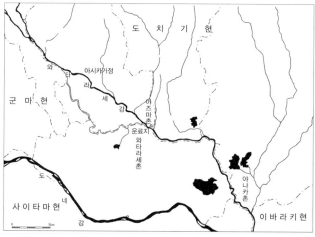

〈그림 2〉 와타라세 연안 정촌(町村)약도(1897년경)

＊ 출전: 由井正臣, 『田中正造』

상에서 현저하게 보이는 종교성에서 다나카 쇼조의 진면목을 보는 사람들도있다. 다나카 쇼조의 오랜 협력자이면서 그의 죽음을 지켜본 기노시타 나오에(木下尙江)[12]를 비롯해, 1945년 패전 이후의 인물로는 하야시 다케지(林竹二)[13]나 하나사키 고헤이(花崎皐平)[14] 등이 만년의 쇼조가 정치에서 종교로 경도되었다고 평가했다.

그러나 기존 연구들은 근대정치사상이든 종교성이든, 넓게 말하자면 '인간관'이라 할 만한 것을 중심으로 삼았다는 점에서 다나카 쇼조의 '자

부정하고 근대정치사상이라는 점에 일관했다고 한 것이다.

11 小松裕, 『田中正造の近代』, 現代企畵室, 2001.

12 木下尙江, 『田中正造翁』, 新潮社, 1921.

13 林竹二, 『田中正造の生涯』, 講談社, 1976. 나중에 『林竹二著作集』 3, 筑摩書房, 1985에 수록.

14 花崎皐平, 「田中正造の思想」, 『世界』 460·461, 1984.

연관'을 정면에 놓았던 것은 아니라고 할 수 있다. 광독 문제는 우선, '자연파괴'이며, 다나카 쇼조가 현대에 재발견된 계기는 1960년대부터 1970년대에 걸친, 공해로 인한 심각한 자연파괴였다. 그런 까닭에 앞에서 말한 연구자들도 다나카 쇼조가 자연파괴를 심각하게 포착한 까닭을 여러 곳에서 서술했다. 다만 결론에 이르러서는, 다나카 쇼조의 사상을 근대정치사상이나 종교성의 테두리 안에서만 다루고 있다. 따라서 여기서는 먼저 다나카 쇼조에게 '자연'이란 무엇이었는가를 검토하고 싶다.

이때 다나카 쇼조에게 '세계'이면서 사람들의 사상·행동을 정당화하는 계기이기도 했던 '천(天)' 개념을 길잡이로 삼아 분석하려 한다.[15] 가설적으로는, 아시오 광독 반대운동에 종사함으로써 그의 '천' 개념에 구체적인 '자연' 이미지가 강하게 부착되어 갔다고 할 수 있다. 이를 다나카 쇼조가 근대적 정치사상에 눈뜬 출발점에서부터 시대 순으로 살펴보기로 하자.

2. 자유민권기: 초기 의회기 다나카 쇼조의 '천'

여기에서는 우선, 근대정치에 참여하던 시기 다나카 쇼조의 '천' 개념

---

15 마루야마 마사오(丸山眞男)는 주자학 형이상학의 기초인 주렴계(周濂溪)의 태극도설에 대해서, "우주의 이법(理法)과 인간 도덕이 동일한 원리로 일관된 것이 여기에 나타난다. 이것이 소위 천인합일(天人合一)의 사상이어서 많든 적든 중국 사상을 관통"한다고 설명했다(『日本政治思想史研究』, 東京大學出版會, 1952, 21~22쪽). '천'에는 여러 함의가 있지만, 본 논문에서는 우선 '천'을 '우주', '세계'라는 의미로 파악하기로 한다. 다만 '천'으로 대표되는 '자연'에서 '작위'에 의해 '인간'이 분리되어 감에 공감하는 듯한 마루야마 마사오의 견해에 반드시 동의하는 것은 아니다.

에 대해서 검토해보겠다. 다나카 쇼조는 일본 최초의 민주주의 운동이었던 자유민권운동에 참가하며 근대적 정치활동을 개시했다. 자유민권운동은 국회 개설과 헌법 제정을 요구한 운동이다. 다나카 쇼조도 도치기현의 동지 이마이즈미 마사미치(今泉正路), 야마구치 신지(山口信治)와 함께 도치기·군마 두 현의 6군(郡) 684명의 총대(總代)로서, 1880년 11월 12일 메이지정부의 의사기구인 원로원에 국회 개설을 건의[建白]했다. 이 건백서에서는 메이지천황이 메이지유신 당시에 내놓은 5개조 서문에 의거해서, "주로 다섯 가지를 천지신명에게 맹세함으로써, 구래의 누습을 없애고, 천지의 공도(公道)에 따라 봉건을 폐하고 군현의 치(治)를 확정하고, 학교를 건설하고, 경보(警保)를 설치하고, 법률을 분명히" 한 것은 일찍이 선왕도 하지 못한 것이었다고 하면서도,[16] 헌법을 제정하고 국회를 개설하지 않는 것은 문제라고 주장했다. 또한 국회를 개설하고 인민에게 참정권을 주는 것을 "천지의 공도"라고 했다. 5개조 서문을 자신의 정치활동을 정당화하기 위해 사용하는 것은 자유민권가에게 드문 일은 아니었지만, 폐번치현(廢藩置縣), 국회개설 등의 근대적 정치를 "천지의 공도"에서 비롯된 것으로 평가한 점은 흥미롭다. 근대적인 정치 방식을 전통적인 '천' 개념으로 정당화하여 수용하고 있다고 할 수 있는 것이다. 한편, 보기에 따라서는 5개조 서문을 사용해서 정당화하는 것은 근대 천황제에 주박(呪縛)되어 있는 것이라고도 말할 수 있다.[17] 이와 같이 '천' 개념을 정당화의 논리로 사용하는 모습은 다나카 쇼조의 이후 인생

---

16 『田中正造全集』 1, 岩波書店, 1977, 399쪽.

17 이 건백서의 시작 부분은 "감히 천위(天威)를 무릅쓰고 또 송구스럽게도 천하의 일에 대하여 글을 올려 말씀드립니다"이다. 이와 같은 표현은 천황에게 상서할 때의 관용표현으로 다나카 쇼조 특유의 것은 아니지만, 일본에서 천을 천황과 동일시하는 일반적인 의식의 표현이라고도 말할 수 있겠다.

에서 계속해서 나타난다. 다만 이 단계에서 '천' 개념은 추상적인 정당성 원리에 그치며, 구체적인 이미지를 가지고 있지는 않다.

다나카 쇼조는 1880년에 도치기현의회 의원이 되었고, 자유민권파 정당의 하나인 입헌개진당에 소속되어, 대일본제국헌법 선포(1889) 직후의 제1회 총선거에서 도치기현 선출 중의원 의원이 되었으며, 그 후에도 제국의회에서 정치활동을 계속했다. 그 시기에도 '천' 개념은 정치활동을 정당화하는 데 활용되었다. 예컨대 1893년 11월 5일에 간다(神田) 긴키간(錦輝館)에서 민당이 하나가 되어 예산안을 가지고 메이지정부를 몰아세우던 상황에서 메이지천황이 '화충협동(和衷協同)'[18]의 조칙을 발하여 정부와 민당이 '화협(和協)'하기를 제안하자, 다나카 쇼조는 그를 비판하기 위한 "화협의 대의"라는 연설에서 다음과 같이 말했다.

> 인류의 화충협동은 우주에 행해지는 화충협동과 같고, 우주에 행해지는 화충협동은 주지하듯이 우주, 즉 천지간에는 천연자연에 헌법이 있다. 북극성이 제자리에 있으면 뭇별들이 그를 따르는 것과 같다. (갈채) 사계의 순환이 마땅함을 얻으면 곡물이 그로 인해 열매를 맺고, 사람과 가축의 건강에 유익하면 그것이 화충협동이 마땅함을 얻은 때이다. 또한 만약 추운 여름, 더운 겨울 같은 날씨가 생겼을 때는 만회할 대책을 강구하지 않으면 안 되고, 천지는 능히 이를 강구한다. 어떻게 강구하는가. 즉, 비를 일으키고 바람을 일으키고 천둥을 일으키고 지진을 일으키고, 그렇게 한 후에 다시 하늘에 구름 한 점 없이 화창하고 공기도 상쾌한 유쾌한 천지를 만드는 것입니다. (박수갈채) 인류도 이렇게 되는 것입니다.[19]

---

18 [번역자 주] 마음을 같이 하여 힘을 합한다는 의미.
19 『田中正造全集』 2, 岩波書店, 1978, 100쪽.

여기에 이 시기 다나카 쇼조의 '천' 개념이 집중적으로 표현되었다. 쇼조는 "천지"와 "우주"를 같은 의미로 보고, 거기에는 사계절의 순환과 같은 "천연 자연의 헌법"이 있으며, 그를 따를 때에는 "화충협동"을 얻었다고 할 수 있지만, 그것이 어지러워지면 만회하기 위해서 격동을 필요로 한다고 생각했다. 이는 인간사회도 마찬가지이며, "따라서 화협의 실질을 거두고자 한다면, 소위 천지간의 화충협동을 잃어버린 때를 만회하듯이, 때에 따라 비도 되고 바람도 되지 않으면 안 된다. 만약 평범한 풍우로 안 된다면 제군들은 폭풍격우(暴風激雨)가 되고, 또한 천둥이 되고 번개가 되어서 그것을 만회하시기를"이라고 하고 있다.[20] 말하자면, 천지·우주의 '헌법'을 인간사회도 본받지 않으면 안 된다고 주장한 것이다.[21] 여기서도 '천'은 쇼조 등의 정치활동을 '정당화'하기 위해서 사용됐지만, 그 내용은 '헌법'이라는 용어로 표현되듯이 이념적인 것에 지나지 않으며, 구체성을 결여한 존재였다고 할 수 있다.

3. 아시오 광독에 희생된 '천산(天産)' 착목

초기 의회에서 중의원 의원이 된 다나카 쇼조가 자신의 선거구 문제로 착목한 것이 아시오 광독 문제였다. 아시오 동산으로 인한 자연파괴는 와타라세강의 어획량이 격감하는 것으로 차츰 명확해지고 있었지만, 1890년의 수해로 현저히 드러났다. 그때까지의 수해는 상류에서 비료분

---

20 위의 책, 113쪽.

21 사토는 "주자학의 '리(理)'가 물리 또는 도리로서 자연과 도덕을 관철해서 연속시키는 것처럼 다나카 쇼조의 '헌법'도 우주자연천지의 법칙임과 함께 인간에 내재한 도덕적 본성이다"라고 말한다(佐藤, 앞의 논문, 1997a, 109쪽).

을 가져오는 효과가 있었는데, 1890년 수해에서는 반대로 침수된 작물이 말라죽었다. 수해 후인 1890년부터 1891년에 걸쳐서 피해지인 와타라세 강 연안의 도치기·군마 두 현과 그 산하의 정촌(町村) 의회는 아시오 동 산의 조업 정지 등을 요구하는 결의를 잇달아 올렸다.[22]

다나카 쇼조가 아시오 광독 문제에 관여한 것은 1891년부터다. 그해 12월 18일, 다나카 쇼조는 중의원에 아시오 동산 광독 건에 대한 질문서 를 제출했다. 질문서의 첫머리에서 다나카 쇼조는 "대일본제국헌법 제27 조에는 일본신민은 그 소유권을 침해받지 아니한다"고 되어 있다고 지적 했다.[23] 이어 일본의 갱법(坑法)이나 광업조례에 따르면 공익을 해칠 때 는 채굴권을 취소할 수 있다면서, 아시오 동산 광독에 의한 와타라세강 연안의 논밭·수목 피해에 대한 대책을 정부에 요구했다. 이 질문서에서 다나카 쇼조가 자기 주장이 정당함을 주장하는 근거로 헌법으로 보장된 소유권이나 일본 갱법과 광업조례에 규정된 공익을 근거로 했음에 주목 해두고 싶다. 이후 다나카 쇼조는 죽기 직전까지 아시오 광독 문제에 대 해 많은 양의 의회 질문이나 청원서·진정서 집필을 했는데, 대부분 그 논거로 아시오 광독 문제가 헌법·법률 위반이라는 점을 강조했다. 그리 고 1892년 5월 24일에 다나카 쇼조는 광독 문제에 대해서 두 번째 질문 서를 제출하는데, 그 속에는 "나아가 음료수 문제에 이르러서는 연안 인 민의 위생을 해친다"는 말이 부가되어 있다.[24] 다만 이 단계에서 그에게 자연환경은 아직 인간 사회의 소유권이나 공익에 부수된 형태로밖에 인

---

22 1890년부터 개시된 초기 광독 반대운동에 대해서는, 中嶋久人, 「足尾鉱毒反對運 動と示談交渉―初期鉱毒問題へのポリティクスをめぐって―」, 『おはらき館林市史研 究』 4, 館林市, 2012를 참조.

23 『田中正造全集』 7, 岩波書店, 1977, 41쪽.

24 위의 책, 57쪽.

식되지 않았던 것이다.

1890년부터 1892년까지 다나카 쇼조도 포함해서 아시오 광독 문제가 부각되었다. 정부와 후루카와 이치베는 산림보호를 구두 약속하거나 분광채집기(광독 회수 기계라고 선전되었지만 거의 도움이 되지 않았다)를 설치하고, 얼마간의 금전을 지불하는 것으로 지역주민과 합의교섭을 추진했다. 다나카 쇼조는 합의에 반대했지만, 지역주민은 대부분 연차(대개 3년간)를 한정해 합의교섭에 응했다. 그러나 광독 피해는 사라지지 않았고, 1896년 9월의 수해로 명백해졌다. 도치기현·군마현의 피해지역 주민은 다나카 쇼조의 지도 하에 아시오 동산의 광업정지를 요구하는 청원을 제출하기로 결정하고, 와타라세강 연안의 군마현 와타라세촌(渡瀬村) 운료지(雲龍寺)에 운동의 거점인 광독사무소를 설치했다. 단, 청원서를 작성해 서명을 모으는 것뿐 아니라 집단적으로 도쿄에 몰려가 정부기관에 청원서를 제출하는 시위의 의미를 내포한 '도쿄밀어내기(押し出し)'를 4회에 걸쳐 실시했다. 또한 제국의회에서는 의회질문이라는 형태로 다나카 쇼조가 광독 반대를 호소했다. 지역이나 도쿄에서 광독 반대 연설회를 개최하고, 신문 등에서는 광독 반대의 논조를 전개했다. 광독 반대운동은 이 시기 일본 사회운동의 하나의 초점이 되었다고 할 수 있다. 이와 같은 운동의 전개에 대응하여, 정부는 1897년에 아시오 동산에 대하여 광독피해를 방지하는 예방공사 명령을 내리고, 피해지역주민에 대하여는 지조(地租)를 면제해주기로 했다. 그러나 이 중 어떤 조치도 지역주민의 피해를 덜어주지 못하였으며, 그 후에도 운동은 격렬하게 계속되었다.

아시오 광독 피해가 확대되던 중에 다나카 쇼조는 「헌법, 법률의 보호가 없어 호소할 도리가 없는 청원서 초고(1897년 10월)」에서 다음과 같이 생각해냈다. 쇼조는 피해자는 어째서 목소리를 내지 않는가 라는 의문을 제기했다. 그리고 이렇게 주장했다. 첫째로, 이 지역은 상습 수해지대이고 근세에는 무세(無稅)나 마찬가지인 토지였지만, 1년간 농업노동에 종사해도 한 번 수해를 만나면 예상했던 수확도 호소할 곳도 없기 때문에 "천명"이라고 체념해버리는 기질이 형성되었다. 그 때문에 "습관이 오래된 끝에 일해서 보수를 얻을 권리를 상실한 것을 천명이라고 말하며 그 피해를 오로지 천에 돌린다. 그러므로 권리를 알지 못하는 것이 아니라 그를 주장하는 기풍이 없어서 지금의 사지(死地)에 빠진 상태"라고 서술했다.25 그러나 그것은 '도리(道理)'를 연구하지 않은 것이라면서 다음과 같이 말하고 있다.

> 이와 같이, 일해도 보수가 없다. 1년 노동이 수포로 돌아가도 다른 한편에서 의외의 수확이 생기는 경우도 있다. 그것은 무엇인가. 예로부터 와타라세강의 홍수는 심산(深山)의 낙엽을 천부의 비료로 바꾸어 논밭에 선물하며, 하천의 홍수는 어류의 번식을 증가시키고 하천 늪지 부근의 풀을 무성하게 한다. 대나무·뽕밭 및 말여물 풀·부엽토 채취장 모두 비료가 풍부하고, 밀과 다른 겨울 작물은 많은 수확을 얻는다. 곧 한편으로는 노동해서 보답받는다는 규정이 없고, 한편으로는 노동하지 않아도 하늘이 주는 수확이 있다. (중략) 이제는 메이지 9년에 지조가 개정되어 납조(納租) 규정이 전처럼 관대하지 않다. 게다가 지난 12~3년 이래로 차츰 천연 비료가 감소했고 지금은 비료가 광독의 침해로 바뀌어버렸는데, 인민의 뇌리는 습관이 천성이 되어 소위 천명이라는 것을 되뇌이면서 다른 지방 인민과 달리 권리를 주장하지 않고, 소유권의 소재마저도 알지 못함을 본다.26

다나카 쇼조는 광독은 근세의 홍수와 달리 논밭의 수확을 괴멸시킬 뿐 아니라 와타라세강이 가져다주던 비료·어류, 겨울의 밀농사까지 괴멸

---

25 『田中正造全集』 2, 476쪽.
26 위의 책, 476~477쪽.

시켰다고 주장했다. 여기서는 수해를 '천명'이라고 체념하든 와타라세강이 운반해온 비료·어류를 '천부(天賦)', '천산(天産)'으로 수용하든, 와타라세강을 중심으로 한 자연이 가져다준 것으로서 구체적으로 의식하고 있었다. 그 '천부', '천연'은 인간의 작위가 관여할 수 없는 것이다. 수해는 인간 노동의 산물을 수포로 돌려버리지만 비료나 어류 등 인간의 작위가 가져올 수 없는 것을 주는 존재이기도 했다.

1899년 3월의 「아시오 동산 피해민 각인각호가 기억해야 하는 청원의 요점」에서는 제1항목으로 "와타라세강의 물은 아직도 맑지 않다. 그 물을 맑게 하여 연안이 가진, 예로부터의 천산을 반드시 회복하자"라고 말하고, "천산을 반드시 회복"이라는 문장에 "물로부터 생겨난 갖가지 보물을 본래대로"라는 토를 달았다.27 이처럼 이 시기의 다나카 쇼조의 '천' 개념에는 "천산"이나 "수해"를 초래하는 "자연환경"이라는 이미지가 부가되었던 것이다.

그렇지만 정당성의 원천으로서의 '천' 개념도 유지되었다. 구성원의 평등한 회의의 필요성을 강조한 1899년 12월 「광독사무소규칙안」에는 모두에 "널리 회의를 일으켜서 중요한 것을 공론에 따라 결정해야 한다", "상하가 마음을 하나로 합쳐 왕성하게 경륜(經綸)을 행해야 한다", "예로부터의 누습을 타파하고 천지의 공도에 의거해야 한다"는 5개조 서문의 각 절을 인용했다.28 그리고 쇼조는 피해민은 마음을 하나로 합쳐 헌법을 받들고 5개조 서문을 존중해야 한다고 서술하고, 가해로 죄 없이 부모 자제가 살해되면 그 즉시 악한(惡漢)을 배제해야 하며, 그것은 천지의 공도에 의거하고 있다고 주장했다. 그런 다음에 "그 물을 깨끗이 하여 죽음을 구제하고 천산을 회복함에 있어서는",29 피해지의 정촌장(町村

27 위의 책, 515쪽.
28 위의 책, 518쪽.

長), 정촌회(町村會) 의원, 광독 위원, 피해민은 남녀노약에 이르기까지 상하 일치하여 지식을 교환하고, 타인에게도 지식을 요구하고, 연구하지 않으면 안 된다고 서술하고 있는 것이다.

4. 아시오 광독에 대항하는 '천연'의 발견과 '초월자' 인식

1900년부터 아시오 광독 반대운동은 전환점을 맞이한다. 이해 2월 13일에 제4회 도쿄밀어내기가 결행되었지만, 피해지에서 도쿄로 가는 도중에 군마현 가와마타(川俣)에서 경관대에게 폭력적으로 저지되었다. 이를 가와마타 사건이라고 부른다. 가와마타 사건에 참가한 것 때문에, 피해지의 광독 반대운동 활동가 대부분이 검거되어 재판에 회부되었다. 재판은 1902년까지 계속되어서 전원 무죄 판결을 받았지만, 재판의 부담은 컸다.

경관이 공공연하게 피해민에게 폭력을 휘두른 가와마타 사건은 다나카 쇼조에게도 충격을 주었다. 그는 정부를 비판하는 많은 질문을 쏟아 냈다. 그 중 하나가 유명한 「망국에 이르렀음을 알지 못하면 그것이 곧 망국인 건에 대해 질문」(2월 17일)이다. 쇼조는 "민을 죽이는 것은 국가를 죽이는 것이고, 법을 멸하는 것은 국가를 멸하는 것이며, 모두 스스로 나라를 무너뜨리는 것이다. 재용을 낭비하고 국민을 죽이고 법을 어지럽히고서 망하지 않은 국가는 없으니, 이를 어찌하면 좋은가"라며 질문을 던졌다.[30] 그러나 야마가타 아리토모(山縣有朋) 당시 수상은 답변서에서 "질문의 취지가 요령부득이라 답변하지 않는다"고 했다.[31] 이미 그즈음

---

29 위의 책, 519~520쪽.
30 『田中正造全集』 8, 岩波書店, 1977, 258쪽.

의원 사직을 각오한 다나카 쇼조는 1901년 10월 23일에 정식 사직했다. 그리고 『마이니치신문(每日新聞)』 주필 이시카와 한잔(石川半山)과 협의해 사회주의자 고토쿠 슈스이(幸德秋水)에게 소장 기초를 의뢰하고, 12월 10일 메이지천황에의 직소(直訴)를 결행했다. 다나카 쇼조는 목숨을 걸었지만 직소장을 건네지는 못했고, 처벌할 죄명이 없다는 이유로 석방되었다. 정치적 수단으로 아시오 광독사건을 해결하는 데는 한계가 있었다고 할 수 있다.

그러던 가운데 1902년 7월 29일에 발표한 「아시오 동산 광업정지 청원취의서」는 다나카 쇼조가 그때까지 관여해 온 의회질문이나 청원서와는 다른 논리를 보였다. 우선, 글머리에 "이번에는 천연(天然)의 기후, 지세, 수세 및 지질, 수질 등으로부터, 도저히 인력으로는 해독을 예방할 수 없음을 개진"한다고 하였다.[32] 이 청원취의서에서는 후루카와 이치베도 천연을 극복할 수 있다면 일부러 피해민을 괴롭히는 일은 하지 않을 것이라고 말하고, 그러므로 예방공사 등은 무익하므로 광독정지밖에 없다고 주장했다. 그리고 예방공사는 광독을 예방하는 것이 아니라, 피해주민의 청원을 예방하고 사회의 이목을 끄는 입을 막기 위한 것이라고 지적했다. 또한 광독 지역은 여러 해 동안 법치 밖에 있었다면서, 그러한 지역에 어떠한 대책을 취하면 좋을지 물으면서 다음과 같이 주장하였다.

> 이 천연의 대가치, 대세력을 가진 것에 대하여, 법률이나 감독 없이 수만의 산림전답을 보호해 천부의 대세력을 유용한 방향으로 응용

---

31 위의 책, 461쪽.
32 『田中正造全集』 3, 岩波書店, 1979, 51쪽. 아울러, 이 청원서의 작성일자는 7월 29일로 되어 있지만, 서문에는 다나카 쇼조가 후술할 하품사건으로 스가모 감옥에 투옥된 6월 16일 이전에 그가 초고를 작성했다고 되어 있어서, 투옥 이전, 즉 그리스도교를 본격적으로 습득하기 전에 논지가 성립되어 있었다고 보인다.

할 수 있으면 족하다. 또 천조(天造)를 하여 순도(順道)에 응용하면 족
하다. 즉, 무용한 공사를 하며 국민을 속이지 않으면 족하다. 요는 지
세, 수세, 지질, 수질이 가진 천연의 실력을 순용(順用)함에 있다. 즉,
하늘에 순종하고 땅을 본받아 천부의 정도(正道)를 실행함에 있다. 국
법 역시 마찬가지이다. 이는 곧 이길 수 없는 것에 거스르지 않고 국
토를 업신여기지 않는 데 있다.[33]

  '예방'의 명목으로 무용한 공사를 해서는 안 되며, 산림과 논밭을 보
호함으로써 천부의 힘(자연회복력이라고 말할 수 있겠다)을 유용한 방향
으로 향하게 하면 된다는 것이다. 그리고 국법도 동일하다고 말하고 있
다. 여기서 '천연'은 정부나 후루카와 이치베 등의 '인위'에 대항하고 극
복하는 것이었다.[34]

  한편, 이 시기는 그리스도교를 비롯해 종교에 대해서 다나카 쇼조의
내면적 이해가 깊어진 시기이기도 했다. 1901년 11월 가와마타 사건의
공판에서 검사의 논고에 항의하기 위해 하품했던 다나카 쇼조는 관리모
욕죄가 유죄로 인정되어, 1902년 6월 16일부터 7월 26일까지 스가모(巢
鴨) 감옥에 투옥되었다. 투옥 중에 신약성서를 일독한 다나카 쇼조는 친
족 하라다 사다스케(原田定助)에게 "얻는 바가 자못 많다"고 7월 27일
편지에 써보냈다.[35] 이 편지에서는 "회개하여 회복할 수 있는 것과 회복
할 수 없는 것이 있다. 논밭의 파괴 멸망은 회개해도 회복할 수 있는 데
는 한계가 있다. 인위가 미칠 수 없는 바이다. 그렇기는 하지만 지금이야
말로 수질의 회개는 마침내 회복을 보게 될 것이다. 두 연안(兩毛沿岸)[36]

33 위의 책, 85쪽.
34 고마쓰 히로시(小松裕)는 앞의 책, 2001, 454쪽에서 이 청원서를 "1901년 7월 29
   일의 하나의 전기"라고 했다.
35 『田中正造全集』 15, 岩波書店, 1978, 445쪽.

의 수질을 회개하는 것은 양안의 수질에 관계된 정촌의 결심에 있다"고 주장했다.[37] 자연과 인위를 나누고, 수질의 회복 등 인위로 할 수 있는 것을 '회개'라는 종교적 개념으로 설명하고 있다.

또한 다음해인 1903년 12월 9일에 하라다 사다스케, 하라다 마사시치(原田政七), 다나카 가쓰코(田中かつ子, 쇼조의 아내) 앞으로 보낸 편지에서는 광독 피해지인 시모하네다에 대해 언급하면서, 와타라세강 상류에서 흘러내려와 뿌리내린 씨앗에서 벼·버들·풀이 자라난 것에 대해 "이를 보면 아시카가정(足利町) 영지의 농사꾼[土百姓]이 다년간 주창한 지세론, 기후론이 얼마나 진실되고 신과 같은지를 알 수 있다. 게다가 또 신은 자연의 움직임에 기대어 인류 이상으로 활동한다는 것도 분명히 볼 수 있습니다"라고 말하고, 이 신의 움직임에 대해서는 아시오정을 비롯해 일본 전국의 종교가가 알아야 한다고 주장하며, "와타라세강의 물가에 그리스도가 있는 것"이라고 했다.[38] 쇼조에게 자연을 회복하는 것은 '신의 움직임'이며, 그리스도와 오버랩된 것이다. 이와 같이 다나카 쇼조는 '초월자'로서의 '신'을 그 어느 때보다도 강하게 의식하게 되었다.

5. '천의(天意)'의 실증인 1907년 수해 경험

1903년 3월, 메이지정부는 아시오 광독 대책으로 와타라세강 하류에 유수지를 설치하는 것을 골자로 하는 와타라세강 치수사업을 방침으로 내놓았다. 와타라세강 치수사업은 그 후 와타라세강뿐 아니라 그와 합류

36 [번역자 주] 현재 군마현 남동부와 도치기현 남서부를 말한다.
37 『田中正造全集』 15, 岩波書店, 1978, 444쪽.
38 『田中正造全集』 16, 岩波書店, 1979, 88쪽.

하는 도네강(利根川)을 포함한 대규모 치수사업이 되어갔다. 이 치수사업에서 유수지 후보지가 된 것이 도치기현 야나카촌이었다. 야나카촌은 배수사업 실패로 많은 부채를 안고 있어서, 이미 1903년 1월에 도치기현의회에서 야나카촌 매수 예산이 제안되었지만 부결되었다. 야나카촌이 유수지 후보지가 될 것을 짐작하고, 러일전쟁 중인 1904년 7월 30일, 다나카 쇼조는 야나카촌으로 이주했다. 그러나 같은 해 12월, 재차 야나카촌 매수예산안이 도치기현의회에 제안되어, 이번에는 가결되었다. 도치기현은 야나카촌의 제방을 현비(縣費)로 개수하기를 거부하고, 오히려 제방파괴를 촉진하는 작업을 진행했다. 1905년에는 매수가 착수되었다. 1906년에는 촌회가 부결했음에도 불구하고 야나카촌은 폐촌되고 인접한 후지오카정(藤岡町)에 강제합병되었다. 다나카 쇼조에게는 '근신령[豫戒令]'이 내려지고, 순사가 항상 감시하는 한편 주소변경이나 지숙(止宿)·동숙(同宿) 신고의 의무가 부여되었다. 1907년 6월 29일에는 토지수용법이 적용되어 야나카의 잔류민 19호의 가옥이 강제로 파괴되었다. 그러나 잔류민들은 가건물을 짓고 옛 야나카촌에 계속 살았다.

그 해 8월 25일, 옛 야나카촌 주변은 홍수에 휩쓸렸다. 다나카 쇼조는 자신도 흠뻑 젖으면서 배로 야나카 잔류민 구조에 나섰지만, 그들은 가건물에서 움직이려 하지 않았다. 이 수해와 잔류민들의 대응은 다나카 쇼조에게 복잡한 감상을 주었다. 9월 1일자로 헨미 오노키치(逸見斧吉), 시바타 사부로(柴田三郎)에게 보낸 편지에서 다나카 쇼조는, 자신에게는 젖은 옷을 입고 자고 남의 집에서 자는 것은 "지극히 불유쾌"한 경험이었지만, "이걸로 해결되었다. 야나카 사람들도 이번이 극단이었고, 이것으로 해결되었다. 이번에야말로 중요하다고 생각됩니다. 이 괴로운 것이 해결이고 누구든 저수지의 유해함을 인정했으므로"라고 말했다.[39] 다나카 쇼조 자신에게도 야나카 잔류민에게도 이 수해는 괴로운 경험이었지

만, 반면에 야나카 촌을 유수지화하더라도 수해를 방지할 수 없음을 실증했다고 평가한 것이다.[40]

그를 전제로, 다음과 같이 말하고 있다.

○ 벌레도 밟혀 죽을 때가 어쩌면 천국에 오르는 때일지도 모른다.
○ 사람과 사람의 싸움만으로는 해결하지 못한 문제도, 천(天)의 신은 반드시 해결합니다. 사람과 사람의 싸움을 해결하는 것은 전쟁과 재판, 의회의 좁은 공간에 무리하게 밀어붙이는 해결뿐. 자연의 해결은 천의 행위가 아닌 것이 없다.[41]

다나카 쇼조에게 인위를 초월한 '자연'의 해결은 '천의 행위'에 의해서 이루어지는 것이었다. 그러나 그 해결은 원래 다나카 쇼조나 야나카 촌 잔류민의 바램이나 존재를 초월했다. 이 편지에서는 그러한 '자연의 해결'에 대해서 젖은 옷을 입어 병이 나는 등 고통을 느낀 다나카 쇼조 자신과, "물속에 편안히 앉아서 성난 물결을 피할 때까지 거의 태연한, 그것은 자연으로서 쇼조만큼 깊게 고통이라고도 생각하지 않았던" 야나카 잔류민들이 대비되었다. 쇼조는 "이 사람들의 자각은 신에게도 가까운 정신이 되었고, 나는 어쩔 수 없이 이 정도다. 그러므로 미칠 수 없게 멀다. 거기에 신이 존재한다. 사람이 그를 인정하는 일이 여기에 있다"라고 평가했다.[42] 천의 행위를 '자연'으로 받아들인 야나카 잔류민은 쇼조보다도 신에 가깝다고 한 것이다.[43]

---

39 『田中正造全集』 17, 岩波書店, 1979, 97쪽.

40 小松裕, 앞의 책, 2001, 501~504쪽에서는 8월 25일의 수해를 다나카 쇼조의 사상적 전기로 평가했다.

41 『田中正造全集』 17, 97쪽.

42 위와 같음.

더욱이 이 수해의 경험을 받아들임으로써, 다나카 쇼조는 '천재(天災)'를 부정하게 되었다. 앞의 편지에서 쇼조는 "나라에 재해의 대부분은 인간이 만든다. 천재가 아니다. 이번의 수해를 입은 부현(府縣)에 많다. 대체로 사람이 만든 재해이다. 불자는 부처가 내린 벌이라고 하고 유학자[漢儒]는 하늘이 응징한다고 하지만, 사실은 인간이 재앙을 내린다. 신은 아무 상관하지 않는다. 벌하지 않고 증오하지 않는 것이다. 인간 스스로 만든 재앙이다. 피할 수 없는 재앙이다"라고,[44] 재해는 인간의 작위에 의해 생긴 '인재(人災)'이며, 부처의 벌[佛罰]·신의 벌[神罰] 같은 천재는 아니라고 주장했다. 그리고 이 수해의 원인에 대해서, "도네강 역류는 사이타마(埼玉)의 천변 촌락에서 그 역류 입구를 넓혀서 그 하류의 세키야도(關宿)를 좁혔다"고 말하고 있다.[45] 즉, 와타라세강이 범람한 것은 하류에 있는 도네강 물이 역류해온 때문이며, 그 원인은 도네강과의 합류점에서 와타라세강의 강폭을 넓혀서 도네강의 물이 에도강(江戶川)으로 물이 나뉘는 세키야도의 강폭을 좁혔기 때문이라고 본 것이다.

그때까지도 정부나 후루카와 이치베들의 '인위'에 대항하는 것으로서 '천연'의 힘이 조정(措定)되었지만, 이 수해는 다나카 쇼조에게 소위 '천의(天意)'를 실증했다. 그러나 그 '천의'는 쇼조 자신이나 야나카 잔류민

---

43 또한 근세 이래 상습 수해지대였던 와타라세강 하류에서는 옥부지(屋敷地)를 흙으로 돋우고, 그 위에 거듭 흙을 쌓아 둔덕[水塚]을 만들어서 거기에 피난 가건물을 짓고, 피난용으로 옥부(屋敷) 각각에 거룻배[揚舟]라 불리는 작은 배를 상비했다. 둔덕 등의 자리는 현재도 옛 야나카촌에 남아 있어, 이곳에 사람이 살았음을 알려준다. 그런 의미에서 야나카 잔류민들에게 마을 전체가 물에 잠긴 홍수를 버텨낸 아비투스가 존재했다고 생각된다. 이에 대해서는 布川了, 『改訂 田中正造と足尾鑛毒事件を歩く』, 隨想舍, 2009 등을 참조하기 바란다.

44 『田中正造全集』 17, 岩波書店, 1979, 98쪽.

45 위의 책, 97쪽.

도 포함하여 '인위'를 초월한 것이었다. '천'의 '신'이 하는 일에 인간을 벌한다는 의식은 없으며, 그러한 의미에서 '천재'는 없다고 쇼조는 의식했다. 쇼조는 모든 재해를 인간의 행위가 원인이 된 '인재'로 생각하게 된 것이다.

6. 다나카 쇼조의 '내면'과 '세계'

이와 같은 '천' 개념을 얻은 후, 다나카 쇼조의 세계관은 어떻게 되었을까. 소위 '성인론(聖人論)'이라 불리는 1909년 7월 6일 다나카 쇼조의 일기 글은 '천', '신', '성인'에 대한 그의 사색을 말해준다. 다나카 쇼조는 "신, 천지의 순환운동 성쇠에 의해 만상은 진화한다"[46]고 서술하고, 천지의 순환운동으로 만물을 진화시키는 주체로 '신'을 자리매김했다. 그 신에 의한 "이러한 정칙(正則), 정리(正理), 정도(正道)의 운행에 대해, 홀로 비참함에 절규하는 자를 도울 수도 없고 또 돕는 것이 쉽지도 않다"고 하여,[47] 신의 행위는 '정칙'의 운행을 관장할 뿐이며 희생되어 가는 인간 자체를 구제하는 주체는 아니라고 주장했다. 그래도 "신은 위대하다. 그리고 변함없다. 그러므로 인간이 힘을 다해 항상 삼간다면, 천지와 함께 일어나고 앉을 것이고 재해도 역시 숫자상으로 면할 수 있는 것이 많을 것이다"라고 하여,[48] 신은 불변이고 사람도 불변하려고 노력한다면 천지와 함께 살고 재앙도 피할 수 있다고 했다. 그리고 "성인은 변함없는 사람이다. 항상 잊거나 태만하거나 도망하거나 미혹하거나 과불

---

46 『田中正造全集』 11, 岩波書店, 1979, 248쪽.
47 위와 같음.
48 위와 같음.

급하거나 하지 않는 사람을 말한다"고 했다.[49] 신에게 가까운 사람이 성인인 것이다.

그렇다면 사람은 어떻게 신을 찾아낼 수 있는가. 쇼조는 "진정으로 신을 보고자 한다면 우선 그대를 보라. 그대의 행동을 신에게 고함에 죄가 없는가. 죄가 있다면 신이 보이지 않음은 당연하다. 그대의 몸에 진실로 결점이 없는가. 나는 사람으로서 부끄럽지 않다. 이 이상은 신이다. 그대가 몸 안에 있는 신의 분체(分體)를 보려면 힘을 다하고 정성을 다하면 볼 수 있다. 신을 찾아 하늘[天]을 우러러보는 것은 나중이다. 우선 먼저 그대 몸 안을 보라"고 주장했다.[50] 쇼조에게 인간의 영혼은 하늘의 아버지인 신의 분체이며, 따라서 신의 아들인 것이다. 천지의 순환을 관장하는 '신'을 찾아내기 위해서는 자기 자신의 '내면'을 응시해야 한다고 말하고 있다. 인간의 행동을 정당화하는 원리는 '천'과 그것을 관장하는 '신'의 편에 있지만, 그것은 자신의 '내면'에 있는 것이다.[51]

그렇다고 해도 다나카 쇼조는 "이따금 성(聖)과 비슷한 것이 있을지라도, 한 사람의 성, 혼자만의 성일 뿐이다. 독립된 성인이 없고 세계를 짊어지는 성인이 없기 때문이다. 그러므로 나는 나를 원망한다. 나의 힘이 부족한 것, 나의 믿음이 옅은 것과 나의 정신과 용기가 부족함을 원망한다. 죄는 나의 몸에 있다. 아직 조금도 다른 것을 책임질 자격이 없다. 이것이 내가 열성하는 바이고, 진정으로 내가 신을 보는 비결이다"라고 했다.[52] "혼자만의 성"이 아니라 "세계를 짊어지는 성인"이 되어야 한다

---

49 위와 같음.

50 위의 책, 250쪽.

51 하나사키 고헤이(花崎皋平), 앞의 논문, 1984에서는 1909년의 전기(轉機)를 강조한다. 확실히 일기 등에서 실무적인 기술보다 '자성록'이라고도 말할 만한 내면을 토로한 기술이 양적으로 증가함을 볼 수 있다. 아마 '성인론'에서 '내면'을 중시하는 것과 관련될 것이다.

며 그렇게 할 수 없는 자신을 책망한 것이다. '천'의 '신'의 뜻을 받아서 '세계를 부담'하는 것이 쇼조가 자기에게 부과한 책무였다.

그렇다면 이 시기의 다나카 쇼조는 어떻게 '세계'에 대한 책임을 완수하려 했을까. 1911년의 「치수론고(治水論考)」는 치수론으로 그것을 이야기했다. 이미 서술한 것처럼 메이지정부는 광독 문제에 대해서 야나카촌을 유수지화하려는 와타라세강 개수사업으로 '해결'할 것을 계획했지만, 계획은 점차 와타라세강을 포함한 도네강의 수계(水系) 전체를 개수하는 것으로 발전했다. 그래서 이 개수계획은 광독 피해지를 포함한 와타라세강·도네강 수계 전체의 지역주민이 수용하게 되었다. 가와마타 사건에 참가하는 등, 1900년 즈음까지 다나카 쇼조의 동지로서 광독 반대운동에 관계했던 광독 피해민들도 대부분은 야나카촌을 희생하는 하천 개수사업을 적극 요구하며, 이익 분배를 우선시하는 입헌정우회 등 부르주아 정당의 기반이 되어갔다. 다나카 쇼조는 야나카촌 잔류민과 함께 지역사회에서도 고립된 것이다.[53]

다른 한편, 다나카 쇼조는 이 수계 전체를 직접 관찰하면서 메이지정부의 하천개수에 반대하고, 근세 이전의 하천 유로를 따르는 치수사업을 제창했다. 그것을 정리 서술한 것이 「치수론고」이다. 「치수론고」에서는 우선 "군국(郡國)과 촌락은 본래 천연의 지형에 따라 만들어지는 것이자 모두 태고에 신이 정해놓은 것이다. 그러므로 산하는 이 군국과 촌락의 골맥(骨脈)입니다"라고 서술했다.[54] 원래 군국·촌락이라는 지역사회는

---

52 『田中正造全集』 11, 岩波書店, 1979, 251~252쪽.

53 만년의 다나카 쇼조의 고립에 대해서는, 布川了, 『田中正造　たたかいの臨終』, 隨想舍, 1996; 中嶋久人, 「田中正造と館林·板倉地域の人びと一足尾鉱毒問題をめぐって一」, 『群馬文化』 317, 2014를 참조하기 바란다.

54 『田中正造全集』 5, 岩波書店, 1980, 15쪽.

천연의 지형에 따라 만들어졌고 그것은 신이 정한 질서라는 것이다. 그래서 "미개한 세상, 사람은 천연의 지형으로 정해진 천부의 생활을 즐겼"지만,[55] 문명이 발전함에 따라 개간·관개·성곽 건설 등으로 천연의 지형이 크게 변동되었다고 생각했다. 그러나 다나카 쇼조는 "대저 하천 치수의 본의는 천연의 지세를 순용함에 있다. 수세가 향하는 것에 맡겨서 간섭하지 않는 것을 본의로 한"다고 주장했다.[56] 쇼조는 인위적인 장애를 제거하고 자연의 흐름에 맡기면 홍수가 나도 큰 피해가 되지 않고 바다로 흘러갈 것이라며, 다음과 같이 '인위'적인 치수를 비판했다.

> ○ 산림의 수목을 베고 산악을 무너뜨리고, 또는 그것을 뚫고 언덕을 허물고 골짜기를 메워서 하천을 막는 것 같은 일은 인력으로 천연에 대항하는 것으로, 결코 치수의 본의에도 목적에도 맞지 않는다. 이처럼 불가능하고 또 불완전한 공사는 재앙이 되며, 그 손해는 매우 다대해서 오랜 세월에 이르러서 마침내 인간과 가축의 생명도 상하고 또한 다대한 공사도 필요로 하게 될 것이다.[57]

다나카 쇼조는 메이지정부의 치수사업뿐 아니라, 에도성·다테바야시성(館林城) 등의 건설 때문에 도네강·와타라세강 등의 유로를 바꿨다고 생각해 근세의 하천개수사업도 비판했다.

또한 쇼조는 "대저 물의 성(性)은 천심이다. 법률이론으로 성취할 수 있는 것이 아니다. 치수는 무리한 권위에 복종하지 않는 성질의 것이다. 또 치수의 진리는 성실이다. 금력으로 할 수 있는 것이 아니다"라고 서술하고,[58] 그 연장선상에서 지금의 치수사업은 공사비의 많고 적음만 문제

55 위와 같음.
56 위와 같음.
57 위의 책, 16쪽.

삼았지 물의 마음을 모른다고 비판했다. 그에게 치수는 "의회에서 어떠한 결의를 가지고 하더라도 비리 부당한 결의를 공적 없게 만들거나 유해하게 하는" 것이었다.[59] 하천을 새롭게 만들기보다는 "차라리 예전 강줄기의 지세를 회복함이 온당하다"고 주장한 것이다.[60] 쇼조에게는 신이 정한 '천'의 질서인 '자연'에 회귀하는 것 자체가 과제였다.

7. 결론: '제국헌법'과 '유토피아'

그럼에도 '제국헌법'은 쇼조에게 중요했다. 만년에도 쇼조는 많은 청원·진정을 했는데, 그 대부분에서 '제국헌법' 등에 규정된 권리에 의거했다. 그러나 다나카 쇼조 일기(1912년 3월 24일)에는 "인권은 또한 법률보다 중요하다. 인권에 부합함은 법률에 있지 않고 천칙(天則)에 있다. 국가의 헌법은 천칙에서 나온다. 다만 애석하게도 일본헌법은 일본적 천칙에서 나와서, 우주의 천칙에서 나온 것이 아니다"라면서,[61] 헌법의 궁극적 근원을 우주의 '천칙'에서 찾았다. 현실의 대일본제국헌법은 '일본적 천칙'에서 나온 것으로 상대화된 것이다.

또한 다나카 쇼조 일기 1912년 7월 4일자에서는 "어린 아이는 우는 것이 권리이다. 그것은 천으로부터 부여받은 권리이지 부모가 준 권리가 아니다. 일본헌법은 이 어린아이의 마음을 앙양시키는 것이다. 헌법 역시 어린아이의 권리를 압제해서는 안 되며, 부모와의 관계보다는 군신의

---

58 위의 책, 17쪽.
59 위의 책, 18쪽.
60 위와 같음.
61 『田中正造全集』 13, 岩波書店, 1977, 157쪽.

관계로서 권리를 보증한다"며,[62] 헌법을 천부인권과 군신의 관계로서 보증하고 있다. 쇼조에게는 천부인권을 '군신의 관계'로서 보증하는 것이 '헌법'이었던 것이다. 헌법도 군신관계도 '천'이 부여한 권리를 보증하는 것으로서 상대화되고 있는 것이다.

상대화된 것은 '제국헌법'만이 아니다. 다나카 쇼조에게 '천'은 인간사회를 정당화하는 계기였지만, 후반생에서는 그 내용이 구체화되었다. 인간의 '작위'에 지나지 않는 아시오 광독에 대항하는 것으로서 '천'의 내용에 '자연'이 강하게 이미지화됨과 함께, 조물주로서의 '신'이 의식되었다. 그리고 「치수론고」에 드러나듯, 구체적으로는 '자연'에의 회귀가 지향되었다. 이처럼 '천'―'신'―'자연'으로 회귀하는 한편에서, 인간사회의 여러 가지 것들(천황, 정부, 소유권, '예', '법', 선진국 의식 등)이 상대화되면서 다나카 쇼조의 마음에는 '유토피아'라고밖에 말할 수 없는 것이 나타났다. 다만 지면 관계상 여기에서는 생략한다. 이후의 과제이다.

---

62 위의 책, 276쪽.

산업전사의 시대, 민중의 징용 경험

사사키 케이(佐々木啓) | 번역_장미현

1. 들어가며

본 연구의 과제는 전시하 일본 군수산업에 동원되었던 징용노동자들의 노동과 생활의 실태를 검증하고 그 경험을 역사적 맥락 하에서 위치 지어 보려는 것이다. 여기에서 징용노동자[徵用工]라 함은 '국민징용령'(1937년 7월 시행)에 근거해서 국가에 동원된 사람들을 의미한다. 징용제도는 징용노동력 동원정책의 주축이 되는 제도로 패전 당시 약 616만 명이 이 국민징용령에 의해 징용노동자로서 동원된 상태였다.

일본의 전시노동력 연구는 당대의 시대상황에서 동원되었던 사람들=민중을 어떻게 설정하는가를 둘러싸고 큰 변화를 거쳤다. 여전히 '전후역사학'의 구조가 강한 영향력을 미쳤던 1960~70년대 연구에서는 국가의 강제적·폭력적인 동원으로 인해 민중이 저임금, 중노동 상태를 강요받았다는 사실이 고발되어, 징용제도를 전시국가독점자본에 의한 "전반적 노동 의무제"로 보는 경향이 강했다.[1] 이러한 연구들에서는 열악한 대우에 대한 불만이나 결근, 태업, 도망자의 증가 등과 같은 "자연발생적

---

1 加藤佑治, 『日本帝國主義下の勞働政策—全般的勞働義務制の史的究明』, 御茶の水書房, 1970.

인 저항"이 부각되어 "민중이 가졌던 자연발생적 전쟁기피의 감정을 더욱 첨예한 형태로 표현했다"고 평가되었다.[2] 그러나 1980년대 이후에 접어들면서 이와 같은 지배와 저항의 구도는 그림자를 감추고 전시체제의 구심력에 관심이 집중되었다. 국민징용제도와 전시노동정책에 수용된 이데올로기(황국근로관)에 대한 관심이 높아져 근로자가 '명예로운 존재'로 국가에 인정받은 것과 그 명예에 부합하는 처우개선이 국가에 의해 제창되었다는 점 등이 밝혀졌다. 국가의 전시노동정책에는 민중의 동의와 자발성을 끌어들이는 요소가 포함되어 있었고 민중도 능동적으로 전시체제에 협력했다고 보는 역사상이 1980년대 이후 연구들을 통해 그려졌다. 일본의 역사학계 내부에서 국가론의 전환이 벌어지는 상황 가운데 통합론적인 접근 방식으로 연구가 진행되어갔음을 알 수 있다.[3]

필자도 이러한 1980년대 이후의 연구들을 주로 접해 왔지만, 다른 한편 이들 연구에 몇 가지 문제점도 있다고 생각한다. 첫째, 이들 연구는 민중의 동향을 치안당국의 사료에 근거해 보여준다. 이러한 자료들은 일탈하고 저항하는 민중을 부각시키는 한편 그 외의 대다수 순종적인 민중의 존재 양상에 대해서는 대부분 간과했다. 따라서 전시하 일상 속 민중의 존재방식을 연구할 새로운 연구방법이 필요하다. 둘째로 특히 1990년대 연구에서 현저하게 나타나지만, 국가의 이데올로기와 민중 의식의

---

2 藤原彰 編, 『日本民衆の歷史』9, 三省堂, 1975, 208~209쪽 외에 法政大學大原社會問題硏究所, 『太平洋戰爭下の勞働運動』, 東洋経濟新報社, 1965나 粟屋憲太郎, 「國民動員と抵抗」, 『十五年戰爭期の政治と社會』, 大月書店, 1995(초판본은 1977년 출간) 등 이런 입장에 서 있는 연구는 다수 존재한다.

3 국가론으로의 전환을 더 잘 보여주는 저작으로는 西川長夫, 『國民國家論の射程─あるいは「國民」という怪物について』, 柏書房, 1998이 있다. 전시체제기를 연구하는 관점의 변화에 대해서는 山之內靖, ヴィクター・コシュマン, 成田龍一 編, 『總力戰と現代化』, 柏書房, 1995; 雨宮昭一, 『戰時戰後体制論』, 岩波書店, 1997 등이 중요하다.

'친화성'을 문제 삼는 한편으로 그 지점에서 발생할 수 있는 모순과 분열이 잘 드러나지 않는다. 단순히 권력의 구심성을 부연하는 형태로 민중 의식을 파악해가는 것이 아닌, 징용된 사람들의 시선과 생활세계에 따르는 형태로 의식구조를 분석할 필요가 있다.

본 논문에서는 이상과 같은 연구 상황을 염두에 두면서, 다음 두 가지 방법을 조합하는 방식으로 징용된 민중들의 의식 상태를 검토해보고 싶다. 하나는 그들 자신이 기록한 일기와 기록들로부터 그들의 의식동향을 복원하는 방법이고, 다른 하나는 그와 같은 자료들을 제도·통계 등의 정보와 관련시키며 역사적 문맥에 배치해 나가는 방식이다. 이러한 작업을 통해 누가 어디에 징용되어 어떻게 움직였고 생활했는가 하는 기초적 사실을 명확히 하고 과연 그러한 경험이 징용된 사람들에게 무엇이었는지까지 검토하는 것이 이 글의 과제이다.[4]

구체적인 사료로서 징용된 사람들이 쓴 다음과 같은 일기와 회고록 등을 이용한다.

① 마루야마 나지미, 『공원교(工貝橋)-징용공의 기록』, 1972.5. ···
　　일기 / 활자[5]
② 모리오카 테이젠, 『'대동아전쟁' 해군공원기』, 1992.1. ··· 일

---

4 "그들 자신에 의한" 이라는 시각에 대해서는 成田龍一, 「新しい歷史家たちよ, 目覺めよ」, 『歷史學のナラティヴ』, 校倉書房, 2012를 참조. 즉, 징용 문제를 생각할 때는 일본제국의 동원체제에 편입해 들어간 조선, 대만 등과 같은 식민지인들의 경험도 물론 중요하게 다루어야 한다고 생각하지만 본고에서는 사료의 제약과 필자의 능력 제한으로 인해 먼저 일본인에 한정해서 살펴보는 것으로 한다. '제국'적 차원에서 노동력 동원이 어떻게 이루어졌는지를 검토한 연구로는 松村高夫, 『日本帝國主義下の植民地勞働史』, 不二出版, 2007; 西成田豊, 『勞働力動員と强制連行』, 山川出版社, 2009; 外村大, 『朝鮮人强制連行』, 岩波新書, 2012 등이 있다.

5 丸山波路, 『工貝橋―徵用工員の記錄』, 榮光出版社, 1972.5.

기·회상 / 활자6

③ 다케하나 신조, 『징용일기』, 오사카국제평화센터 소장 … 일기/
자필7

④ 오오이시 젠지, 『징용일기』, 1943.11. … 일기·회상 / 활자8

⑤ 미야키 산조, 『마이즈루 제3해군화약창 징용공일기』, 1990.1.
… 일기 / 활자9

⑥ 모리 이사오, 『소화시대 생존기』, 1957.8. … 일기·회상 / 활자10

이 일기와 기록류들에는 징용된 시기와 징용된 사업장 등, 기본적인
사실이 기록되어 있고 또 단순한 사실뿐 아니라 매일의 생활도 비교적
자세하게 묘사되어 있다. 이런 점에서 징용경험을 생각하려는 본고의 취
지를 고려할 때 귀중한 자료에 해당한다고 생각한다. 다만 이것들을 자
료로 이용하는 경우, 다음과 같은 점들에 유의해야 한다는 점도 잘 알고
있다.

첫째, 이러한 자료들은 어느 것이든 전쟁 중에 작성된 일기와 기록을
기본적으로 싣고 있지만 엄밀히 말하면 당시에 작성된 일기와 기록이 아
닌, 본인과 본인 가까이 있던 주변인들이 어떤 의도를 가지고 편집하거
나 재구성한 것들이다. ②, ④, ⑤, ⑥은 본인이 일기를 수정한 후 활자
로 인쇄한 것이고, ①은 본인의 사후 유족과 편집자가 출판한 것이다.
③은 본인이 쓴 일기의 복사본으로 이 중 가장 원자료에 가깝다고 볼
수 있지만, 본인이 장부로 철해놨던 것이므로 이 과정에서 취사선택이

6 森岡諦善, 『'大東亞戰爭' 海軍工員記』, 私家版, 1992.1.

7 竹鼻信三, 『徵用日記』, 실물 복사, 大阪國際平和センター 소장.

8 大石善次, 『徵用日記』, 隆文堂大進社, 1943.11.

9 宮秋算悟, 『舞鶴第三海軍火藥廠徵用工員日記』, 私家版, 1990.1.

10 森伊佐雄, 『昭和に生きる』, 平凡社, 1957.8.

있었음을 염두에 두어야 할 것이다.

둘째, 이들 자료의 필자들은 당연하게도 모두 일기와 기록을 '쓸 수 있는' 사람들이었다. 따라서 사회적, 경제적 또는 지식의 측면에서 이들의 계급성 문제가 상정되어야 한다. 또한 해당 시기 군수생산 현장에서 쓸 수 있는 환경(여유)이 있었다는 것의 의미를 생각하지 않으면 안 될 것이다. 일기를 읽다보면 여섯 명 대부분이 문학이나 단가(短歌), 단형시[俳句]에 관심을 가졌음을 알 수 있는데, 이를 볼 때 문화자본의 측면에서 상대적으로 높은 지위에 있었다는 점을 고려할 필요가 있다. '쓰는' 사람의 의식동향을 '쓰지 않는' 사람의 의식을 파악하는 데 그대로 적용할 수는 없다.[11]

하지만 이러한 한계는 징용의 전체상을 보여주는 통계나 조사자료 등과 맞춰보면서 어느 정도 보완될 수 있다. 즉, 일반적인 사료(통계·조사)와 개별적인 자료(일기·기록류)를 상호비교해가며 전체상과의 관련 속에서 개개의 경험을 위치 짓는 방식으로 이 여섯 명의 경험이라는 편향과 보편성을 드러낼 수 있다. 이 같은 입장에서 논의를 진행해 가고자 한다. 6명의 직업, 가족구성, 주소, 징용 날짜, 징용 장소, 징용 장소에서의 직무, 주거지에 대해서는 <표 1>에 정리했다. 이들의 프로필을 다시 한 번 간단히 정리하자면 다음과 같다(출생순).

---

11 본인이 직접 남긴 기록자료를 이용해 전시체제기 민중의 의식동향을 파악하려 한 연구로는 吉見義明, 『草の根のファシズム―日本民衆の戰爭体驗』, 東京大學出版會, 1987이 있다. 요시미는 주로 전장 각지의 병사들이 남긴 일기와 회고록들로부터 이들이 겪은 경험의 다양성과 경향성을 추출했다. 방대한 기록들을 정리해 지역과 계층별 특색을 추출해낸 요시미의 연구방법은 오늘날에도 배울 점이 크다. 본고는 이러한 요시미의 방법론을 참고하는 한편 전시체제기 징용공들의 경험 묘사를 시도해보고자 한다.

- 마루야마 나지미[본명: 마루야마 조우케이(丸山定惠)]는 1905년에 태어나 1944년 단계에서 에히메현(愛媛縣)에 아내와 자녀(6명)들과 생활하였고 농사를 짓고 있었다. 원래는 문학을 지망했었지만 그 후 영농생활을 하게 되어 단가를 취미로 생활했다고 한다. 1944년 3월에는 구레해군공창[吳海軍工廠]에 징용되어 공원(工員)으로 근무했지만 (부서 불명) 1945년 7월 2일 구레시 공습으로 사망했다.

- 모리오카 테이젠은 1910년 히로시마현에서 태어나 교토의 불교전문학교를 졸업한 후 나가노현 기타마쓰우라군 오지카정(長崎縣北松浦郡小値賀町) 선복사(善福寺)의 주지로서 아내와 아들(2명)과 생활했다. 1944년 7월에 사세보해군공창에 징용되어 패전에 이르기까지 선기부 외업공장 작업현장 제도반에서 제도 등의 업무를 담당했다. 전후에는 나가노현의 보호사(保護司) 등으로도 활약했다.

- 다케하나 신조는 1914년 교토시의 면직물 가게 직원 집에서 7남 4녀 중 9번째, 5번째 아들로 태어나 상업실습학교를 졸업한 후 교토에 본점을 가진 카토조 상점(加藤伍商店)에서 근무했다. 1941년에 결혼해 1942년 장녀가 태어났지만 1943년 1월에 오사카 육군조선병창에 징용되어 이후 패전에 이르기까지 사무직으로 근무했다. 전후에는 일본 전통 복식 제조회사를 창립했다.[12]

- 오오이시 젠지는 1915년에 태어나 (출생지는 불명) 1942년에는 가가와현(香川縣) 마루카메시(丸龜市)에서 어머니, 아내, 아내의 여동생과 생활하며 불상전문상점(불상 수선과 제조도 함)을 운영했

---

12 竹鼻信三의 징용경험에 대해서는 佐々木啓, 「總力戰体制下における徵用工の意識動向—竹鼻信三『徵用日記』の分析」, 『早稻田大學大學院文學研究科紀要』 55, 2010을 참고.

다. 1942년 5월에 사세보 해군공창에 징용되어 검사공으로 근무하다가 10월에 신장결핵으로 '전지요양'을 통보 받아 카가와에 돌아왔다. 그 후의 행적은 불명.

- 미야아키 산고는 1915년에 카가와현에서 태어나 구레시의 다시마서점(田島書店)을 거쳐 교토시 주쿄구 카와라정(京都市中京區河原町)의 도서점에서 근무했고 시내에서 처와 아들, 여동생, 장인 장모와 생활했다. 1943년 6월에 마이즈루(舞鶴) 제3해군 화약창에 징용되어 회계부 재료창고에서 근무하다가 10월에 구제부(利材部)에 인사이동해 패전까지 그곳에서 근무했다. 전후에는 원래의 서점에 복직했다.

- 모리 이사오는 1922년에 미야기현 후루카와정의 옻칠 장인 집에 태어나 고등소학교 졸업과 동시에 자신도 옻칠 장인이 되었다. 1943년 1월에 소집되어 센다이동부 제22부대에 입대하였고 같은 해 4월에 소집해제 받아 12월에 나카지마 비행기제작주식회사 미시마(尾島) 공장에 징용되었다. 패전 때까지 이 회사의 도장공장 등에서 일하다가 전후에는 원래의 장인으로 돌아갔다.

오오이시가 비교적 이른 시기에 징용된 것에 비해, 나머지 4명은 모두 1943년 이후에 징용되었고 이른바 '몽땅 동원'으로 가는 과도기적 단계의 징용이었다고 할 수 있다. 따라서 이 논문에서 이야기하는 징용경험은 대부분 태평양전쟁 이후의 징용이었음을 다시 한 번 고려할 필요가 있다.

<表 1> 논문에 등장하는 인물들의 상세정보

	출생	전직	가족구성	주소	징용연월	징용된 장소	직무	주거
마루야마 나지미	1905	농업	처, 자녀 7명	에히메	1944.3	구레해군공창	현장	기숙사
모리오카 테이젠	1910	정토종 주직	처(불분명), 자녀 2명	나가사키	1944.7	사세보해군공창	사무	기숙사→하숙
다케하나 신조	1914	상점 종업원	처, 자녀 2명	교토	1943.1	오사카육군 선병창	사무	기숙사→후에 전셋집에서 가족과 동거
오오이시 겐지	1915	불단 판매업	어머니, 처	가가와	1942.5	사세보해군공창	현장	기숙사→하숙
미야아키 산고	1915	서점 점원	장인, 장모, 처, 처제, 자녀 1명	교토	1943.6	제3해군화약창 (마이즈루)	현장→ 사무	기숙사→하숙
모리 이사오	1922	옷제작 장인	아버지, 어머니, 남동생, 여동생	미야기	1943.12	나카지마비행기 (군마)	현장	기숙사

2. 징용에 응하는 양상들

먼저 이들이 느낀 징용경험(징용에 응한다는 것)이 어떤 의미를 가졌는가, 그 경우와 의식의 형태부터 생각해보자.

1) 연령, 성별로부터 생각할 점들

국민징용령에 징용 대상자는 '국민직업능력신고령'의 요신고자라고 규성되었다. 이 같은 요신고자야발로 싱용의 공급원이었다. 국민식업능력신고령에서 요신고자 범위의 변화과정을 <표 2>로 정리하였다. 1941년 10월의 개정 이후에는 요신고자에 여자도 포함하도록 변경되지만, 여

	연월일	신고의무자 규정	제도의 별칭
국민직업능력신고령	1939/01/01	16세 이상 50세 미만 남자기능자	기능자국민등록
국민직업능력신고령 개정	1940/10/01	16세 이상 20세 미만 남자	청년국민등록제
국민직업능력신고령 개정	1941/10/01	16세 이상 40세 미만 남자	청장년국민등록
		16세 이상 25세 미만 여자	
국민직업능력신고령 개정	1943/12/01	16세 이상 45세 미만 남자	
		16세 이상 25세 미만 여자	
국민직업능력신고령 개정	1944/02/01	12세 이상 60세 미만 남자	
		12세 이상 40세 미만 여자	

* 출전: 勞働省 編, 『勞働行政史』 1, 財團法人勞働法令協會, 1991 등에서 작성.

〈표 3〉 신규 피징용자의 연령 구성

		(1943년 12월까지 현황)
연령	인수	백분율
16~19세	352,385	32.2
20~24세	215,590	19.7
25~29세	295,478	27
30~34세	181,664	16.6
35~39세	49,246	4.5
합계	1,094,363	100

* 출전: 西成田豊, 『近代日本勞働史』, 有斐閣, 2007, 271쪽, 〈표 7-9〉를 참조해 작성.

자의 신규징용은 일본특유의 가족제도를 훼손한다는 이유로 실시되지 않았으므로 국민징용은 실제로는 ① 기능자→ ② 청년남자→ ③ 장년남자의 순서로 진행되면서 주징용자들을 확산시켜 나갔다. 1943년 12월까지 신규징용공의 연령구성은 <표 3>과 같다. 이 자료에 따르면 1943년 말경에 이르면 신규징용공의 약 3분의 1이 10대 후반이지만, 다른 한편 20대 후반부터 30대에 걸친 연령층이 50% 가까이를 점하게 됨을 알 수 있다. 노동력공급 고갈로 비교적 연령층이 높은 남성이 징용대상이 된 것이다.

앞에서 언급한 6인이 징용된 연령을 살펴보면 마루야마 39세, 모리오 카 34세, 다케하나 29세, 미야아키 28세, 오오이시 27세, 모리 23세 정도 였다. 모리 외에는 전부 기혼자였다. 모리와 오오이시 이외에는 모두 자 녀가 있었다. 이런저런 자료를 읽어본 바로는 그들에게 징용은 우선 무 엇보다도 가족의 '대들보' 상실로 인식되었음을 알 수 있다. 예를 들어 불상전문상인이었던 오오이시는 징용 전형에서 판정관에게 "저는 집안 의 호주이며 상점의 일도 제가 없어지면 당연히 중단되어 다음 사람이 곤란해질 것은 불 보듯 뻔합니다. 하지만 천황 폐하의 부름이 있다면 부 름에 따라 기꺼이 기뻐하며 징용에 참가하겠습니다"라고 말했다.[13] 오오 이시와 마찬가지로 가장이었던 마루야마는 혼자서 아이를 키우며 농사 를 짓고 있는 아내에 대해 "못 견딜 정도로 비통하다"라며 징용처에서 보낸 자신의 편지에 쓰고 있다.[14]

'징용된다'는 것은 그들의 생활단위인 가족의 관점에서 보자면 '한 집 안의 중요한 수입원'을 빼앗기는 것과 같았다. 특히 일본사회에서 두터 운 층을 형성하는 가족경영 방식의 자영업자에게는 사업과 가족 양자 모 두의 존속에 관련된 중요한 문제이기도 했다.[15]

---

13 大石善次, 앞의 자료, 1943.11, 26쪽.

14 丸山波路, 앞의 자료, 1972.5, 115쪽.

15 大門正克·柳澤遊, 「戰時勞働力の給源と動員—農民家族と都市商工業者を對象に」, 『土地制度史學』 151, 1996.

2) 징용 이전의 직업 문제

다음으로 어떤 직업을 가진 사람이 징용되었는지 살펴보자. 국민징용령은 일정한 직업이 있는 자는 징용에서 제외하는 것으로 변경되었다. 즉, 개정된 징용령은 육해군 군인으로 현역 복무중인 자 및 징집중인 자, 육해군 학생생도, 육해군 군속, 의료관계자직업능력신고령의 신고의무자, 수의사직업능력신고령의 신고의무자, 선원법의 선원, 법령에 의해 구금중인 자 등은 "징용하지 않음"이라고 규정했다(21조). 그리고 "타인을 대표하는 업무에 종사 중인 관리, 대우관리 또는 공리"와 제국의회, 도도부현의회, 시정촌회 등의 의원, 총동원업무에 종사하는 자로 "다른 사람들을 대표하는 사람" 등은 "특별히 필요한 경우를 제외하고는 징용하지 않는다"고 했다(22조). 그렇다면 구체적으로 어떤 직업의 사람들이 징용되었을까.

이 점에 대해 관공서 측이 정리한 통계는 거의 없지만, 도쿄근로훈련소(신규 징용공 등이 배치되기 전에 훈련받는 기관)의 「적성검사실태상황」에 훈련소 제1기부터 제10기(1943년 7월~1944년 6월)까지 피징용자 5,210명의 징용 이전 직업을 보여주는 자료가 남아 있다(표 4). 이 표에 따르면 물품판매업이 압도적으로 많은 1,251명, 방직공업이 다음으로 많은 590명, 이하 자유업 374명, 기계기구제조업 311명의 순이다. 농업과 수산업, 광업 같은 분야로부터의 징용은 극소수에 지나지 않는다. 시기적, 지역적 편차도 있겠지만 적어도 이 훈련소에 입소한 신규 징용공들은 상업과 경공업 출신자가 다수를 차지한 것이다. 초기를 제외하면 농민은 대체로 징용 대상에서 제외되었고 중소상공업 종사자들이 주된 대상이었다.[16]

---

16 西成田豊, 『近代日本勞働史—勞働力編成の論理と實証』, 有斐閣, 2007, 제7장 참조.

<표 4> 징용노동자의 이전 직업

징용 이전 직업	명수
농업	66
수산업	6
광업	10
공업(합계)	2,579
금속공장	185
기계기구제작업	311
화학공업	137
가스업, 전기업, 수도업	25
요업 및 토석업	33
방직공업	590
제재 및 목재품 공업	178
식료품공업(담배제조업은 제외)	145
인쇄업 및 제본업	245
토목건축업	132
그 외기타 공업	598
상업(합계)	1,838
물품판매업	1,251
중개업	59
금융보험업	139
보관임대업	18
오락흥업	25
접대업	292
그 외 기타 상업	54
교통업	148
자유업	374
가사업	6
그 외 기타 산업	96
공무	10
학생	7
무직	16
주요공업시업장	54
과학기술자	-
합계	5,210

* 출전: 警視廳勤勞部, 『勤勞行政槪況』 1944.7.(勞働運動史料委員會編, 『日本勞働運動史料』 9, 東京大學出版會, 1965 수록), 451~452쪽에서 작성.

이와 같이 징용 이전 다양한 직업을 가졌던 사람들이 이전의 생활을 뒤로 하고 군수공장이라는 현장에 들어가는 것이 당시 생산현장의 일반적 양상이었다. 앞에서 든 6명의 징용 이전 직업을 보더라도 마루야마 농업, 모리오카 정토종 주지, 다케하나 상점 종업원, 오오이시 불단 상인, 미야아키 서점 점원, 모리 옻 장인이었고, 누구도 군수생산과는 거의 인연이 없는 생활을 보내던 사람들이었다. 중공업으로의 직업이동이 전시 중 급격히 확대되었음을 생각해본다면 신규징용공의 거의 대부분이 공장노동의 경험을 갖지 못했던 사람들이었다고 추측할 수 있다. 대다수의 징용공에게 공장은 미지의 세계와 같았던 것이다. 이에 대해 생애 내내 옻 장인이었던 모리는 "과거에 읽었던 암울한 공장 투쟁을 주제로 한 프롤레타리아 소설의 영향"도 있고 공장에 대해 "공포심과 같은 선입견"을 품고 있었다고 기록했다.[17] 또 주지승이었던 모리오카는 사세보 해군공창에서 근무할 때 총무부장으로부터 "공창에 들어가면 어떤 업무를 희망하는가?" 라는 질문을 받았을 때, "이것은 굉장히 부당한 질문이라고 느꼈는데 전혀 공장의 일을 알지 못하는 우리들에게는 대답할 수 없는 질문"이라고 쓰고 있다.[18] 이처럼 징용된다는 것은 그 자체가 다른 문화로의 강제편입에 다름 아니었다.

3) 징집과 징용의 서열화

전시노동력동원 추진에 맞춰 국가는 "징용은 병역 징집에 준하는 명예로운 것"이라고 선언했다.[19] 이는 징용공이 되는 것 자체가 국가적 명

---

17 森伊佐雄, 앞의 자료, 1957.8, 86쪽.

18 森岡諦善, 앞의 자료, 1992.1, 14쪽.

19 厚生事務官 岡田文秀, 「國民徵用令の施行に就て」, 『職業時報』 2-7, 1939, 2쪽.

예를 의미하는 한편, 병역에 응하는 것에 비하면 명예의 정도에서는 열등함을 의미한다고 해석할 수 있다. 실제로 징용은 어디까지나 병역을 방해하지 않는 한에서 실시하는 것으로 정해졌고(국가총동원법 제4조), 전쟁수행상의 중요도로 보더라도 부차적인 위치에 있었다. 또한 징용공 자신들도 국민으로서, 남성으로서 전선의 병사에 비교해 볼 때 상대적으로 열등한 존재라고 생각할 때가 많았다. 예를 들어 모리는 징용검사 출두명령서를 받았던 당시의 기억을 다음과 같이 기록하고 있다.

> 가업으로 물려받은 염색공이라는 직업을 지속할 수 있을 거라고는 생각하지 않았지만 폐업하게 되는 것은 아마도 다음 번 징용 모집 시기일 것이라고 낙관하고 있었다. 평소의 내 생활신조로 말하자면 징용을 진심으로 기뻐해야 할 일인데, 어떻든 국가의 요청으로 인해 조상 대대로 이어져온 가업을 끊는다는 감상과 함께 패잔병과 같은 느낌을 받지 않을 수 없다. '징용공'이라는 말이 가진 악센트에도 차가운 울림이 있다. 그런 의미라면 소집이든 징용이든 차이가 없는데도 두 개를 구분한다는 건 모순일 것이다.[20]

병역 모집이라면 가업을 접는 것도 받아들일 수 있지만 징용이라면 수용하기 어려워 마치 스스로가 "패잔병"같이 느꼈다는 말이다.

또한 이 논문에서 다루는 인물은 아니지만 아시아태평양전쟁 말기에 징용되어 남방의 해군방역반 반장으로 파견된 후쿠다 사다요시(福田定良, 철학자)는 그의 일기에서 다음과 같은 사례를 적고 있다. 후쿠다는 훈련 기간 중 젊은 군인에게서 "너희들은 내가 어리다고 얕잡아 보겠지", "나는 어려도 친황폐하의 군인이다"리는 말을 듣고, 반원과 함께 불합리한 체벌을 받았다. 나중에 "저 녀석이 천황폐하의 군인이라면 우리

---

20 森伊佐雄, 앞의 자료, 1957.8, 86쪽.

들은 천황폐하의 징용공이 아닌가"라고 후쿠다가 말하자, 반원 중 한 사람은 껄껄 웃으며 "그런 걸 말했다가는 천황폐하가 짐은 부담스럽다고 할 거다", "우리들은 모두 낙오자들이야. 그러니 그냥 뭘 듣건 입 다물고 있으면 돼"라고 말했다고 전한다.21 이처럼 징용병과 징용공의 서열화를 통한 열등감은 일상생활의 면면에서 징용공들 사이에 스며들어 있었다.

한편 이들과 달리 국가에 '봉공'할 수 있는 신분이 된 것을 자랑스러워하는 의식도 존재했다. 마루야마는 아내에게 보낸 편지에 "직접 군인으로 국가에 봉사하지 못한 나 자신도 지금처럼 병기 생산에 종사할 수 있어 진심으로 기쁘다"라고 썼다.22 다케하나도 "병역면제가 되어 전시 국면에서도 제일선에는 도움이 되지 않는 자기 입지의 좁음"을 느끼는 한편 "산업전사의 일원으로 특히 명예로운 징용공으로 일하는 것"은 자랑할 만하고, "내 일에 대해 남자로서 부족한 건 없다"고 기록했다.23 병역에 임할 수 없는 조건에 있었던 마루야마, 다케하나는 징용이라는 형태로라도 국가에 부름받았다는 것으로, '황국신민'이자 '남성'으로 어느 정도 승인(인정)받았다고 생각한 것이다.

3. '생산 현장'의 이면

다음으로 징용공이 동원된 곳에서 어떠한 경험을 했는지, 다음의 몇 가지 점들을 통해 살펴보자.

21 福田定良, 『脱出者の記錄—喜劇的な告白』, 新裝版, 法政大學出版局, 1979, 40~41쪽.
22 丸山波路, 앞의 자료, 1972.5, 125쪽.
23 竹鼻信三, 앞의 자료 중 1943년 6월 22일(작성일).

1) 생산현장의 논리

먼저 동원 장소였던 사업장에서 징용공은 어떠한 작업에 종사했는지 살펴보자. 일본인 징용공의 대부분이 중화학공업을 중심으로 하는 군수산업에 동원되었지만 그곳에서도 특히 현장의 육체노동을 동원하는 자(공원)와 사무작업을 주로 하는 자(직원) 사이에는 두터운 분리가 조성되어 있었다.[24] 전술한 6명의 사례에서 보자면, 마루야마, 오오이시, 모리, 미야아키는 산업 현장에 배치되었고 다케하나, 모리오카는 사무직에 배치되었다. 당연하게도 전자가 노동재해 위험률도 높았고 익숙해지지 않는 작업 과정에서 순직하는 징용공도 적지 않게 존재했다.[25] 예를 들어, 미야아키는 마이즈루의 해군 제3화약고에 징용되었는데, 그곳은 창고에 들어갈 때는 가죽구두를 신고 들어가는 것도 허용되지 않을 정도로[26] 위험한 직장인데다, 또 화약으로 인해 살갗에 염증이 일어나는 등 육체에 부담이 큰 직장이었다.[27]

징용공은 대부분 징용 후 일정기간(2주간~1개월) 기초 훈련을 받은 다음 생산현장에 배치되었다. 공장에서 대다수 징용공들은 조장 > 반장

---

24 J.B. コーヘン, 『戰時戰後の日本經濟』 下, 岩波書店, 1951, 73쪽. 구체적으로 어떠한 업종 기업에 징용되었는지에 대해서는 "각각의 경력, 연령, 체력, 적성 또는 희망에 맞추어 항공기라든가 조선, 전기, 기계, 철공, 화학, 병기산업 등 여러 직장에 배치한다는 방침이다"라고 되어 있었다(厚生省勤勞局 監修·厚生硏究會 著, 『國民徵用讀本』, 新紀元社, 1944, 114쪽).

25 전시체제기 노동재해의 증가에 대해서는 北河賢三, 「民衆にとっての敗戰」, 中村政則 ほか編, 『戰後日本—占領と戰後改革 1: 世界史のなかの一九四五年』, 岩波書店, 1995, 165~166쪽 참조.

26 이 공장에서 가죽 구두 바닥에 달려 있는 쇠장식과 판에 달린 못이 마찰을 일으켜 불이 난 적이 있었다.

27 宮秋算悟, 앞의 자료, 1990.7, 25쪽.

> 오장(伍長) > 일반 공원이라는 생산현장의 질서에서 최하위직에 배치되었다. 일상적인 생산 단위는 10~20인 정도의 공원으로 이루어지는 반이었고, 거기서 사수공원의 지도 아래 기술을 습득해 생산에 종사했다. 후생성 노동국이 감수한 『국민징용독본』에는 "항공기 공장을 비롯해 기계공장의 작업은 하물며 그 작업의 천분의 몇이라도 오차가 허용되지 않을 정도로 정밀한 작업이지만 공정과 작업내용이 현장에서 극히 단순기능화되어 있기 때문에 보통 사람이라면 반년에서 길어야 7~8개월이면 한 사람분을 너끈히 한다"고 적었다.[28] 정도의 차이는 있겠지만 벌써 노동의 '탈기능화'가 진전된 대규모 공장이더라도 입직 후 수개월간은 견습 단계를 거쳐야 했던 것이다.

이것은 반의 편제와 하급 간부의 인격에 작업현장의 모습과 징용공들의 경험이 크게 좌우될 수 있다는 것을 의미한다. 오오이시는 자신의 상사를 "대체로 괜찮은 사람"[29]이라고 인정하고 모리는 "모두 친절한 사람들인 듯 손을 잡아주면서 도장 방법을 가르쳐 주었다"고 말하지만,[30] 마루야마는 "건방지게 고참이라는 이유로 사실은 그렇지도 않으면서 일등 공원이라는 이유로 거만하게, 현장이 다르면서도 자기 작업장에 나를 불러 마치 어린아이를 다루듯이 부린다"라며 상사의 태도에 불만을 품었다.[31] 연령이 일으킨 갈등을 확인할 때 모리의 직장 동료였던 41살 징용공의 이야기가 인상적이다. 모리는 자신의 동료가 사전훈련 중 '구보훈련'에 참가했던 경험을 다음과 같이 기술했다. "41세의 다키가와(滝川)상은 '아무리 힘들다하더라도 구보만큼 몸이 힘든 건 없어. 내가 뭘 잘못

---

28 厚生省勤勞局監修·厚生研究會 著, 앞의 책, 1944, 114쪽.

29 大石善次, 앞의 자료, 1943.11, 126쪽.

30 森岡諦善, 앞의 자료, 1992.1, 101쪽.

31 丸山波路, 앞의 자료, 1972.5, 25쪽.

해서 나이 사십 언저리에 감옥의 죄수 같은 복장을 하고 영차영차 하면서 구보를 하지 않으면 안 되는 건지 (중략) 정말이지 죄 받을 이야기지. 고향의 마누라가 이 모습을 본다면 대성통곡하고 말거야'라고 휴식시간에 웃으며 이야기했다." 그는, 징용 전 4~5인의 점원을 두고 운영했던 해산물 도매상의 주인이었다. 그에게는 보이는 것이든 해야 하는 일들 모두가 짜증나는 일이었을 것이다."[32] 연령과 출신계층에 상관없이 생산현장에서는 생산현장의 독자적 논리가 관철된 것이다.

2) 임금통제의 영향

다음으로 징용공의 임금을 검토해 보자. 임금은 다양한 공장 사업장에 따라 제도가 다양했고 지역적인 격차도 있기 때문에 일관해서 경향성을 파악하기는 곤란하다. 일반적으로 전시기에 임금 자체는 상승 일변도였던 반면 생계비의 등귀는 그 이상이어서 실질임금은 대폭 저하했다고 알려져 있다.[33] 크든 적든 징용공들에게도 이러한 경향이 어느 정도 맞을 거라고 보지만, 징용공의 경우 무엇보다도 직장 이동이 전제가 된다는 점에서 임금에서도 이전 직업과의 관계에서 이를 검토할 필요가 있을 것이다.

전시하에서 기계, 금속, 광산 등 소위 '시국산업'의 공장사업장에 속한 노동자에 대해서는 '임금통제령'(1939) 등에 의해 국가통제가 실시되었다. 임금통제령에는 최저임금과 최고임금이 공식 제정되어 있었지만, 여기에 신규징용공은 '미경험노무자' 범주에 속했기 때문에 그들의 임금은 전체적으로 낮은 수준에 머물도록 강제되었다. 그 때문에 이전 직장보다도 수입이 감소한 경우, 일정한 기준에 근거해서 재난법인국민징용

---

32 森岡謟善, 앞의 자료, 1992.1, 95쪽.
33 法政大學大原社會問題研究所, 앞의 책, 1965, 64~65쪽.

원호회가 보조급료를 지급하도록 규정해(1943년 중반 이후) 1943년도에는 약 6할, 1944년 중반에는 약 7, 8할이 보조급료를 받고 있었다.[34] 즉, 대다수의 경우 징용=수입 감소를 의미했다.

구체적으로 징용공의 수입상황에 대해 앞 6명의 자료에서 관련 기록을 찾아보자. 예를 들어 1943년 6월에 해군 제3화약창에 징용된 미야아키는 7월 28일에 '첫 월급'을 받았지만 그 내역은 본봉 30엔 45전(1일 1엔 46전), 가중 수당 4엔 35전, 보국 국비료 20전, 이것저것 차감한 합계가 34엔 60전이었다. 이것이 8월이 되면 실수령 수입 89엔 20전이 되었고, 9월에는 53엔 28전, 10월에는 65엔 95전, 11월에는 67엔 35전, 12월에는 90엔(상여금도 포함)으로 계속 증가했다. 이러한 수입액에 대해 눈에 보이는 불만은 일기에 나오지 않지만 이 수입액에서 '가정 송금'으로 매월 가정에 송금하고 수중에 남은 쥐꼬리만 한 금액에 대해 "이런이런 좀 섭섭한 사환님"이라며 한탄도 하고, 처형에게 "집에 송금할 금액이 적다"고 써서 보내는 등,[35] 미야아키와 가족들에게 수입은 결코 충분하지 않았음을 알 수 있다.

오사카 육군 조병창에 징용된 다케하나는 월급 100엔 전후의 수입(일급 2엔 78전, 1943년 9월 20일)과 7월에는 97엔(1943년 7월 3일), 연말에는 161엔의 상여금을 받았지만(1943년 12월 18일), 징용원호사업의 보조금과 징용 전 근무지에서 보내는 보조금을 받았다. 집세에 충당할 만큼 보조금 금액이 컸던 점에 대해 다케하나는 "우리 징용자에 대한 정부의 혜택에 감사"하다고 적었다.[36]

한편 사세보 해군 공작창에 징용된 모리오카는 징용 당초에는 일급

---

34 兒玉政介, 『勤勞動員と援護』, 職業紹介安定局, 1964(집필은 1944년, 267쪽).

35 宮秋算悟, 앞의 자료, 1990.1, 30쪽, 70쪽.

36 竹鼻信三, 앞의 자료, 1943년 9월 16일(작성일)

2엔의 수입이었지만 패전 당시에는 2엔 30전을 받고 있었다고 한다. 뿐만 아니라 이 공작창은 가족수당, 정근 수당, 전시특별수당, 잔업수당을 지급했기 때문에 부양가족 3인을 가진 일급 2엔의 공원(모리오카도 마찬가지였을 것으로 보인다)은 141엔의 수입을 받을 가능성이 크다. 그러나 이 중에 점심 식대, 배급품 구매대, 공제조합비, 국민저축, 적립저축, 조합비, 소득세, 공작창 재향군인회비, 보국단비, 건강보험금, 국방헌금 등을 징수당하고, 더욱이 하숙비를 지급하면 결국 본봉 60엔 등이 수중에 들어왔다고 적고 있다. 모리오카는 이러한 수입에 대한 불만은 딱히 적지 않았지만, "가족에게 송금조차 하지 않으면 이만 한 돈을 몽땅 한 달치 용돈으로 써 버리니 공원들의 돈 씀씀이에서 절도란 찾아보기 어렵다"고 보았다.[37]

민간의 '나카지마(中島) 비행기주식회사'에 징용된 모리도 월급은 거의 비슷했다. 1944년 4월 28일에 받은 급료 명세서에 의하면, 지불 임금은 기본금 63엔 78전, 가중 수당 54엔 46전, 제 수당 3엔 50전, 합계 121엔 74전이었다. 여기서 공제금[38] 합계 27엔 3전을 제하고 국민저금 30엔 71전을 징수당했기 때문에 수중에 들어온 돈은 64엔이었다. 모리는 여기서 50엔을 송금했다.[39]

이러한 임금의 고저를 일반적으로 논하는 것은 불가능할 것이다. 다케하나가 "28엔의 집세가 가계 적자의 중대 문제"(1943년 11월 2일)라고 적은 것처럼,[40] 대다수 징용공에게도 결코 충분하다고 말하기는 어려웠다. 특히 미야아키와 모리오카처럼 한 세대가 가정과 하숙(또는 기숙사)

---

37 森岡謠善, 앞의 자료, 1992.1, 34~35쪽.
38 연금보험, 건강보험, 산업보국비, 분류소득세, 후생물자대 등이 공제되었다.
39 森岡謠善, 앞의 자료, 1992.1, 115~116쪽.
40 竹鼻信三, 앞의 글, 1943년 11월 2일(작성일)

와 같이 둘로 나뉘었기 때문에 이루어진 '송금'의 부담은 더욱 컸다.

3) 기숙사의 세계

징용된 곳이 현주소에서 멀면 필연적으로 단신부임으로 이주할 필요가 생긴다. 징용공의 주소는 대부분 기숙사, 하숙, 자택 3가지 패턴으로 나뉘지만, 전쟁기에는 격렬한 인구이동으로 도시는 만성적인 주택난에 처해 있었다. 후생성 노동국의 군수산업 공장(종업원 100명 이상)의 주택 조사에 의하면, 1939년 3월 현재 전국 약 10만 5,000명 가량의 노동자 주거가 부족했다(그 중 주택을 필요로 하는 기혼자가 4만 5,000명, 기숙사를 필요로 하는 독신자가 6만 명). "전국 도시공업지대에 모인 집 없는 노무자는 1939년 말까지 50만 명까지 증가할 것"이라는 상황이었고, 중일전쟁 단계부터 이미 주택난은 꽤 심각하게 진행 중이었다.[41]

징용공의 경험을 거주의 관점에서 볼 때, 군운영공장 근무인지 민간 공장 근무인지, 하숙인지 기숙사인지에 따라 큰 차이가 있다. 모리의 징용처였던 '나카지마비행기주식회사'에는 수용 가능한 기숙사가 부족해서 기숙사사무소의 지시로 누에고치방이었던 농가의 2층을 기숙사로 빌려 사용했기 때문에, 도박이나 자취 등 사실상 노무관리가 미치지 않는 노동자만의 세계가 그곳에서 전개될 수 있었다.[42] 군운영공장의 기숙사인 경우에는 역으로 극히 엄격한 관리와 규율 아래 놓였다. 오오이시와 미야아키는 규율이 엄격한 기숙사에 대한 불만으로 퇴실해 하숙을 선택했다. 오오이시가 "눈이 돌아갈 정도로 바쁜 기숙사 생활이 드디어 내일부터 끝이라고 생각하면 몸도 마음도 개운해진다"라고 적었듯이, 기숙사

---

41 法政大學大原社會問題研究所, 앞의 책, 1965, 157쪽.
42 佐々木啓, 「戰時下勞働のなかの「共同性」」, 『人民の歴史學』 189, 2011.

생활은 규칙에 의한 제약이 많고 무척 힘들었다.[43] 마이즈루의 화약창고에서 근무했던 미야아키도 기숙사에 대한 불만이 커서, "지금 징용공 중 기숙사 생활을 만족하는 자가 한 명이라도 있을까, 모두 불평불만이 가득하다. 하루 근무를 끝내고 돌아와 한숨 돌리는 곳에서 기숙사 사감은 칼을 지닌 채로 복도를 오가고 우리를 감시하며 마치 감옥의 죄인인 것처럼 취급한다"고 적었다.[44] 군운영공장의 기숙사생활은 이처럼 가혹한 관리와 규율의 기억으로 남아 있었다.

4. '산업전사' 이념과 실상

이상과 같이 징용공들의 노동·생활 실태가 진행된 한편, 전시중 노동자를 통합하는 새로운 슬로건과 이데올로기가 다양한 형태로 확산되었다. '산업전사'라는 노동자의 호칭이 곳곳에서 사용된 것도 그 중 하나였다. 중일전쟁 시기부터 미디어에서 사용하기 시작한 이 용어는 "후방의 생산전을 담당하는 전사"를 의미하는 것으로, 생산활동을 위해 몸을 던지는 사람을 지칭하는 것이었다. 또한 이것과는 별도로 징용공에 대해서는 '응징사(應徵士)'라는 호칭이 정해져(1943년 7월, 제3차국민징용령 개정) 종래의 '직공', '공원'과는 다른 명예로운 자로 높이라는 지시가 내려졌다. 요컨대 '노동', '노동자'의 의미를 크게 전환하는 프로젝트가 국가적인 규모로 추진된 것이다.[45] 그러한 움직임은 기업의 노무관리에도 영

43 大石善次, 앞의 자료, 1943.11, 128쪽.
44 宮秋算悟, 앞의 자료, 1990.1, 21~22쪽.
45 이러한 움직임의 단서가 된 것은 1940년 11월, 내각결정 「근로신체제확립요강」이었고 여기서 '근로'는 "황국에 대한 황국민의 책임이자 동시에 영예로운 것"이라고

향을 미쳐 '명예로운 산업전사'에 어울리는 대우로서, 생활임금 도입과 건강보험제도 확충 등이 시도되었다. 마루야마, 다케하나, 오오이시의 자료에는 이와 같이 노동 관념이 전환되는 가운데, 스스로를 '산업전사'로 위치지우고 그 이름에 걸맞게 활약하지 않으면 안 된다는 자기규율화를 시도하는 모습도 자주 엿보인다. 진지하게 전시체제를 지지할 수 있도록 생산현장에 들어간 징용공들에게 노동 관념의 전환은 전시체제의 정당성을 보여주는 하나의 큰 지표였다.

하지만 '명예로운 산업전사'의 세계에 던져진 징용공들이 실제로 직면한 세계는 그 어마어마한 이상적 자태와는 전혀 동떨어진 세계였다. 모리의 사례를 보자.[46] 모리는 "직공들이 자기가 다니는 '매춘여성들'의 이야기로 흥분하는 모습을 보고 그들에게 동조해 나가지 않는 자신을 답답하게 생각"한 적도 있지만, 공장이 주재한 공원가족 위로회에서 '여자 무용수의 춤'에 '저속한 야유'를 날리고 휘파람을 부는 모습을 보고 이를 '불량 깡패'로 표현했다. 공장에는 선반을 돌리지 않고 창가에 걸터앉아 군가를 부르는 사사가와(笹川)라는 공원이 있는데 이 사사가와가 '두목'이나 '형'으로 불리며 다른 공원들의 사랑을 받았다. 공장 안에는 그 아류인 여러 파벌이 있어서 각각의 두목이 가진 권위는 견습공과 소년공의 사이에 절대적이어서 "그러한 장악력은 조장과 계장 이상"이라고 모리

규정되었다.

46 모리가 징용된 '나카지마비행장'이 있었던 군마현은 전시체제기에 돌입했을 당시 양잠제사업지대에서 군수공장지대로 산업구조가 크게 전환되었다. 매우 많은 사람들이 노동력으로 동원되어 간 지역이었다. 이러한 '외부로부터'의 공장노동자의 증대는 지역적으로 큰 문제였고 난투극과 협박과 같은 범죄의 증가 요인으로 인식되었다. 지역 사람들에게 공장노동자의 급격한 증가는 불량배의 증가와 같은 의미로 인식되었다(小野澤あかね, 『近代日本社會と公娼制度―民衆史と國際關係史の視点から』, 吉川弘文館, 2010, 265쪽).

는 관찰했다. 그러나 그러한 '깡패심리'는 모리에게는 우스꽝스럽게 비쳐졌다. 모리에게 '나카지마비행기' 공장의 공원들이 보여준 모습은 어디까지나 자신과 달리 이질적인 것으로 경우에 따라서는 저속한 존재로 본 것이다.[47]

에히메의 농촌에서 구레 해군 공작창에 징용된 마루야마에게도 주위 노동자들의 모습은 저속해 보였다. "공장에 들어가 직공들을 보고 느낀 것은 그들에게 배어있는 불량스러움이었다. 마음이 어두워진다"라고 적었다.[48] 마루야마에게 노동자들의 모습은 '불량스럽게' 비춰진 것이다. 공원들은 공창에서 일해서 번 급료를 모두 주점과 식당, 매점에서 써버린다. "명령받는 대로 어쩔 수 없이 일을 하고", "시간만 되면 느적거려 조금이라도 안 하려 한다", "공장 변소의 낙서, 공원들의 언동, 길거리에서 보이는 공원들의 풍채, 징용 공원들 중에 인간쓰레기가 많다고 생각하면 참을 수 없이 외롭다. 아아, 나도 그런 인간 중 하나인가" 라고 마루야마는 한탄했다.[49] 공원들 중에 "정말 현재의 전쟁 상황을 의식하고 대동아전쟁의 진정한 의미를 알고 필승불패의 기세로 일하는 자가 과연 몇이나 될까"라고 말하는 것처럼, 마루야마는 공원들의 '불량스러운' 자세를 지배이데올로기의 맥락에서 지적했다.[50] 이와 같은 지배이데올로기에 따른 이해방식은 마루야마가 상대적으로 열의를 가진 '애국자'였음의 반영이기도 하지만 동시에 상처 받은 자존심에서 기인했다고 생각된다.

한편 다케하나에게는 동원된 오사카 육군병기창이 극히 비효율적인 세계로 인식되었다. 다케하나에게 '결전' 하의 오사카 육군병기창에서

47 森伊佐雄, 앞의 자료, 1957.8, 128~133쪽.
48 丸山波路, 앞의 자료, 1972.5, 29쪽.
49 丸山波路, 위의 자료, 35쪽, 39쪽, 90쪽.
50 丸山波路, 위의 자료, 39쪽.

"산업전사의 일원으로, 특히 명예로운 징용공으로 일하는 것"은 자랑스러운 것으로 "남자다운 일이라고 보기에도 부족함이 없었지만", 실제의 생산현장은 그러한 명예와는 전혀 상관없는 곳이라고 생각했다(1943년 6월 22일). 즉, 병기창의 작업량은 다케하나가 보기에 아무리 생각해도 지나치게 적어 보였다. 1943년 10월 27일 일기에 다케하나는 다음과 같이 적었다.

> 매일 이렇게 전달되는 계획도 없고 재촉받는 일도 없이, 자연스럽게 인간은 바보 같은 자가 되어 버리고, 이 생활은 보통이 되어, 조금이라도 가능하다면 '뺀질이'가 되어 매일 일하는 사람이 오히려 '손해 보는 자'처럼 느끼게 된다. 이러한 무기력한 일, 싫다. 이것이 관리라고 하는 모양이다. 한 시간이라도 바쁘게 일했던 그 옛날의 상점 작업이 훨씬 재미있다. (중략) 이제부터 이런 생활이 지속될 거라고 생각하면 뭔가 이 생활 중에 빛을 추구하며, 경제적인 개선책을 찾기보다 일 자체로부터 기력을 얻고 싶다. 공원으로서 경제적인 문제는 아무리 생각해봐도 이 이상 생각하는 건 쓸데없는 짓이지만 내 실력을 발휘할 수 있는 일을 하고 싶다. 삼십대, 한창 일할 나이의 남자인 내 한 몸이 재능을 썩히고 밤마다 운다. 모처럼 징용되어 온다고 해도 이런 상태라면 보람이 없다.[51]

이처럼 다케하나에게 오사카 육군병기창의 노동환경은 무엇보다도 '상인'의 세계와 다르다는 시점으로 받아들여졌다. 한 시간도 아까워하며 바쁘게 일하는 '상인'의 세계와 한가한 시간(이라고 다케하나가 생각한)이 많은 '관리' 세계의 노동에 대한 사고방식은 전혀 달랐다. "보람의 차원에서 보자면 이 육군병기창의 일은 비교가 되지 않을 정도로 국가적

---

51 竹鼻信三, 앞의 자료, 1943년 10월 27일(작성일).

으로도 중요한 일"이라고 인정했지만, "근로의식이 낮고 국가를 그다지 의식하지 않는 점"에 다케하나는 실망했다. 다케하나는 "물자의 절약", "능률 2배" 같은 걸 방마다 내걸고 있는 '소장 방침'에 대해, 이 직장은 "내가 아는 범위 내에서 가장 비능률적으로 물자를 남용하는 사회"이며 "국가를 위해 시국을 염려하고 진지하게 바라봐야 할 때 차마 볼 수가 없다. 지도자의 죄일까, 제도의 죄일까"라고 야유를 담아 적었다.[52] 모리와 마루야마가 직면한 것과 좀 다르지만 다케하나도 병기창의 노동문화를 접하면서 전시체제하의 지배이념과 현실의 괴리가 얼마나 큰지 실감하게 된 것이다.

5. 나가며

이상, 징용공의 생활, 노동의 실태와 그에 대한 의식 양태를 주로 징용공 자신들이 남긴 일기·기록과 각종 통계자료에 기초해 검토해보았다. 국가총동원정책에 의해 징용된 6인의 남성들의 경험은 어떤 역사적 맥락 속에 위치지울 수 있을까. 마지막으로 이 점을 정리해 보고 싶다.

1) 징용경험의 세 가지 위상

이 논문에서는 민중의 징용 경험에 대하여, 연령·성별과 이전 직업 문제, 병역과의 관계, 생산현장의 논리와 임금통제·기숙사생활의 영향, '산업전사' 이념과 실태 등 이러저러한 측면에서 그 생활·노동의 실상을

---

52 위의 자료, 1943년 10월 29일(작성일).

그려보았다. 그 내용을 검토해보면 6인의 징용경험에는 이동, 균질화, 부담이라는 세 가지의 위상이 있었음을 먼저 제기할 수 있을 것이다. 첫째로 징용은 거주지와 직업의 강제적 이동을 초래하는 것으로, 이는 주로 경제적·사회적 지위의 변동과 깊게 연관되었다(이동). 둘째, 징용은 다른 직업, 계층, 지역 사람들 사이의 뜻밖의 만남(조우)을 초래했는데 징용된 곳에서 징용노동자들은 강제적 동화를 경험했다. 그곳에서 그들은 자신들이 가진 격차, 개성의 폭을 축소시키라는 압력을 느꼈다(균질화). 그리고 세번째로 징용은 무엇보다도 경제적, 또는 신체적, 정신적으로 강한 부담을 당사자와 그 가족에게 전가시켰다(부담). 대다수 징용공들은 이전 직업에서 얻던 수입보다 낮은 수입을 받는 업종으로 징용됨으로써 경제적 부담을 졌고, 더구나 가족과 따로 살게 되면서 생긴 부담도 질 수밖에 없어서 자영업자 가족에게 그것은 '소가족경영의 위기'를 일으킬 정도였다. 신체적, 정신적으로도 익숙하지 않은 직장과 노동의 방식, 군대식 규율의 고통이 징용공들을 늘 따라다니며 괴롭혔다. 이러한 징용공이 독자적으로 겪은 고통스러운 경험은 공습과 식량부족 등 일반적인 경험과 만나 전후의 일본사회에 소박한 평화주의라는 관념(더 이상 전쟁은 싫다!)으로 이어졌다. 다른 한편, 전시하를 살아가는 생활자라는 관점에서 보자면, 그러한 부담을 어떻게 견딜 것인가 하는 것이야말로 큰 과제였다.

징용된 남성들은 "전쟁 중이다. 참자. 이런 고통도 슬픔도 외로움도-",[53] "천황의 부름",[54] "결전 하",[55] "나라의 명령",[56] 등 다양한 단어들을 사용하며 일기 안에서 '부담'에 의미를 부여했다. 그러나 문제는 이러한 관념

53 丸山波路, 앞의 자료, 1972.5, 69쪽.
54 大石善次, 앞의 자료, 1943.11, 26쪽.
55 森岡諦善, 앞의 자료, 1992.1, 36쪽.
56 宮秋算悟, 앞의 자료, 1990.1, 2쪽.

적인 '전시하'가 아닌 현실의 '전시하'에서 그들이 느끼는 부담의 무게를 스스로 설명할 수 있었을까 하는 점에 있다. 마루야마가 동료 공원들의 수준 낮은 의식에 절망하고, 오오이시가 꾀병을 핑계로 대는 동료에게 분노하고,[57] 모리와 다케하나가 엉터리 같은 공장 노무관리 방식에 의문을 품고,[58] 미야아키가 기숙사 사감의 징벌, 모리오카가 상사의 징벌에 반감을 가질 때,[59] 그들의 '전시하'는 크게 동요했다.

2) 이데올로기의 붕괴

따라서 징용에 동반된 부담들은 권력 측에서 보자면 모두 증산을 방해할만한 것들이었다. 전시체제의 기반이 무너지지 않도록 국가는 이러저러한 정책을 추진했다. 의료, 생활비 보조 등의 '경제적 원조'와 위문·표창 등을 통한 '정신적 원조'는 부담을 완화시키는 동시에 부담에 국가적 의미를 부여하는 것('산업전사'라는 이데올로기로 포섭)이었다고 할 수 있다.

그렇다면 징용 노동자들은 과연 '산업전사'라는 호칭을 내면화했을까. 필자는 노동자들의 내면화를 방해하는 조건이 적어도 네 가지는 존재했음을 지적해두고 싶다. 첫째, 그들이 짊어진 부담이 산업전사라는 자부심을 상회할 정도로 컸다는 것, 둘째, 기존 노동자문화의 깊이나 치졸한 노무관리로 인해 국가의 노동정책이 닿지 않는 영역이 존재했다는 것, 셋째로 연령, 직업, 사회적 신분, 젠더 규범 등의 차이로 인해 동원된

---

57 大石善次, 앞의 자료, 1943.11, 241~245쪽.
58 森伊佐雄, 앞의 자료, 1957.8, 116쪽; 竹鼻信三, 앞의 자료, 1943년 12월 28일(작성일).
59 宮秋算悟, 앞의 자료, 1990.1, 44~45쪽; 森岡諦善, 앞의 자료, 1992.1, 74~75쪽.

개별 인간들의 자부심이 망가질 가능성이 있었던 것, 넷째로 자재·인원 부족, 전시경제 붕괴라는 역사적 상황. 이러한 조건 중에 징용노동자는 자기의 징용생활을 체감하며 재편해간다. 아웃로드를 탈까(전시체제에서 일탈하기) 체념해버릴까(체제 내에서 이런 면은 신경 쓰지 않고 생활하기), 또는 '산업전사'인 척 할까(현실을 다시 한번 이야기로 만들기 위해 노력하기). 징용노동자들의 일기에는 오락가락하며 시시때때로 변하는 그들의 기분이 다양하게 표현되어 있다.

그러한 흔들리는 기분을 한꺼번에 몰아붙인 것은 다름 아닌 전쟁 말기, 공습의 격화와 식량사정의 악화였다. 여기서 '산업전사' 이데올로기는 드디어 현실성을 잃고 생활을 방위하기 위해 수단과 방법을 가리지 않는 움직임이 민중들 사이에 확대되었다. 앞에서 든 세 가지 태도 중 아웃로드가 조금씩 전면화되었다고 할 수 있겠지만, 그것을 압박하며 이끌어나간 것은 체제에 대항하며 일어선 소수의 전투적 투사들이 아니라, 전승을 바라며 체제에 대체로 온순한 태도를 지녔던 바로 이 여섯 명과 같은 일반 민중이었다.[60] 암거래, 특권 비판, 은닉 물자 적발 등에서 보이는 패전 직후의 민중투쟁의 헤게모니는 이러한 이데올로기의 붕괴 속에서 서서히 일어나고 있었던 것이다.

---

60 이 같은 경과에 대해서는 佐々木啓, 「敗戰前後の勞働者統合」, 『人民の歷史學』 197, 2013 참조.

1960~70년대 노동자의 '노동복지' 경험[*]
- 산업재해보상보험제도의 도입과
산재노동자의 대응을 중심으로 -

장미현

1. 정부의 '노동복지', 노동자의 '노동복지'

정부도 현재 근로자가 처해 있는 어려운 형편을 충분히 인식하고 근로자의 복지향상을 도모함과 아울러 신년도부터는 산업재해보상보험 및 의료보험을 시범적으로 실시하여 근로자가 입는 재해에 대하여 적시보상의 길을 터 놓았으므로 물가상승률에 비례한 임금인상을 위한 쟁의를 야기시킴으로써 경제발전 전반에 지장을 초래하지 않도록 하여야 할 것입니다.

(1964년 1월 10일 박정희 대통령 국회 연두교서 중)

1963년 박빙이었던 대선의 결과로 집권에 성공한 박정희는 다음 해 대통령으로서 정부가 근로자의 복지향상을 도모할 것을 연두교서에서 밝혔다. 그리고 그 대표적인 정책으로 산업재해보상보험제도 실시와 의료보험제도 도입을 언급했다. 박정희 정권 집권 초기에 산재보험제도가

---

* 본 논문은 장미현, 「1960~70년대 산업재해보상보험제도의 시행과 산재(産災)노동자의 대응」, 『史林』 50, 2014를 일부 수정한 것이다.

도입되었고 의료보험제도도 집권 후기에 가서 제한적이나마 도입된다. 노동자의 단결권과 단체행동권을 극도로 제한한 박정희 정권의 성격을 상기한다면 얼핏 이 같은 모순된 정책이 어떻게 추진가능했는지 의문이 생긴다. 물론 이 과정이 정부에 의해 일방적으로만 이루어진 것은 아니다. 노사관계정책에서 억압 정책을 펼친 것에 비교해 본다면 그 외의 노동관계법의 입법 과정에서는 한국노총이 노동계를 대표해 표방한 의견을 수용하는 가운데 법 제정과 개정, 시행이 이루어진다. 노동정책이 노동시장정책, 노사관계정책, 노동복지정책으로 구분 가능하다면 노사관계정책에서 드러난 박정희 정권의 억압성과 한국노총의 어용성과는 다른 성격이 노동복지정책 추진 과정에서 엿보인다는 얘기다. 이는 박정희 정권의 노동정책을 노동통제정책·노동억압정책으로만 볼 수 없는 측면이 존재한다는 것을 의미한다. 따라서 노동복지정책이 존재하지 않았거나 이데올로기적으로만 표방되었다는 단순한 접근을 넘어 그 자체를 국민국가에 의해 실시된 정책으로 규정하고 제도의 도입과 구체적 시행과정, 그 과정에서 드러난 문제들을 분석해보아야 한다.

한편 노동자의 대(對) 기업, 대 정부 입장도 불신, 갈등, 대립 일변도일 리가 없다. 박정희 정권기 폭발적으로 증가한 노동자들의 '국가' 정책에 대한 인식은 다양하고 복잡할 수밖에 없다. 노동복지정책에 대한 노동자들의 인식을 살펴본다면 특히 그러할 것이다. 노동복지정책의 수혜자로서 노동자들은 국민 정체성을 강화하고 정부의 경제성장정책에 협력하는 '순응형' 노동자의 삶을 선택할 수도 있다. 하지만 노동복지는 근본적으로 노동자의 생활보장과 가장 직접적으로 연결되는 문제이기 때문에 이에 대한 노동자의 기대가 실망으로 변할 경우 '순응형' 노동자와 국가 사이에 균열이 일어나기도 한다. 때문에 노동복지정책의 성격 규명과는 별도로 이를 노동자들이 어떻게 받아들이고 대응하고 있었는지는 별도의 분석이 요구된다.

박정희 정권은 산업재해보상보험제도, 직업훈련제도, 근로감독관 제도와 같은 수많은 노동복지 관련 제도를 도입했다. 이러한 제도들은 사회과학계에서 간단히 언급하듯이 국가주도의 일방적 과정을 거쳐 제정되지도 않았다. 노동자들은 국가가 실시하는 법·제도에 대해 나름대로 판단하며 행위했다. 이러한 행위는 대체로 자기의 이해를 충족시키기 위한 행위에 불과했지만 때로는 상황에 따라 자기 이해를 넘어 공통의 이해를 지향하거나 국가에 대항하는 수준으로 변하기도 했다.

본 연구에서는 이 같은 문제의식 아래 최초의 노동보험인 산업재해보상보험제도에 대해 노동자들이 가진 인식과 행위의 의미를 파악해보려고 한다. 흔히 산재보험제도는 박정희 정권이 실시한 유일한 노동보호정책이자 성공한 제도로 평가된다.[1] 이전 시기의 재해 보상이 작업장 차원에서 노사 간 개별적으로 이루어졌던 것을 고려한다면 국가에 의해 시행된 산재보험제도는 노동자에게 국가의 통치성을 확인시켜주는 계기가되었다. 따라서 산재보험제도의 운용을 노동자들이 어떻게 받아들이고 있었나를 살펴본다면 체제 순응과 반체제 지향적 노동 운동 사이에 폭넓게 존재했던 대다수 노동자들의 행위와 그러한 행위가 실천된 맥락을 파악할 수 있을 것이다.

산재보험에 관한 연구는 사회과학계에서 주로 이루어졌다. 기존의 연구는 주로 군사정부가 사회보장제도 도입을 통해 정치적 정당성을 확보하기 위해 산재보험제도를 도입했지만 실제 사회보장적 효과는 없었다고 보았다.[2] 나아가 정치적 정당성 확보라는 단순한 이유에서라기보다

---

1 최장집, 『한국의 노동운동과 국가』, 나남출판, 1997, 247~251쪽.

2 이혜숙, 「한국의 소득보장제도: 압축성장의 限界와 脫구조화의 과제」, 『연세사회복지연구』 1, 1993; 정무권, 「한국 사회복지제도의 초기 형성에 관한 연구」, 『한국

기존의 자치주의적 성격이 강한 노사관계에 국가의 개입을 강화하기 위해 군사정부가 산재보험제도를 도입했다는 새로운 주장도 제기됐다.[3] 산재를 경험한 노동자 연구도 이루어졌는데 주로 탄광 노동자들의 산재 경험을 파악하는 가운데 산재보상 경험과 기억에 대한 연구가 이루어졌다. 그 결과 탄광 산업의 이중구조에 따라 사업주의 보상 차이가 심했다는 점도 밝혀졌다.[4]

하지만 그간의 연구는 박정희 정권이 산재보험제도를 도입한 의도와 제도의 성패, 즉 결과에만 주목한 나머지 제도의 시행 '과정'에는 주목하지 않았다. 그 결과 제도 추진 과정에 국가, 자본, 노동이 어떻게 개입했는지까지는 다루지 못했다. 보상 경험 연구에서도 산재보험제도에 대한 탄광 노동자들의 경험과 기억은 제대로 다뤄지지 않았다. 산재보험제도의 구체적 시행 과정과 국가가 실시한 산재보험제도를 노동자들이 어떻게 인식하고 있었는지에 대해서는 시야에 넣지 못했기 때문이다.

이러한 한계를 염두에 두고 이 글에서는 첫째, 산재보험제도 도입 후 제도가 어떤 방식으로 운용되었는지를 파악하고자 한다. 둘째, 이렇게 운용된 산재보험제도를 개선의 주체이자 수혜자였던 기업, 특히 노동자들이 산재보험제도를 어떻게 인식하고 있었는지를 살펴보겠다. 셋째, 노

사회정책』3, 1996.

3 우명숙, 「한국의 복지제도 발전에서 산재보험 도입의 의의」, 『한국사회학』 41-3, 2007.

4 김원, 「광산 공동체 노동자들의 일상과 경험」, 『1950년대 한국 노동자의 생활세계』, 한울, 2009, 119~165쪽; 김원, 「죽음의 기억, 망각의 검은 땅-광부들의 과거와 현재」, 『박정희 시대의 유령들』, 현실문화, 2011, 175~226쪽; 이홍석, 「1960년대 전반 탄광촌의 현실과 탄광노동자의 대응」, 연세대 석사학위논문, 2008; 남춘호, 「1960-70년대 탄광산업의 이중구조와 노동자 상태」, 『1960-70년대 한국 노동자의 계급문화와 정체성』, 한울, 2006, 321~379쪽.

동자들이 산재보험제도의 '결과'를 수정하기 위해 어떤 시도를 했는지를 밝혀보고자 한다.

2. 시행주체, 노동청의 산재보험 운용: '산재적용제한'

1963년 11월 5일 산업재해보상보험법 제정과 1964년 7월 1일 시행을 거쳐 실시된 산재보험제도는 기업주가 보험가입자가 되고 산재 노동자가 보험수혜자로, 노동청이 보험 사업을 집행하는 사회보험이었다. 집행기관인 노동청은 산재보험제도가 노사 양측에게 이익이 됨을 강조했다. 노동계에 대해서는 산재보험이 자체 보상 수준을 갖춘 대기업만을 위한 제도가 아니라 영세기업까지 실시할 예정이므로 현재 보상의 사각지대에 놓여 있는 중소기업 노동자들까지 보상받을 수 있다는 점을 강조했다. 기업주 측에 대해서도 대기업조차 보상 시 재력이 부족할 경우가 있는데 이 경우 보험을 통해 사전예방할 수 있다는 점을 보험도입의 의의로 밝혔다.[5] 이에 반해 산재보험제도에 대해 노동계와 재계는 크게 반기지 않는 분위기였다. 산재보험제도가 실시될 예정이라는 소식이 확산되자 일부 국영기업체나 대기업, 노조에서 반대 의견을 개진한 것이다. 국영기업과 대기업은 사용자가 직접 지급하는 것이 노무관리상 합리적이라는 이유를 들었고, 노동조합은 일부이긴 하지만 겨우 단체협약을 통해 법정기준 이상의 보상기준을 마련한 사업장의 그것을 저해할까 우려했다.

산업재해보상보험법 제정에 대한 정부 내부의 비판도 존재했다. 차관

---

5 심강섭, 「(特輯) 산재보험제도 실시 15주년 회고, 그 前夜에 있었던 일들, 산재보험 사업 15주년에 본다」, 노동청, 『노동』 13-3, 1979, 27쪽; 勞動部勞動保險局 編, 『産災保險 十五年史』, 1981, 27~31쪽.

회의와 최고회의 상임위원회에서 보험 사업을 담당한 적이 없는 보건사회부가 담당하느니 재무부가 담당하는 편이 낫지 않느냐는 입장부터, 정부 기관에서 맡아 운영하는 것보다 민간회사에 위탁해 운영하는 것이 낫다는 비판이 제기된 것이다. 우여곡절 끝에 보건사회부 노동국(후에 노동청)이 관할기관으로 지정된 최종안이 상정된 자리에서조차 다시 제도 도입을 미루자는 의견이 제기되었다. 최고회의 상임위원회에서 "대기업이라도 원자재 부족으로 26%의 가동밖에 못하고 있는 실정에다가 종업원의 보수도 제대로 지불하지 못하는 어려운 시기에 산재보험을 실시하는 것이 옳은 선택인가"라는 견해와, "정부가 재정난에 빠져 있는데 제도 실시 후 2년간은 정부에서 인건비를 보조한다는 것은 어렵지 않나"라는 등 산재보험제도 도입 연기론이 개진된 것이다.[6] 당시 문교사회위원회 소속 홍종철 최고위원이 설득에 나선 끝에 법안은 통과되었지만 이후 각의는 다시 산재보험제도 실시를 위해 상정된 예산안을 전부 삭감해버렸다. 정부 재정 여건상 일체의 신규사업비는 삭감한다는 원칙에 따른 것이었지만 산재보험제도 도입을 마뜩치 않아 했던 정부 내 분위기가 반영된 결과였다. 결국 사업추진 예산은 1964년도 보건사회부 예산 중 일부를 사용하는 식으로 처리되었다.[7]

제도 도입에 대한 사회적 분위기도 그다지 우호적이지는 않았다. 동아일보 1962년 12월 25일 사설은 노동자재해보험을 실시할 예정이라고 하지만 국가 재정 형편상 현실성이 있을지 의문을 제기했다. 또한 국민

---

6 勞動部勞動保險局 編, 위의 책, 26쪽; 심강섭, 위의 글, 28쪽.

7 심강섭의 회고에 의하면 최고회의 박정희 의장이 이미 1962년 1월에 "재해보상보험을 발족시키기를 기대한다"고 밝혀 법안 심의나 행정 절차상 큰 문제가 없을 것이라고 낙관하고 있던 차에, 1963년 10월 법안 통과를 위한 막바지에 이 같은 위기를 겪었다고 한다. 그만큼 산재보험제도 도입에 대한 우려가 도입 직전까지도 가라앉지 않았던 것이다(심강섭, 위의 글, 28쪽).

의 생활을 보장하기 위해 시급한 것은 사회보장과 같이 "사후에 대처하는 처치"보다는 사전 예방책으로서 실업문제 해결과 공중위생이 시급하다며 사회보장제도 실시의 효과에 회의를 보였다. 의무가입 보험제도에 대한 비판도 만만치 않았다. 당시 산재보험제도보다 앞서 실시된 의무가입 보험이었던 자동차손해배상보장법도 자동차업자들의 격렬한 반대로 보험 가입이 지연되었다.[8] 때문에 산재보험 또한 같은 상황에 처하지 않을까 우려하는 분위기가 시행 관련 실무 준비로 바빴던 노동청 내부에도 팽배했었다고 한다.

산재보험제도 실시에 대한 반대여론이 존재하는 가운데 노동청은 산재보험업무를 수행할 준비에 착수했다. 산재신고 접수와 산재판정, 보상을 담당할 7개 지방사무소도 설치했다. 산재사무소에 근무할 보험요원을 급히 모집하고 업무훈련에 필요한 교재의 편성, 산재 적용 범위를 규정한 예규집 발간 등의 업무를 정비해갔다. 하지만 급속히 도입된 노동보험이었던 만큼 노동청 내에는 노동보험 실무경험을 가진 이가 전혀 없는 상태였다. 때문에 막상 시행한 이후에는 지방 산재사무소의 업무 처리 미숙에 대한 불만이 속출했다.

시행 이후 1979년까지 산업재해보상보험법은 4차례의 법 개정과 12차례의 시행령 개정을 거쳤다.[9] 15년간 16번의 법·시행령 개정이 있었던

---

8 1963년 2월 28일 최고회의 상임위원회에서 통과된 자동차손해배상보장법안은 자동차 사고가 났을 시 피해자가 배상하기 위해 자동차손해배상책임보험에 가입하거나 상당한 현금과 유가증권을 공탁 공무원에게 공탁할 것을 규정한 것으로 가입하지 않을 경우 자동차 운행을 할 수 없도록 규정한 강제가입보험이었다(「사망자=10만원, 부상자7만원」, 『경향신문』 1963년 3월 1일; 「전국 자동차 총 스톱 위기 보험 가입을 반대」, 『경향신문』 1963년 7월 1일; 「자동차 보험요율 대폭 인하를 검토 중」, 『동아일보』 1963년 8월 8일; 「업자들 보험 안 들어」, 『동아일보』 1963년 12월 25일). 산재보험제도 가입에 대한 사회의 반발과 그에 대한 우려는 심강섭, 위의 글, 30쪽.

셈이다.[10] 1년에 한 차례는 개정했을 만큼 제도 변화가 자주 이루어진 꼴이었다. 법 개정과 제도 실시 과정에서 노동청이 중시한 원칙은 크게 두 가지였다. 첫째, 적용 사업장은 급속히 확대했지만 보상수준은 소극적으로 개선시켰다. 도입 초기부터 정부 예산을 지원받기 어려웠던 산재보험제도는 보험가입자가 납부한 보험금에 의해 사업비까지 충당하도록 규정되어 있었다.[11] 따라서 안정적인 보험금 유용에 보험의 지속 유무가 달려 있었다. 그만큼 보험수입을 늘리고 보험료 지급을 제한하는 것이 노동청으로서는 중요했다. 적용 사업장을 급속히 확대시킨 데는 보험료 수입을 늘리기 위한 목적이 컸다. 1965년부터 1968년까지 보험료 수납 증가율이 감소하자 1969년부터는 적용 업종을 종래 4개 업종에서 건설업을 포함한 4개 업종을 더해 8개 업종으로 확대시켜 보험료 수납액을 증가시켰다. 1969년에는 고속도로 건설을 포함해 건설업이 성황이었는데, 공사금 2000만 원 이상의 건설사업자를 보험가입자에 포함시켜 보험료 수입 증가율을 증대시켰다.[12]

---

9 논문 말미의 <부록> 참조.

10 정부조직법 개정에 따라 산재지방사무소와 출장소 및 보험 업무를 감독하는 산재감찰관 설치 근거를 삭제했던 1973년 1월 15일의 산업재해보상보험법 개정은 예외로 한다. 산재보험법 내용 개정과 관련해서 바로 1973년 3월 13일에 법 개정이 별도로 진행되어서이다.

11 1963년 11월 5일 제정, 공포된 '산업재해보상보험특별회계법' 및 시행령에 의해 원칙적으로 보험료 수입에서 발생하는 세입으로 보험급여와 보험사업 시설비, 사무비 등의 비용을 세출하도록 되었다. 이외에도 적립금을 충당하고 잘 활용해 수입을 발생할 의무도 규정되었다(노동청, 「8. 노동보험 재정」, 『노동행정10년사』, 1973, 284~286쪽).

12 <표> 연도별 전년 대비 보험료 수납액 증가율(1964~1972.8.30.) (단위: %)

연도	1965	1966	1967	1968	1969	1970	1971	1972
보험료 수납 증가율	302	207	195	137	160	154	109	102

그러나 이 과정에서 기업주의 '저항'도 컸다. 산재보험 강제적용 사업장이 증가할수록 고의로 보험료를 납부하지 않으려는 업체도 증가했다. 중소기업과 건설업계가 대표적이었는데 건설업계는 1969년 적용 대상으로 지정된 후에도 현대건설과 삼부토건과 같은 대형 건설업체조차 보험료 납입을 회피했다.[13] 특히 건설업계는 보험가입에 대한 저항이 컸고 보험지급액은 높았다.[14] 1972년 건설업계와 중소기업의 체납 및 보험지급액 증가로 채산성이 악화되자 노동청은 이를 이유로 2차 산업재해보상보험법 개정을 단행했다.[15] 그만큼 '충분한' 보험료 확보를 노동청이 중시한 것이다.

보험료를 많이 걷는 것만큼 노동청이 신경쓴 분야가 보험금 지급의 '적정 합리화'였다. '적정 합리화'란 사실 많이 걷고 적게 지급한다는 것이었다. 보험 도입 초기부터 예산 문제에 직면한 노동청은 보험료 수납액을 늘리는 것뿐만 아니라 엄격한 지급 규정을 통해 보험료 지급을 제한했다. 개정 법률 조항에 "보험료 지급 제한" 항목이 포함되었고 산재적용 범위를 제한하는 "노동청 예규" 조항을 만들어냈다.

산재보험은 재해 노동자나 기업주 모두에게 책임을 묻지 않고 보장해주는 것이 원칙이었지만, 한국 산재보험에는 보험가입자가 보험료 납부를 태만히 하거나 보험가입자 또는 노동자가 고의나 중대한 과실로 보험

---

13 「외면당하는 산재보험」, 『매일경제』 1969년 2월 14일.

14 1969년 업종확대와 50인 이상으로 적용 사업장이 늘면서 1967년 93%의 수납율을 보이던 것이 1969년, 1970년에는 84.1%, 81.5%까지 떨어졌다(노동청, 앞의 책, 1973, 264쪽).

15 수납율은 제도 창설 초기 5년 동안 90%를 넘던 것이 1970년에는 84.1%, 1972년에는 85.1%로 미수가 늘어나는 경향을 보였다(「제2회 법률개정의 배경」, 勞動部 勞動保險局 編, 앞의 책, 1981, 108쪽). 2차 법 개정에서는 적용제외사업으로 지정되었던 보험업, 금융업이 강제적용사업장으로 규정되었다.

급여의 사유가 되는 재해를 당한 경우 보험금 지급을 일부 또는 전부 제한할 수도 있다고 규정하였다.[16] 이에 대해 노동자들의 반발이 끊이지 않자 노동자의 중대한 과실로 인해 발생한 재해의 경우 요양급여와 유족급여는 지급하는 방향으로 개정되었다. 그러나 1977년 4차 법 개정 시까지 휴업급여와 장해급여는 계속 30%를 삭감한 채 지급되었다. 1973년 2차법 개정 때는 "피재자가 요양에 소홀하거나 자신의 신체장해나 질병을 악화시킬 경우"라는 이해하기 어려운 상황을 상정하고 이 경우 휴업급여의 지급을 제한한다는 지급제한 규정이 신설되었다.

산재 적용범위도 제한되었다. 애초 근로기준법에는 '업무상'으로만 규정된 산업재해의 요건이 산재보험법에 와서는 '업무수행성'과 '업무기인성'이라는 두 가지 요건을 모두 충족해야 산업재해에 해당한다고 규정했다.[17] 이로써 산재 적용범위를 축소시킨 것이다. 노동청은 산업재해보상보험 관련 예규를 통해 재해가 업무상 재해인지 업무 외 재해인지를 엄격히 선별했다.[18] 치료비에 해당하는 요양보험료 지급에도 제한을 두었다. 피재 노동자가 요양보험을 통해 지급받을 수 있는 치료의 범위를 엄격히 규정해 그 이외의 치료비는 지급하지 않는 식으로 제한을 두었다.[19]

---

16 제14조 (보험급여의 제한), '산업재해보상보험법'[법률 제1438호, 1963.11.5.제정] (www.law.go.kr 국가법령정보센터 참고).

17 산업재해보상보험법 제3조 용어의 정의에서 ① 이 법에서 '업무상의 재해'라 함은 업무수행 중 그 업무에 기인하여 발생한 재해를 말한다 라고 규정하고 있다(국가법령정보센터 참고).

18 가령 노동청 예규 제29호(1965)는 '중추신경 및 순환기계질병(뇌졸중 급성 심장사 등)'을, 예규 제92호(1987)는 '업무상 재해 인정기준' 등을 규정했는데(金晉局, 「産業災害補償制度의 研究-業務上 災害概念을 中心으로」, 서울대 법학과 석사학위 논문, 1987, 80쪽에서 재인용), 규정에 어긋날 경우 산재에 해당하지 않는다고 판결했다.

19 제정된 산업재해보상보험법에서는 의족, 의지, 의안과 같은 보조구의 지급은 치료

둘째, 산재보험은 사후대책인 산재보험제도를 통해 재해의 사전예방 효과를 거두는 방향으로 운영되었다. 무과실책임주의 원칙에 따른 산재보험제도에 재해 발생에 피재노동자나 기업주의 과실이 입증될 경우 보험금 지급을 중단한다는 항목이 포함된 것도 이 때문이었다. 기업주와 노동자가 산재의 예방에 만전을 기하지 않았을 경우 사후보상을 제한하면 사전 예방에 효과가 있을 것이라고 노동청은 기대한 것이다. 그러나 기업주와 피재 노동자 모두 이에 대해 대단히 비판적이었다.[20] 기업주는 보험금 지급이 안 될 경우 자체보상을 해야 한다는 점에서 계속 규정 철회를 요구했고, 노동자는 기업주의 과실 때문에 보험금 수급을 제한당하면 생활이 곤란해진다며 철회를 요구했다. 그 결과 기업주의 과실로 발생한 재해에 대해서는 피재 노동자 생활 보호 차원에서 보험급여를 지급 제한하는 규정이 삭제됐다.

그러나 이후에도 노동청은 "근로자의 재해예방 사상을 진작시키기 위해서"라며 노동자의 중대한 과실로 발생한 산재 사건의 지급제한 규정은 존속시켰다.[21] 이 규정 때문에 산재보험사무소는 산재보험금 심사 과

비(요양보험금)에 해당시키지 않았으나 1차 법 개정에서는 이를 요양보험금에 포함시키는 것으로 개정된 점을 미루어볼 때 치료비 지급 규정도 상당히 세세하게 규정해 놓았던 것으로 보인다(오정근, 「개정산업재해보상보험법과 개정 산업재해보상보험업무 및 심사에 관한 법률」, 국회사무처, 『국회보』 110, 1971, 102쪽).

20 당시 언론에서도 보험료는 많이 걷고 적게 지급하는 산재보험제도에 대한 비판이 꾸준히 제기되었다(「그늘진 산재보험」, 『경향신문』 1969년 10월 30일; 「(사설) 산재보험을 확충하려면」, 『동아일보』 1969년 10월 30일; 「지급보다 징수에 치중, 인색한 산재보험」, 『매일경제』 1970년 11월 2일; 「많이 거두고 적게 내줘 산재보험금 말썽」, 『경향신문』 1970년 5월 29일; 「15인 이하 업소 내버려 둔 채 산재보험 흑자 막대」, 『동아일보』 1974년 6월 19일.

21 100% 지급 제한을 두었던 것은 아니고 휴업급여와 장해급여의 경우 30%를 지급 제한하였다. 근로기준법 제81조에는 노동위원회의 결정에 따라 전액 지급제한할 수 있는 점에 비한다면 다소 완화되었다고 볼 수 있으나 1970년대 내내 존속했던

정 중 피재 노동자의 과실로 산재가 발생했는지를 조사했다. 피재 노동자에게 재해 발생의 책임이 있는지를 보험 운용자인 산재보험사무소가 판결하는 형상이었다. 그리고 이러한 조항은 노동자를 보호하기 위해 실시한다는 산재보험을 노동자들이 불신하게 만들었다.[22] 노동청이 발간한 『산업재해분석』집에 따르면 산업재해의 첫 번째 원인으로 항상 "재해자의 불안전한 상태와 행동"을 꼽는다.[23] 피재 노동자에게 재해 발생의 책임을 묻는 노동청의 이 같은 인식은 보험료 지급 시 피재 노동자에게 과실이 있는지를 따지는 과정에서 초래된 결과로 보인다.

노동청은 보험료 부담률, 즉 보험요율을 정할 때도 재해율에 따라 보험요율을 조정해주는 개별실적요율제도를 채택해 확대시켜갔다. 재해율에 따라 보험요율을 낮춰줌으로써 기업주의 재해예방 의욕을 향상시킬 수 있다고 본 것이다. 그러나 실제로는 기업의 실제 재해율이나 기업주의 산재예방 노력, 작업시설 개선, 유해 환경 개선 등을 포함시켜 보험요율이 결정되기는커녕, 해당 기업의 보험료가 얼마나 지급되었는가에 따라 보험요율이 결정되었다.[24] 그 결과 기업주들이 산재 자체를 줄이기보다는 자기 사업장의 보험금지급액을 낮추기 위해 산재를 신고하지 않는 일이 발생했다.[25] 노동청이 기대한대로 보험료를 낮추기 위해 산재예방

산재보험의 이 조항은 근로기준법 조항과 함께 피재 노동자의 귀책사유를 찾아 보상을 하지 않으려는 국가와 자본에 의해 악용되었다(남춘호, 앞의 논문, 2006, 353쪽의 이원갑 구술 사례 참조).

22 산재보험제도에 대한 노동자들의 구체적 불만 내용에 대해서는 3장 참조.

23 노동청, 『산업재해분석』, 1978.

24 이 점은 법 조항에도 정확히 규정되었다. 보험급여액의 비율이 100분의 85를 넘기나 100분의 75 이하일 경우 노동청장은 그 사업에 적용되는 보험요율을 100분의 30 범위 안에서 대통령령이 정하는 바에 의하여 인상 또는 인하할 수 있다[제22조(보험요율결정의 특례), '산업재해보상보험법', www.law.go.kr 국가법령정보센터 참고].

에 주력하기보다, 기업주는 보험요율을 낮춰달라는 요구 자체에만 주력했다.[26] 산업재해보상보험법 연구의 권위자였던 김치선도 산재보상보험법 제22조에 규정된 개별실적요율제도에 대해 "현 제도 하에서는 산재 발생률을 음성화할 가능성이 있다"며 우려했다.[27] 산재를 감소시키기 위한 항목이 산재를 은폐시키는 결과를 초래한 것이다. 실제 사후보상제도를 통한 재해 사전예방 시도는 효과가 없었다. 산업재해는 매년 늘어났고 산업재해 예방에 무관심한 기업주에 대한 사회적 비판도 이어졌다.[28] 안전시설 설치를 감독할 노동청에 대한 비판도 끊이지 않았지만 노동청이 실시한 정책은 "재해예방주간"을 설정해 주로 노동자들을 상대로 계몽 사업을 펼치거나 기업주에게 산업안전위원회나 보건위생위원회를 기업 내에 설치하도록 '권고'하는 데 그쳤다.[29]

매년 증가하는 산업재해의 직접 피해자였던 노동자들은 산재보험제도가 가진 제도적 한계로 사후보상조차 제대로 받기 어려웠다. 이러한 상황으로 인해 노동자들은 산재보험제도 실시 초기부터 제도에 불만을

25 남춘호, 앞의 논문, 2006, 353쪽, 김경문의 구술 사례 참조.

26 「경제계 산재보험요율 내려야」, 『동아일보』 1970년 6월 4일; 「산재보험요율인하 경제계 개선안 제시」, 『매일경제』 1970년 6월 4일; 「산업재해보상보험법 및 동 시행령개정 요망의견(1975. 7)」, 勞動部勞動保險局 編, 앞의 책, 1981, 129쪽.

27 노동법과 사회보장법 전공이었던 김치선은 한국의 노동관련 법 관련 다양한 저술을 남겼다. 산재보상보험법에 대해서는 김치선, 「산업재해보상법의 방향(일본제도와 비교고찰)」, 『일본학보』 2, 1974이 있다. 이 글에서 위와 같은 의견을 제시했다.

28 1966년 144명이던 재해 사망자 수는 1975년 1,000명을 넘어 1,005명에 달했고 1979년에는 1,537명으로 늘어 증가 일로에 있었다(勞動部勞動保險局 編, 앞의 책, 1981, 282쪽). 늘어나는 산업재해에 대한 사회적 우려는 매년 표출되었다(「한국노총서 건의 산재 직업병 발생 증가 대처케」, 『매일경제』 1974년 7월 27일; 「안전시설 외면 산재 부채질 현대조선」, 『동아일보』 1975년 5월 3일; 「광부의 직업병이 늘고 있다」, 『동아일보』 1975년 10월 14일).

29 노동청, 앞의 책, 1978, 102~106쪽.

드러냈다. 이유는 달랐지만 산재보험제도의 보험금을 납부하던 기업주 또한 제도의 실시에 불만이 컸다.

3. 노동자와 기업주의 불만: 보다 많이 보상하라!

노동자들이 산재보험제도에 가진 불만은 크게 두 가지였다. 첫째는 산재보험처리 과정에 대한 불만이고, 둘째는 여러 요인으로 인해 보상을 받는다 해도 보상 수준이 너무 낮다는 점이었다.

산재보험이 확대 실시되었지만 노동자들이 생각하기에 보험료를 기업주로부터 직접 받을 때보다 너무 늦게 나왔다. 보험료 지급이 너무 늦다는 불만은 시행 초기부터 터져 나왔다.[30] 산재 자체보상을 운영해온 기간이 긴 사업장의 경우 불만이 더 컸다. 재해발생률이 높은 탄광노동자들 중 비교적 자체보상이 원활히 이루어졌던 대한석탄공사 소속 노동자들은 산재보험제도 실시 후 보상받기가 더 까다로워졌다며 이전에는 바로 보상받았지만 보험제도 도입 후 적어도 두 달 정도는 걸린다고 불만을 토로했다.[31] 요양 보험료 지급 시 예전에는 눈에 석탄 가루가 들어가 시력을 잃으면 의안을 해 끼워 주었으나 "산재 실시 후 각박해졌다"며 산재보험 실시 전후를 비교하며 불만을 표출했다.[32] 탄광노동자들의 불

---

30 1966년 2월 18일 개최된 좌담회에서는 산업재해보상보험금이 제2차 경제개발계획 중 재정안정계획 시행 사업에 속해 재무부가 재정을 통제해 실제 보험금 지급이 연기되는 상황에 노동청이 제대로 대응하지 못하고 있다며 기업주와 노동조합 측 모두 불만을 터트렸다(「(좌담) 산재보험제의 확립과 운용」, 『산업과 노동』 창간호, 1967, 22쪽).

31 위의 글, 22쪽.

32 「(좌담회) 산재 보상 보험 제도를 말한다」, 『산업과 노동』 2-1, 1968, 38~39쪽.

만은 탄광노조를 통해 산재보험제도를 폐지하라는 요구로 분출되기도 했다.[33] 준비할 서류가 너무 많은 것도 불만이었다. 재해발생을 신고하러 간 피재 노동자들은 불친절한 산재사무소 직원들이 준비해갈 서류를 제대로 알려주지 않아 여러 번 왔다 갔다 했다며 불만을 토로했다.[34] 사업장에서 바로 받을 수 있었던 재해 보험금을 거주지에서 먼 산재사무소까지 나가 받아야 한다는 점도 피재 노동자들에게는 큰 불만이었다.

규정이 엄격해진 것도 불만이었다. 노동자들은 업무수행성과 업무기인성을 모두 충족해야 산재에 해당한다는 요건은 지나치게 가혹하다며 둘 중 하나만 충족해도 산재로 인정할 것을 요구했다.[35] 실제로 노동청은 '산재보험제도 관련 노동청 예규'를 통해 업무 수행 중에 사망한 산재에 대해서도 사망 원인이 업무 수행 과정 중 발생했음을 밝혀야 산재로 인정했다. 이 경우 업무 수행 중 노동자가 사망해도 산재보험금을 받지 못하는 상황이 벌어졌다. 이는 산재보험제도의 여러 문제들 중 가장 많이 비판받는 지점이었다.

노동자들뿐만 아니라 산재심사위원으로 노동청 업무에 협조하던 이들도 '이중요건 적용' 규정은 문제가 많다는 입장이었다. 산재심사위원회 위원이었던 산업의학의 권위자 가톨릭의대 교수 조규상은 산재보험제도가 생기기 전에는 심장과 뇌혈관계질환 산재는 순직으로 간주해 기업 차원에서 보상했으나 오히려 산재보험제도가 생긴 이후 업무기인성

---

33 위의 글, 39~40쪽. 부두노조도 전국 16개 지부장 전원이 참석한 가운데 1967년 6월 13일 열린 중앙위원회에서 산재보험제도가 노동자 보호에 전혀 도움이 되지 않는다며 시정을 요구하는 성명을 채택했다(「유명무실 산재보험 노동청에 시정 건의」, 『경향신문』 1967년 6월 14일).

34 한국노총, 「산재보험제도의 문제점과 개선방안(1971.11.23)」, 勞動部勞動保險局 編, 앞의 책, 1981, 104~106쪽.

35 한국노동조합총연맹, 「산업재해보상보험법 개정건의(1976.4)」, 위의 책, 130~131쪽.

을 따져 많은 문제점을 자아내고 있다며 개선이 필요하다는 의견을 제시했다. 산재심사위원회 위원장 이겸재도 재심 청구된 사건의 기각율이 높은 것은 업무상 재해임에도 업무기인성을 따지지 않으면 안 되는 규정으로 인한 것이므로, 기인성 검토는 별도의 처리 과정을 제정할 것을 제안했다. 나아가 사망 정도의 중대 재해에 대해서는 재해 대상자인 가족들이 유족급여를 못 타는 일이 없도록 업무기인성 검토가 완화될 필요가 있다고 주장했다.[36] '이중요건 적용'으로 인해 산재로 인정받지 못한 피재 노동자들의 불만에 산재심사위원회 위원들도 공감한 것이다. 한국노총도 1968년 산업재해보상보험법 1차 개정 논의 초기부터 ① 보상절차가 지나치게 복잡하고 ② 관계 공무원의 태도가 관료적이라는 비난과 함께, ③ 요양급여 수급과 장해 등급이 지나치게 가혹하여 근로기준법에 의해 해당 당사자들끼리 교섭할 때보다 훨씬 불리해 수많은 문제가 있다며 시정을 요구했다.[37]

둘째로 산재보험에 대해 노동자들이 가진 불만은 전반적으로 보상수준이 낮다는 점이었다. 보상수준이 낮은 근본 원인은 노동자들이 받는 저임금 때문이었다.[38] 산재보험은 피재 노동자들과 가족들의 생활보장을 목적으로 제시했음에도 불구하고 보험수급액 정액제나 최저보상기준액이 규정되어 있지 않아 생활이 보장되지 않는다며 불만이었다.[39] 산재보

---

36 조규상, 「산재보험운영의 개선점에 대하여 의료기관 선정을 연구 검토해야」, 『산업과 노동』 2-4, 1968; 이겸재, 「재해등급이 중간에 해당될 경우를 참작 등급수를 늘여 재해자의 불평을 덜었으면」, 『산업과 노동』 2-4, 1968, 15~19쪽.

37 한기수, 「산재보험제도는 명실 공히 근로자 위한 체제 갖추도록」, 『사업과 노동』 2-4, 1968, 14쪽.

38 한국노총은 생계비의 절반 수준에도 미치지 않는 임금을 기준으로 지급되는 산재보험 보상액이 "인간의 존엄성에 비추어 너무나 미비하다"고 비판했다(「시정되어야 할 이중부담 직원행패, 보상금액 인상해야」, 『매일경제』 1969년 5월 29일).

험금은 원칙상 자신이 받는 임금 수준에 따라 휴업보상과 장해보상, 유족보상금액이 책정되었다. 저임금을 받는 노동자는 보험수급액도 적을 수밖에 없었다. 노동청이 발표한 자료에 따르더라도 1972년 1인당 휴업급여 지급액은 11,702원에 불과했다.[40] 저임금 상태에서 임금의 60%만 지급되는 휴업보상으로 산재 노동자 가족이 생활을 꾸려나가기는 쉽지 않았다.[41] 매년 임금이 상승해도 피재 노동자의 보험수급액은 그대로인 점도 불만이었다. 이에 한국노총은 장기요양 중에 임금 인상이 있을 경우 인상된 임금을 피재 노동자에게도 적용해 휴업급여액을 높일 것을 요구했다.[42] 1974년 들어 보험료 연간 징수 결정액이 100억 원을 넘어서자

---

39 「말썽 많은 산재보험」, 『매일경제』 1970년 11월 7일; 오정근, 앞의 글, 1971, 99쪽; 한국노동조합총연맹, 「산재보험제도의 문제점과 개선방안(1971.11.23)」, 勞動部勞動保險局 編, 앞의 책, 1981, 104~106쪽.

40 <연도별 요양 휴업 급여>, 노동청, 앞의 책, 274쪽. 1972년 신문기사에 따르면 탄광 노동자들이 월 2만원 내외의 임금을 받고도 최저 생계를 유지하기 힘들다고 나와 있어 1만원 남짓한 금액으로는 생활이 어려웠을 것을 충분히 예상할 수 있다 (「적자생계-광부노임」, 『매일경제』 1972년 4월 8일).

41 1977년 4차 법 개정에 가서야 중소기업 노동자들의 저임금으로 인한 재해보상금액이 노동자 보호에 부족하다는 주장이 받아들여져 피재 노동자의 평균임금이 지나치게 낮은 경우 노동청장이 별도로 고시하는 금액에 따라 보험급여를 지급한다고 규정되었다. 그러나 휴업급여 지급에는 이 규정을 적용하지 않아 여전히 피재 노동자가 치료받는 동안 가족들의 생계곤란은 지속될 수밖에 없었다. "9조 5항", 산업재해보상보험법 [법률 제3026호, 1977.12.19, 일부개정](www.law.go.kr 국가법령정보센터 참고).

42 한국노총, 「산재보험법 「개정에 관한 건의(1970. 1. 12)」, 勞動部勞動保險局 編, 앞의 책, 1981, 104쪽. 한국노총의 요구는 2차 법 개정 시 수용되어 동일한 직종의 사업장 노동자가 받는 통상임금이 피재 노동자가 받는 통상임금보다 상승하거나 하락할 경우 변동비에 따라 인상 또는 인하된 금액을 평균임금으로 삼는다는 조항이 포함되었다. "11조의 2", 산업재해보상보험법시행령 [대통령령 제6740호, 1973. 6.23, 일부개정] (www.law.go.kr 국가법령정보센터 참고).

한국노총은 보상 수준을 향상하라고 강하게 요구했다.[43]

피재 노동자에게 지급되는 산재보험보상금이 적다는 불만은 기업주 측에서도 나왔다. 한국경영자협회나 전국경제인연합회는 산재보험법 개정 시 수시로 보험금 지급의 현실화를 요구했다. 기업주 측이 보험금 지급액 인상을 요구한 것은 보험료를 납부하는데도 지급되는 보험금이 적어 피재 노동자들이 별도의 보상금을 요구한다는 이유에서였다. 노동청 예규를 통해 남발된 보험금 지급제한으로 인한 피해도 기업주 측이 모두 보상하고 있다는 것이 이들의 입장이었다. 보험금 지급이 거절될 경우 피재 노동자측이 기업주에게 별도의 보상을 요구하기 때문에 기업주로서는 '이중부담'을 진다는 이유였다.[44] 당시 피재 노동자들은 기업주를 상대로 손해배상 소송을 빈번하게 제기했는데 기업주측은 이 또한 국가가 적절한 보상을 보장해주지 않아서라고 여겼다. 1968년 산재보험제도에 대한 좌담회에서 대한석탄공사는 보험금 제도 실시 이전에는 6~7천만 원으로 보상이 원만히 이루어졌으나 제도 실시 이후에는 보험료로 1억 원 이상 납부해도 보험금이 적다는 이유로 피재 노동자들이 소송을 제기하며, 이는 노사협조를 위한 산재보험제도가 노사간 갈등을 심화시키는 것이라며 제도에 대한 불신을 드러냈다.[45] 민사소송에서 기업이 패소할 경우 배상금을 피재 노동자에게 지급하게 되는데 보험료 외의 보상금이 별도 지급되어 손해가 크다는 것이었다. 물론 피재 노동자들이 민

---

43 勞動部勞動保險局 編, 위의 책, 122쪽.

44 윤능선(전국경제인연합회 조사부장) 발언, 「(좌담회) 산재 보상 보험 제도를 말한다」, 『산업과 노동』 2-1, 1968, 42쪽; 한국경영자협의회, 「산업재해보상보험법 개정에 관한 건의(1970. 9. 7)」, 勞動部勞動保險局 編, 앞의 책, 1981, 94쪽.

45 유종(대한광업회 이사) 발언, 「(좌담회) 산재 보상 보험 제도를 말한다」, 위의 글, 1968, 38~39쪽; "한국경영자협의회, 대한상공회의소 등 경제계의 입장", 오정근, 앞의 글, 1971, 99쪽.

사소송을 제기한 이유가 단순히 보험금이 적다는 이유 때문만은 아니었다. 한국노총은 산재 제도를 통한 보상과 기업을 상대로 한 배상은 양자 모두 노동자의 권리라며 기업주의 이 같은 주장에 반발했지만,[46] 기업주로서는 이를 보험료 납부에 더해진 '손해'로 받아들였다.[47] 이처럼 각자 이유는 달랐지만 노사 양측이 산재보험제도의 형편없는 보상 수준에 동의하고 있었을 정도로 산재보험제도의 보상 수준에는 문제가 많았다.[48]

결국 산재 노동자의 생활 보호와 보상을 통한 재해 예방까지 의도했던 산재보험제도는 노동청의 의도와는 달리 기업주와 노동자 양측 모두에게서 비판받았다. 피재 노동자의 경우 육체의 손실과 생계 곤란으로 인해 적절한 보상을 받는 데 절박할 수밖에 없었다. 불만을 가진 노동자들은 산재심사위원회에 재심을 청구하거나 기업주를 상대로 민사소송을 제기하는 방법을 통해 산재보상금 '쟁취'에 나섰다.

---

46 "산재보상과 손해배상의 택일제는 위헌이다", 「노동법 및 기타관계법령 개정에 관한 기본방향」, 한국노총, 『사업보고(1969)』, 112쪽.

47 추후 법 개정 과정에서 노동자측은 보상 수준을 높이는 데 주력한 반면 기업주측은 노동자들의 민사소송을 제한하는 조항을 산재보상보험법에 포함시키는데 주력해 입장이 나뉘었다.

48 기업주측은 1970년대 초반까지 노동청이 실시하는 산재보험제도에 대한 불신을 거두지 않았는데 노동청이 보험료는 많이 걷으면서 적정 보험금을 지급하지 못하는 것을 운용 능력의 부족으로 보고 산재보험의 공사화 또는 민영보험화를 주장하기도 했다(「산재보상 민간 운영토록 기업주 이중 부담 지적 경제인협 건의」, 『매일경제』 1967년 12월 22일; "한국경영자협의회, 대한상공회의소 등 경제계의 입장", 오정근, 앞의 글, 1971, 99쪽; 「상의 건의, 「산재보험공사」 신설토록」, 『매일경제』 1970년 3월 27일).

4. 소송하는 노동자들

1) 재결을 요구하는 노동자들

'산재적용제한'과 형편없는 보상 수준에 불만을 가진 피재 노동자들은 '산업재해보상보험 업무 및 심사에 관한 법률'에 보장된 심사 제도를 통해 자신의 보험급여 결정에 대한 심사, 재심사를 청구했다. 이 법에 의해 피재 근로자는 노동청 산업재해보상보험심사관(노동청 산재심사관)에게 지방 산재보험사무소의 원처분에 대한 제1심을 청구할 수 있었고 그 결정에 다시 이의가 있을 때는 산업재해보상보험심사위원회(산재심사위원회)에 재심을 청구할 수 있었다.[49]

완만하게 증가하긴 했지만 1966년 92건에 불과하던 심사 청구 건수가 1979년에는 501건으로 대폭 늘어났다. 1심뿐만 아니라 2심 청구도 1965년 4건에 불과하던 것이 1979년에 이르러서는 143건으로 급증했다 (그림 1). 산재 노동자들이 산재보험제도에 대해 갖고 있던 불만이 재심 청구로 이어진 것이다.[50] 급여별로 볼 때 장해급여와 유족급여 관련 청구

---

49 그렇다면 재심은 어느 정도 청구되었을까? 1966년부터 1979년까지 노동청 산재심사관에게 청구된 건은 3,343건이고 이중 1,056건이 산재심사위원회 재심까지 요구했다. 노동청 산재심사관이 판결한 총 청구 건수 3,343건 중 원 처분 취소를 통해 권리구제를 받은 건이 총 1,035건이고 나머지 2,308건 중 절반에 못 미치는 1,056 건 정도가 2심 청구까지 간 셈이다. 1심 청구자 중 1/3은 다시 재심사를 청구한 것이다. 다시 산재심사위원회에서 재결한 1,056건 중 원 처분 취소 처분을 통해 권리 구제를 받은 총 건수는 458건이었다(勞動部勞動保險局 編, 앞의 책, 1981, 237~239쪽. <연도별 심사청구 심리상황>, <연도별 산재심사위원회재결심사청구 심리상황>).

50 물론 이 수치는 전체 재해자수에 비하면 소수에 지나지 않는다. 1964년 재해자수가 1,489명이었고 이 수가 증가해 1979년에는 130,307명까지 증가했다. 130,307명의

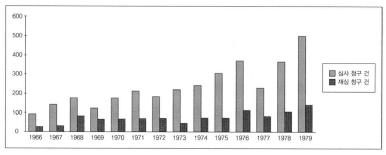

〈그림 1〉1960~70년대 산재심사 청구 수치 변화

* 출전: 〈연도별 산업재해 위원회 재심사청구 심리상황〉; 〈급여별 연도별 심사청구 심리상황〉, 勞動部勞動保險局 編,『産災保險十五年史』, 1981, 236~239쪽 참조해 작성.

가 가장 많았다. 장해와 사망은 요양급여와 휴업급여만 청구하는 경우보다 심각한 재해의 결과일뿐더러 향후 이 급여의 수급이 생활에 상당히 중요하기 때문에 피재 노동자 측에서 보다 적극적으로 심사와 재심사에 응했기 때문이다.

피재 노동자들이 재심 청구 제도를 통해 이의 제기한 내용은 노동청에서 1968년 4월에 발간한『산업재해보상보험심사위원회 재결집(1965~1967)』(이하『재결집』)[51]을 통해 어느 정도 파악 가능하다. 여기에는 심

산재 노동자 중 산재심사위원회에 2심까지 청구한 이가 143명이었을 때 소수의 노동자들만이 이 제도를 활용하고 있었던 점은 부인하기 힘들다(勞動部勞動保險局 編, 위의 책, <별표16> <연도별 업종별 재해자수 및 재해율> 및 <연도별 산업재해 위원회재심사청구 심리상황> 참조).

51 1965년부터 1968년까지 산재심사위원회 위원장은 이겸재[대한생명보험(주) 회장]가 역임했고 39건의 처리 과정 중 위원으로 참여한 이는 약간 차이가 있지만 조규상(가톨릭의대 부설 산업의학연구소 소장), 심강섭(직업안정국장, 1968년), 윤규상(국학대학 교수), 김광택[대한상공(주) 사장]이었고 이중 조규상은 1979년까지 산재심사위원회 위원을 역임했고 심강섭은 산재 심사 수석감찰관을 거쳐 노동보험국장, 1974~1977년까지는 산재심사위원회 위원장도 역임했다. 김광택은 사측 위원으로 위촉된 것으로 보인다. 이상 경력은 노동청, 앞의 책, 1973, 277쪽; 勞動部勞動保

사 청구인의 노동조건, 작업내용, 재해 당시 상황, 재해의 구체적 내용, 심사에 불복종하는 이유 등이 기술되어 있다.[52] 이 중 유족 급여와 장해 급여 심사 청구 내용을 중심으로 살펴보겠다.

사망한 피재 노동자가 존재함에도 산재 인정을 받지 못해 산재심사위원회에까지 재결을 청구한 이유는 무엇일까. 가장 큰 이유는 원 심사와 노동청 산재심사관 심사에서 업무상 재해로 인정받지 못해서였다. 재심까지 온 모든 사례들 중 대다수가 사고로 인한 사망이 아닌 고혈압, 뇌출혈, 심장마비와 같은 업무상 질병으로 인해 사업장에서 사망한 경우였다.[53] 업무 수행 중 사망했지만 업무와의 인과관계를 증명할 수 없다는 이유로 심사 과정 중 산재 적용불가 판정을 받은 것이다.

이러한 결과는 노동청이 노동청 예규 92호 9조 3항으로 "재해 상태를 시간적·장소적으로 명확히 할 수 있거나 또는 발병 전 특정한 근로시간 내에 특히 과격한 업무로 인하여 정신적·육체적 부담이 있었다는 사실이 인정되어야 한다"[54]고 규정해 업무기인성 요건을 엄격히 했기 때문이다.

險局 編, 위의 책, 172~174쪽 참조.

52 1965~1967년까지 산재심사위원회에서 처리했던 재심 총 건수는 61건인데 이 중 39건만 『재결집』에 실어 놓은 이유는 확실하지 않다.

53 업무상 질병 규정과 관련해서도 기준에 따라 분류가 되어 있다. 업무상 질병이 업무 상 질병이라 칭하여지는 이유는 산업재해가 업무 상 근로자의 상병에 해당하기 때문이다. 이 업무상이라는 게 중요한 기준이 되어 직업병이 아니라 업무상 질병이라 칭하고 있는 것이다. 업무상 질병은 재해성 질병과 비재해성질병(직업성 질병)으로 구별되는데 재해성 질병은 업무상의 부상 때문에 발병하는 것 등이 포함되고 직업성 질병은 유해물질의 상당기간 폭로와 건강에 유해한 노동조건하에서 노동을 계속하여 위험 유해 물질이 체내에 서서히 가중 축적되어 건강이 훼손되어 발병하는 것을 뜻한다(근로기준법 시행령 제54조 참조). 이러한 분류에 대해서는 金晉局, 앞의 논문, 1987, 71~72쪽 참고.

54 김진국, 위의 논문, 83쪽.

사례 A. 본건 피재는 피재자 안복동이 야간대기시간 중 발생한 발병으로 사망하였으므로 근무수행 중이었다는 점과 일간 8시간 이외에 월간 40~45시간의 연장 근무(시간외근무)를 하고 전공이 하여야 할 특수근무분야로서 대기 근무(3교대) 월간 10회를 합해 월 평균 374시간을 감당해야 하므로 신체적으로 과중한 노동이며 그리고 작업내용이 승주작업(전봇대에 올라가는 작업)을 위주로 하느니 만치 고도의 정신적 긴장을 요하므로 과로가 있었습니다. 특히 4월 3일과 4일(피재일은 4월 5일)에는 그것보다도 배증되었으며 수리건수 11건 중 승주작업이 6건이라 하였고[55]

사례 B. 피재자 김용봉은 인천항동부두작업장에서 회사가 지시하는 맥류 포장작업을 하던 중 1967년 2월 11일 오전 8시경 실신 사망, 특히 피재 당일 영하 11도의 추운 날씨에도 불구하고 옥외작업이었으며 또한 57세의 고령자로서 젊은 청장년과 동일한 도급임금을 받기 때문에 같이 작업하는 동료들로부터 수치감을 면키 위하여 힘에 겨운 무리한 노력을 경주한 사실과 특히 재해당일은 빈가마니의 부족으로 작업장으로부터 약 25m 거리에 있는 빈가마니 야적장으로부터 80kg 중근량의 뭉치를 5회나 나르고 쉴 사이도 없이 즉시포장 작업에 착수하다가 갑뿐 숨을 미처 쉬지 못하고 허둥지둥 가마니를 묶다가 사망하였습니다.[56]

사례 C. 피재 사망자 김진규는 작기를 들고 나오다가 졸도와 동시에 의식불명 뇌출혈로 인해 사망했으며 17시간 40분 근무는 부인 못할 사실입니다. 궤도공은 원래 궤도 공구 등등을 운반 정리하는 중노

---

55 인용내용은 『재결집』의 사례를 발췌 재구성한 것이다. 피재자 안복동은 한국전력주식회사 충북지점 충주영업소 공무과 분실 소속 전기공이었다[「한국전력충주영업소 사건(裁決日 1965.8.17)」, 『재결집』, 15쪽].

56 피재자 김용주는 인천소재 동방운수주식회사에 속한 노무자였다[「동방운수주식회사 사건(裁決日 1967.12.28), 『재결집』, 122~123쪽].

동에 해당하며 과중 업무량과 책임수행을 다하기 위한 정신 긴장이 재해의 원인이라 생각합니다.[57]

이 사례들의 재심 요청자들은 모두 피재 사망자의 아내들로 업무상 재해가 아니라는 이유로 전혀 보상을 받지 못해 재심사를 제기했다. 이들은 남편의 작업이 업무상 중노동에 해당하는 전기공, 궤도공, 부두작업자로 평소 중노동으로 피로가 축적되었고 그 결과 뇌출혈이나 뇌졸중, 심장마비를 일으켜 사망했다고 주장하며 산재 보상을 요구한 것이다.

그러나 노동청 예규에서는 평소에 육체 과로가 있던 것 자체로 발생한 산재는 인정하지 않았다. 산재 발생 당시의 과중한 업무와 사망 원인 사이의 인과 관계를 엄격히 증명해야만 산재로 인정했다. 그러나 의학적으로도 명확히 판명하기 어려운 업무상 질병과 사망의 인과관계를 유가족들이 밝히기는 쉽지 않았다. 다행히 사례 A는 급격한 노동량 증가로 사망했음을 인정받아 재심을 통해 보상받을 수 있었지만 사례 B와 사례 C는 평소의 지병이 원인이라는 이유로 산재로 인정받지 못해 유족보상조차 받을 수 없었다. 사례 B의 경우 지병은 있었지만 업무 수행이 이를 악화시켜 사망했어도 피재 사망자의 병이 업무상 질병으로 규정되어 있지 않다는 이유로 기각되었다. 사망자의 산재조차 업무와 사망원인을 의학이 증명할 수 있는 경우만 인정하고 의심되는 경우에는 모두 산재적용 불가로 판정한 것이다.[58] 업무 수행 중 사망했음에도 산재가 아니라는 판

57 「한국전력주식회사경남지점운수사무소사건(裁決日 1967.12.28.)」, 『재결집』, 127~130쪽.

58 사례 C의 경우도 뇌출혈로 사망했지만 업무와 뇌출혈 발생의 인과관계를 증명할 수 없다는 이유로 유족급여지급을 기각당했다[「동방운수주식회사 사건(裁決日 1967.12.28), 『재결집』, 122~123쪽]; 「한국전력주식회사경남지점운수사무소사건(裁決日 1967.12.28.)」, 『재결집』, 130쪽.

결을 유족이 받아들이기는 쉽지 않았을 것이다. 때문에 산재로 인정해달라고 재심을 요청한 것이었고 1970년대 내내 이 같은 요구는 끊이지 않았다.[59]

　유사한 상황이 장해등급변경 요청 심사 청구에서도 반복되었다. 척추 장해를 입어 중노동을 할 수 없고 경노동을 할 시 재발 우려가 있다는 주치의의 진단을 받은 이태성은 이 진단에 대해 사실상 노동력을 상실한 불구이므로 8급으로 지급 결정한 것은 부당한 처사이니 6급으로 상향 조정해 달라고 요청했다. 그러나 우려가 있다는 것을 경노동은 가능하다는 것으로 장해 상태를 '소극적으로' 해석한 산재심사위원회는 장해등급을 6급으로 변경할 이유가 없다며 기각했다.[60] 양쪽 귀의 청력 이상으로 6급장해 등급 판정을 받은 오용수는 청력기능전폐로 4급으로 상향해 줄 것을 청구했는데, 기능전폐가 아니라 "전폐된 상태에 가깝다고 진단되어 있다"는 이유로 기각 판정을 내렸다.[61] 장해 판정을 받은 피재 노동자들은 자신들이 동원 가능한 의학적 소견과 주치의 진단서 등 증거 자료를 수집해 제출했지만 같은 의학적 소견이어도 판결 기관이 지정한 의료 기관은 피재 노동자의 장해 피해를 적극 해석하기보다는 '최소한의 수준'으로 판결한 것이다.[62]

59　1978년 발간된 『實務 産業災害補償保險法』에는 산재보상과 관련된 재심 요청에 따른 판례와 판결 시 적용된 노동청 예규가 서술되어 있는데 이 중 업무상 질병 관련 판례, 예규 중 뇌출혈, 뇌일혈, 심장마비 등에 관련된 재심 요구 사례들이 다수 발견된다(한국경영법학연구소 편, 『實務 産業災害補償保險法』, 1978, 法元社 참조).

60　「대한중석상동광업소사건」(裁決日 1966.2.14), 『재결집』, 1968, 229쪽.

61　「대한석공도계광업소사건」(裁決日 1967.2.14), 『재결집』, 1968, 218~220쪽.

62　의학적 소견이 다를 경우 피재 노동자가 진료 받은 주치의 의견이 중시되기보다는 노동청에서 지정한 소속 의료기관의 진단이 더 중시되자 한국노총은 피재 노동자의 주치의 의견을 중시해 달라는 요구를 제출하기도 했다[방홍규(전국광산노동조

산재 노동자들은 장해등급 변경 요청서에 장해를 입은 자신의 처지에 대한 비관을 드러내며 재결(裁決)의 정당성을 호소했다.[63] 이들은 재결서 작성 시 자신들의 통증을 적극 호소하며 의학적으로 증명하려 애썼다. 그러나 산재심사위원회는 의학적으로 증명 가능하며 등급표에 명시된 통증만 보상 대상으로 취급했다.[64] 엄격한 심사 과정에서 산재 노동자들이 호소한 고통과 노동력 손실에 의한 상실감, 장해자가 된 처지 등은 전혀 고려되지 않았다. 유족급여 재심 청구자와 마찬가지로 산업재해로 장해를 입은 노동자들이 정상 운동범위의 1/2 이상인지 아닌지를 기준으로 결정된 장해등급 결과를 받아들이기는 쉽지 않았을 것이다. 신체를 훼손당한 당사자가 아닌 제도를 중심에 둔 한국 노동복지제도(산재보험제도)의 한계를 노동자 스스로 감내할 수밖에 없었다.

이상 살펴봤듯이 재심을 청구한 모든 피재 노동자들이 원하는 결과를

합) 발언, 「(좌담회) 산재 보상 보험 제도를 말한다」, 앞의 글, 1968, 41쪽].

63 "장해등급 10급으로 판정하였음은 너무 가혹한 결정이고 불구의 몸으로 장해등급 제10급으로 앞날이 걱정됩니다"(193쪽), "앞으로 계속 약물 치료 및 물리치료를 하더라도 완전히 척추기능이 회복될 수 없는데 개인의 사정으로는 치료를 받을 수 있는 형편이 못 되어 불구자의 상태를 면할 수 없는 상태인 바"(224쪽), "도보 시에는 장해를 입은 부분이 통증을 호소하며 두통을 느끼고 (중략) 아픈 증세로 인하여 정상적인 안면을 할 수 없는 실정이며 도저히 운동이라고는 할 수 없는 실정"(232쪽), "3개월에 1회씩 요도확장 수술을 받고 있는 실정이고 완전 폐인에 가까운 반신불구가 되었을 뿐만 아니라 성행위가 불가능하여 자녀 출생을 원하여도 이를 할 수 없는 장해에 대하여 원처분청이 행한 처분은 가혹한 것으로 사료되며"(239쪽). 이상의 사례는 『재결집』, 1968 참조.

64 "산업 의학상 정신 및 신경의 장해에 있어서 문제로 되는 점은 외상성 간질, 외상성 신경증, 외상성 척추장해 동통 등 지각이상이 골지를 이루고 있고 동통의 원인이 명확히 있고 신경계통의 기능에 현저한 장해를 남기어 경이한 노동 이외에는 종사치 못할 경우 8급 3항에 적용시킬 뿐 국부에 완고한 신경장해를 남긴 것이라든지 국부에 신경증상을 남긴 것은 보상의 대상으로 취급치 않고 있다"[「동원탄좌 사북광업소사건」(裁決日 1966.6.10.), 『재결집』, 1968, 76~77쪽].

얻을 수 있었던 것은 아니다. 그러나 제도 시행 기관인 노동청의 보험료 지급 제한 '원칙'으로 인해 '산재적용제한' 문제에 직면한 피재 노동자와 가족들은 불만을 토로하는 데서 나아가 재심제도를 통한 결과의 '수정'을 시도했다. 이 과정에서 피재 노동자들은 산재보험제도가 가진 문제점을 드러냈다. 그리고 이러한 불만은 앞에서 이야기한 제도 개선의 요구로 이어진 것이다.[65]

2) 민사소송을 제기하는 노동자들

산재보험금 지급 제한, 지급 수준, 재심 결과에 불만을 가진 피재 노동자들은 기업을 상대로 손해 배상을 청구하는 민사소송도 적극 제기했다. 기업주들의 '이중부담' 불만도 이로 인해 발생했다. 1969년 3월 13일 대한탄광협회에서는 이와 같은 소송 격증에 따른 긴급대책회의를 개최할 정도였다. 대한탄광협회는 1969년 2월 20일 현재 광산재해로 인한 손해배상청구소송이 746건이고 전체 손해배상청구액은 13억 7천만 원에 달하며 한 건당 약 1천만 원의 배상 판결이 나오는 실정이라면서 손해배상청구권에 대한 특별법 제정을 촉구했다. 손해배상청구권을 제한하려는 광산업자들의 의도가 실렸지만, 발표된 수치로 볼 때 피재 노동자들이

---

65 재심 청구 결과에 불복한 피재 노동자들은 다시 행정소송을 제기하기도 했다. 여객자동차 주식회사 노동자 김일랑은 50kg 이상의 타이어를 옮기다 허리 부상을 입었고 이로 인해 소아기 때 앓았던 좌고관절염이 재발되었다며 요양보험금을 신청했다. 그러나 노동청 대전지방사무소는 오히려 지병을 이유로 들어 요양보험금을 지급하지 않았다. 결국 서울고등법원과 대법원이 모두 업무상 재해에 해당되므로 노동청 대전지방사무소가 원고의 요양신청을 불승인한 것은 위법에 해당한다는 판결을 내렸다["산업재해보상보험요양신청기각처분취소"(대법원 1979.8.14, 선고, 79누148, 판결), 국가법령정보센터 판례·해석례 참조].

민사소송을 적극 제기한 것은 분명해 보인다.[66] 이 과정에서 브로커와 변호사에게 수수료, 수임료 명목으로 배상금의 대다수를 떼이는 문제도 발생했는데, 1974년 5월 23일에는 한국노총이 나서서 대한변호사협회와 산재 소송을 진행할 경우 변호사 수임료를 20% 이내로 제한하는 협약을 체결하기도 했다.[67]

피재 노동자가 민사소송을 제기한 이유는 산재보험금을 수령해도 기업의 과실로 재해가 발생했으므로 손해에 따른 배상금을 더 지급받기 위해서였다. 1968년 2월 버스 차장이었던 손명자는 한일여객주식회사를 상대로 산재발생에 따른 노동력 손실을 배상하라는 민사소송을 제기했다. 손명자가 차장으로 탑승한 버스는 정원이 55명임에도 80명을 싣고 가다가 전복사고가 일어났는데 이 과정에서 손명자는 안면과 흉추함몰성 골절상을 입어 차장직을 수행하지 못하게 되었다. 손명자는 자신의 산재에 버스회사의 책임이 있다고 보고 자신의 노동가능연령까지의 수입을 산정해 손해배상을 청구하였다. 결과적으로 대구고등법원은 한일여객에 손해배상의 책임이 있다고 판결해 손명자는 50세까지의 임금을 산정해 배상받았다.[68] 1976년 『경향신문』에는 영등포구 가리봉동 인쇄업체에 종사하다 산재로 손가락을 잃은 노동자가 회사로부터 보상을 더 받기 위해 방법을 묻자, 손해배상청구 소송을 소개하는 내용이 실렸다. 산재보험금과는 별도로 회사로부터 배상금을 더 받기 위한 민사소송이 널

---

66 「변호사는 도산 부채질, 민법에」, 『매일경제』 1969년 3월 13일.

67 "지명된 소송대리인에 대한 재판확정과 강제집행 종료시까지의 착수금과 보수금은 이를 합산하여 승소액의 20%를 초과하지 못하며 가 집행금 중 위 수수료를 미리 공제하지 못한다"(제8항)는 조항을 넣은 '근로자의 손해배상청구에 관한 협약체결'을 맺기도 했다[韓國勞動組合總聯盟, 『事業報告(1974)』, 177~178쪽].

68 "손해배상청구사건"(대구고법 1968.2.1, 67나147, 제2민사부판결: 상고), 국가법령정보센터 판례·해석례 참조.

리 활용된 것이다.[69] 1977년 동신버스주식회사의 이근안은 소속 기업이 보험료를 적게 내려고 자신의 평균임금을 적게 보고해 보상에 손해를 봤다며 기업을 상대로 민사소송을 제기했다. 대법원까지 간 이 소송에서 대법원 재판부는 사업주가 보험료를 잘못 신고하여 피재 노동자가 손해를 입었으므로 소송이 정당하다며 피재 노동자에게 손해배상을 해줘야 한다는 취지로 파기 환송했다.[70] 대한석탄공사 장성지부 소속 피재 노동자와 가족들이 1977년 폭발사고로 갱내에 갇힌 노동자들을 구조하는 과정에서 유독가스에 질식, 후유장해로 인해 회사를 그만 둔 후 손해배상을 청구했는데, 서울민사지법 합의 14부는 회사의 과실을 인정해 만 53세까지 노동력 상실에 따른 손해배상액을 지급하라는 판결을 내렸다.[71]

하지만 피재 노동자와 가족들의 소송이 쉽지는 않았을 것이다. 산재 재결 과정에서 재심 청구인들이 의학적으로 증명하기가 쉽지 않았듯이 피재 노동자들이 기업의 위법을 증명하는 것 또한 쉽지는 않았을 것이다.[72] 그러나 그렇다고 손해배상을 청구할 생각조차 못하거나 기업이 주는 위자금이나 노동청이 지급하는 산재보험금에 '감사'하며 만족하지도 않았다.[73] 오히려 '산재적용제한'이라는 제도의 '문제'를 수정하기 위해

---

69 「기계에 오른쪽 손가락을 잃어, 보상금 외 배상금을 받을 수는 없나」, 『경향신문』 1976년 8월 9일.

70 "손해배상"(대법원 1977.9.13, 선고, 77다807, 판결), 국가법령정보센터 판례·해석례 참조.

71 「산재입은 근로자 손해배상 임금인상 예정분 포함되어야」, 『동아일보』 1979년 9월 17일.

72 대법원까지 간 민사소송의 경우 보통 2~3년의 기간이 걸렸고 신문기사와 한국노총의 '수임료 제한 사업'에서 알 수 있듯이 들어간 비용도 만만치 않았기 때문이다. (각주 67번 참조).

73 탄광 노동자에 한정되지만 김원, 앞의 논문, 2009, 119~165쪽; 김원, 앞의 논문, 2011, 175~226쪽; 남춘호, 앞의 논문, 2006, 321~379쪽의 1960~70년대 산재노

재결을 요구하고 자신의 노동력 상실에 대해 기업의 책임을 물으며 배상을 청구했다. 이 과정에서 기업의 책임을 드러냈고 자신의 노동력 손실을 배상해 줄 것을 요구했다. 산재로 발생한 손해의 배상 책임은 기업주가 져야 한다는 권리의식이 확산된 결과였다.

그러나 노동청에 요구한 보상청구행위든 기업주에 청구한 배상청구행위든 이 같은 행위의 목적은 정당한 사후보상을 요구한 것에 지나지 않았다. 이러한 행위가 산재의 격증을 막지는 못했다. 물론 산재 격증의 가장 큰 원인은 사후보상제도를 통한 사전예방책 외의 별다른 산재예방정책을 취하지 않은 노동청의 노동정책에 있었다.[74] 노동청의 이 같은 산재정책이 기업주와 노동자들 모두 재해의 사전예방보다는 사후보상 문제에 몰입하게 만들었다. 보상을 제대로 하지 않는 노동청과 기업주의 책임은 물었지만 산재 발생 자체의 책임을 묻는 데까지는 나아가지 못했던 것이다.

이러한 분위기는 1977년 협신피혁공업사의 '민종진 사건'을 계기로 바뀌기 시작했다.[75] 이 사건은 협신피혁주식회사 소속 민종진이 회사의

동자들의 보상 청구행위가 거의 없었다는 기술은 재고될 필요가 있다.

[74] 1974년 고무공장 노동자들의 직업병 발생이 사회문제로 비화됐을 때도 산재를 막기 위해 노동청이 마련한 방안은 화학, 석유, 석탄, 고무, 플라스틱제품제조업에 한해 상시 5인 이상 노동자를 사용하는 영세사업장까지 산재보험 가입 사업장으로 적용한다는 것뿐이었다(勞動部勞動保險局 編, 앞의 책, 1981, 122쪽; 「동아고무공업사 종업원 13명, 당국에 진정 "화공약품 악취로 하반신 마비 됐다"」, 『경향신문』 1974년 6월 15일; 「직업병 동아고무공업 대표 입건 신고 않고 連營」, 『경향신문』 1974년 6월 19일; 「직업병 고무공장 대표 입건」, 『동아일보』 1974년 6월 19일).

[75] 민종진은 청계피복노조의 주요 활동가였던 민종덕의 형이다. 민종진 사건에는 1970년대 후반 서울, 경기 지역에서 활동하고 있던 주요 노동운동가들이 모두 결합했다. 민종진 사건의 '사회문제화'에 민종덕의 역할이 어떠했는지와 사건의 전개과정에 대한 면밀한 검토는 후고를 기약한다.

명령에 따라 공장 폐수가 흘러내리는 배수관 속으로 청소하러 들어갔다
가 유황메탄가스에 질식해 숨진 사고였다. 병원으로 옮긴 지 이틀 만에
사망하자 가족들은 호소문을 만들어 산재로 인한 민종진의 죽음은 이윤
을 위해 폐수처리 시설을 가동치 않고 위험한 작업을 명령한 사업주에게
책임이 있다며 기업주에 의한 '살인'으로 규정했다. 가족들은 민종진의
죽음 이후 회사 측이 보상으로 사건을 무마하려 한다며 자신들은 "죽은
사람의 고기값을 요구하는 것이 아님"을 분명히 밝혔다.[76] 가족들의 호
소에 힘입어 당시 노동운동진영에서는 이 사건을 기업주에 의한 노동자
'살인'이라 규정했고 서울과 인천 노동자들이 모여 장례식을 진행했다.
장례식에 모인 당시 민종진의 죽음에 항의했던 노동자들은 산재 보상을
요구하는 차원을 넘어 ① 안전시설을 구비할 것을 규정한 근로기준법을
준수할 것, ② 사건의 책임을 지고 노동청장이 물러날 것, ③ 살인 만행
을 저지른 협신피혁공업사 사장 문재인을 구속할 것을 요구했다.[77] 사건
사후보상과 배상을 제대로 실시할 것에 머물러 있던 노동자들의 요구가
산재 자체를 막지 못한 책임을 노동청과 기업주에게 묻는 수준으로 전환
된 것이다. 사건 해결을 위한 투쟁에는 청계, 방림, 동일, 반도, 남영 등
민주노조 운동가들이 모두 결합했다. 1974년 고무공장 직업병 문제[78]가
발생한 당시만 해도 이렇다 할 대응을 보이지 않았던 민주노조들이 '민
종진 사건' 해결에 나선 것은 이후 산재문제가 '민주노조운동'의 주요기

---

76 "호소문(협신피혁공업사 민종진씨 사건)" (생산자: 고 민종진씨 유가족 민종배 민종
   호 민종덕, 생산일자: 1977. 7. 7, 제공 : 한국기독교사회문제연구원), 민주화운동기
   념사업회 사료관 제공.
77 한국기독교교회협의회한국교회산업선교25주년기념대회, 『1970년대 노동현장과 증
   언』, 풀빛, 1984, 586~587쪽.
78 각주 74번; 대한산업보건협회, 『산업보건 반세기: 현장의 기록, 대한산업보건협회
   50년사 1963-2013』, 2013 참조.

제로 제기될 것임을 암시했다.

5. '사후보상' 수정의 시도와 그 이후

보통 산재보험제도는 대표적인 노동자복지제도로 생각된다. 그러나 한국에서 산재보험제도가 도입될 당시 이 제도는 사회적으로 쉽게 수용되지 않았다. 사회보장제도보다는 실업과 빈곤의 퇴치가 중요하다는 도입 초기의 사회적 상황이 이러한 분위기를 만들어냈으며 노동자들 중 일부도 기업으로부터 확보한 자신의 산재보상수준이 낮아질 것을 우려해 환영하지는 않았던 것이다.

그러한 가운데 시행된 산재보험제도는 제도 실시 이후 보험 적용 사업장이 급속히 늘어남에 따라 노동자들로부터 다양한 불만을 일으켰다. 첫째, 산재보험제도 자체가 가진 제도적 결함, 즉 철저하게 보험료로 운용되는 제도여서 보험료 외에는 일체 운용기금을 확보할 수 없어서였다. 노동청은 보험 적용 사업장을 늘리는 데는 적극적이었지만 보험금 지급에는 인색했다. 이를 위해 '산재적용제한'이라는 운용 방침을 세운 노동청은 산재 인정에 '이중요건'을 적용시켜 산재인정을 받기 어렵게 만들었다.

동시에 노동청은 산재보험제도라는 사후보상제도를 통해 재해의 사전예방을 기도했다. 산재발생에 기업주나 피재 노동자의 과실이 있을 경우 보험료 지급을 제한하는 규정을 산재보험제도에 포함시켜 기업주와 노동자들이 재해예방에 나서는 효과를 기대한 것이다. 그러나 실상 이것은 산재를 당한 노동자에게 산재 발생의 책임을 물은 것으로 노동자들이 산재보험제도에 불만을 갖게 만든 중요한 요인이었다. 같은 이유에서 실시된 개별실적 요율제도도 재해예방의 효과보다는 보험요율을 낮추기 위해 산재를 은폐하는 결과만 낳았다.

매년 증가하는 산재의 직접 피해자였던 노동자들은 산재의 시행 자체에 만족하지 않았다. 오히려 산재 실시 후 더 적극적으로 산재보험제도에 대한 불만을 토로했다. 노동자들은 '산재적용제한'으로 인해 산재보험이 "가혹하게" 운영되고 보상수준이 지나치게 낮다고 불만을 분출했다. 한국노총은 피재 노동자들이 토로한 이 같은 불만을 수용해 제도 개선을 요구했다.

산재보험제도의 문제 제기와 제도 '수정'은 노동단체만 시도한 것이 아니다. 피재를 당한 노동자들은 개별적으로 산재보험제도가 운용한 재심제도와 행정소송을 통해 그것을 시도했다. 이 과정에서 산재보험제도가 가진 문제점들이 여실히 드러났고 일부에 지나지 않지만 '권리구제'를 받을 수 있었다. 산재로 인한 노동력 손실을 배상받고자 했던 노동자들은 민사소송을 제기해 기업의 책임을 물었다. 산재로 발생한 손해 배상 책임은 기업주가 져야 한다는 권리의식이 확산된 결과였다.

다른 한편, 노동자들이 노동청에 요구한 보상청구행위든 기업주에 청구한 배상청구행위든 이 같은 행위의 목적은 정당한 사후보상을 요구한 것에 지나지 않았다는 한계가 있다. 보상을 제대로 하지 않는 노동청과 기업주의 책임은 물었지만 산재 발생 자체의 책임을 묻는 데까지는 나아가지 못했던 것이다.

이 같은 상황은 1977년 협신피혁공업사의 '민종진 사건'을 계기로 바뀌기 시작했다. 민종진의 가족들과 노동자들은 산재가 발생할 수밖에 없는 작업현장에서 노동자에게 작업을 지시한 것은 노동자 살인과 같다며 사건의 책임을 지고 노동청장이 사퇴할 것과 협신피혁공업사 사장 문재인을 구속하라고 요구했다. 사후보상과 배상을 제대로 실시하라는 수준에 머물러 있었던 노동자들의 요구가 산재 자체를 막지 못한 책임을 노동청과 기업주에게 묻는 수준으로 전환되는 순간이었다. 1980년대 민주노동운동에서 산재보상을 포함한 산재추방운동이 노동현장에서 활발하게 펼쳐진 데에는 1960~70년대 노동자들의 인식과 행위의 '전사(前史)'가 있었던 것이다.

〈부록〉 산업재해보상보험법 및 시행령 개정 주요 내용

법률 및 시행령 개정	개정의 배경	법률 및 시행령 개정의 주요 내용
1970. 12. 31. 1차 법률개정 (법률 2271호)	보험급여수준에 대한 불만	1)유족특별급여제도 신설 2)장해등급 확대 등급별 지급 수준 인상 3)장해급여와 유족급여 연금슬라이드제 도입
1971. 11. 19. 8차 시행령개정 (대통령령5846호)	급격한 임금인상과 물가 상승	1)휴업급여에만 임금변동순응제도 도입 2)장해급여와 연금급여 수준 향상
1973. 3. 13. 2차 법률개정 (법률 2607호)	건설업자, 중소기업의 수납율 저하와 지급율 증가	1)휴업급여임금변동순응제 입법화 2)근로자 보험급여 제한사유로서 근로자 중대한 과실이 있을 때로 제정된 데다가 피재자가 요양을 소홀히 받거나 질병 신체 장해 상태를 악화시킬 때 보험급여 제한 3)보험급여 받는 자가 법상 의무나 수명 사항을 이행하지 않을 시 급여 일시지급 중지
1975. 4. 2. 10회 시행령개정 (대통령령7611호)	1974년 영세고무공장 노동자들이 집단으로 직업병 발생에 항의한 것이 사회 문제화됨	1)광업과 제조업 중 화학, 석탄, 석유, 고무 또는 플라스틱 제품 제조업에 대하여는 상시 5인 이상의 근로자를 사용하는 사업까지 강제 적용
1976. 12. 22. 3차 법률개정 (법률 2912호)	노동조합, 노동자들의 보상수준향상을 요구하는 경향이 강해짐	1)휴업급여 외의 장해보상연금에도 임금변동순응률 제도 도입 2)근로자 재해방지에 관한 법령에 위반하거나 재해방지에 관한 구체적이고 명백한 사용자의 지시를 위반함으로써 재해가 발생한 경우 급여 지급시마다 100분의 30 해당액만큼 제한
1977. 12. 19. 4차 법률개정 (법률 3026호)	1) 노동자들 내부의 임금격차에 따라 보험급여의 격차도 커짐 2) 산재보험을 통한 저임금 영세사업장 보호문제에 대한 사회적 관심의 증가	1)보상액 최저보장제도 창설 2)임금변동순응률제의 전면 실시 3)장해보상연금 수준 연간소득의 60% 수준 ILO 제121호 조약에 의한 국제보상수준까지 도달하도록 4)근로자 중대과실에 대한 급여제한 폐지 5)물가상승변동제 (12회 시행령 1978. 12. 13) 20% 이상 변동할 시 이를 조정하던 것을 10% 이상 변동되면 변동률에

	3) 낮은 장해급여와 휴업급여의 급여액에 대한 ILO의 비판	따라 변동사항 발생분기 다음 분기부터 이를 적용 6)중소기업의 저임금 노동자 보호에 부적당하다고 인정되는 경우 노동청장이 별도로 정하여 고시하는 금액을 그 근로자의 평균임금으로 하여 보험급여를 산정 지급(휴업급여는 제외)

* 출전 : 勞動部勞動保險局 編, 「제2장 법령」, 『産災保險 十五年史』, 1981, 75~136쪽 참조해 작성.

제3부

마이너리티와 폭력

마이너리티 연구와 '민중사연구'
- 아이누사 연구와 부락사 연구의 시점에서 -

히와 미즈키(檜皮瑞樹) | 번역_장용경

1. 들어가며

일본 역사학, 특히 그 정통이었던 전후역사학은 마이너리티의 역사를 항상 타자의 역사로 묘사했다고 해도 좋다. 일본 사회에서 오랫동안 차별의 대상이 되었던 피차별부락에 관한 역사적 연구, 혹은 홋카이도를 중심으로 한 북방선주민족인 아이누민족에 관한 역사적 연구는 마르크스주의 역사학에서는 주로 계급 내지 계급투쟁으로 해석되는 경향이 강했다. 그렇기 때문에 천민집단과 아이누민족이 걸어온 독자적 역사를 그려낸다는 의식은 희박했다.

또한 전후 일본사 연구에서, 자각하지 못한 채로 분석대상을 샌프란시스코 강화조약 이후에 확정된 '일본'이라는 범위와 그 일본에 귀속된 협의의 일본인의 역사로 한정해온 문제를 지적할 수 있다. 식민지와 그곳에 살았던 사람들의 역사, 혹은 전후 자이니치(在日)코리안의 역사, 아이누민족, 류큐(오키나와)에 관한 역사는 항상 학문의(일본사 연구로부터도, 그리고 조선사와 중국사 등의 연구 분야로부터도) 범위 밖에 놓여 왔는데, 이 때문에 아이누사 연구와 부락사 연구, 재일조선인사 연구는 일본사 연구의 진전에 비해 매우 뒤쳐지게 되었다.

이 논문에서는 아이누사 연구와 부락사 연구를 주요 분석대상으로 삼아, 전후 역사학 그 중에서도 '민중사 연구'[1]가 마이너리티사 연구를 어떻게 다뤄왔는지, 그리고 자신들의 역사서술 속에서 마이너리티를 어떻게 그려냈는지, 마이너리티에 대한 민중의 폭력은 어떻게 취급해왔는지를 분석한다.

2. 전후 역사학과 마이너리티사

먼저 전후역사학의 아이누사 연구 및 피차별부락사 연구의 행보에 대하여, 문제점을 간단히 정리한다.

첫째, 아이누사 연구가 홋카이도사, 홋카이도 개척사와 표리일체 관계에 있음이 문제의 근저에 있다는 점을 지적해두지 않으면 안 된다. 근세 및 근대 홋카이도사 연구의 주인공은 어디까지나 와진(和人)[2]으로서, 아이누민족은 와진에 의해 일방적으로 박해, 착취되는 존재로 그려진다는 특징이 있다. 동시에 홋카이도 개척사 연구의 배경에는 개척사관이라고 불리는 역사의식이 존재한다. 개척사관은 주로 근대 이후 홋카이도

---

1 이 논문에서는 일본사의 민중사 연구, 백성 잇키(百姓一揆), 민중운동사 연구, 자유민권운동사 연구 등을 하나로 통틀어서 '민중사 연구'로 표기한다. 이러한 취급방법이 기존 연구의 상세한 연구사 정리와 잘 들어맞지 않을 것임을 충분히 인식하고있다. 그러나 마이너리디사 연구와의 관계 및 민중폭력의 문제를 검토할 때에는 다양한 '민중사 연구'에서의 차이를 강조하기보다는 '민중사 연구'를 총체로 파악하는 것이 효과적이라고 판단하기 때문에 구태여 이와 같이 사용하기로 하였다.

2 본고에서는 아이누민족에 대비되는 용어로서 '와진'을 사용한다. 여기서 와진이라고 하는 것은 혼슈, 시코쿠, 규슈에 옛날부터 거주했던 사회집단을 가리킨다.

와진(대부분 메이지유신 이후의 이주자이다)의 역사에 관하여, 그 고난과 성공을 역사서술의 중심으로 삼는 역사의식이다. 개척민, 둔전병 등의 키워드를 수반하여, 홋카이도의 근대화야말로 일본 근대화를 상징하는 역사라는 의식으로 지탱되는 역사가 그려진다.[3]

이러한 역사서술 속에서 아이누민족의 역사는 근대화에 적응하지 못한 '불쌍한 존재'라는 역할이 일방적으로 떠맡겨진다. 당연하게도 홋카이도 개척사에서 와진이 메이지유신 이후 아이누민족에게서 아이누의 대지[아이누 모시리]를 수탈한 것에 대해 식민지 책임을 힐문당한 적은 많지 않다. 홋카이도의 근대사인 개척사라는 것은, 어디까지나 현재 홋카이도에서 생활하는 사람들의 기원에 관한 역사로 이야기될 뿐, 아이누민족의 역사는 왕왕 망각되거나 부차적으로 그려져 왔다고 해도 좋을 것이다.

한편, 피차별부락사 연구는 일본근세사 연구에서 신분제 연구와 깊은 관련을 맺으며 진행되었다. 본고에서 상세한 검토는 생략하지만, 미네기시 겐타로(峯岸賢太郎), 와키타 오사무(脇田修), 나카오 겐지(中尾健次)[4]

---

3 이는 근대 이전의 에조치(홋카이도)와 와진의 관계를 과도하게 강조하는 것인데, 에조치가 근세 단계에 와진의 지배지였다고 해석하는 것은 위험하다. 이러한 역사인식은 에조치와 와진 사회가 본격적으로 관계를 맺는 것은 19세기 이후라는 역사에 대한 개찬(改竄)일 뿐만 아니라 아이누민족이 선주민족이라는 것에 대한 부정과도 연결되기 때문이다.

4 峯岸賢太郎, 『近世被差別民史の硏究』, 校倉書房, 1996; 峯岸賢太郎, 『近世身分論』, 校倉書房, 1989; 脇田修, 『近世身分制と被差別部落』, 部落問題硏究所, 2001; 中尾健次 編著, 『部落史からの發信』1(前近代編), 部落解放·人權硏究所, 2009; 中尾健次, 『江戶時代の差別觀念』, 三一書房, 1997 등. 근래 들어서도 西本浩一, 『都市江戶における非人身分とその'周緣'』, 『部落問題硏究』 197, 2011; 木下光生, 『近世三昧聖と埋葬文化』, 塙書房, 2010; 藤澤靖介, 『部落の歷史像』, 解放出版社, 2001 등의 연구 성과가 발표되었다.

등 일본 근세부락사 연구에는 많은 훌륭한 업적이 발표되었다. 또한 전후 일본 부락사 연구가 부락해방운동과 밀접히 관계되었음도 지적해두지 않으면 안 된다. 그 특징으로는 전후 역사학에서 근세 신분제가 일본사회의 근대화 과정을 저해하는 요인인 '봉건유제'로 파악된 점, 그 결과 '봉건유제'인 신분제의 해체와 극복이야말로 현대적 명제로 인식되었다는 점을 들 수 있다. 다만 한편으로 일본사회 전체에서는 부락문제(부락차별)에 접근하는 것이 터부시되는 경향이 적지 않게 존재하기도 해서, 역사 연구 전반에서 부락사 연구가 중심적 테마로 위치된 적은 많지 않았다.

일본 근대를 대상으로 한 부락사 연구는 후지노 유타카(藤野豊), 구로카와 미도리(黑川みどり), 우에스키 사토시(上杉聰)5 등에 의한 많은 업적이 있는데, 근년에도 도모쓰네 쓰토무(友常勉), 세키구치 간(關口寬)6 등 젊은 연구자들이 많은 성과를 발표하고 있다. 또한 전국 수평사(水平社) 활동에 대해서는 많은 연구가 있지만, 한편으로 일본근대사 전체로부터 본다면 어디까지나 주변적인 존재라는 점은 현재에도 변함이 없다.

---

5 藤野豊, 『水平運動の社會思想史的研究』, 雄山閣出版, 1989; 黑川みどり 編著, 『部落史からの發信』 2(近代編), 部落解放・人權研究所, 2009; 黑川みどり 編著, 『'眼差される者'の近代』, 部落解放・人權研究所, 2007; 黑川みどり, 『異化と同化の間』, 靑木書店, 1994; 藤野豊・黑川みどり 編著, 『近現代部落史』, 有志社, 2009; 上杉聰, 『明治維新と賤民廢止令』, 解放出版社, 1990; 朝治武, 『水平社の原像』, 解放出版社, 2001; 朝治武, 『アジア・太平洋戰爭と全國水平社』, 部落解放・人權研究所, 2008; 鈴木良, 『近代日本部落問題研究序說』, 兵庫部落問題研究所, 1985 등. 또 밀접히 연관된 연구 영역으로 도시하층사회 연구가 있다. 小林丈廣 編著, 『都市下層の社會史』, 部落解放・人權研究所, 2003; 吉村智博, 『近代都市大阪と'釜ヶ崎'』, 『部落問題研究』 17, 2006 등.

6 友常勉, 『戰後部落解放運動史』, 河出書房新社, 2012; 關口寬, 『大正期の部落問題論と解放運動』, 『歷史評論』 766, 2014 등.

이와 같이 전체적인 상황에서 보면, 아이누사 연구와 부락사 연구는 일본사 연구의 '타자'로 위치되어 왔다고 해도 과언이 아니다. 일본사 연구와 마이너리티 연구의 격차는 현재 상황에서도 개선되기는커녕 분업화 상황으로 인해 확대되고 있다. 물론 마이너리티사 연구를 일본사(메저리티 일본인의 역사)의 일부로 안이하게 회수하는 것은 기피해야 하겠지만, 한편으로 마이너리티사를 일본사의 '타자'로 계속 배제하는 상황은 결코 바람직하지 않다.

이러한 연구 상황에 대하여, 마이너리티와 차별의 역사를 일본사 연구 측에서 상대적으로 취급한 몇 안 되는 연구자가 히로타 마사키[7]이다. 히로타는 개별분산된 마이너리티 연구를 일본근대사 속에서 총체적으로 취급하자고 문제제기하고 또 실천했다. 마이너리티사를 일본사의 무대 위로 등장시켰다는 의미에서 히로타의 업적은 컸고, 1980년대 후반 이후 마이너리티사 연구를 견인했다. 다른 한편, 히로타로 대표되는 마이너리티사 연구는 근대적 가치의식을 비교적 긍정적으로 간주한다는 문제점을 지적해 두지 않으면 안 된다. 물론 무비판적으로 근대적 제도들을 긍정한다는 의미는 아니어서 근대성에 대한 비판의식도 당연히 존재한다. 그 한편으로 근대적 가치관의 침투(봉건유제의 타파라고 바꿔 말해도 좋다)가 마이너리티의 문제와 차별을 해소한다는 의식이 강하게 존재한다. 그렇지만 대부분의 마이너리티 문제는 근대 이후에 재생산 혹은 새롭게 창출되었다는 점을 경시해서는 안 된다. 또한 근대주의와의 대치라는 문제는 마이너리티 연구자에게 고유한 문제가 아니라, 민중사 연구에도 본질적으로 포함된 과제이다. 히로타의 연구에서 배우면서, 마이너리티사

---

7 ひろた まさき, 『差別の視線-近代日本の意識構造』, 吉川弘文館, 1996; ひろた まさき, 『日本帝國と民衆意識』, 有志社, 2012 등. 히로타(ひろた)의 문제의식을 계승한 연구로, 黑川みどり・藤野豊, 『差別日本の近現代史』, 岩波書店, 2015가 있다.

와 일본사 연구 사이의 대화를 계속해나가는 것이 무엇보다도 추구되어
야 할 것이다.

3. 마이너리티 연구와 '주체성' 문제

다음으로 아이누사 연구에서 아이누민족의 주체성과 아이누 민족에
대한 폭력을 둘러싼 역사서술의 문제점에 대해 논하겠다. 앞에서 서술한
대로 전전(戰前)의 학문 상황에서는 '아이누 멸망사관'이라 불리는 학문
적 특징이 있었다. 곧 아이누민족이라는 역사적 존재를 '필연적으로 멸
망할 수밖에 없는 존재'로서 역사적으로 위치 짓는 역사관으로, 그 배경
에는 홋카이도사 연구가 식민학에 뿌리를 두고 있다는 점이 깊게 관련되
어 있다.

그에 비해, 전후 아이누사 연구는 이 같은 전전의 연구 자세에 대한
비판의식을 강하게 가졌다. 가이호 미네오(海保嶺夫), 다바타 히로시(田
端宏), 에모리 스스무(榎森進) 등[8]으로 대표되는 연구에서는 와진에 의한
아이누 지배, 특히 통치권력인 막부와 개척사에 의한 지배의 폭력성이나,
아이누 지배에서 직접 폭력을 행사한 지배인과 반닌(番人)이라고 불린
와진 최하층 노동자의 잔학성을 혹독하게 비판하는 경향이 강하게 존재
한다.

이러한 아이누사 연구가 안고 있는 과제를 얼추 분류하면 다음 4가지

8 海保嶺夫, 「北海道の'開拓'と經營」, 『岩波講座 日本歷史: 近代 3』, 1976; 海保嶺
   夫, 『幕藩制國家と北海道』, 三一書房, 1978; 田端宏, 『蝦夷地から北海道へ』, 吉
   川弘文館, 2000; 夏森進, 『改定增補 北海道近世史の硏究-幕藩體制と蝦夷地』,
   北海道出版企劃センター, 1994; 夏森進, 『アイヌ民族の歷史』, 草風館, 2007 등.

를 지적할 수 있다.

첫째, 막부와 개척사의 폭력성을 강조한 나머지, 권력에 의한 지배가 아무런 전제 없이 '악'으로 그려진다는 점이다. 당연히 막부 등 지배자에 의한 폭력성을 비판하는 것은 역사학으로서 필요한 자세라는 점에는 이의가 없다. 그리고 이러한 권력의 폭력성을 은폐하고 과소평가하는 것은 용납할 수 없으며, 요즘 식민지근대화론과 같은 상황에 빠지는 일은 아이누사 연구에서도 피해야 한다는 것은 말할 필요도 없다. 그렇지만 지배를 단일하게 '악'으로서 규탄하는 자세를 고집하는 것은 결과적으로 학문을 정체시킨다.

이러한 측면에 대해 앞서서 예각적 비판을 전개한 사람이 오가와 마사히토(小川正人)[9]이다. 근대 이후의 아이누교육사를 전공한 오가와는 기존의 아이누사 연구가 아이누통치의 본질을 동화(同化)와 황민화(皇民化)라고 비판하는 한편으로, "'차별', '동화'가 나타났다고 지적할 뿐, 그 제도가 어떠한 내용과 방법을 가졌는가에 대한 분석으로 나가지 않는다"고 하면서 아이누사 연구의 본질적 문제점을 지적한다. 여기에 "아이누정책사의 전개과정은 '동화'라고 개괄하는 것만으로는, 또는 차별과 동화의 교묘한 구사일 뿐이라고 하는 정도의 설명으로는 도저히 해명할 수 없다"고 하면서, 아이누민족에 대한 폭력성을 지적하는 것에서 한걸음 더 나아가서 동화정책의 본질에까지 다다르는 분석의 필요성을 제기한다.

오가와의 비판을 필자 나름으로 해석하자면, ① 마이너리티 통치정책을 정치기원론으로 설명하는 것에 대한 비판, ② 통치정책을 박탈하는 폭력인가 혹은 휴머니즘적인가 하는 이항대립으로 파악하는 것에 대한 비판, ③ 마이너리티 통치에서 폭력을 발생시킨 정치문화(통치이데올로

---

9 小川正人, 『近代アイヌ敎育制度史硏究』, 北海道大學出版會, 1997. 이하 오가와 (小川)의 인용문도 위와 같음.

기)에의 착목이라고 정리할 수 있다. 오가와의 연구업적은 많은 시사를 준다.

둘째, 아이누의 역사적 주체성을 둘러싼 문제이다. 기존의 아이누사 연구가 권력의 폭력성과 강인함을 강조하면 할수록, 아이누민족은 '와진에 의해 일방적으로 착취되는 존재'로 그려지고 결과적으로 역사적 주체성을 상실한다는 모순을 내포한다. 이 문제는 아이누사 연구뿐만 아니라 민중사연구가 오랫동안 가지고 있던 커다란 문제이기도 하다.

게다가 이런 표상이 반복되어 '아이누민족은 순진무구해서 와진의 악랄 무도함에 대해서도 저항하지 않았고, 그 결과 와진의 폭력에 노출되었다'는 이미지가 재생산되는 점도 지적해두지 않으면 안 된다. 아이누의 주체성을 역사적으로 복권하는 것을 목표로 한 전후 아이누사 연구가 오히려 아이누의 역사적 주체성을 희박화하는 결과를 가져왔다고도 할수 있다.

이러한 문제에 대해 많은 시사점을 주는 것이 다니모토 아키히사(谷本晃久)[10]의 업적이다. 다니모토는 근세 에조치(蝦夷地)에서 와진의 지배에 편입되지 않은 아이누의 독자적 경제활동과 사회영역으로서 '자기벌이(自分稼き)'의 존재를 지적하여, 와진의 지배로부터 자립한 아이누 사회의 존재를 실증했다. 이는 아이누의 역사적 주체성을 재평가하려는 시도로 매우 의의가 깊지만, 반면에 아이누의 역사적 주체성을 강조하면 결과적으로 아이누에 대한 폭력과 차별을 희박화한다는 성가신 딜레마를 내포한 것도 사실이다. 안이한 역사수정주의에 포박되지 않고 역사에서 아이누민족의 주체성에 초점을 맞추려는 시도를 계속해야 할 것이다.

---

10 谷本晃久, 「アイヌの自分稼」, 菊池勇夫 編, 『蝦夷島と北方社會』, 吉川弘文館, 2003; 谷本晃久, 「幕末·明治維新期の松前蝦夷地とアイヌ社會」, 明治維新史學會 編, 『講座 明治維新 第一卷: 世界史のなかの明治維新』, 有志社, 2010 등.

셋째, 민중폭력에 관한 문제이다. 근세 에조치에서 아이누와 직접 접촉하여 물리적 폭력을 행사한 사람은 지배인과 반닌이라고 불린 와진의 최하층 노동자(민중)였다. 이러한 와진 노동자에 대한 역사적 평가와 아이누민족과의 관계에 대해서 귀중한 지적을 한 사람이 기구치 이사오(菊池勇夫)[11]이다. 기구치는 "이민족 지배의 결절점으로 평가할 수 있는 장소청부제(場所請負制)라는 것으로서, 지배인－통역자[通詞]－반닌(番人)의 직제로 편성된 와진 출가자(出稼者)가 현장의 수탈자로 아이누인에게 군림한 것은, 와진 노동 민중과 아이누민족의 마주침이 출발점에서부터 대립·차별구조 속에 던져져 있었음을 의미한다"고 하여, 민중이 행사한 폭력 자체보다도 폭력을 발생시킨 사회구조를 비판했다. 또한 에조치에서 아이누 지배와 폭력의 소재에 관해서는 "권력과 그에 결부된 상업자본"이 주체였다고 평가했다. 기구치의 지적은 중요한데, 에조치에서 직접적 폭력의 모든 책임을 민중에게 떠맡기는 것은 부당할 뿐 아니라 문제의 본질을 놓치는 것이 된다.

한편, 실제 에조치 사회에서 아이누를 차별하고 폭력을 휘두른 사람이 와진 민중이었다는 점은 부정할 수 없는 것이어서, 민중 폭력의 존재를 직시하면서 그 폭력을 만들어낸 요인에 관해서 사회·경제적 구조에 대한 비판으로부터 한발 더 분석을 심화시킬 필요가 있다.

또한 홋카이도의 근대 이후 민중폭력에 관해서 와진－아이누 관계를 본격적으로 취급한 연구는 거의 이뤄지지 않은 실상이다. 그 이유로는 앞에서 말한 개척사관뿐만 아니라, 자신의 선조가 아이누 민족에게 행사한 폭력을 직시하는 것에 대한 공동체로서의 기피감이 존재하는데, 이것

---

11 菊池勇夫, 『幕藩體制と蝦夷地』, 雄山閣, 1984, 112쪽. 기구치(菊池)의 다른 업적으로는 『北方史のなの近世日本』(校倉書房, 1991), 『アイヌ民族と日本』(朝日新聞社, 1994), 『アイヌと松前の政治文化論』(校倉書房, 2013) 등이 있다.

이 연구의 진전을 저해하는 요인이 되고 있음을 부인할 수 없다.

이러한 민중폭력을 둘러싼 아이누사 연구가 안고 있는 문제의 요인은 전후 역사학이 국가권력과 자본에 대항하는 민중의 연대를 과도하게 추구한 결과이기도 해서, 민중과 민중 혹은 민중과 마이너리티의 관계에서 폭력과 차별의 존재를 정면에서 다루지 못한 것에 그 본질이 있음은 말할 것도 없다.

넷째 문제는 폭력과 차별의 요인을 정치권력에서 구하려는 나머지 민중폭력을 직시하지 않았을 뿐만 아니라, 그 한편으로 한정된 일부 인물을 아이누에 대한 이해자로서 높이 평가한다고 하는 구조적 과제이다. 전후 아이누사·일본사연구가 아이누를 이해한 자로 높이 평가한 대표적 인물이 마쓰우라 다케시로(松浦武四郎)인데, 그는 많은 아이누사 연구자로부터도 휴머니스트라고 호의적으로 평가된다. 다케시로의 사상에 관한 고찰은 지면 관계상 생략하지만,[12] 여기서는 다케시로라는 인물이 민중을 포함한 와진의 폭력을 중화하는 일종의 '면죄부'로 기능해왔음을 지적해 두고 싶다. 민중을 포함한 와진의 아이누 민족에 대한 폭력에 관해서 권력(막부와 개척사 또는 상업자본)을 희생양으로 만들면서, 그 반면으로 일부 예외적 인물을 와진 사회 전체의 '면죄부'로 묘사하는 구도가 존재하는 것이 문제이다. 이러한 희생양과 면죄부의 상호보완적 구도는 개척사관과도 기묘하게 조화되면서 현재에 이르기까지 계속 재생산되고 있다. 그리고 희생양과 면죄부 구도는 민중폭력에 대한 무관심(기피)과도 밀접하게 관계되어 있다. 조금 혹독한 표현이 되겠지만, 기존 연구가 와진 사회의 폭력성을 강렬하게 비판하면서도 그 책임을 정치권력과 자본주의라고 하는 사회구조에만 떠넘긴 결과, 민중 자신이 행사한 폭력으로

---

12 이 점에 관해서는 檜皮瑞樹, 『仁政イデオロギーとアイヌ統治』, 有志社, 2014 참조.

부터는 눈을 돌려왔다는 비판은 피할 수 없는 것이다.

4. 부락사연구와 민중사연구: 19세기를 중심으로

다음으로 부락사 연구와 민중사 연구의 관계에 대해서, 특히 민중사 연구가 천민집단에 대한 민중폭력을 어떻게 묘사해왔는가에 대해서 검토해보자. 앞에서 말한 아이누민족에 대한 민중폭력과 마찬가지로 부락사 연구에서도 오랫동안 민중의 차별의식과 폭력을 정면에서 거론하는 것에 대한 기피의식이 존재했다. 그 원인으로는 민중을 변혁주체로서 순진무구한 존재로 보려는 역사의식과 해방운동에서의 전술론의 영향을 지적할 수 있다. 연구사에 있어서 이러한 문제에 관해서는 이미 구로카와 미도리[13]에 의한 지적과 실천이 이루어지고 있다.

다른 한편 민중사 연구에서 천민집단에 대한 폭력과 차별이 정면에서 다뤄진 적은 많지 않았다. 그러나 민중사 연구로서는 결코 피할 수 없는 역사적 사건으로, 신정(新政) 반대 잇키(一揆)에서의 피차별부락(민) 습격사건이 있다. 급속한 근대화정책에 대항하는 민중운동인 신정 반대 잇키속에서 생긴, 해방령 반대 잇키라고도 불리는 사건이다. 기존의 민중사 연구에서 해방령 반대 잇키를 정면에서 취급하여 민중폭력의 역사적 의미에 대해 고찰한 연구는 많지 않다. 이 논문에서는 민중사 연구가 해방령 반대 잇키를 어떻게 묘사해왔는가를 습격사건을 포함한 민중폭력의 문제에 연계하여 논하려 한다.

먼저 19세기를 중심으로 일본 근세부터 근대를 대상으로 한 민중사

---

13 黑川みどり, 앞의 책, 1994; 黑川みどり 編著, 앞의 책, 2007 등.

연구의 동향과 특징을 정리해둔다. 요즘의 민중사 연구(혹은 부락사 연구)에서는 촌(村)의 역인층(役人層) 등 정치적 중간층과 그들이 지배한 촌·연합촌 등 지역공동체의 역할을 높이 평가해서, 이들 정치적 중간층의 촌락운영의 민주적 측면과 정치적 성숙도를 높게 평가하는 경향이 강하다. 이러한 연구에서는 촌락의 일체성과 권력과의 협상에 주목하는 반면, 촌락 내의 대립과 알력, 혹은 민중이 행사하는 폭력에 주목하는 경우는 상대적으로 적다. 구체적으로는 소원(訴願), 국원(國訴) 등 공의(公儀) 권력에 대한 이의신청 행위가 '합법적 소원투쟁'으로 높이 평가되는 한편, 폭력을 수반하는 소동과 실력행사는 예외적 사건으로 다뤄진다. 이러한 경향은 근세사회에서 촌락의 성숙도를 메이지유신 이후 민주주의의 기원으로 평가하는 자세와 표리일체에 있다. 그 배경에 근대라는 가치기준에 대한 흔들리지 않는 확신이 존재함은 말할 필요도 없다. 근대 이후를 대상으로 한 자유민권운동사 연구에서도 같은 특질을 볼 수 있다.

한편, 19세기 민중운동에 다양한 민중폭력이 존재했다는 점은 대부분의 연구자가 인정하는 바이다. 이러한 민중폭력을 둘러싼 연구 상황을 혹독히 비판한 사람이 스다 쓰토무(須田努)[14]이다. 스다는 19세기에 민중운동 규범에서 일탈한 민중의 행위가 많이 발견됨을 실증한 후, 기존 연구에는 "'민중'의 정통성에 대한 집착이 전제되어" 있었음을 지적했다. 게다가 봉기 상황에서 폭력행위 등 "그에 맞지 않는 사례는 예외로서 사상(捨象)되어 왔다"라고 하여, 그 연구사에 있어서 본질적인 문제를 비판하였다. 스다는 기존 민중사 연구가 민중운동에서의 폭력을 '의도적'으

---

14 須田努,「暴力・放火という實踐行爲-世直し騷動から新政反對一揆へ」, 新井勝紘 編, 『民衆運動史 四』, 靑木書店, 2000. 이하의 인용문도 마찬가지임. 다른 책으로는 『惡黨の十九世紀』, 靑木書店, 2002 등.

로 비가시화해 왔던 점을 신랄하게 비판했다고 할 수 있다.

구체적으로는 기존의 연구가 19세기 봉기 상황에서 민중폭력의 주체를 '무슉(無宿)'과 '악당'이라는 민중의 외부에서 찾은 점을 비판하였다. 그러나 '무슉'과 '악당'은 근세 민중세계 내부에서 생겨난 존재로, 민중폭력의 요인은 민중세계 바로 그곳에 존재하고, 언제든 현재화할 가능성을 갖는 것으로 해석하지 않으면 안 된다는 스다의 지적은 매우 자극적이었다.

일본 근세를 대상으로 한 민중사연구는 민중폭력 문제를 민중의 외부에 위치시켜 '악당'을 희생양으로 삼음으로써 민중폭력에서 눈을 돌려왔다고도 할 수 있다. 이러한 연구사의 구조적 문제는 앞에서 말한 아이누사 연구와 기묘하게도 일치한다. 바꾸어 말하면 민중사 연구가 민중을 미화하려는 나머지 민중폭력과 결코 마주하지 않았다는 사실의 상징이기도 하다.

다음, 민중사 연구에서 신정 반대 잇키를 다룬 방식에 대해 검토한다. 신정 반대 잇키라는 것은 메이지유신 이후에 메이지정부가 실시한 근대화정책(징병령과 지조개정, '해방령[15]') 등의 철회를 요구하는 민중운동, 민중소동인데, 여기서 행사된 민중폭력은 첫째, 역장(役場) 등 공적 기관과 공권력에 대한 파괴·방화, 둘째, 천민집락(피차별부락)에 대한 습격으로 크게 나눌 수가 있다. 신정 반대 잇키에 관한 역사연구의 빈틈, 특히 민중폭력을 둘러싼 연구상황이 내포하는 과제에 대해서는 야부타 유타카(藪田貫)[16]가 일찍부터 지적했다. 야부타는 피차별부락을 습격한 해방

---

15 메이지 4년(1871년) 8월의 태정관 포고로서, 천칭폐지령(賤稱廢止令), 천민폐지령(賤民廢止令)이라고도 불린다. 일반적으로 해방령으로 알려져 있기 때문에 이 논문에서는 '해방령'으로 기록한다.

16 藪田貫, 「民衆運動史の'現在'」, 『自由民權』 8, 町田市立自由民權運動資料館, 1995.

령 반대 잇키에 관해, 일부 부락사 연구자를 제외하고는 거의 아무도 다루지 않았다는 문제를 지적했다. 이 문제는 현재까지도 크게 개선되지는 않았다.

서일본을 중심으로 발생한 해방령 반대 잇키는 우에스기 사토시(上杉聰)에 따르면, 21건의 사례가 확인된다.[17] 치쿠젠(筑前) 지방[현재의 후쿠오카현. 치쿠젠다케야리 잇키(筑前竹槍一揆)라고도 불린다]에서는 550~1,000호의 가옥이 소실되었고, 호조현(北條縣. 현재의 오카야마현)에서는 2,600호가 소실되고 18명의 사망자가 민중폭력에 의해 발생하였다. 여기서 중요한 것은 해방령 반대 잇키 연구를 견인하고 또 민중폭력의 존재에 착목한 사람이 향토사가인 이시타키 도요미(石瀧豊美)[18]와 전후 역사학과 거리를 두었던 우에스기 사토시였다는 점이다. 여기에서도 전후 역사학, 민중사 연구가 내포하고 있는 문제가 드러난다.

이시타키는 이 문제를 혹독하게 비판한다. 그는 역사 연구(민중사 연구)가 해방령 반대 잇키를 취급하지 않은/못한 이유를, 민중사 연구가 이상으로 삼는 민중상과 해방령 반대 잇키에서 피차별민을 습격한 민중폭력이 본질적으로 어울리지 않는다는 점에 있다고 지적한다. 확실히 민중사 연구의 "권력에 대한 저항 자세, 대중성, 투쟁성에의 공감이 모티프"가 된 민중상 구조에서는, '해방령'이 내세운 근대적 평등 이념을 민중 자신이 부정하고 또 민중이 주체적으로 (공적 기관의 제지를 뚫고) 하층민을 습격한다는 역사적 사건을 해석하기는 곤란하다. 민중사 연구가 그려낸 민중상의 유효성이 여기에서는 의문시된다.

또한 이시타키는 민중사연구의 입장에서 해방령 반대 잇키를 다룬 많지 않은 연구에도 많은 문제가 존재한다고 지적한다. 예컨대 기존의 연

17 上杉聰·石瀧豊美, 『筑前竹槍一揆論』, 海鳥社, 1988.
18 石瀧豊美, 『筑前竹槍一揆研究ノート』, 花亂社, 2012.

구가 피차별민을 습격한 민중폭력의 요인을 "사족의 선동이라든가, 부락임을 알지 못한 채 불을 질렀다든가, 피차별부락민과 잇키 참가 농민과의 어긋남에서 발생한 우발적 사건"으로 이해함으로써, 해방령 반대 잇키의 민중폭력이 민중운동에서 예외적 사태로 사상되었음을 비판한다. 이시타키의 지적에서 배우면서, 민중사연구에서 해방령 반대 잇키의 민중폭력을 둘러싼 문제점에 대해 다음 3가지를 확인해두고 싶다. 첫째로 민중폭력이 민중 자신의 자발적(주체적) 행위가 아니고 '사족의 선동'이라는 '타자의 악의'에 의해 유도되었다고 이해하는 점, 둘째, 부락민임을 알지 못한 채 습격했다는 의미에서 '과실'이었다고 이해하는 점, 셋째, '어긋남'이라는 우발적 요소, 혹은 피차별민에게서도 과실을 찾으려 한다는 점이다.

특히 민중폭력의 요인을 거론하면서 '사족'이라는 민중의 외부에 있는 존재를 희생양으로 위치시킨다는 점은 흥미롭다. 백성 잇키에서의 '악당'과도 공통된 문제이다.

민중사·촌락사의 입장에서 호조현의 사례를 분석한 것으로 구루시마 히로시(久留島浩)[19]의 연구가 있다. 구루시마는 호조현의 해방령 반대 잇키의 민중폭력에 대하여 개별 폭력의 양상들을 분석했는데, 사건이 우발적이었다는 이해에 의문을 제기했다. 다른 한편, 민중폭력의 전체 요인에 대해서는 "그 잇키는 획득할 목표가 명확하지 않은 채 의사조차 통일하지 않고 봉기한 느낌이 있는데, 행동도 분산되고 극히 폭력적이 되었다"고 하면서, 어디까지나 민중폭력은 비계획적이었고 집단적으로 통일된 행동은 없었다고 이해한 점이 중요하다. 민중폭력은 어디까지나 예외적인, 바꾸어 말하면 근세의 합법적 행동규범을 가진 민중상으로부터의

---

19 久留島浩, 「近世後期の地域社會と民衆運動」, 久留島浩·趙景達 編著, 『國民國家の比較史』, 有志社, 2010.

일탈적 존재로 해석된 것이다. 또한 앞서 말한 히로타 마사키[20]가 피차별민 습격사건에 대해 문명을 둘러싼 '일반민중'과 피차별민 사이의 의식 차이로 설명하는 것처럼, 민중폭력을 예외적 사건 혹은 문명관의 차이라는 외적 요인으로 해석하려는 특징이 민중사 연구에서 널리 공유되고 있다. 이처럼 민중폭력을 둘러싼 역사서술은 의연 커다란 과제를 안고 있다.

5. 나가며

전후 역사연구, 특히 일본 근세·근대사 연구가 마이너리티 연구를 자기의 주변으로 위치시켜왔음은 지금까지 이야기한 그대로이다. 그 중에서도 마이너리티와 그 역사를 상당히 이해해왔을 민중사 연구(적어도 연구자 자신이 그렇다고 강하게 자각해왔다)가 마이너리티에 대한 민중폭력은 직시하지 못했다는 것도 본론에서 확인하였다. 그 요인으로 '희생양과 면죄부'라는 구조가 존재하는데, 그 구조가 민중폭력을 비가시화하는 요소로 되어 있다.

여기서 희생양은 민중폭력의 주체를 민중의 외부에 뒤집어씌우는 것이다. 아이누사 연구에서 막부(국가권력)와 청부상인(상업자본), 민중사 연구에서 악당과 무숙(無宿), 해방령 반대 잇키에서 사족과 폭도라고 불린 존재에 대한 비판이, 결과적으로 민중 자신의 폭력을 면죄하는 역할을 맡아왔다.

다른 한편으로 민중폭력의 면죄부로서 아이누사 연구에서 마쓰우라 다케시로(松浦武四郎) 같은 인물이 아이누의 이해자, 휴머니스트로 과대

---

20 ひろた まさき, 2012, 앞의 책.

평가되었다. 그러나 그의 사상은 근세 사회가 공유한 아이누관, 통치인식에서 크게 벗어나지 않았고, 아이누의 와진화(동화정책)에 대한 인식도 수법에서 차이가 있을 뿐, 아이누민족의 동화 자체는 결코 부정하지 않았다.

물론 그와 같은 마이너리티를 이해하는 사람이 존재했다는 점은 역사적으로 평가되지 않으면 안 된다. 그렇지만 그를 면죄부로서 강조하는 것이나 민중폭력의 요인을 희생양에게 뒤집어씌우는 것이 민중폭력의 본질에 대한 접근이 될 수 없음은 명백하다. 마이너리티사 연구에 대한 이해자, 공감자였던 민중사연구라는 점 때문에라도 민중폭력(특히 마이너리티에 대한 민중폭력)에서 눈을 돌리지 말고, 민중폭력을 민중 자신에 내재하는 것으로 해석하지 않으면 안 된다.

요즘 일본사 연구에서는 지역사회에서의 공생, 공존을 과도하게 평가하는 경향이 강하다. 일본 근세사연구에서 민중폭력에 대한 관심이 저조한 것도 이러한 연구사 전체의 상황과 깊게 관련돼 있다. 아이누사 연구에서도 와진과 아이누의 역사적 공존과 공생이라는 측면에 주목하는 연구가 적지 않다. 이러한 연구동향은 마이너리티에 대한 민중폭력(차별이라고 말을 바꾸어도 좋다)과 정면에서 맞대면한 결과가 아니고, 안이하게 지역사회에서 '유토피아'를 지향하는 것이라고 할 수 있다. 지역사회에 존재했던 갈등에서 눈을 돌린 채 역사적 공생을 그려내는 것에서 의미를 찾아내기는 곤란하다. 3·11 동일본대지진 이후 '유대(絆)'라는 요괴가 발호하는 일본사회이기 때문에 더욱, 민중사 연구와 마이너리티사 연구는 '유대'와 공생이라는 말이 내포하는 폭력과 억압, 그리고 민중폭력을 지금 한 번 더 바로잡을 필요가 있다.

민중의 폭력과 형평의 조건

장용경

1. 문제의 설정

1925년 제3회 형평사(衡平社) 전국대회에 즈음하여 『동아일보』는 다음과 같은 논평을 통해 형평사의 향후 과제에 대해 말하고 있는데, 1920~1930년대 형평사의 진로와 관련하여 시사하는 바가 크다.

> 말하자면 형평사가 청년단체와 노동단체와 농민단체에 여하히 협조할 것이며 민족문제와 계급문제는 여하히 조절할 것인지, 이에 대한 적절한 고안을 발견하는 것이 제일 긴급 필요한 일이다. 요컨대 문제는 결국 조선인 전체가 형평사원과 같은 운명을 하고 있다는 점을 자각하여야만 한다. 게다가 형평사 운동은 어느 의미로는 조선인 해방운동의 전위(前衛)이다. 이 의미에서 우리는 동(同) 대회의 원대한 착목과 건전한 발달을 비는 바이다.[1]

이 글에서 주목하고자 하는 것은, 형평사가 조선 해방의 전위라는 규정은 아니다. 이는 가장 차별받는 자가 해방의 첨병이 된다는 재현적 인식의 반영으로, 사태의 진실을 엄폐하는 역할을 하는 것이다. 오히려 형

---

1 「全朝鮮衡平社大會에 對해서」, 『東亞日報』 1925년 4월 26일.

평사가 청년, 노동, 민족, 계급문제에 대하여 어떻게 조절할 것인가가 앞으로 문제가 된다는, 그 관계성에 주목하고 싶다. 어찌 보면 동아일보의 우려는 노동, 농민, 민족, 계급으로는 회수할 수 없는 '이질적'인 백정 단체인 형평사가 들고일어나(봉기) 사회에 던질 파문을 우려하는 것이었다. 차별을 묵종했던 백정들이 "공평은 사회의 근본"이므로 "우리도 참다운 인간이 되기를 기(期)"한다는 선언을 통해 기존의 질서와 논리를 거부할 때, 이 봉기는 어떻게 받아들여지고 조선 사회 민중은 이에 대해 어떤 태도를 취했을까, 그리고 형평사는 조선 사회와 민중의 태도에 어떤 상흔을 입었을까? 백정과 민중들 사이에서 발생한 폭력의 실제적이고 사회·상징적인 원인과 성격을 가늠해보는 한편, 이 험악한 얼굴을 한 민중의 존재 양태를 윤리적 측면에서가 아니라 역사적으로 분석할 방법을 모색하는 것, 이 두 가지가 이 글의 논점이다.

2. 민중의 반(反)형평사 폭력과 '분의(分義)' 의식

형평사에 대한 지식인과 사회단체의 환영을 제외하고, 언론에 가장 많이 등장하는 반응은 농민과 노동자 등 일반 민중의 형평사와 형평사원에 대한 반감과 폭력행사였다. 1923년 5월 진주에서 형평사 창립 축하식 다음 날부터 지방 농민 2천 5백 명이 형평사 본부를 습격하고 다음과 같이 결의하였다.

1. 형평사에 관계가 유(有)한 자에 한하여는 백정(白丁)과 동일하게 대우할 일
1. 소고기[牛肉]은 절대로 비매(非買) 동맹할 일
1. 진주청년회에 대하여 형평사와 절대로 관계가 무(無)토록 할 일

1. 노동단체에서는 형평사를 절대로 관계치 말게 할 일
1. 형평사를 배척할 일[2]

　백정의 동등한 인격 주장에 대한 농민들의 첫 반응은 그 요구의 배척과 경제적 압박 위협이었던 것이다. 농민들은 백정들의 같은 인간이라는 동권 주장을 수용할 수 없었다. 이러한 배척과 불인정은 형평사가 성립된 전국 곳곳에서 벌어졌는데, 가장 대표적인 사례가 1925년 예천에서 발생한 사건이었다. 1925년 8월 예천분사 창립 2주년을 기해 열린 기념행사에서 예천청년회장 김석희(金碩熙)는 작심한 듯 다음과 같은 요지의 축사를 하였다.

　　백정을 억압하는 것이 하등의 죄악이 될 것이 없다. 어느 시대·국가를 물론하고 국법이 있는 것이다. 그 국법을 어기다가 백정이 된 것이다. 그러니까 백정을 압박하는 것이 결코 개인의 죄악이나 사회의 죄악이 아니다. 또 조선 왕조 5백년은 그와 같은 압박을 받았지마는 지금은 좋은 시대를 만나 **형평운동이 일어나기 전부터 칙령(勅令)으로 차별을 철폐하였으니 형평사는 조직할 필요가 없다. 아무쪼록 돈을 많이 모아 공부만 잘하면 군수(郡守)도 될 수 있다.**[3]

　형평분사 축하 행사장에서의 발언이라기에는 너무 도발적인 감이 없지는 않지만, 이러한 반응이 의례적인 언사를 제외한 일반민중의 공통 반응이었다 해도 좋을 것이다. 김석희의 발언과 이에 대한 형평사원의 반발이 도화선이 되어 예천 시내는 전쟁을 방불케 하는 난투전과 습격이 연이어 벌어져, "형평사원들은 산과 들에서 밤을 지새우는 상황"이 되었

2 『東亞日報』 1925년 5월 30일.
3 『東亞日報』 1925년 8월 14일.

다. 전국의 형평지사를 비롯한 사상단체, 사회단체 등은 진상조사단을 파견하고, 형평사 옹호 성명을 발표하는 등 예천사건은 전조선적인 이슈가 되었다.

이러한 크고 작은 충돌 사건은 1923년 형평사 창립부터 1935년까지 형평사가 존재하는 내내 지속되었는데, 조선총독부의 자료에 따르면 총 457건이 발생하였다고 한다.[4] 사건의 발단은 대동소이한데 형평사원의 '불손한 언행과 행동'을 참지 못한 일반인이 형평사원을 구타하거나, 백정에게 음식 판매를 거부하거나, 일반인과 같이 한 음주를 트집 잡아 형평사원을 난타한 경우 등이다. 이러한 민중의 폭력은 우발적인 개인 간의 다툼이 아니었음은 명확하고, 더욱이 몇몇 불량한 민중의 상습적인 악행도 아니었다. 즉, 이 구타와 난타는 분명하게 형평사의 '주지'를 인정할 수 없겠고, 백정을 인간으로서 대우하지 않겠다는 민중들의 집합적인 의사였던 것이다. 민중들의 이 의사가 무엇이었는지에 대해 추측하기 전에 형평사와 사회단체에서는 이 문제를 어떻게 생각했는지를 먼저 살펴보도록 하자. 아래 인용문은 각각 예천사건에 대한 형평사 본부와 사회운동단체들의 반응이다.

우리는 이번 예천형평사 습격사건에 대하여, **이것은 우리 사회운동의 일부 진영이 반동분자의 손에 유린된 것으로 알고,** 이에 분기하여 다음 각 항을 실행하여 형평운동을 철저히 옹호하기로 결의함.
1. 금번 사건은 대중이 **형평운동의 근본 뜻을 철저히 이해하지 못함으로부터 일어난 것이므로** 우리는 연설회 기타 필요한 방법으로 **형평운동의 의의를 선전하도록 노력할 것**[5]

---

4 朝鮮總督府, 『最近における朝鮮治安狀況』, 1933·1935.
5 「在京 23개 사회단체 모임의 결의문」, 『東亞日報』 1925년 8월 16일.

4. 예천 지방에 있는 본 총동맹(조선청년총동맹: 인용자) 가맹단체
로 하여금 당지(當地) 무산운동 단체와 협력하여 일반 농민과
시민들에게 형평운동에 대한 각성을 촉구하는 운동을 적극적으
로 펼치게 할 것[6]

　이들은 무산대중·민중과 형평운동의 취지는 상충되는 것이 아니므로,
폭력은 민중이 '특수계급의 불량배'의 사주에 놀아났거나 형평운동의 의
의를 모르기 때문에 발생한 것이라고 생각하였다. 다시 말하면 농민-형
평사원 간의 갈등이란 그들 존재의 핵심에 뿌리를 둔 사활을 건 인정투
쟁이 아니라, 오해만 제거된다면 없어질 수 있는 것으로 생각된 것이다.
어쩌면 사회주의자나 지식인들의 '시점'에서는 농민·노동자의 처지나 백
정의 처지는 말 그대로 종이 한 장밖에 차이가 안 나는 것이었을지도 모
른다. "형평사원과 농민 간에 차별이 있으면 몇 만분의 일이 있겠느냐"
는 동아일보의 태도가 이 시각의 전형이라 할 수 있는데, 이렇게 하여
민중과 형평사원간의 폭력은 비본질적인 것으로 에피소드화 된다.
　조명희(趙明熙)의 유명한 「낙동강」이라는 소설에서도 현실의 쟁투가
"몹쓸 놈들의 썩어 잡버진 생각" 때문에 일어난 것으로 치환된다.

　　그것은 이해 여름 어느 장날이다. 장ㅅ거리에서 형평사원들과 장
　　ㅅ군-그 중에도 장ㅅ거리 사람들과 큰 싸홈이 이러났다. 싸움 시초는
　　장ㅅ거리 사람 하나이 이곳 형평사 지부 압흘 지나면서 모욕하는 말
　　을 한 까닭으로 피차에 말이 오락가락하다가 싸홈이 되고 또 떼싸홈
　　이 되여서, 난폭한 장ㅅ거리 사람들이 몽둥이를 들고 형평사원 촌락
　　을 습격한다는 급보를 듣고, 성운이기 앞장을 서서, 청년회원 소작인
　　(중략) 총출동하여서 형평사원 편을 응원 (중략) 싸홈이 진정된 뒤에

6 「朝鮮靑年總同盟 결의안」, 『東亞日報』, 1925년 9월 14일.

"늬도 이놈들, 새백정이로구나" 하는 저편 사람들의 조소와 만매를 무릅쓰고도 (후략)

아베는 멧 백년이나 멧천 년이나 조상 때부터 그 몹쓸 놈들에게 왼갓 학대를 바더왓스며, 그래도 그 몹쓸 놈들의 썩어 잡버진 생각을 가져 그대로 가지고 잇구만. 내사 그까지 더러온 벼슬이고 무엇이고 실소, 구마[7]

하물며 백정 출신 형평운동 지도자인 오성환(吳城煥)조차도 주로 농민과 노동자가 형평사를 공격함을 인식하면서도, "형평사가 농민에게 특별히 나쁜 감정을 가진 것도 아니고, 또 형평사원과 일반 농민이 계급적 배경이나 경제적 이해관계 때문에 대립하거나 갈등을 빚을 이유가 없다"[8]고 하소연한 바 있다. 이는 '계급적 배경'이나 '경제적 이해관계'를 두 집단 간 관계의 본질로 상정함으로서, '인격의 차'에는 눈을 감는 것과 마찬가지이다. 실재가 어떠하든, 농민이나 노동자의 형평사 습격 사건은 '특수계급의 사주' 때문이거나 "일반 무식자의 모욕과 구박" 때문으로 언표된 것이다. 이 폭력을 정면으로 인식할 수 없게 한 것은 무엇이었을까. 윤리적으로는 지식인들이 헌신코자 하는 '무산자'라는 이념형 때문에, 폭력이 민중과 백정 관계에 내재해 있다는 인식이 방해받았을 것이고, 사회가 경제적 지배관계라는 '본질'의 표출적 총체라고 하는 인식이 민중-백성 존재의 차이를 무시하도록 했을 것이다.

이 폭력의 원인을 내재적이면서도 비윤리적인 방식으로 인식할 수 있을까. 형평사 연구자인 고숙화는 그 원인을 "사회 최하층 계급이었던 백정이 신분해방과 평등을 주장하자 이를 백정계급과 자신들의 동질화 내

---

7 조명희, 「洛東江」, 『朝鮮之光』, 1927.

8 吳成煥, 「衡平運動의 敎訓: 農民에 對한 惡感은 없다」, 『新民』 5, 1925.

지는 자신들의 사회적 계급의 하향으로 인식했기 때문"에 벌어진 것으로 인식하였다.[9] 예천형평사 사건을 연구한 김일수는 1920년대 예천지역 사회운동의 성격 변화를 조감하면서, 이 폭력이 예천청년회 등의 기존 운동단체와 신흥청년회의 알력 속에서, 신흥청년회원의 형평사 입사를 계기로 폭력의 대상이 형평사로 전환되면서 일어난 것으로 맥락화하였다.[10] 큰 틀에서 보면 그랬음에 틀림없다고 생각한다. 그렇지만 신분 하락이라는 일반적인 설명틀이나 폭력 대상의 대체물로서의 형평사라는 예천 지역적 맥락만으로 환원하기에는 미진한 부분이 존재하는데, 그것은 '백정 놈은 다 때려 죽여라, 밟아 죽여라'[11]라는 말에 응축되어 표출된 농민들의 혐오 감정이다. 이 감정이야말로 폭력이 발생하는 특수한 맥락뿐만 아니라, 이를 통해 민중의 존재 조건과 양태 또한 드러낼 수 있는 지점은 아닐까.

폭력이 벌어지는 상황은 명확했다. 형평사원에 대한 차별적·모욕적 언사를 한편으로 하고, 형평사원의 '불경·불공'한 태도 및 동석·동권 주장을 그 반면으로 하여 폭력이 벌어진다.[12] 이 사이에서 백정에게 행사되는 폭력은 어떤 얼굴을 하고 있을까.[13] 예천청년회장 김석희의 연설에서

---

9 고숙화, 『형평운동』, 한국독립운동사편찬위원회, 2008, 234~235쪽.

10 김일수, 「日帝強占期 '예천형평사 사건'과 경북 예천지역 사회운동」, 『安東史學』 8, 2003, 207쪽.

11 『朝鮮日報』 1925년 8월 14일.

12 고숙화, 앞의 책, 2008, 229~233쪽.

13 "실제로 기득권자-아웃사이더 갈등의 경제적 측면의 비중이 무겁다는 사실이 가장 뚜렷하게 드러나는 곳은 양쪽의 권력균형이 가장 어긋난 곳, 다시 말해 기득권 집단 쪽으로 가장 심하게 기울어진 곳이다. 권력차가 적으면 적을수록 갈등과 긴장의 비경제적 측면이 더욱 분명하게 드러난다. 아웃사이더가 최저생계의 경계에서 살아야 하는 곳에서 생계와 소득문제는 그 밖의 다른 욕구들을 가려버릴 것이다. 그들이 점차 최저생계의 수준을 넘어서면 넘어설수록, 그들은 점점 더 소득과 경제적

단서를 찾을 수 있을 듯하다. 그는 어떤 이유로든 '차별받아 마땅하였던' 존재인 백정에 대한 차별을 칙령으로 (그러므로 무상으로) 철폐해주었으면 고분고분 '돈을 많이 모아 공부만 잘' 할 것이지, 굳이 형평사라는 조직을 만들어 소란을 피우느냐며 작심한 듯 강한 불쾌감을 드러냈다. 이 불쾌감이란, 백정들이, 차별을 철폐해 준 것도 모자라, 특별한 노력도 없이 일반민과 동등한 대우를 요구하고 있다는, 어쩌면 계층적 사다리 속에서의 무임승차에 대한 반발에서 나온 것으로서, 그들 나름의 계급적 정의감에 기초한 것으로 보인다. '백정이 평민이 되고자 함은 반역'[14]이라는 구호 또한 이를 잘 드러내 준다고 생각하는데, 계급적·계층적 구분을 전제로 한 정의감, 즉 분의에 근거하여 백정들의 형평 요구를 범분(犯分)으로 인식하는 것이었다. 이 범분에 대한 '정의감'이 소고기[牛肉] 판매 등에 대해 백정들이 행사한다고 생각되는 '독점적 권리' 인식과 겹쳐, 전국 각지의 이름 없는 농민·노동자들로 하여금 형평사원을 폭행하게 할 뿐만 아니라, 소고기 등에 대한 비매동맹도 결성하게 한 것으로 보인다. 직업적 측면에서의 '특권'만이 아니라 인격적 측면에의 대우라는 '이중 특권'을 요구한다는 생각에서 오는 인간적 혐오감 없이는 이러한 폭력을 설명할 수 없을 것이다.

한걸음 더 나아가 생각하면, 노동자·농민 또한 위로부터 수모와 억압

자원을 다른 인간적 요구들, 기초적이고 동물적인 또는 '물질적인' 필요들을 넘어서는 욕구들을 충족시키기 위한 수단으로 이용한다. 그들은 그만큼 더 예리하게 자신들의 열등한 사회적 위치-약한 권력과 낮은 지위-를 느낀다. 바로 이 상황에서 이웃사이더는 점차 단순히 고픈 배를 채우거나 육체적으로 생존하기 위해서가 아니라 다른 인간적 욕구를 충족하기 위해 기득권자들과의 투쟁을 전개하게 된다." Nobert Elias and John L.Scotson, *The Established and the Outsiders*, Second Edition, 1965.

14 『東亞日報』 1923년 8월 4일.

을 받으며 산다. 수모와 억압의 이양을 참고 견디며 사는 노동자·농민들에게 최하층 백정들의 '범분'은 분수로서의 사회적·상징적 질서를 지키는 자신들의 삶을 초라하게 만들어버리는 것이었다. '순량한 농민이 한때 취한 기분에 일어난'[15] 이 폭행이야말로, 모욕 받은 삶의 상처에 대한 보상심리에서도 기인했을 것이다.

그런데 이러한 농민의 입장에서 벗어나면 전체 사정은 이보다 복잡했다. 농민 측에 형평사원의 범분에 대한 혐오감이 있었다면, 형평사원 측에는 보통 '생활·생존권 수호운동'이라고 불리던 신분적으로 약속된 직업 공간의 침해라는 위기감이 있었다. 길게 다루지는 않겠지만, 핵심은 기존 백정들만의 특수직업으로 인정되던 영역(도살업, 도육장 관리, 수육판매 등)이 개방되어 일반인의 진출이 증가되는 것에 대한 위기감이었는데, "수육판매업은 우리의 상당한 직업인데 비사원이 이 영업을 경영하여 우리 생활을 위협하는 것은 그냥 넘겨버릴 수 없다"는 1927년 개성형평사 임시총회의 결의에 절실함이 잘 표현되고 있다. 결국 형평사원들은 인격적 대우의 동등화가 안 된 마당에 직업 진입 장벽의 해소가 가져온 '이중 박탈'에 분노했다고 할 수 있다.

결국 '이중 특권'과 '이중 박탈'이라는 같은 현실에 대한 감각차 혹은 시차(視差)야말로, 농민-백정 간의 폭력과 반폭력을 불러온 근본적인 원인이 아닐까 생각한다.

---

15 『東亞日報』 1923년 8월 23일.

3. 형평사 해소론과 상징적 장벽으로서의 '보통민'

형평운동이 여타 사회운동과 어떤 관련을 맺어야 하는지에 대해서는 창립 당초부터 문제가 되었다. 백정의 인권운동으로서의 고유성을 유지해야 한다는 '온건파'의 주장에서부터, 형평사는 무산자와 유산자로 분립해야 한다는 형평사 해소론 등은 모두 형평운동의 특수성을 보편성과의 관계에서 조절해야 한다는 의식을 가졌음을 보여주는 것이다.

형평운동의 방향전환 혹은 해소 문제가 정기대회의 핵심 의제로 등장한 것은 신간회의 창립과 해소를 둘러싼 시기였다. 방향전환론자와 해소론자 모두 형평사가 특수한 백정들만의 운동에서 벗어나 일반적 운동에 합류해야만, '게토화' 위험에서 벗어날 수 있다고 주장했다.

> 조선의 형평운동은 순전히 인권운동에서 시작되었습니다. 그러나 지배계급의 압박이 심하여 수많은 희생자도 냈고 따라서 운동의 효과도 적지 않게 얻은 것은 사실이지만, 우리 계급의 철저한 해방은 이와 같은 미지근한 운동으로서만은 되지 않는다는 것이 과거 경험에서 얻은 것입니다. 그러므로 **금후 우리 운동은 방향을 전환하여 경제적 내지 정치적으로 진출하려 합니다. 이것을 실현하는 방법으로는 같은 사원 간에도 불순분자 다시 말하면 개인의 안락을 위하여 지배계급의 주구 짓 하는 자를 제외한 분자의 별개 단체 구성에 있는 줄 알고 새해부터는 그것을 실현할 작정이외다.**[16]

> 형평사가 있으면 유산사원은 더욱더 부유해지나, 그 반대로 무산사원은 더욱더 빈곤해지는데, 그 이유는 **유산사원이 형평사를 배경으로 무산자의 이익을 착취함으로 그러하다.** 예를 들어 우육 판매 합병

---

16 「정치적 진출」, 『東亞日報』 1929년 1월 1일.

298 제3부 마이너리티와 폭력

회사라는 것이 있는데 이것은 자본이 있는 유산계급들이 형평사를 배경으로 조직한 것으로 그들이 이익을 독점하고, 무산사원은 자본이 없다는 이유로 가입할 수 없다.[17]

위와 같은 방향전환론, 해소론에 대해, 형평이라는 특수한 입각점을 포기하고 보편으로 투항하였기에 형평이라는 문제성 자체를 포기했다는 비판이 제기될 수 있고, 이는 타당한 지적이라 하겠다. "자기 정체성의 특수성을 회피하려는 시도는 언제나 위험천만할 정도로 추상적인데, 심지어 정체성이 자신의 '진정한' 자기의식이면서 동시에 압제자가 만든 것이기도 하다는 점을 인식하게 될 때에도 그러하다"[18]는 주장은 해소론의 맹점을 잘 지적해주는 것이라고 생각한다. 이러한 요구가 곧 형평사가 백정이라는 압제자가 찍은 낙인을 고수해야 한다는 주장은 아니다. 이는 고착화라는 다른 형태의 폭력이 될 것이기 때문이다. 다만 사회적 구분과 차별이 단순히 헤쳐모이기 식으로 해결되는 것은 아니기에, 운동성의 기원인 자기를 포함하면서도 자기를 넘어설 수 있는 포월(抱越)의 주체적 역능 없이는 그 폭력을 외면할 수는 있어도 제어하거나 종식할 수는 없다. 게다가 조건에 따라 노출될 수 있는 민중의 어둡고 추한 모습 혹은 민중 존재의 관계성(존재의 폭력)은 가시화되지도 못할 것이다.

실제 형평사 해소 논쟁에서 벌어진 일이 그것이었다. 민중의 직접적 폭력과 존재의 폭력은 노출되지 않고 구렁이 담 넘어가듯 넘어가버렸을 뿐 아니라, 형평사 해소론의 밑바탕에 민중의 존재론적 폭력의 얼굴이 어른거렸다. 폭력은 실재만이 아니라 민중 혹은 무산자라는 판단의 기준

---

17 광주지방법원, 「被告人 朴好君 신문조서」, 1934.3, 국사편찬위원회 소장 『衡平社資料』 5-上, 문서번호 2·4570-4578.

18 테리 이글턴 외, 김준환 옮김, 『민족주의, 식민주의, 문학』, 인간사랑, 2011, 55쪽.

과 규범으로도 계속 남아있었다.

> 대외적으로 형평사 설립 이래로 일반인과의 사이에는 **오히려 형평사가 있으므로 하여 일반인의 감정을 자극하고 분쟁을 유발하는 결과가 되어서 형평사를 해소하고 직업별로 도부(屠夫)조합이라든가 우육판매조합이라든가를 조직하는 편이 앞에서 말한 폐단을 제거하게 되고 무산자 사원에 이익이 된다고 생각한 것이다.**[19]

형평사의 존재가 일반인의 감정을 자극하고 분쟁을 유발하는 결과가 되기 때문에, 형평사는 해소하고, 형평사원은 일반적 분류인 직업별 조합으로 들어가야 한다는 주장이다. 산업별 조합이라는 시급한 과제가 목전에 있었더라도, 이러한 주장은 원인과 결과를 완전히 뒤집은 전도된 주장이었다. 1929년에 결성된 형평청년전위동맹의 핵심 주장도 마찬가지였다.

> 종래 형평사는 봉건적 인권해방운동을 계속해 왔으나 **악수해야 할 무산대중과의 충돌이 속출했으니 이것은 차별 철폐가 아니고 도리어 보통민과의 장벽을 쌓았던 것이다. 따라서 종래의 운동방침을 전환하여 무산자 본위의 경제투쟁에 의하여 사내의 무산자를 지도·획득하고 점진적으로 일반 무산대중과 제휴함으로써** 현 자본주의 사회제도를 타파하고 무산자 독재의 공산주의 사회를 실현하여 근본적으로 사원의 차별철폐를 도모해야 한다.[20]

형평사의 설립 자체가 일반인과의 관계를 악화시킨 원인이므로 이를

---

19 광주지방법원, 앞의 자료, 1934.3.
20 광주지방법원, 「李東煥 외 13명 치안유지법위반 예심종결결정서」, 1934, 국사편찬위원회 소장 『衡平社資料』 5-1, 문서번호 2·5093-5015.

해소함으로써 민중의 폭력을 제거할 수 있다고 생각했는데, 이는 '현 자본주의 사회제도' 타파를 명분으로 삼아 형평이라는 인격적 요구를 철회한 것과 마찬가지이다. 이렇게 된다면 보통민의 폭력의 '정당성'에 대해서 맹목이 될 수밖에 없을 뿐만 아니라, 동일화되거나 제휴해야 할 대상과 규범으로서의 민중, 무산자도 그대로 남아있는 것이다.

물론 형평사 내에 차별에 대한 대응과 형평운동의 탈계토화를 동시에 견지하고자 한 사람이 없었던 것은 아니다. 백정 출신인 이동환(李東煥)의 다음 주장이 대표적인 경우였다.

> 전자의 해체 권고의 주장은 형평운동의 특수적인 정세를 고려하지 않았다기보다는, 금일 형평운동 자체가 자기 역할을 다하지 못함에도 불구하고, 그 운동부의 별동체인 형평청년단체에 해체권고를 하는 것은 일종의 과민한 행동이며, 형평운동의 질적 단계를 무시하는 관념론이라고 말하지 않을 수 없다. 후자의 형평청년운동 단체는 별개체의 문제라고 하는 주장은, 조선 전체 운동 진영으로부터 고립시켜 형평운동을 대중에게서 떠난, 일개의 인권운동에 국한하는 것이다. (중략) **금일과 같이 차별사건이 빈발하는 정세하에서 형평청년단체를 해체하고 전민족적 운동에 나아가는 것이 가능할 것 같은가? (중략) 우리는 지금 자신들을 공고히 하고 주체적으로 운동을 밀고 나가기 위해서는 불안전한 본래의 자유연맹제를 고쳐서 유기적 중앙집권제를 확립하지 않으면 안 된다. 그리하여 형평운동은 대중운동과 보조를 같이 하여 그 일부분으로서의 역할을 하지 않으면 안 된다.**[21]

그러나 해소론이나 해소론 반대나 1933년 1월에 일어난 '형평청년전위사건'으로 주동 인물들이 구속됨으로써 더 이상 논의가 진전되지 못했고, 10여년의 형평사 경험에서 민중들은 형평운동에 대한 실재적·상징적

---

21 李東煥, 「衡平運動의 今後」, 『東亞日報』 1928년 1월 26일.

폭력을 각인한 채 남아 있었다. 한편, 이들의 수감 중 형평사는 대동사(大同社)로 이름을 바꾸어 명실공히 형평이라는 운동성 자체를 상실하게 됐다.

4. 나가며

이 글에서는 형평사에 대한 민중들의 습격사건과 형평사 해소논쟁을 통하여, 실재적·상징적으로 민중의 폭력이 형평운동 자체에 얼마나 개재해 있는가를 알아보고자 하였다. 먼저 같은 현실에 대한 시차적 인식이 있었다. 노동자·농민들은 수육판매 등에 있어서의 '특권'은 내버려 둔 채 인권의 동등을 요구하여 세상일에 참견하는 형평사원들이 못마땅하고, 그것은 그들의 분수를 넘는 짓이자 '이중 특권'을 요구하는 것으로 여겼음에 틀림없다. 민중들의 폭력 행사는 우발적이거나 악한의 사주에 의해서가 아니라, '분의'라는 나름의 정의감과 혐오에 기반한 것이었다고 할 수 있다. 반면, 형평사원들에게 현실은 인격적 대우도 못 받는 처지에서 수육판매에 대한 독점권도 보장이 안 되는 '이중 박탈'로 경험되었을 것이다. 이러한 이중 특권 요구에 대한 혐오와 이중 박탈이라는 현실 경험의 사이에 약분 가능한 규범이 존재할 수 있었을까.

다른 한편, 민중의 존재는 판단의 기준과 규범으로 존재하기도 했는데, 형평사 해소론의 주된 근거가 악수해야 할 무산대중과의 불화 때문이라는 것이었다. 불화의 원인은 '그들의 완고한 계급관념'이 아니라, '우리의 동등 요구' 때문이라고 생각한 것이다. 이 사고의 전도에 규범으로서의 민중의 존재가 도사리고 있다.

여기서 물론 민중 폭력 일반을 윤리적으로 부정하자는 것은 아니다.

난폭함(violence) 없이는 위계를 허물 수도, 실재에 접근할 수도, 타자성을 해소할 수도 없다. 폭력과 그 열정의 흔적인 '상처'는 사회적 삶의 본질적 측면이기도 하다. 그러나 중요한 것은 맹목적 폭력이란 존재하지 않는다는 점이다. 폭력에는 눈과 손이 있어서, 어느 지점에 어떤 벡터로 작용해야 할지 이미 알고 있다.

"해방을 위한 모든 정치가 특수한 것에서 시작해야 하지만 같은 태도를 유지하면서 처음의 특수성은 잊고 나아가야만 한다. 왜냐하면 여기서의 자유란 그 의미가 무엇이든 '아일랜드인이 되는' 자유나 '여성이 되는' 자유가 아니라 다른 집단들이 현재 향유하고 있는 자유, 즉 자신들이 원하는 대로 자기 정체성을 결정하는 자유이기 때문"이라고 테리 이글턴은 말한다.[22] 이런 관점에서 본다면, 형평운동에서 민중의 폭력은 백정이 특수에 고착되거나 특수를 저버려야만 무산자로 추상될 수 있게 하는 그 분기점에서 탈승화 정치로서 작동하고 있었다고 할 것이다.

한국 근현대사에서 '민중'은 그 존재의 정당성을 의심받거나 관계 속의 존재라는 점을 비판받아 본 적이 없었다. 식민지기 백정에 대한 폭력뿐 아니라 한센병자에 대한 배제와 추방, 또한 작금의 이주노동자와 외국인 신부에 대한 차별적 시선에 이르기까지, 민중에 대해 부정적인 사실은 언제나 소수의 나쁜 사람들의 문제이거나 사주에 의한 것으로 사고되기 일쑤였다. 잠재적일지라도 '대다수 선량한 피해자'라는 강고한 표상이 민중에 대한 다른 표상의 여지를 없애버렸다. 오늘날 마이너리티로부터 민중을 다시 본다는 것의 의미는, 민중이 갖는 원초적 폭력성을 고발하기 위한 것이 아니라, 분의에 갇혀서 소수자에게 향하기 쉬운 민중의 정의감=범분에 기반을 둔 혐오와 자기존중감의 편협성을 경계하는 한

22 테리 이글턴 외, 앞의 책, 2011, 55~56쪽.

편, 이러한 욕된 감정을 위에 대한 민주주의적 요구와 타자에 대한 형평의 감각으로 전환시킬 계기를 찾기 위해서이다. 그러기 위해서라도 민중의 행동과 존재의 이런 '간악한 측면'은 지적되고 비판되어야 할 것이다.

고베의 항만노동자와 청국인 노동자 비잡거운동

아오키 젠(靑木然) | 번역_유상희

1. 서문

　1899년 7월 17일, 일본에서 외국인의 내지 잡거(內地雜居)가 시작되었는데, 그 직전에 고베(神戶)의 항만노동자가 '청국노동자비잡거기성동맹회'를 결성했다. 동맹회 결성을 보도한 현지 유력지 『고베유신일보(神戶又新日報)』는 동맹회가 청국인 노동자와 잡거할 수 없다는 의견을 내무 및 외무대신에게 진정하고, 그 목적을 달성하기 위해 대연설회를 개최하는 등 여론을 환기시키기 위해 노력할 것을 계획 중이라고 보도하였다.[1] 과연 같은 달 31일에는 동맹회 주최로 '노동자 보호 정담(政談) 대연설회'가 열렸다. 잡지 『노동세계』에 따르면, 이 연설회에는 고베앞바다인부조합[神戶沖仲仕組合]·고베중앙육지인부조합[神戶中央陸仲仕組合]의 주요 인물들이 연사로 출석했고, 청중은 2,500여 명 정도였다고 한다.[2]
　『노동세계』의 연설회에 관한 보도는 다카노 후사타로(高野房太郎)가 집필하였다. 다카노 자신이 죠 쓰네타로(城常太郎)의 요청에 의해 객원 연사로 연단에 오른 경위를 서술했다. 죠와 다카노는 일본 노동운동의

---

1 『神戶又新日報』 1899년 7월 16일.
2 『勞働世界』 42, 1899년 8월 15일.

여명기를 개척한 인물이다. 죠 쓰네타로는 1888년에 미국으로 건너가서 제화점을 열었으며, 1891년에 다카노 등 재미 일본인과 함께 직공의우회(職工義友會)를 조직했다. 귀국 후, 1897년에는 도쿄(東京)에서 가타야마 센(片山潛), 다카노 등과 노동조합기성회를 설립하는 데 관여했다. 비잡거운동은 죠가 노동조합기성회 설립 후에 요양하기 위해 고베에 머물 때 관여한 것이다. 이처럼 비잡거운동은 노동조합주의자와 밀접한 관련이 있었다. 비잡거운동의 경위를 순차적으로 보도한 『노동세계』는 노동조합기성회의 기관지였다.

비잡거운동은 근대 일본의 민중과 정치·사회운동의 관계를 고찰할 때 다음과 같은 점에서 중대한 역사적 의의가 있다. 첫째, 노동조합이 미성숙했던 당시 일본에서 수천 명 규모의 집회가 개최된 점, 둘째, 미국의 노동조합주의를 접한 사람이 관여했다는 점, 셋째, 조직화가 어려운 날품팔이 일용 노동자가 참가자의 다수를 차지했다는 점, 넷째, 이러한 성격을 지닌 운동이 청국인 노동자 배척이라는 배외적인 목표를 내걸었다는 점이다.

이 운동에 대해 현재까지 가장 상세한 연구를 발표한 것은 누노카와 히로시(布川弘)이다.[3] 누노카와는 마쓰나가 쇼조(松永昌三)가 이 운동을 "거대 외국 자본의 침입이라는 환영(幻影)이었지만, 이러한 환영이 일본에서 노동조합운동이 출발하는 데 하나의 유력한 추진력이었음에 주의해야 한다"[4]고 한 것에 반박하는 형태로 자신의 주장을 전개했다. 외국인 하역 청부업자의 증가에 따라 청국인 노동자에게 고용이 집중됨으로써, 일본인 노동자의 고용이 위기에 직면했다는 점을 밝히고, 이 운동에 사회적 기반이 있었음을 지적한 것이다.

3 布川弘, 『神戶における都市「下層社會」の形成と構造』, 兵庫部落問題硏究所, 1993.
4 松永昌三, 「社會問題の發生」, 『岩波講座 日本歷史 16』, 岩波書店, 1976, 257쪽.

누노카와의 이러한 주장은 어떤 전제를 깔고 있다. 민중이 대외강경파가 주장한 내셔널리즘에 이끌려 간 러일전쟁 이후의 상황은, 미야지 마사토(宮地正人)가 일찍이 실증했듯이 대외강경파가 민중에게 접근한 것에 의해서만이 아니라,[5] 민중 쪽에서도 그들의 주장에 감응하는 현실적 기반이 미리 준비되어 있었다는 것이다. 이러한 주장에서 비잡거운동은 생활기반 확보를 위한 민중의 움직임이 내셔널리즘과 결부된 선구적인 사례로 위치지어진다.

확실히 항만노동자가 처한 상황과 운동의 목적을 결부시킨다면, 민중의 생활보장 요구가 내셔널리즘과 결합된 사례로 비잡거운동을 자리매김할 수 있을지도 모르겠다. 그러나 노동조합주의자의 의향이 강하게 반영된 이 운동을, 항만노동자의 행동에 의거하여 보지 않은 채 동시대의 민중의식을 말하는 것으로 귀납시키는 데는 의문의 여지가 있다. 후지노 유코(藤野裕子)는 종래의 도시소요 연구에 대해, 그 시기 민중이 폭력을 사용한 것에는 문제를 제기하지 않고, 도시민중의 불만을 고조시킨 사회경제구조나 도시민중을 동원한 정치세력의 사상적 특징 혹은 정치적 상승 과정을 주로 분석했다고 비판했지만,[6] 그 역시 고용구조로 비잡거운동을 설명함으로써 자신의 비판으로부터 벗어나지 못하고 있다.

이 글에서는 항만노동자가 비잡거운동 이전에는 고용위기를 어떻게 대면하고 있었는가, 그리고 비잡거운동에 어떻게 관여했는가를 항만노동자의 행동양식에 착목해 분석하고, 비잡거운동을 민중의 시각에서 다시 해석해 보고자 한다. 이를 통해 초기 노동조합주의의 사상이나 일용노동자가 처한 상황 등, 비잡거운동이 품고 있는 역사적으로 중대한 문제들

---

5 宮地正人, 『日露戰後政治史の硏究』, 東京大學出版會, 1973.

6 藤野裕子, 「都市民衆騷擾期の出發―再考·日比谷燒打事件」, 『歷史學硏究』792, 2004.

에 대해서 선행연구와는 다른 시각을 얻고자 한다. 다만 비잡거운동을 둘러싼 상황으로부터 민중과 내셔널리즘의 관계를 다시 고찰하기 위해서는 항만노동자의 대외인식을 아울러 검토해야만 하지만, 지면 관계상 이 문제는 다음 기회로 미루도록 하겠다. 본고에서는 민중의 행동에 착목하여 운동상을 새롭게 다시 그려내는 데 주안점을 두기로 한다.

2. 항만 노동과 노동자 사회l에 대한 개요

우선 1890년대 후반 고베의 항만 노동이 어떠했는지를 작업의 종류, 고용, 생활이라는 측면에서 검토해 보자. 작업의 종류를 살펴보면, 당시 항만 작업에는, 앞바다인부[沖仲仕], 바닷가인부[浜仲仕 또는 荷揚仲仕], 수레인부[車仲仕], 거룻배업자[艀船業者] 등 네 종류가 있었다(그림 1). 앞바다인부는 정박한 선박에 들어가서 거룻배나 다른 선박으로 짐을 싣거나 부리는 일에 종사한다. 바닷가인부는 부두나 거룻배에서, 거룻배의 짐을 싣거나 부리는 일에 종사한다. 수레인부는 부두와 창고 사이의 하물 운반에 종사한다. 거룻배업자는 거룻배로 하물·여객을 운송하는 일에 종사한다.[7] 육상에서 이루어지는 하역에는 따로 석탄인부[石炭仲仕 또는 石仲仕]나 목재인부[鳶仲仕] 등, 갖가지 전문화된 역할이 있으며, 육지인부[陸仲仕]라는 호칭은 바닷가인부, 수레인부, 그 외 여러 하역인부를 포함한 육상 하역의 총칭으로, 앞바다인부의 상대어로서 사용되었다(육지인부가 수레인부의 별칭으로 사용되는 경우도 있지만 이 글에서는 그 의미로는 사용하지 않는다).[8]

7 『神戸築港調査書』, 神戸築港調査事務所, 1898, 66~67쪽.
8 『神戸又新日報』 1899년 3월 5일.

아울러 하역이나 운반 작업은 아니지만 앞바다인부처럼 선내에서 하는 일로서 앞바다행상[沖商]이 있었다. 앞바다행상은 일종의 행상인으로 앞바다에 정박한 선박에 올라가서 식품·일용품을 소매하였다. 또한 고베의 경우, 인력거꾼은 부두에서 시가지로 선원·승선객을 옮기는 것이 주된 업무였기 때문에 그들도 항만노동자의 하나로 파악할 수 있다.

바닷가인부는 전근대부터 항구로 번영한 이웃 효고항(兵庫港)에도 존재했지만, 앞바다인부와 거룻배업자는 일의 형태 자체가 근대에 시작되었다. 전근대에는 일본의 재래식 목조선에 화물과 승객을 싣고 내렸기 때문에 배를 항구에 착안(着岸)하여 작업할 수 있었지만, 서양형 증기선은 착안할 수 없기 때문에 거룻배를 이용한 수송이 필요해진 것이다.

〈그림 1〉 항만의 일

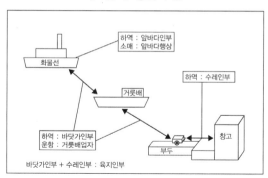

다음으로 고용의 실상을 살펴보자. 앞바다인부와 육지인부는 두 가지 중대한 차이가 있었다. 하나는 고용주가 다르다는 것이다. 앞바다인부는 선장에게 고용된 데 반해, 육지인부는 화물주에게 고용되었다.[9] 이러한 차이 때문에, 외국 선박이 증가하면서 앞바다인부는 육지인부에 비해 외

9 위의 자료.

국인에게 고용되는 경우가 많았다. 거룻배업자도 선장·화물주와 계약하고 거룻배를 움직였기 때문에 외국 선박의 경우는 외국인의 의향에 좌우되었다.

단, 하역인부·거룻배업자가 발주자와 직접 계약할 수는 없었다. 하역인부와 선장·화물주 사이에는 인부[人足]청부업자가, 거룻배업자와 선장·화물주 사이에는 해운대리점[回漕問屋]이 각각 개입하여 작업을 주선하고 중개료를 받는 것으로 되어 있었다.[10] 그리고 이 인부청부업도 외국인이 잠식했다. 고베에서 특히 유력한 청부업자는 청국인 양학헌(梁鶴軒, 통칭 잭 영)과 독일인 P.C.M.니켈이다. 누노카와가 지적하듯이,[11] 그들은 외국 상관(商館)의 자본에 힘입어 선내 하역에서 거룻배 수송, 연안 하역까지 일괄하여 청부를 받았기 때문에 외국 선박의 하역 독점은 필연적이었다. 그 결과, 종래의 일본인 청부업자는 외국인 청부업자를 경유하여 주문을 받아야 했다. 이러한 고용의 다층화는 웃돈을 떼이는 횟수의 증가, 다시 말하면 하역인부 본인이 받을 임금의 감소를 초래했다.

또 하나는 노동의 질에 따른 차이이다. 육지인부의 작업은 분업이 진행된 것에서도 알 수 있듯이 숙련을 요하는 업무를 포함했지만, 앞바다인부의 작업은 건장한 신체만 있다면 비교적 쉽게 할 수 있었다. 또한 앞바다인부의 노동력 수요는 입항 선박의 수나 선박에 적재된 하물의 양에 좌우되므로 매우 불안정했다. 이렇게 비숙련인데다 수요가 불안정한 노동의 특질로 앞바다인부의 고용은 상시고용인부[常人足]·부옥인부[部屋人足][12]·임시모집인부[臨時人足 또는 買人足]라는 세 가지 형태가 병

---

10 해운업[回漕業]에 대해서는 村田誠治 編, 『神戶開港三十年史』 下, 開港三十年記念會, 1898(原書房復刻版, 1974 참조), 223~236쪽(이하 『神戶開港三十年史』).

11 布川弘, 앞의 책, 1993, 21쪽.

12 [번역자 주] 부옥은 우리의 인력소개소에 해당하는 것으로 인력청부업소를 의미한다.

존했다. 상시고용인부는 실질적으로는 하역인부의 우두머리로 청부업자에게 상시 고용되어 일정한 임금을 받는 사람, 부옥인부는 필요한 경우에 고용 계약을 맺는 사람, 임시모집인부는 임시 응모에 의해 일시적으로 고용된 사람이다. 1897년 당시 고베의 앞바다인부 6,000명 중 상시고용인부와 부옥인부가 각각 1,000명 정도였고 나머지는 임시모집인부였다.13 앞바다인부의 대부분이 일용노동자였던 것이다.

마지막으로 생활을 검토해보자. 생활면에서도 앞바다인부는 독특했다. 전통적 숙련 노동으로 수요가 비교적 안정된 육지인부는 오야붕(親分)·고붕(子分) 관계를 기축으로 한 중간조직이 지구마다 존재했다. 반면에 역사가 짧은 비숙련 노동이자 수요가 불안정한 앞바다인부의 경우, 청부업자인 상위의 하역인부우두머리[仲仕頭]로부터 현장에서 상시고용인부로 활동하는 하역인부우두머리까지 이어지는 피라미드 구조가 인부 알선 계통으로 존재했지만, 말단 하역인부가 일용노동자였으므로 개개인을 중간조직에 편입하는 것은 원리상 불가능했다. 이러한 파악 통제의 어려움이 앞바다인부의 거주 형태에 큰 영향을 미쳤다.

앞바다인부에 대한 노동 수요가 생긴 1868년 당초에는 바닷가인부 조직이 앞바다인부에 대한 관리를 시도했지만 일찌감치 좌절되었다. 그래서 고베촌의 나누시(名主)인 이쿠시마 시로다유(生島四郎太夫)는 세키우라 세이지로(關浦淸次郎)에게 앞바다인부의 통괄을 명했다. 세키우라는 해안통으로 조선(早船)14 영업을 했으며, 이전에 세키도리(關取)15였던 인물이다. 1870년에 세키우라는 효고 현령에게 장려금을 받았으며, 나중에는 햐쿠닌베야(百人部屋)라 불린 대규모 인부중개소를 운영하기에 이

13 『大阪每日新聞』1897년 12월 24일;『神戶開港三十年史』下, 623~624쪽.
14 [번역자 주] 젓는 사람이 많이 탄 속력이 빠른 배.
15 [번역자 주] 스모에서 십량(十兩) 이상의 역사(力士)에 대한 높임말.

른다. 세키우라는 농촌에서 일자리를 찾아 고베로 온 사람들을 햐쿠닌베야에 수용하고, 그들에게 일을 배당하였다.[16] 하지만 고아·고령자·장애인 등 노동하기 어려운 사람들도 많이 수용하여 보호했기 때문에 경영이 어려워져 1877년에 폐쇄하기에 이른다. 세키우라는 이를 계기로 일단 상경했지만, 나중에 고베로 돌아와 고베 노동계의 '명망가'로 오랫동안 활약하였다.[17]

햐쿠닌베야의 폐쇄를 전후하여, 노동 가능한 사람들은 목임숙(木賃宿)[18]이나 장옥(長屋)[19]에서 생활했기 때문에, 효고현은 1877년 9월 '양항기류인규칙(兩港寄留人規則)'을 제정하여 10호(戶) 1조의 상호감시체제를 구축했다.[20] 그렇지만 '마쓰카타 디플레이션'[21]으로 인해 심각한 불황이 닥치자, 구걸·도박·절도·매춘이 횡행하면서,[22] 상호감시체제는 제대로 작동하지 못했다. 그래서 효고현은 1887년 3월에 '숙옥취체규칙(宿屋取締規則)'을 정하고, 집단 거주 정책으로의 전환을 꾀했다. 고베 시가의 목임숙 영업 구획을 부두 주변이나 기존의 목임숙·장옥 밀집지역 등, 외국인 거주 지역에서 떨어진 장소로 한정한 것이다.[23] 이로 인해 앞바다 인부는 목임숙·장옥을 거점으로 생활권을 형성하게 되었다.

앞바다인부에 한정된 것은 아니지만, 항만노동 수입은 윤택하지 않았

16 『神戸開港三十年史』上, 406~412쪽.
17 朝日新聞神戸支局 編, 『兵庫百年 夜明けの人びと』, 中外書房, 1967, 73~75쪽.
18 [번역자 주] 연료비만 지불하는 싸구려 여인숙.
19 [번역자 주] 여러 호의 집을 한 채의 건물로 세워 연결한 집. 일본의 전통 연립주택.
20 『神戸開港三十年史』下, 607~608쪽;『神戸開港百年史』, 神戸市, 1972, 635쪽.
21 [번역자 주] 1880년 메이지 정부의 대장경으로 취임한 마쓰카타 마사요시에 의해 추진된 일련의 경제정책으로 인해 1880년대에 발생한 디플레이션.
22 『神戸開港三十年史』下, 79~80쪽.
23 『神戸開港三十年史』下, 629쪽;『神戸開港百年史』, 1972, 635쪽.

다. 이로 인해 항만노동자 중 부부로 거주하는 경우는 대개 맞벌이였다. 여성 앞바다인부도 있었지만,[24] 여성, 아이, 장애인은 가내에서 성냥갑 붙이기 등 부업을 하거나, 공장에서 성냥 제조나 엽차 볶기에 종사하는 경우가 많았다.[25] 또한 바닷가인부·앞바다인부를 불문하고, 적은 임금을 보충하려고 하물을 싣거나 부리는 와중에 훔친 하물을 전매하는 일도 횡행했다.[26]

수입을 소위 '음주', '도박', '매춘'에 써 버리며 기분전환을 하는 일도 많았다. 1899년 7월의 『고베유신일보』에는 그날의 벌이인 1엔 30전을 선술집에서 거의 다 써버리고는, 심지어 성구매를 하려 한 앞바다인부가 그를 잡으러 온 아내와 싸워서 경찰이 출동하는 소동에 관한 기사도 실렸다. 이 같은 사건은 이들의 생활을 상징적으로 보여준다.[27] 더 대우가 나은 직업에 취직하거나 저금으로 생활수준을 향상시키는 일은 경제적으로도 심정적으로도 어려웠다. 찰나주의적 지향은 항만노동자 중에서도 특히 고용이 불안정했던 앞바다인부에게 가장 현저하게 나타났다.

지금까지 검토했듯이, 노동의 성격이나 생활의 실상에 주목해보면, 하역인부 가운데 앞바다인부는 특이한 존재이며, 다른 하역인부보다는 오히려 하루벌이인 거룻배업자, 앞바다행상, 인력거꾼에 가까운 존재임을 알 수 있다. 따라서 아래에서는 이들을 '일용항만노동자'라고 칭하고, 이 글이 분석하는 핵심 대상으로 삼고자 한다.

---

24 『神戶築港調査書』, 1989, 63쪽.
25 『神戶開港百年史』, 1972, 645쪽.
26 『神戶築港調査書』, 1989, 64쪽.
27 『神戶又新日報』 1899년 7월 14일.

3. 싸움·스트라이크의 개시

일용항만노동자가 고용 위기에 어떻게 대응했는지 검토할 때 간과할 수 없는 중요한 행위가 싸움이다. 1880년대 후반이 되자, 이들 사이에서 대규모 싸움이 발생하거나 이들과 외국인 사이에서 마찰이 생기기 시작했다. 이러한 싸움의 특징이 잘 드러난 대표적인 사례 세 가지를 검토해 보자.

첫 번째는 1886년 1월에 앞바다인부 중 한 무리인 나카구미(仲組)에서 일어난 싸움이다.[28] 이 싸움은 1월 17일에 아픈 자코 다스케(座古太助)를 대신해서 나카구미의 우두머리 역할을 하던 아라이 긴조(新井銀藏)가 류조(龍藏)라는 하역인부의 지각을 비난하면서 시작되었다. 아라이 긴조, 류조, 그리고 중재하던 이와키치(岩吉)가 부상을 입었다. 이후 고베항의 '명망가'인 세키우라 세이지로와 야마구치 가메키치(山口龜吉)가 중재에 나서면서 경찰서에 아라이 긴조 등의 방면을 탄원했다. 그러나 결국 세 사람은 고베경죄(輕罪)재판소에서 중금고 2개월 형을 언도받았다. 한편, 자코 다스케는 사건 스트레스로 병세가 악화되어 자살을 시도했고 결국 사망하였다. 후임 우두머리(親方)로는 야마모토 쇼에몬(山本所右衛門)이 선택되었다. 이 싸움은 당사자가 우두머리의 대행자였기 때문에, 형벌이 따를 것을 우려하여 명망가가 중재에 나서게 된 것이다. 경찰에 방면을 탄원한 세키우라와 야마구치, 자살을 시도한 자코 다스케의 행동에서도 알 수 있듯이, 명망가나 우두머리에게는 불안정한 항만노동자 사회를 통솔하기 위한 고도의 수완이 요청되었고 중압감도 컸다.

두 번째는 1886년 2월 17일에 일어난 하역인부과 수레인부의 싸움이

---

28 『神戸又新日報』 1886년 1월 17일, 22일, 26일, 29일, 2월 2일.

다.[29] 이 싸움은 오시마야(大島屋)와 가가쇼텐(加賀商店)이라는 두 석탄 상점 사이에서 미국 선박 테란호의 석탄 매입 가격을 둘러싸고 일어났다. 오시마야 쪽 뱃사공과 가가쇼텐에 출입하는 인력거꾼 사이에서 말다툼이 나자, 오시마야에 고용된 하역인부가 인력거꾼을 공격하면서 하역인부와 인력거꾼을 합쳐 50~60명 규모의 싸움으로 발전했고, 7~8명이 고베경찰서에 구속되었다. 이처럼 매입 가격 등 계약 문제도 싸움의 원인이 되었다. 이 경우, 많은 노동자의 이해가 걸린 만큼 싸움은 오야붕-고붕 관계를 끌어들여 장기화, 대규모화하는 경향이 있었다.

첫 번째와 두 번째 사례와 같이, 싸움의 원인에 이해관계가 결부된 사람들이 싸움 당사자에 의해 동원되고, 명망가가 중재하고, 경찰에 구속되기까지 서로 힘을 부딪쳐 겨루는 것이 일용항만노동자의 싸움에서 보이는 특징이다. 거기에는 그들 사회의 유동적인 인간관계에 뿌리박힌, 모종의 합리성이 있었다.

세 번째는 1887년 7월 3일에 일어난 앞바다행상과 청국인의 싸움이다.[30] 이 싸움은 앞바다행상인 다나카 다쓰고로(田中辰五郎)가 외국 선박에 장사하러 가서 청국인 요리사에게 담배 마는 종이를 파는 과정에서, 청국인이 일단 상품을 받았다가 사지 않고 다쓰고로에게 상품을 돌려주면서 일어났다. 다쓰고로가 돌려받은 종이 개수가 넘겨준 때보다 줄었다고 지적했지만, 청국인이 듣지 않아 말다툼이 벌어졌는데, 다른 청국인 3명이 가세해서 다쓰고로를 구타했다. 이 때문에 다쓰고로는 고베경찰서에 그들을 고소했다. 이처럼 1890년대 전반까지는 일본인 일용항만노동자가 외국인에게 부당한 대접을 받음으로 인해 싸움이 벌어지는 경우가 많았다. 이외에도 1889년 5월에는 영국 군함의 수병이 인력거꾼에게 대

29 『神戸又新日報』 1886년 2월 18일.
30 『神戸又新日報』 1887년 7월 7일.

금을 지불할 때 돌연 폭행을 가한 사건,[31] 1890년 9월에는 청국인 8명이 거룻배업자에게 대금을 지불하면서 담판 끝에 거룻배업자의 목을 벤 사건[32]이 일어났다. 모두가 대금 지불을 꺼린 나머지 폭행에 이른 것인데, 손님에게 돈을 받는다는 그들의 생활을 유지하는 근본 행위가 위협받았던 것이다. 당연하지만 그 배경에는 일본인에 대한 멸시가 있으며, 그 멸시는 특히 앞바다인부나 인력거꾼과 같은 일용항만노동자에게 향해졌다.

이들은 일본인 사회에서도 멸시받는 존재였다. 앞바다인부는 "짐꾼[權藏]"이라 불리며 멸시받았다. 당시 신문에서는 "제대로 옷을 입지 않고 추한 몸을 드러내며 선박에 오르는 자가 있고, 배 안의 남은 밥을 다투어 구걸하면서도 부끄러워하지 않는 자가 있다"[33]고 이들을 묘사하였다. 이렇게 멸시받았지만, 앞바다인부들은 육체노동을 익숙하게 해내는 다부진 신체의 소유자였다. 자신의 요구를 관철하려 할 때, 이들에게는 학문도 지위도 부도 없었지만 강한 완력을 과시할 수 있었다. 완력 행사는 이들의 사회적 열등성을 일시적으로 불식시키면서, 이들의 요구에 힘을 부여했다. 싸움이 충동적으로 이뤄지는 이상, 완력의 기능을 자각하기는 어렵다. 그러나 1880년대 후반 이래로 싸움의 경험이 일용항만노동자 사이에 축적되었음을 고려한다면, 완력이 가진 기능은 쉽게 의식되었을 것이다. 다만 완력의 행사는 자신들의 요구에 힘을 부여하는 수단으로 기능한 반면, '난폭'하다는 인상을 낳아서 그들에 대한 멸시나 소외를 재생산한다는 딜레마도 내포했다.

이처럼 완력에 호소할수록 완력에 의존해 살아가지 않을 수 없게 되는 순환과정은, 달리 보면 그들이 일용항만노동자로서 특성을 강화해가

---

31 『神戸又新日報』 1889년 5월 9일.
32 『神戸又新日報』 1890년 9월 3일.
33 『大阪毎日新聞』 1897년 12월 25일.

는 과정이기도 했다. 1890년대 전반이 되면, 자신의 힘을 상대에게 보여서 요구를 관철하려는 행동양식이 보다 뚜렷한 양상을 나타내게 된다. 스트라이크나 시위 행동이 그것이다.

필자가 아는 한, 일용항만노동자가 노동을 방기함으로써 자신들의 요구를 주장한 최초의 사례는 1890년 9월 라스파텍호에 대한 스트라이크다.[34] 미국에서 건너온 석유적재 범선 라스파텍호가 고베항에 입항했을 때, 앞바다행상 30여 명이 배에 올라서 물건을 팔고자 했다. 일본 사정을 몰랐던 라스파텍호에서는 귀찮다며 그들을 돌려보낸 다음, 영사관에 일본 배가 접근하지 못하도록 일본 관리에게 조회할 것을 의뢰했다. 실제로 앞바다행상에게 라스파텍호에 가지 말라는 통보가 있었기 때문에, 앞바다행상은 앞바다인부와 연대하여 라스파텍호에 가지 않는 스트라이크를 개시했다. 그 결과, 테레징상회가 석유를 인수할 예정이었지만 화물을 내리지도 못해서 라스파텍호는 곤혹스러운 상황에 빠졌다.

이 사건에서는 일용항만노동자가 상대에게 주먹을 휘두르지 않고 자신의 요구를 주장했지만, 노동을 방기함으로써 자신이 가진 노동의 힘을 보였다는 점에서 싸움의 연장이라고 할 수 있다. 이 사건에서 주목할 것은 앞바다인부가 앞바다행상의 스트라이크에 협력했다는 점이다. 앞바다행상의 입선(入船)이 거절됨에 따라 앞바다행상이 판매할 일용품이 두절된 것만으로는 라스파텍호 선원에게 효과적인 충격을 주지 못하기 때문에, 앞바다행상들은 앞바다인부까지 입선을 거부하게 함으로써 라스파텍호의 입항 목적을 이루지 못하게 하겠다고 판단했음이 확실하다. 앞바다인부는 순조롭게 일해 대가를 받을 수 있었겠지만, "라스파텍호에 가서는 안 된다. 가는 자가 있다면 발견하는 대로 운운하며 굳게 약속함"으로

---

34 『神戸又新日報』 1890년 10월 2일.

써 스트라이크를 성공시켰다.

앞바다행상·앞바다인부 모두 손님이나 고용주가 일정하지 않은 일용직이기 때문에, 노동자가 동일한 고용계약 아래에서 일하는 공장 등의 스트라이크에 비해 단결하기 어렵다. 그럼에도 그들을 결속시킨 것은 싸움을 통해 축적해 온 방법이었다. 문제와 이해관계가 얽힌 사람이 즉석에서 당사자에게 동원되는 유동적인 인간관계를 전제로 한 결합 형태이다. 라스파텍호에 "가는 자가 있으면 발견하는 대로 운운"하는 규합 방식에서 드러나듯이, 그 결합을 규율하고 있는 것 또한 완력이었다.

다음 해인 1891년 7월 12일에는 거룻배업자 400여 명이 시위운동을 일으켰다.[35] 그동안 거룻배를 항구 내에 상시 묶어두는 것은 묵인되어 왔지만 1890년 11월부터는 원칙적으로 금지되었다. 그럼에도 니켈상회가 거룻배 5~6척을 항구 내 하적장에 매고서 여러 시간 동안 화물을 싣고 내리는 작업을 하여, 실질적으로 다른 거룻배들이 들어오지 못하게 한 것이 발단이었다. 거룻배업자들은 연합해서 3회에 걸쳐 현지사(縣知事)에게 탄원을 제출했지만 현은 어떤 대응도 하지 않았다. 그래서 7월 12일에 거룻배의 선부(船夫)·선주(船主)가 모토마치(元町) 3정목의 젠쇼지(善照寺)에 모여 시위운동에 나섰다. 경찰이 그들에게 주의를 주고 니켈 부부는 오사카(大阪)로 피난했을 정도의 소동이었다. 니켈상회보다 경영 기반이 압도적으로 취약한 거룻배업자들이 니켈상회에게 규칙을 지키게 하는 일은 쉽지 않았다. 정부에 공정한 판단을 요구했지만 거절당한 가운데, 그들은 단결해서 시위하는 쪽을 택한 것이다. 여기에도 폭력적 수단에 의해 일시적으로 힘의 관계를 역전시켜 요구를 관철하려는 행동양식이 드러난다. 덧붙이자면 이 사건으로 니켈상회는 예선영업(曳船營業)

---

35 『神戶開港三十年史』下, 236~237쪽; 兵庫縣勞働運動史編さん委員會, 『兵庫縣勞働運動史』, 兵庫縣商工勞働部勞政課, 1961, 18쪽.

면허장을 박탈당했지만, 면허가 없이 예선을 하는 등 전횡에는 변함없었다.

4. 노역청부회사의 설립

외국인 청부업자의 등장으로 앞바다인부의 고용과 대우가 악화하는 가운데, 세키우라 세이지로 등은 새로운 계획을 시작하였다. 거룻배업자의 시위운동을 전후로, 1890년 10월, 세키우라가 동지와 함께 노역회사를 조직해서 일본인 앞바다인부를 외국인 청부업자로부터 자신들의 회사로 옮기게 하려 한 것이다.

10월 22일자 『고베유신일보』에는 이 계획을 지지하는 이노우에 햐쿠부(井上百浦)라는 인물의 투서가 게재되었다. 투서에 의하면, 현재 항만 하역은 발주주인 선장에서부터 "외인(外人) 인부청부업자", "제2의 인부청부업자인 남경인(南京人)", "일본인 인부청부업자[受負業者]" 또는 "일본인의 우두머리[頭]라 칭하는 사람"을 거쳐서 가까스로 노동자를 직접 고용하게 되며, 노동자의 몫은 십 수 전이라고 한다. 그 때문에 그들 사이에서는 선내 변소 등에서 몰래 게으름을 피우거나 짐을 몰래 빼돌리는 일이 횡행해서, 각국인은 일본인 노동자를 청국인 노동자보다도 하찮게 본다고 햐쿠부는 탄식했다. "외인"(=구미인)과 "남경인"(=청국인) 청부업자가 대등한 관계가 아니라 청국인이 구미인의 하청을 받는 관계라는 지적은 다른 사료에는 나오지 않는 것이라서 주목된다. 실태에 관한 기술은 추가적인 검증이 필요하지만, 어쨌든 햐쿠부는 고용의 다층화를 문제시하면서, 세키우라의 계획은 "우리 노역자로 하여금 외인의 굴레를 벗게 하는 좋은 기회"라며 지지했다.

10월 25일에는 세키우라가 합동자본으로 고베노역회사를 설립하고 지사에게 인가받았다. 이를 보도한 『고베유신일보』도 "미거라고 할 만" 하다며 지지 입장을 분명히 했다.[36] 그리고 11월 10일에는 회사 발기인 의 한 사람인 이노우에 마사카쓰(井上方勝)가 오사카로 가는 길에 이타 가키 다이스케(板垣退助)를 방문해 회사에 대한 의견을 구했는데, 크게 찬동을 얻었다고 한다.[37] 일의 시작은 순조로웠다고 할 수 있겠다. 그러 나 자본금 모집이 여의치 않았는지 회사가 본격적으로 가동하기까지 약 2년 동안의 과정은 명확하지 않다.

1892년 11월 17일에는 세키우라 세이지로, 후지노 세이하치(藤野清 八), 이케모토 가네타로(池本兼太郎), 오사와 가타마로(大澤方麿), 모로오 카 주지로(諸岡忠次郎), 가와타니 세이칸(河谷正艦) 등에 의해 스티브도 어링상회가 설립되었다. 오후 7시부터 산노미야아사히자(三宮朝日座)에 서 회비를 낼 필요 없는 간친회가 열려서 1,500명 이상이 모인 것으로 보인다.[38] 마침내 선장·화물주와 직접계약을 맺는 일본인 청부업자가 가 동하기 시작한 것이다. 니켈상회는 이러한 움직임에 오기가 생겨서 내내 선장을 통해 고용하는 방식으로 영업했다. 그런데 니켈상회와 양학헌의 쇼키(松記)에 고용되었던 하역인부 우두머리(仲仕頭)가 스트라이크를 일 으키고 스티브도어링상회로 옮기면서, 실제로 인부를 조달할 수 없게 되 었다. 그 때문에 니켈상회는 효고나 니시노미야(西宮)에 모집원을 보내 인부를 확보해야만 했다.[39] 여기까지는 상황이 원하는 대로 전개된 것이다.

---

36 『神戸又新日報』 1890년 10월 29일.

37 『神戸又新日報』 1890년 11월 11일.

38 『神戸又新日報』 1892년 11월 17일; 『神戸開港三十年史』 下, 622쪽. 회사명은 '貨物積卸請負會社', 'ステヴドー商會'(ステヴドー=steward=선박의 수하물계), 'ステベドーリング商會', 'ステベドーリング·カンパニー'(ステベドー=stevedore=뱃 짐을 싣고 부리는 인부) 등 여러 종류의 기재 방식이 있다.

그러나 회사 설립으로부터 며칠 후에 이미 암운이 짙게 끼기 시작했다. 11월 23일자 『고베유신일보』에는 "빨리 조정하라"라는 제목의 사설이 게재되었다. 이 사설은 스티브도어링상회의 설립에 대해서 그 기개에는 찬성하지만, 상회의 거동은 "아무래도 온당하지 않다"고 비난했다. 왜냐하면 이 상회에 소속된 하역인부가 수십 명 때로는 수백 명 규모로 각자의 작은 배에 올라서, 상회에 속하지 않은, 즉 니켈상회에 속한 하역인부의 통행을 막거나 그들에게 욕을 퍼붓거나 하며 작업을 방해했기 때문이었다. 그런데 스티브도어링상회에서는 이러한 하역인부의 행동을 묵인하기는커녕 장려할 정도라서 니켈 부부는 다시 피난해야 했다.

11월 28일경에는 출입하는 선박이 적기도 하여 앞서 언급한 소동이 진정되기는 했으나 사태는 호전되지 않았다. 거류지의 기선취급상회에 인사도 없이 갑자기 개업하고 시위행동을 일으켰기 때문에 선장들의 상회에 대한 이미지는 나빴고, 발주 의뢰에 응하는 이가 적었다. 또한 쇼키에 대한 합병 제안도 실패로 끝났다.[40] 그래서 28일 스티브도어링상회는 고용했던 앞바다인부를 해고한다. 그 가운데 니켈상회 등에 고용될 수 없는 80명 정도에 대해서는 가족 수에 따라 당분간 돈을 지급해 돕기로 했다. 상회는 이날까지 8~9,000엔 정도를 소비했지만 운동은 실패한 것이다.[41]

누노카와는 이 운동이 실패한 원인으로, 하나의 회사가 그렇지 않아도 많은 임시고용인부를 장악하려 한 것이 무리였고, 보다 근본적인 원인으로서는 외국선과 외국선 청부업자 사이에 강고한 관계가 있었기 때문에 기선취급상회나 외국 선박으로부터 수주하기 어려웠던 상황을 들었다.[42] 물론 이들 원인은 근본적이다. 그러나 그만큼 이들 원인은 운동

39 『神戸又新日報』 1892년 11월 20일.
40 『神戸又新日報』 1892년 11월 27일.
41 『神戸又新日報』 1892년 12월 1일.

개시 전부터 명백한 것이기도 했다.

문제는 『고베유신일보』의 사설이 적절히 지적했듯이, 위에 서술된 두 원인을 타개하는 방법이 "온당치 않았다"는 점에 있다. 임시고용인부를 장악하기 위한 방법으로 술을 대접하는 등 회유책뿐만 아니라 니켈상회에 속한 하역인부에 대해 도발하고 업무를 방해함으로써 스티브도어링상회에 들어가는 편이 낫겠다는 의식을 심어주는 강경책도 활용되었다. 기선취급상회나 외국 선박에 대해서는 우선 신뢰부터 얻어서 주문을 획득할 수도 있었지만, 인사도 하지 않고 돌연 개업함으로써 그들의 이미지를 악화시켰다. 그리고 도발과 업무 방해라는 시위행동으로 신뢰는 급속히 상실되었다. 세키우라 등의 청부업자는 외국인 청부업자의 등장에 의한 일본인 노동자 고용문제를 국가·사회적 문제라고 호소함으로써 독지가에게서 찬동금을 모아 이 문제를 해결한다는 목적 아래 노역청부회사를 설립했다. 이 수법에는 현에서 받은 장려금으로 햐쿠닌베야를 경영한 세키우라의 경험이 놓여 있다. 자신의 완력에 호소할 수밖에 없는 말단의 하역인부와 달리, 명망가급의 청부업자는 지위가 높은 사람들로부터 협력을 얻을 수 있는 식견과 수완을 가지고 있었다. 그러나 이러한 그들조차 하역인부의 도발·업무 방해가 발생하자 그것을 장려했다. 명망가급 청부업자도 대부분은 현장에서 단련되어 고생 끝에 출세했기 때문에 완력을 보여서 요구를 관철시키는 일용항만노동자의 기풍을 간직하고 있었던 것이다. 스티브도어링상회의 고용 장악 계획은 청부업자와 하역인부가 하나가 되어 발휘했던 그 "온당치 못함" 때문에 좌절했다. 달리 보면, 이 계획은 그만큼 일용항만노동자의 주체성이 발휘된 시도였던 것이다.

---

42 布川弘, 앞의 책, 1993, 105~106쪽.

5. 1897년 이후의 외국인 습격

1897년에는 고베 수출의 대부분을 점했던 경공업품의 수출이 침체하면서 심각한 불황이 도래했다.[43] 이 영향으로 1897년 이후 싸움이나 스트라이크가 빈발하고 격화되었다.

같은 해 6월 1일에는 쇼키에서 살인사건이 일어났다.[44] 피살자는 히로세 사지로(廣瀨佐二郎)로 쇼키에 고용되어 하역인부 공급 등을 맡은 하역인부 우두머리였다. 살인범은 신코구미(神港組)의 하역인부 우두머리인 요시하라 가쓰조(吉原勝藏) 외 7명이었다. 원인은 사지로가 가쓰조보다 임금에서 빼돌리는 부분이 적었기 때문에 모두 사지로를 따랐고, 가쓰조 쪽의 인부도 옮겨가게 된 데 있었다. 게다가 쇼키가 신코구미 인부 20명을 고용 해지했기 때문에 가쓰조 쪽의 사람이 사지로를 살해하기에 이르렀다. 그 후 쇼키에서는 두려움을 느껴 하역인부를 고용하지 않을 것을 협의하던 중, 3일에 가쓰조 쪽에 공급을 의뢰한 가지하라 아이노츠케(梶原愛之助)가 상회에 와서 불쾌한 말을 퍼부어서 고베경찰서로 연행되어 훈계받는 일도 일어났다.

이 사건도 외국인 청부업자의 개입으로 인한 청부의 다층화가 원인의 하나였음이 확실하다. 히로세 사지로는 쇼키의 사무도 청부를 맡고 있어서 쇼키에서 특별대우를 받았기 때문에 덜 빼돌려서 많은 하역인부를 거느리는 데 성공했고, 결과적으로 신코구미의 분노를 샀다고 생각된다.

7월 23일에는 프랑스 선박 사라지호의 뱃짐을 부리던 중, 그 배 선원 100명과 하역인부 300명이 충돌하는 대규모 싸움이 일어났다.[45] 하역인

---

43 『神戶開港三十年史』下, 116쪽.
44 『神戶又新日報』1897년 6월 3일~5일.
45 『神戶又新日報』1897년 7월 25일.

부 후쿠다 마사요시(福田正吉)가 작업에 시간이 걸리자 선원들이 업신여기며 구타하면서 말썽이 되었다. 하역인부들은 "회사의 명예를 존중하고, 온순하게 하여 소소한 일은 눌러 참는 것이 일상이었지만" 이 사건에서 충돌을 일으켜 하역인부와 선원 양쪽에서 부상자가 나왔다. 고베경찰서에서는 경관 여럿이 출동해 선장에게 선원을 교육하지 않아서 생긴 불법을 사죄하도록 하여 합의하게 되었다. 이 사건에서도 제3절에서 확인한 일본인 하역인부에 대한 멸시의 감정이 싸움의 계기가 되었다. 이처럼 사소한 말썽이 수백 명 규모의 싸움으로 발전해버리는 사건에서, 이 시기 항만노동자 사회가 얼마나 끓어오르기 직전의 상태였는지를 짐작할 수 있다.

8월 18일에는 우선(郵船)회사 소속 하역인부가 스트라이크를 벌였다.[46] 원인은 우선회사가 임금 외에 지급한 이익배당 때문이었다. 이익배당은 상급보다 더 높은 하역인부 우두머리만 받았다. 이 때문에 소속된 하역인부 120명은 모든 하역인부가 배당을 받아야 한다고 주장하며 16일부터 협의를 시작했고, 17일에는 하역인부 우두머리 중 한 명인 마쓰무라 조자부로(松村長三郎)에게 연서(連署)한 탄원서를 제출했다. 또한 18일부터 90명이 스트라이크에 들어가며, 협의를 거쳐서 동일한 탄원서를 우선회사 임원에게 제출하였다. 16일부터 내용을 탐지해 경계하던 경찰은 18일 밤에 하역인부 50명을 연행해 취조하고 훈계하였다. 중재는 아사노 에이지로(淺野榮次郎)라는 명망가가 진행했으며, 우두머리 아래에 하역인부관리인(仲仕取締人)이라는 직책을 두고, 120명에서 약간 명을 추첨하여 관리인으로 삼고, 각자 힘쓴 결과에 따라 우두머리[頭株]에 임명할 것을 쌍방 합의했다.

---

46 『神戶又新日報』 1897년 8월 20일, 21일.

이 스트라이크는 일본의 우선회사에서 일본인 청부업자를 끼고 고용된 하역인부가 일으킨 것으로 외국인 청부업자와는 관계가 없다. 스트라이크를 시작한 날에 명망가가 개입해 합의하는 등 비교적 온건하게 전개되어서, 일본인 업자를 상대하는 편이 소통이 원활했음을 시사한다. 또한 하역인부 우두머리에게 "상급보다 더 높다"고 표현된 순위가 있었던 것처럼 외국인 청부업자가 개입되지 않았지만 고용의 다층화는 일어났고, 하역인부 자신이 그 계층성을 문제시했다는 것도 엿볼 수 있다.

8월에도 니켈상회에 고용된 하역인부가 다른 하역인부보다 임금이 적다고 불만을 토로한 것 때문에 하역인부 우두머리와 싸운 사건,47 인력거꾼 여러 명과 그 인력거에 탔던 서양인 선원 4명이 지나가던 주정뱅이와 충돌한 것을 계기로 한 싸움48 등이 일어났다. 11월 7일자 『오사카마이니치신문(大阪每日新聞)』은 고베 감옥의 수감자가 크게 증가하여 하층민들이 8할을 점하고 있으며, 원인은 쌀값 등귀 때문이라고 보도했다. 이러한 상황에 따라 효고현은 대책을 마련하게 된다.

11월 20일, 효고현은 '인부업보호취체규칙(仲仕業保護取締規則)'을 공포한다.49 이 규칙의 취지는 모든 하역인부를 업종별 조합으로 조직하고, 하역인부 개개인을 경찰이 파악해 관리하려는 것이었다(업종은 앞바다인부, 바닷가인부, 목재인부, 석탄인부, 수레인부의 5종으로 규정되었다). 이로 인해 하역인부는 각 조합장 또는 신원보증인의 도장을 받은 신청서를 경찰에 제출하고 영업 증표[鑑札]를 받지 않으면 영업할 수 없게 되었다. 규칙 제5조에는 "싸움, 언쟁, 조롱, 욕설, 기타 혹시라도 난폭하게 강박하는 듯한 언행이 있어서는 안 된다(제4호)", "추하게 몸을 드러

---

47 『神戸又新日報』 1897년 8월 21일.
48 『神戸又新日報』 1897년 8월 24일.
49 『兵庫縣報』 596, 1897년 11월 20일.

내서는 안 된다(제6호)"고 되어 있어서, 이 규칙이 앞바다인부의 외국인에 대한 난폭한 행동이나 '야만'스러움을 억제할 목적에서 제정되었음을알 수 있다. 고베앞바다인부조합은 1898년 2월 1일에 인가를 받았고,2월 26일에는 임원 선거를 실시해 조장, 부조장, 평의원을 선출했다. 조장에는 세키우라 세이지로가, 부조장에는 요시이 데쓰시로(吉井鐵四郎)가 선출되었다.[50] 요시이는 1889년에 세키우라와 함께 앞바다인부 단체인 세키요시구미(關吉組)를 설립한 인물이다.[51]

조합이 조직되면서 인부업보호취체규칙이 궤도에 오른 듯 보이지만,실제로는 하역인부를 파악하기는 매우 어려웠다. 1898년 4월 21일 현재고베경찰서는 3~4,000명의 영업 증표 교부를 예상했지만, 실제로는 6~700명밖에 교부하지 못했다.[52] 그리고 같은 해 10월에는 등록 수가 1만명 이상이 되었음에도 불구하고, 입항 선박이 감소함에 따라 고베의 앞바다인부를 그만두고 오사카, 요코하마의 하역인부나 광산인부가 된 자들이 속출하여, 실제 수는 5,000명을 밑돌게 되었다.[53] 이와 같이 앞바다인부는 경기 동향에 따라 큰 폭으로 증감했기 때문에 영업 증표로 파악하려는 구조 자체가 비현실적이었다.

또한 앞바다인부를 파악 통제하여 일본인과 외국인의 마찰을 감소시키겠다는 정책 배후에 있던 목적도 달성하기 어려운 사건들이 잇따랐다. 예를 들면 1898년 4월에는 다카하라 요조(高原要藏) 쪽의 인력거꾼인 오카무라 고사부로(岡村五三郎)가 청국인이 낸 승차비의 거스름돈을가지고 달아나는 사건이 일어났다. 청국인이 요조에게 애원했기 때문에

---

50 『神戸又新日報』 1898년 2월 27일.

51 朝日新聞神戸支局 編, 앞의 책, 1967, 75쪽.

52 『神戸又新日報』 1898년 4월 22일.

53 『神戸又新日報』 1898년 10월 17일.

요조는 10엔을 대신 지불해주고는 고사부로를 고소했다. 다음해 1월, 고사부로는 다른 구역에서 일하다가 요조에게 걸려 고베경찰서에 연행되었다.[54]

이와 같이 1897년 이후의 사건은 이전과 달리 일본인 측이 가해자인 경우가 많았다. 이러한 상황에 따라 1898년 6월 1, 2일경 고베의 각국 영사와 거류지의 외국상인 등이 거류지경찰서에 모여 일본인 노동자의 외국인 폭행을 단속하는 순사가 적다면서, 새로운 조약 실시 후, 즉 내지잡거 개시 후에는 순사를 증원하도록 오모리 쇼이치(大森鐘一) 현지사에게 요청할 것을 의결하였다.[55] 오모리는 이에 대해 다음과 같은 담화를 발표한다.

고베항의 노동자가 다소 사리에 맞지 않는 행위를 한 것이 사실이지만, 역시 외인(外人) 중에서 언어가 통하지 않기 때문인가, 퍽 난폭한 행위를 한다. 그러나 여하튼 금일은 우리 노동자를 충분하게 단속할 필요가 있으므로, 이번에 하역인부, 인부 등을 사역하는 여러 회사의 임원을 소집해서 단속 담당자로 임명했다. 또한 별도로 이러한 일을 단속할 만한 특수 위경죄(違警罪)를 만들고 경찰관 배치법을 고쳐서 이들을 충분히 단속하여, 내지잡거 이후에도 있을 수 있는 사리에 맞지 않는 행위가 없도록 하겠다.[56]

일본인 노동자의 외국인 습격 사건은 외국인에게도 잘못이 있다고 못박은 뒤에 인부청부회사의 임원을 단속 담당자로 임명할 것, 특수 위경죄를 만들 것, 경찰 배치법을 고칠 것을 약속한 것이다. 위경죄는 6월

---

54 『神戸又新日報』 1899년 1월 22일.
55 『大阪毎日新聞』 1898년 6월 4일.
56 『大阪毎日新聞』 1898년 6월 21일.

〈표 1〉 위경죄 중 공갈·협박에 해당하거나 그러한 결과를 낳을 수 있는 행위

개정에서 추가	단속 규정
○	강제로 남에게 면회를 요구하거나 또는 강경한 담판, 협박 혹은 협박하는 듯한 행동을 한 자
	강제로 금품을 베풀 것을 구걸하거나 또는 물건을 강매하는 자
○	신사와 절의 건축, 수선 또는 제전(祭典), 법회 등을 위해서 강제로 비용을 낼 것을 재촉하는 자
○	갖가지 흥행 등을 빙자하여, 함부로 타인의 집에 물품을 배치하고 금전을 구걸하는 자
○	제반 입찰에서 낙찰인에게 그 사업 또는 이익의 분배를 강청하거나 또는 출금을 재촉하는 자
○	도로의 험한 곳 등에서 승객 또는 인력거꾼이 요구하지 않았는데도 그 수레를 밀고 품삯을 요구하는 자
○	고의로 타인의 주변을 막아서거나 또는 배후에 따라가며 불쾌감을 가지게 할 만한 행위를 하는 자
○	신직(神職), 승려가 아니면서 함부로 타인을 위해 주문을 외우며 기도[加持祈禱]하거나 또는 부적(守札)류를 배포한 자
○	관청의 허가 없이 도로, 교량, 도선(渡船)의 통행료를 받은 자
	복권(富籤)과 유사한 영업을 한 자

27일 『효고현보(兵庫縣報)』 호외로 공포되었다.[57]

위경죄의 개정 전후를 비교하면, 단순한 폭력행위나 소위 풍속문란 행위가 추가된 것은 당연하지만, 공갈·협박 혹은 그에 상응할만한 행위가 여덟 규정 추가되어, 전체 56개 규정 중 10개를 점한 것이 주목된다(표 1). 개정으로 추가된 행위들은 그때까지 일본인 노동자가 외국인에게 행한 행위들을 반영했다고 할 만하다. 실제 위경죄 개정 전인

---

57 『兵庫縣報』 호외, 1898년 6월 27일. 개정 전 위경죄에 대해서는 『兵庫縣報』 200, 1892년 3월 29일.

1898년 6월 5일에는 자칭 죽세공 중매, 사실은 조물사(彫物師)[58]인 마쓰우라 신타로(松浦信太郎)가 정박 중인 노르웨이 선박 아도치호에 가서 승조원에게 문신을 새겨주다가 순사에게 들켜서 구류 1일에 처해졌다.[59] 경범죄 개정에는 이처럼 '수상한' 장사로 외국인에게 돈을 우려내는 행위가 잡거지에서 이뤄져도 단속할 수 있게 하려는 의도가 있었다고 생각된다.

이와 같이 1897년 이후의 외국인 습격에는 강청 등에 의해 일시적으로 평소의 착취·피착취 관계를 역전시켜 생활의 양식을 손에 넣는 특징이 보인다. 여기에서도 일용항만노동자의, 자신의 힘을 드러냄으로써 요구를 관철하려는 행동양식이 형태를 바꿔 나타났다.

6. 비잡거운동

1899년 7월에는 청국노동자비잡거기성동맹회가 결성되었다. 서문에서도 다룬, 동맹회 결성을 보도한 7월 16일자 신문기사에는 동맹회의 회칙이 다음과 같이 게재되었다.

  1. 본회는 고베해륙(海陸)노동자를 조직하고, 사무소를 ○○에 설치한다.
  1. 본회는 청국 노동자의 입국을 반대하며, 우리나라 노동자의 풍기를 보전함을 목적으로 한다.
  1. 본회는 전항의 목적을 관철하기 위해 고베시 해륙노동단체로부

---

58 [번역자 주] 조각이나 문신을 새기는 사람.
59 『大阪毎日新聞』 1898년 6월 7일.

터 단체 당 2명의 위원을 선출하여 모든 사무를 처리하게 한다.
1. 본회의 비용은 전항의 각 단체에서 평등하게 부담하는 것으로
한다.

누노카와도 지적했듯이,[60] 동맹회의 목적은 "청국 노동자의 입국을 배척"한다는, 잡거뿐 아니라 입국까지도 인정하지 않는다는 강경한 것이었다. 특정 국적 노동자를 배척하도록 정부에 요구한다는 발상은 자신의 힘을 보여서 요구를 관철하려는 일용항만노동자의 행동양식과는 다르다. 또한 회칙 제4항에 있는 것처럼, 동맹회가 노동자들에게 운동 비용 부담을 요구했다는 점에서, 독지가의 찬동금을 자본으로 한 스티브도어링상회의 고용 장악 계획과도 발상이 다르다.

그렇다면 비잡거운동은 어떤 발상에서 생겨났을까. 이를 검토할 때 중요한 것이 동맹회에 관여했던 죠 쓰네타로, 다나카 후사타로의 존재다. 앞에서도 말했지만, 그들은 미국에서 노동조합주의에 관계했고, 귀국 후 직공의우회를 재결성했다. 1897년 6월 25일에는 도쿄에서 노동조합기성회 궐기집회인 "우리나라 최초의 노동문제 연설회"를 개최했다. 그 성공을 미국 노동총동맹회장 새뮤얼 곰퍼스(Samuel Gompers)에게 보고한 다나카의 편지에는 주목할 만한 기술이 있다. 다나카는 연설회에 대한 반응에서 노동자의 자본가에 대한 강한 증오심을 감지했다고 고백했다. 그리고 그 증오심이 노동운동에 혼란을 초래할 것이라며, 적절하게 지도해야 한다고 서술했다. 곰퍼스에게 배운 "노동조합주의는 순수하고 단순하다(trade unionism pure and simple)", 즉 노동조합은 경제요구의 실현을 목표로 하는 것으로 정치활동으로부터 거리를 두어야 한다는 주장의 중요성을 깨닫고, 노동자의 모든 급진적인 행동을 비난하기로 결심했다는

60 布川弘, 앞의 책, 1993, 112쪽.

것이다.61 이처럼 당시의 노동조합주의는 적절한 대우 확보를 제일의 목표로 삼아, 그를 위해서는 노동자의 불만을 통제하는 것도 피하지 않았다. 그렇다면 외국인 청부업자에 대한 고베 일본인 노동자의 격렬한 증오는 죠와 다나카의 눈에는 통제 대상으로 비쳤을 것이다. 그리고 죠는 미국에서 백인 제화공에 의한 일본인 제화공 배척운동에 직면하여, 압박에 대항할 캘리포니아일본인화공동맹회(加州日本人靴工同盟會)를 결성했던 경험이 있다. 이 일본인 배척운동은 정부에게 저임금 외국인 노동자를 배척하게 하고, 자국민 노동자의 고용을 담보하도록 주장한 점에서는 비잡거운동과 같으며, 죠의 배척당한 경험이 착상의 근거가 되었을 가능성이 매우 높다.

『노동세계』에 게재된 7월 31일의 연설회에서 반포된 격문은 비잡거운동과 당시의 노동조합주의적인 발상의 연결을 뒷받침한다. 주목되는 것은 1892년의 스티브도어링상회의 운동에 대해서 다음과 같이 언급하는 점이다.

> 메이지 25년 11월, 모모(某某) 외인이 고베항에서 한창 노동자 취급을 경영하자, 동(同) 업자는 외인에게 그 업을 빼앗긴 것에 분개하여 대낮에 칼을 뽑아 피를 보는 참극을 연출했음은 또한 사람들이 아는 바이고, 취급업자에 대해서도 또한 그러하니, 수만 노동자가 신체를 거는 경우에는 그 참상이 과연 어떠한가, 상황이 여기에 이르면, 국가의 치안을 교란할 뿐만 아니라, 확대하여 국제적 분의를 빚어서 교린을 해치는 일이 틀림없이 적지 않을 것이다.

격문을 쓴 필자는 1892년의 운동이 유혈사건으로까지 번진 것에 대

---

61 「職工義友會の演說會の成功を伝える(다나카 후사타로가 새뮤얼 곰퍼스에게 보낸 서간)」, 大島淸·二村一夫 編譯, 『明治日本勞働通信』, 岩波文庫, 1997, 50~51쪽.

해, 청부업자의 운동에서조차 이러한 참상에 이르렀으므로 노동자가 운동할 경우에는 더욱더 참상을 각오해야 한다고 서술했다. 외국인 청부업자에게 향한 폭력을 교묘하게 청국인 노동자에게 돌리자고 고무하는 표현이라 할 수 있다. 이와 함께 중요한 것이, 1892년의 운동을 단순히 청부업자의 운동이라고 오해한 점이다. 파탄 시에 재취직이 곤란한 하역인부를 부양한 점에서, 스티브도어링상회가 청부업자뿐 아니라 하역인부노동자도 보호하려 했던 것은 분명하고, 그때 폭동을 일으킨 것은 오히려 하역인부노동자 쪽이었다. 그러므로 이러한 오해는 고베의 항만노동자 사정에 정통하지 않은 사람이 격문을 썼음을 암시한다.

이와 같이 비잡거운동은 노동조합주의자가 지도적 역할을 했을 가능성이 매우 높다. 그렇지만 외국인 청부업자에 대한 일본인 노동자의 격렬한 증오를 억제하는 일은 평소 앞바다인부의 통제에 고심하던 일본인 청부업자, 즉 하역인부 우두머리의 입장에서도 바라는 바였을 것이다. 실제 오랫동안 세키우라와 함께 인부청부를 하였고, 당시에는 고베앞바다인부업조합의 부조장을 맡고 있던 요시이 데쓰시로는 비잡거운동을 적극 추진했던 듯하다. 「노동문제단결의 노래(勞働問題団結ぶし)」라는 소책자를 간행하고, 가두에서 고창·반포했다고 한다.[62] 7월 31일의 연설회 참가자가 2,500여 명으로 많았던 데는 유동적인 노동자에게도 어느 정도 얼굴이 알려진 요시이 같은 상층 하역인부 우두머리의 협력이 작용했다고 생각된다.

한편, 동맹회 결성 이후의 경과를 상세히 좇아가 보면, 항만노동자가 비잡거운동에 대해 반드시 한결같지만은 않았음이 나타난다. 여기서는 세 가지 사례를 검토해 두고 싶다.

---

62 吉井鐵四郎, 『勞力と資本の調和』, 弘德館, 1918년중, 필기자(이름 등 불명)에 의한 「本書の公刊に就て」의 1~2쪽에 기재됐음. 이 사료에 대해서는 본문에서 후술.

첫 번째는 앞바다행상업조합에 청국인이 가입한 일이다. 7월 17일에
는 내지잡거가 개시되었지만, 거류 청국인에 한해서는 정부의 명이 있을
때까지 거류지에 머물고, 시내에는 잡거시키지 않기로 되어 있었다.[63] 그
리고 같은 달 27일에는 칙령 제352호가 발령되어, "노동자는 특별히 행
정관청의 허가를 받지 않고서는 종전의 거류지 및 잡거지 이외에 거주하
거나 또는 그 업무를 행할 수 없다"라는 문구로, 실질적으로 청국인의
내지 노동을 금지했다. 다만 행상인은 이러한 "노동자" 규정에서 제외되
었으므로 이후 청국인은 주로 행상인으로서 일본 국내로 흘러들었다.[64]
이러한 움직임에 따라서, 고베의 앞바다행상업조합은 종래 미가입이었던
청국인의 가입을 인가하였다.[65] 청부업자와 고용관계를 가지지 않는 앞
바다행상은 비잡거동맹회의 회원 대상이 아니었다고는 해도, 앞바다행상
에게도 역시 청국인은 경쟁 상대였지만 앞바다인부와 함께 그들을 배척
하려고 하지는 않은 것이다.

두 번째는 앞바다인부 명의의 운동에 반대하는 신문 투서이다. 7월
19일자 『고베유신일보』에 다음과 같은 투서가 게재되었다.[66]

---

63 『神戸又新日報』 1899년 7월 17일.

64 許淑眞, 「日本における勞働移民禁止法の成立─勅令第三五二号をめぐって」, 『東
アジアの法と社會』, 汲古書院, 1990, 577쪽; 許淑眞, 「勞働移民禁止法の施行をめ
ぐって─大正十三年の事例を中心に」, 神戸大學社會學研究會, 『社會學雜誌』 7,
1990, 108쪽.

65 『神戸又新日報』 1899년 7월 28일. 또한 이 기사에서는 앞바다행상에게 곤경을 심
하게 하는 주요인으로서 구주(歐州) 기선을 중심으로 한 외상(外商) 동맹이 앞바다
행상으로부터 일용품 이외의 매입을 금했던 것을 들고 있다. 매입금지의 배경에는
도칠기(陶漆器)·견물을 전매하여 큰 이익을 얻는 숭무 원의 존재가 있다.

66 『神戸又新日報』 1899년 7월 19일. 이 투서는 牧民雄, 『ミスター勞働運動 城常太
郎の生涯』, 彩流社, 2006의 190쪽에서도 다루고 있다.

근래 우리 노동자의 일치협동이라 칭하며 청국인[支那人] 노동자 배척운동을 시작한 자가 있지만, 이것들은 우리에게 일찍이 한 번도 논의하지 않았던 것이다. 그리고 이렇게 큰 문제는 모르는 사람일수록 더욱 이해시킨 다음에 일해주신다면 좋겠습니다. 운동비 700엔인가도 우리의 구전(口錢)에 관련된 것일 테니까.

앞바다인부조합의 일원(一員)

운동은 앞바다인부가 관여하지 않은 때에 시작했으며, 운동 사정도 이해할 수 없는 상태에서 운동비를 지불하는 것은 달갑지 않다는 것이다. 배우지 않은 문맹이 많았던 앞바다인부에게서 이러한 투서가 나왔는지는 의심스러우며, 하역인부 우두머리를 맡을 듯한, 어느 정도 교양 있는 이가 썼다고 생각된다. 어쨌든 비잡거운동은 종래의 싸움이나 스트라이크와 달리, 특정한 고용주나 고객에 대한 요구 행동이 아니었기 때문에 운동의 의의를 이해하기 어렵다는 의견이 나오는 것은 당연했다. 또한 그러한 입장 때문에 운동에 참가하지 않아도 그로 인해 불이익을 당할 우려는 없었다. 비잡거운동에서도 앞바다인부의 유동성이 규합을 어렵게 한 것이다.

세 번째는 고베육지인부업조합(神戶陸仲仕業組合)의 운동 불참가 선언이다. 앞바다인부의 반대투서가 실린 그 날, 같은 신문에 다음과 같은 오류 정정 기사도 실렸다.

청국노동자비잡거기성동맹회라는 제목의 항목 중에 본 조합도 일치하여 운동하는 것처럼 게재되었지만, 본 조합은 동맹회와는 의견을 달리하기 때문에 위원을 내지 않았고 따라서 비용 분담도 하지 않았으므로, 이 전문을 게재하여 오류를 바로잡고 싶다. 이를 조회(照會)한다.

16일 기사에 게재된 동맹회 회칙에는 "해류노동자"가 일치하여 운동을 시작한 것처럼 기술했지만, 육지인부업조합은 정정 기사 형태로 명확히 불참가 의사를 표명한 것이다. 확실히 숙련노동이며 중간조직도 강고한 육지인부에게는 청국인 노동자가 파고들 여지가 거의 없었기 때문에, 육지인부의 운동 참가는 자연히 앞바다인부에게 협력한다는 의미이다. 그러나 당시 양자의 관계는 협력이 성사될 정도로 양호하지 않았다. 앞바다인부업조합과 육지인부업조합은 종래 육지인부업조합에만 소속되었던 바닷가인부를 앞바다인부업조합에도 가입시켜야 할지를 둘러싸고 대립하여, 1899년 4월, 즉 비잡거운동이 시작되기 3개월 전까지 재판을 계속했다.[67] 육지인부업조합의 불참가 성명에는 이러한 사정이 있었다고 생각한다. 익명의 개인으로 운동 반대 투서를 한 앞바다인부와는 대조적으로 조합의 총의로서 운동 불참가를 언명한 것은 구속성이 강한 육지인부의 결합 상태를 말해준다.

이와 같이 항만노동자의 비잡거운동에 대한 비협력이나 거부에는 각각의 업종이 가진 사정이나 행동양식이 영향을 미쳤다. 운동의 주력으로 기대되었던 앞바다인부·육지인부 가운데, 앞바다인부는 조직하기 어렵고, 조직하기 용이한 육지인부에게는 이해를 얻지 못한 상황이었기 때문에, 지도자가 강한 견인력을 갖지 않으면 운동을 지속시키기 어려웠다. 8월 26일 제3회 연설회가 개최되었을 때는 1,300여 명이 참가하면서 활기를 띠었지만,[68] 같은 시기에 도쿄의 노동조합기성회가 급속히 쇠퇴한 사정도 있어서[69] 9월 이후의 활동 행적은 확인할 수 없다.

그러나 노동조합주의는 상위의 하역인부 우두머리에게 영향을 주었

---

67 『神戸又新日報』 1899년 3월 5일~8일, 4월 21일.
68 『勞働世界』 44, 1899년 9월 15일.
69 牧民雄, 앞의 책, 2006, 196쪽.

다. 다음해인 1900년 12월, 오바 다케지로(大庭竹四郎. 원래 시의회 의원, 진보당계)를 사장으로 하고, 세키우라를 영업고문으로 하는 고베노동주식회사가 설립되었다. 1902년 5월의 결산보고에서는 요시이가 임원에 이름을 올렸다. 이 회사는 1,000명의 노동자를 모아 알선하는 것을 목적으로 했는데, 실제로는 상시 200명 전후의 노동자가 기숙하고 있었다고 한다. 인부 기숙사로 16채를 건설하고, 기숙사마다 사감 1인, 10동의 매점, 1동의 병원과 상임 의사, 목욕탕, 2동의 취사장, 1동의 사무소를 갖추었다.[70] 노동자의 의식주를 보전하는 한편, 감독에 의한 감시 체제를 펴고 있다는 점에서 노동자에 대한 적절한 대우를 확보하면서도 그들의 "거칠고 난폭함"을 억제해 가겠다는 노동조합주의의 영향이 엿보인다.

또한 시대를 내려가긴 하지만, 요시이는 1918년에 『자본과 노동력의 조화(資本と勞力の調和)』라는 담화책을 발표했다. 요시이는 노동자는 아껴야 할 존재임을 전제하고 "불량 학생"에서 노동자가 된 사람들과도 서로 대립해왔다는 실제적 견지에서, 청부업자의 전국적인 조합을 조직해 자본가와 노동자 사이의 조정에 힘써야 한다고 주장하였다. 여기서는 곰퍼스의 연설 원고 중 노동협회에 모든 권능을 가지게 하자는 주장은 위험하다고 비판하고, 청부업자의 존재 의의를 호소한 점이 특히 주목된다. 요시이는 노동조합주의를 그대로 내면화하지는 않았다. 노동자의 사정에 정통한 청부업자가 조정관이 되어야 한다고 주장하면서, 항만노동자의 독자적인 노사협조모델을 모색했던 것이다. 여기에는 뿌리 없는 풀처럼 떠도는 노동자를 직접 목격한 데서 비롯한 그들에 대한 온정과, 그 온정의 실현을 통해 자신의 존재의의를 확립하고자 하는 의식이 매개되

---

70 原田敬一, 「第二章 第二節 神戸の勞働者」, 高尾一彦·鈴木正幸 監修, 『新修神戸市史』 歷史編Ⅳ 近代·現代, 神戸市, 1994, 334쪽. 1902년의 결산보고는 『神戸又新日報』 1902년 6월 1일.

어 있었다고 할 수 있다.

이야기를 비잡거운동 이후의 시점으로 되돌려보면, 일용항만노동자들은 변함없이 대규모 싸움과 스트라이크를 되풀이했다. 예를 들면, 1900년 6월 2~3일에는 니켈상회에 대한 300명 규모의 스트라이크가 일어났다.[71] 1901년 9월 25일에는 고베노동주식회사의 기숙노동자 30명을 중심으로, 150~160명의 "하역인부인 듯한 사람들"이 임금문제로 집회를 해서 경찰이 해산을 명했다.[72] 환경이 잘 갖춰진 고베노동주식회사에서 기숙했어도 받아들일 수 없는 사태가 일어나면, 노동자들은 그때까지와 동일한 행동양식을 선택했음이 여실히 드러난다. 비잡거운동은 그때까지의 일용항만노동자의 행동양식과는 다른 요소를 지닌 운동이었지만, 운동에 영향을 받은 것은 상위의 하역인부 우두머리들이었고, 말단의 하역인부들에게는 크게 영향을 미치지 않았던 것으로 생각된다.

7. 결론

지금까지 서술했듯이 일용항만노동자 사이에는 1880년대 후반부터 공통된 운동양식이 나타난다. 그것은 자신의 힘을 상대에게 드러냄으로써 요구를 관철하려는 것이다. 그 '힘'이란, 많은 경우 싸움으로 발전되어 문자 그대로 '완력'이 되었지만, 1890년대 이래 반복된 스트라이크는 단결하여 노동을 방기함으로써 '노동의 힘'을 보여주었다. 그리고 1897년 이후에는 완력·지력을 구사해 외국인에게서 금품을 빼앗음으로써, 진작부터 그들을 멸시해왔던 외국인에게 복수하고 생계를 확보하였다.

---

71 『神戸又新日報』 1900년 6월 4일.
72 『神戸又新日報』 1901년 9월 26일.

그들에게는 학문도 지위도 부도 없었고, 행정이나 고용주·청부업자의 보호도 충분치 않았기 때문에, 이러한 수단에 기대어 자신들에게 닥친 문제에 대처할 수밖에 없었다. 그러나 역으로 말하면, 그들은 타자의 보호에 의존하지 않고 자신의 힘을 보임으로써 청부업자들을 곤혹스럽고 두렵게 하고 스스로의 '강함'을 자타에게 인식시킬 수 있었다.

한편, 청국인 배척을 정부에 요구한 비잡거운동에서는 노동자가 자신들의 힘을 보여서 '강함'을 실감할 만한 국면이 없었다. 본론에서 분석했듯이, 이 운동에는 외국인청부업자에 대한 노골적인 공격을 억제하려는 노동조합주의자의 의도가 작용했다고 생각된다. 노동자가 이 운동에서 '강한' 자아상을 갖기 위해서는 배척의 주체인 국가와 자기를 동일시해야 했다. 달리 말하면 비잡거운동에 참가한 사람은 청국인 노동자를 배척할 수 있는 일본국민이라는, 그들에게 예전에는 없던 "강한" 자아상을 갖게 된 것이다. 단, 국가의 은혜를 실감할 수 있는 일이 거의 없었던 그들에게 이 자아상이 지극히 허구적이었음은 말할 필요도 없다. 물론 자신의 힘을 보여서 요구를 관철해 가는 자아상에서도 반드시 요구가 관철된 것은 아니었기 때문에 허구가 섞여 들어가 있지만, 그들의 일상적인 행동양식에 뿌리를 둔 자아상인 이상, 국민으로서의 자아상보다는 실상에 가까웠다고 할 수 있다.

일용항만노동자의 국민의식을 검토할 때, 서문에서도 서술했듯이 청일전쟁의 경험 등 이보다 더 많은 사실과 현상을 검토할 필요가 있기 때문에 이 이상의 언급은 피한다. 그러나 적어도 이 글에서 분석한, 일용항만노동자가 정부에게 청국인 노동자를 배척함으로써 보호해 달라고 요구하는 과정에서, 그들은 자신의 힘을 보여 요구를 관철하며 드러내온 '강함', 달리 보면 '거칠고 난폭함'으로 비치는 있는 그대로의 자아상을 일단 방기해야 했음은 지적해야 하겠다. 앞에서 말한 대로 비잡거운동은 일용항만노동자의 행동양식을 변하게 할 정도로 영향을 미치지는 못했지만, 운동에 참가하고 연설회에서 열광의 소용돌이에 몸을 맡겼던 것에서 이러한 의식 변화가 생길 가능성은 상당했다고 할 수 있다.

[후기]

이 논문을 집필할 때, 세키우라 세이지로의 증손인 세키우라 아키코(關浦昭子) 씨에게 세키우라 세이지로, 요시이 데쓰시로에 관한 이야기를 듣고 문헌을 탐색하는 것 등에 참고했다. 진심으로 감사드린다.

식민지시기 아내/며느리에 대한 '사형(私刑)'과 여성들의 법정투쟁*

소현숙

1. 가정폭력에도 역사가 있다!

오랫동안 '여자와 북어는 사흘에 한 번씩 패야 한다'는 속담이 통용되어 온 한국사회에서, 최근 남편의 아내 강간이 성폭력이라는 법원의 판결이 내려졌다.[1] 일각에서는 이 판결을 두고 '부부 사이의 일을 법의 잣대로 판단하기는 어렵고 위험할 수 있다'며 우려를 표명하기도 하지만, 이 판결은 설사 '부부 사이라 하더라도 상대방의 의사에 반해 강제로 성관계를 맺는 것은 명백한 폭력'이라는 주장이 설득력을 얻게 된 한국사회의 달라진 현실을 보여준다. '아내구타'가 '폭력'이며 '명백한 범죄'임을 주장하며 그에 대한 법적 대책을 마련하라는 여성계의 요구로 가정폭력방지법이 제정된 것이 1990년대 말이다. 이 사실을 되돌아보면, 가족

---

* 이 글은 필자의 박사학위 논문, 『식민지시기 근대적 이혼제도와 여성의 대응』(한양대 사학과, 2013)의 일부를 수정 보완한 것이며, 『역사비평』 104(2013년 가을)호에 게재되었다. 역사비평사에서 출간될 예정인 박사논문의 단행본(제목 미정)에도 수록될 예정이다.

1 「'부부강간죄' 인정, 부부관계 특수성보다 '인권'이 우선」, 『경향신문』 2013년 5월 16일.

관계 안에서 발생하는 폭력에 대한 감수성은 느리기는 하지만 점차 예민해짐은 분명해 보인다. 이러한 변화는 가족관계에서 가해지는 폭력이 결코 '훈계'나 '가르침'으로 미화될 수 없는 심각한 폭력임을 드러낸 여성 피해자들의 용기와, 이들의 피해가 개인적인 것이 아니라 가부장적 사회 질서라는 구조적 조건에서 나타나는 폭력임을 주장하고 피해자 지원과 보호를 위한 법적 장치를 마련하라고 국가에 요구해 온 여성운동계의 노력에 따른 성과일 것이다.

가정폭력에 대한 법적 처벌과 사회적 감수성의 변화는 초역사적으로 보이는 가정폭력 역시 시대에 따라 의미가 변해온 역사적 산물임을 웅변한다. 이는 이제까지 여성학이나 가족학, 사회학의 연구대상이었던 가정 폭력을 역사적인 연구과제로서 적극 검토할 필요성을 제기한다. 역사적 맥락에서 유리된 현실 연구는 서구이론의 공허한 단순 반복이나 '남성의 폭력성'과 같은 본질적이고 생물학적인 접근을 강화함으로써 날카로운 현실 인식을 오히려 가로막는 장애물이 될 수 있기 때문이다.

이 글에서는 아내/며느리에 대한 폭력 문제를 중심으로 그것이 근대 이후 어떻게 변화해 왔는가를 고찰할 것이다.[2] 기존 연구에서는 조선시대 아내폭력과 그에 대한 법적 처벌규정 및 실제 처벌관행의 변화, 1980년대 이후의 아내구타추방운동 및 가정폭력방지법 제정운동의 역사가 분석된 바 있다. 그에 따르면 조선시대에는 유교적 가족질서를 수립하기 위해 아내의 남편에 대한 폭력은 매우 엄중히 처벌된 데 비해, 남편의 아내에 대한 폭력은 관대하게 처벌되었고, 조선후기로 갈수록 이 경향이

---

2 이 글에서 아내폭력이 아닌 아내/며느리 폭력을 연구대상으로 하는 것은 부부 중심의 핵가족이 일반화되지 않았던 식민지시기의 특성을 고려하여 가족 내 여성에 대한 폭력이 단지 아내라는 위치에 국한된 것이 아니라 며느리라는 위치와도 밀접한 관련을 맺고 있음을 드러내기 위함이다.

강화되었다.[3] 또한 근대 이후 아내폭력 문제는 1983년 '여성의 전화' 설립을 기점으로 본격적으로 사회문제로 제기되었고, 이후 가정폭력방지법 제정운동으로 이어지면서 조직적인 운동과 실천의 영역이 되었다.[4] 이처럼 그간 진행된 연구는 조선시대/현대로 연구시기가 단절되고 법제도사/운동사 연구로 접근방식도 달라서, 전근대에서 근현대로 이어지는 역사적 변화과정을 인식하기가 쉽지 않다. 이는 무엇보다 본격적으로 근대적 변화가 나타나기 시작한 식민지시기의 변화상이 포착되지 않았기 때문이다. 따라서 이 글에서는 연구의 공백으로 남아있는 식민지시기를 중심으로 근대사회로의 변화과정에서 아내/며느리 폭력 문제가 사회적으로 어떻게 발현되고 인식되었는지, 그에 대한 여성들의 대응에 어떤 변화가 나타났는지를 추적해 보고자 한다. 이를 위해 언론에 자주 보도된 여성 '사형(私刑)'사건들과 아내/며느리들의 법정소송 등을 분석할 것이다.

3 박경, 「刑政 운용을 통해 본 조선 전기의 가족정책-夫妻 간의 폭력에 대한 처벌실태 분석을 중심으로」, 『사학연구』 90, 2008; 박경, 「살옥(殺獄) 판결을 통해 본 조선후기 지배층의 부처(夫妻)관계상」, 『여성과역사』 10, 2009; 백옥경, 「조선시대의 여성폭력과 법-경상도 지역의 <검안>을 중심으로」, 『한국고전여성문학연구』 19, 2009; 유승희, 「19세기 여성관련 범죄에 나타난 갈등양상과 사회적 특성」, 『대동문화연구』 73, 2011; 문현아, 「판결문 내용분석을 통한 조선후기 아내살해 사건의 재해석」, 『진단학보』 113, 2011 등.

4 이현숙·정춘숙, 「아내구타추방운동사」, 한국여성의전화연합 엮음, 『한국여성인권운동사』, 한울, 1999; 정춘숙, 「<가정폭력방지법>제·개정과 여성운동」, 한국여성의전화연합 기획, 김은경 외 지음, 『가정폭력, 여성인권의 관점에서』, 한울, 2009 등.

2. 아내/며느리 폭력의 현실과 '사형'

1) 식민지 빈곤층의 양산과 일상의 폭력문화

식민지시기 조선에서 얼마나 많은 아내/며느리 폭력이 발생했는지를 체계적으로 보여주는 통계는 없다. 따라서 신문 사회면의 사건보도 빈도를 통해 당시의 정황을 추측해볼 수밖에 없다. 이 시기 신문에는 오늘날보다 훨씬 더 빈번하게 가정폭력이 보도되었는데, 당시 보도된 가정폭력 사건들의 양상을 보면, 주로 아내/며느리가 피해자였음을 알 수 있다. 예컨대 1920~40년 동아일보에 보도된 부부간 상해사건 관련 기사는 총 253건이었는데, 그중 남편 혹은 사위 상해사건이 17건에 불과한 데 반해, 아내 혹은 며느리 상해사건은 136건에 달했다. 더욱이 아내에 대한 폭행이 주로 남편에 의해 일어난 반면, 남편에 대한 폭력은 주로 장인, 처남, 간부(姦夫) 등 아내를 두둔하는 남성들에 의해 이뤄졌다.[5] 이러한 상황은 아내/며느리 폭력 문제를 젠더 중립을 가정하는 가정폭력의 맥락에서보다는 가부장적 위계질서로 틀지어진 가족질서와 그 질서의 유지·강화를 위해 폭넓게 허용되었던 일상적 젠더폭력의 문제로부터 파악해볼 필요성을 제기한다.[6]

---

5 남편에 대한 상해사건 17건 중, 아내가 폭행한 사건은 단 5건이고 나머지는 아내의 친정 남성이나 간부에 의한 폭행사건이었다. 이에 비해, 아내상해사건은 136건 중 남편에 의한 폭행사건이 102건, 남편과 시부모가 함께 가담한 것이 12건으로, 남편이 가해자인 경우가 압도적으로 많았다.

6 가정폭력은 '가정에서 발생하는 폭력행위'라는 비교적 소박한 정의로, 가정폭력의 고유한 폭력성-지속성, 성별성, 복합성 등이 포착되지 않는 문제가 있다. 양현아는 가정폭력에서 젠더간 역학관계에서 오는 폭력이 지배적이라는 점을 지적하고 가정폭력의 젠더폭력적 성격을 드러내기 위해 '젠더폭력'이라는 개념을 제시하였다. 젠더폭력이라는 개념은 가정폭력에 대한 새로운 이해방식을 제공한다. 여성이 신체적

물론 당시 신문에 보도된 폭력사건들은 대부분 극단적인 사례들일 것이다. 그러나 이러한 극단성은 폭력의 예외성을 의미하기보다는 그 이면에 깔린 일상화된 폭력 문화를 암시한다. 당시 출간된 소설들에 표현된 부부싸움 묘사에는 이러한 폭력의 일상성이 잘 드러난다. 이를테면, 나도향의 소설 「물레방아」에서 부잣집 막실살이하는 남편이 아내를 치는 이유는 그저 "화풀이"다. 아내는 제일 "만만하다는 것보다도 가장 마음 놓고 화풀이할 수 있"는 사람으로 묘사된다.[7] 김유정의 소설 「안해」에서 역시 산골의 가난한 남편은 궁핍한 살림, 지어도 남는 것 없이 오히려 빚에 몰리게 하는 농사, 처자식 하나 제대로 건사하지 못한다는 자괴감 등 곤궁한 일상으로 "악에 받힌" 상태에서 그 분노를 아내를 "한바탕 훌두들겨 대는" 행위를 통해 해소한다. 그러면서도 남편은 "그러나 우리가 원수같이 늘 싸운다고 정이 없느냐 하면 그건 잘못이다. 말이 났으니 말이지 정분치고 우리 것만치 찰떡처럼 끈끈한 놈은 다시 없으리라"면서 부부금실이 좋다고 표현한다.[8] 남편에게 아내구타는 폭력이 아닌, 일종의 부부간 의사소통방식에 지나지 않았고, 일상적이고 당연한 생활의 한 요소였던 것이다.

이렇게 아내나 며느리에 대한 폭력이 하나의 일상화된 문화로 관계

으로 약하거나 경제적으로 열악해서 가정폭력이 발생하는 것이 아니라, 가정폭력으로 인해 여성이 약해지고 통제된다는 논리의 전환이 이루어진다. 또, 가정폭력의 원인은 다른 것으로 환원되지 않는, 여성을 길들이기 위한 의도적 수단이며, 일탈적 개인에 의해 자행된 사건이 아니라 젠더시스템에서 발생하는 사회구조적 문제라는 시각을 내포한다(양현아, 「가정폭력에 대한 비판적 성찰: 젠더폭력 개념을 중심으로」, 『가족법연구』 20-1, 2006, 21~23쪽).

7 나도향, 「물레방아」, 『한국문학대표작선집23-나도향, 벙어리 삼용리 외』, 문학사상, 2005, 119쪽.

8 김유정, 「안해」, 『원본 김유정 전집(개정판)』, 도서출판 강, 2007, 171~172쪽.

속에 자리 잡았기 때문에, 종종 심각한 상해나 상해치사 사건으로 비화된 남편, 시부모의 폭력은 일회적 사건이 아니라 일상적이고 지속적인 폭력의 연장선상에서 발생한 경우가 많았다.[9] 사회적으로 용인될만한 일상적이고 사소한 폭력이 어느 순간 과도하고 잔인한 폭력으로 전환된 것이다.

당시 아내/며느리에 대한 폭력이 발생한 요인은 다양했다. 신문 보도를 살펴보면 대체로 하층민들의 생활난과 실업, 빈곤으로 인한 아내들의 동거거부나 무단가출, 남편의 축첩 등 다양한 상황들이 계기가 되어 폭력이 빚어졌다. 특히 농촌과 도시에서 만연했던 하층민의 생활난과 그로부터 비롯된 생존조건의 악화는 식민지시기 가정불화가 빈번하게 나타나는 주요계기였고 그것이 가정폭력으로 이어진 것으로 보인다. 가정불화의 증가추세를 확인할 길은 없지만, 식민지 경제정책에 따라 농민층이 몰락하고 빈민층이 본격적으로 양산된 1920~30년대에 자살률이 급격히 증가한 상황을 보면 가정불화 역시 증가해갔다고 추측해 볼 수 있다.[10] 이 시기에 특히 생활곤란으로 인한 자살이 급증했고, 남성자살자의 수가 급격히 증가했다.[11] 이렇게 경제적 이유로 인한 남성의 자살의 증가는 실

---

9 예컨대 보통학교 교원 장모는 결혼생활 10년 동안 아내를 폭행해온 자로서, 결국 아내와 헤어지게 되었는데 이부자리를 가지러 온 아내를 난타하고 "톱으로 바른편 어깨를 켜서" 아내를 혼수상태에 빠뜨리고 고소당했다. 「상해소에 나타난 남성의 잔인성」, 『동아일보』 1929년 2월 28일.

10 20세기 한국사회의 자살담론을 분석한 정승화는 1910년부터 2010년까지 100년 동안의 자살률 변동 양상을 추적하였다. 그에 따르면 1920~30년대 식민지시기, 한국전쟁 이후 1970년대까지의 근대화시기, 그리고 1997년 IMF 경제 위기 이후 2000년대까지의 세 시기가 한국 사회에서 자살률이 급격하게 증가하면서 새로운 자살에 관한 담론이 형성된 시기였다(정승화, 『자살과 통치성-한국사회 자살 담론의 계보학적 분석』, 연세대 박사학위논문, 2011, 6쪽).

11 여성 자살률이 남성보다 높았던 1910년대와 달리 1923년부터는 남성의 자살률이

업과 빈곤 등에 따른 비관과 좌절 속에서 하층민의 가정생활이 매우 불안정한 상태가 되었음을 반영하고, 이러한 조건은 자살뿐 아니라 가정불화와 아내/며느리 폭력이 빈번히 발생하는 기반이 된 것이다.

2) '부덕(婦德)' 강요와 아내/며느리에 대한 '사형'

경제적 요인 외에 가부장적 사회문화 역시 폭력 발생의 주요 요인이 되었다. 신문에 보도된 사건들을 보면 아내가 노동을 제대로 못하거나 방기하는 경우, 남편의 결정을 기다리지 않고 아내가 의사결정에서 주도권을 행사하는 경우, 남편과 시부모에게 불순종하는 태도를 보이는 등의 상황에서 자주 폭력이 행사되었다. 이는 남편과 시부모에 순종하고 잘 받들어야 한다는 '부덕(婦德)'이 아내/며느리에게 강요되는 가운데, 이로부터 벗어난 아내/며느리에 대한 제재 수단으로서 폭력이 행사되었음을 의미한다.

그런데 이렇게 가부장적 통제수단으로 폭력이 활용되는 경우에 그 양상은 자주 구타, 결박, 주리 틀기, 고문, 낙형 등 극단적이고 가혹한 형태로 나타났고, 우발적 폭력이라기보다는 길들이기를 위한 의도적 징벌의 성격이 농후했다. 어머니가 그리워 친정으로 무단히 가버리곤 한 며느리에 대해서 시부와 남편이 "절대복종"을 강요하며 발가락 사이에 불을 놓는 '악형'을 가하였던 다음의 기사는 이를 잘 보여준다.

> 평남 덕천군 일하면 홍덕리 이운화의 2녀 이보국(16)은 병아리 같
> 은 어린 처녀로서 덕천군 덕안면 덕동리 김모의 장남 김동학(가명,

여성자살률을 초과하여 증가의 정점을 이루었던 1937년에는 남성자살률이 여성자살률에 비해 1.5배 이상 높게 나타났다(정승화, 위의 논문, 76쪽).

21)에게 작년 11월 25일 출가케 되었는데, 새서방 된 동학은 황소같이 장대한 사내로서 나이 어린 이보국에게는 무서운 대상이었으므로 보국은 어머니가 그리워 종종 그 친정에 돌아가기를 좋아하였다. 그러다가 금년 3월 15일에는 사내 된 김동학에게 죽도록 매를 맞고 몰래 그 몸을 친정에 피하였었는데, 그 친모는 보국을 위로하고 예의하여 시가에 데려다 주었었다. 그런즉 본부 김동학은 다짜고짜로 보국을 난타하고 삼바로 수족을 얽어맨 후 그 아비 김모는 소캐뭉치에 석유를 부어서 왼발 발가락 사이에 끼우고 불을 대어서 기름이 진하면 가끔 가끔 기름을 치면서 30분간이나 악형을 자행하였다. 보국은 거반 실신이 되어서 이제부터는 순종할 터이니 용서해 달라고 애원하였다. 그러나 거기서 겨우 해방이 된 보국은 다시 시아비가 며느리로서 절대 복종하겠느냐고 다짐을 받으려 할때 순하기 양파같은 보국도 〈너같은 무도 극악한 자의 며느리 노릇은 죽어도 못하겠다〉 거절하였다. 이에 김모와 김동학은 재차 사형(私刑)을 하려 할 때에 김모의 처가 달려가서 제지하였다. 이 소문을 들은 보국의 부모는 뛰어가서 그 딸 보국을 자기집에 데려다 치료중에 불에 타진 왼발의 두 개 발가락은 종래 썩어 떨어져버렸다. 보국은 즉시 덕천서에 고소를 제기하였던 바 전기 김모 등은 일건 서류와 같이 덕천검사국에 넘어가 방금 엄중한 취조를 받는 중이다.[12]

　　며느리의 절대 복종을 다짐받기 위한 시부의 노력은 이토록 극단적인 폭력까지도 마다하지 않았던 것이다. 당시 이러한 가혹한 폭력은 언론에서 '사형(私刑)'이라 명명되었다. 이같은 사형은 '부덕'에서 벗어난 여성들, 특히 노동을 제대로 수행하지 못했던 민며느리들과 간통 등 성적으로 문란하다고 간주된 아내나 첩들에게 집중적으로 가해졌다.

　　시모의 며느리 학대는 식민지시기 빈번하게 나타난 현상이지만 특히 민며느리를 비롯한 어린 며느리들에 대한 학대는 자주 신체적 폭력을 포

---

12 「子婦를 結縛코 烙刑媤父」, 『동아일보』 1931년 4월 22일.

함하는 가혹한 양상을 띠었다. 이 시기 어린 십대 며느리들의 자살사건이 자주 보도되는 가운데 며느리 학대가 노동문제에 비견되는 조선사회의 '특수문제'라는 지적까지 나타난 것은 이러한 상황 때문이었다.13 어린 며느리들이 학대와 폭력을 당한 주요 계기는 주로 노동과 관련되었다. 하층 가족에서 노동력으로서 며느리의 존재는 매우 큰 의미를 지녔다. 가사나 농사를 담당할 하인을 둘 여력이 없는 하층 가족에서 며느리는 노동력을 확보할 수 있는 가장 손쉬운 수단이었기 때문이다.14 노동력으로서 며느리에 대한 높은 기대와 이를 충족시키지 못하는 어린 며느리의 서투름, 미숙함, 나약함 등은 시모의 불만거리가 되었다. 농촌으로 시집간 며느리들의 수기에서 시집살이를 강요된 노동과 굶주림으로 기억하는 것은 이런 까닭이다.15 어린 며느리들은 "늦잠을 잤다"거나 "놀러다닌다"거나 "민첩하지 못하여", 혹은 "농사일을 잘하지 못함으로" 훈계라는 명목 하에 쉽게 매질에 노출되었고 심각한 중상을 입거나 심지어는 사망하였고 견디지 못해 자살하는 경우도 나타났다.16

한편, 아내가 간통했거나 간통이 의심되는 경우에도 남편이나 시부모

---

13 「(사설) 며느리 대우 문제」, 『동아일보』 1935년 6월 24일.

14 시기가 조금 앞서긴 하지만, 1890년대 중반부터 조선의 농촌에 거주하면서 선교활동을 한 미국인 선교사 제이콥 로버트 무스는 1909년 발간한 그의 책에서 이들 어린 며느리들은 "문자 그대로 노예"로서, "집안에 노비가 있었더라면 노비에게나 맡겼을 온갖 종류의 가사를 다 맡게 된다"고 서술했다(제이콥 로버트 무스 지음, 문무홍 외 옮김, 『구한말 미국 선교사의 시골 체험기-1900, 조선에 살다』, 푸른역사, 2008, 151쪽).

15 계○덕, 「이즐 수 업는 일, 지긋지긋하든 시집살이」, 『동아일보』 1930년 1월 17일~18일.

16 「시모 걸어 고소」, 『동아일보』 1926년 2월 19일; 「분한 김에 縊死」, 『동아일보』 1927년 7월 20일; 「怪惡한 媤母 메누리를 蹴殺」, 『동아일보』 1933년 2월 6일; 「학대받든 소부가 남편을 걸어 고소」, 『중외일보』 1927년 5월 16일.

의 폭력은 매우 극단적이었다. 이 경우에는 구타, 결박 외에도 인두 등의 도구나 그 밖의 것들을 이용해 여성의 성기를 훼손하거나,[17] 코를 베는 (割鼻) 등,[18] 신체에 대한 직접적이고 극단적인 공격과 두발을 자르는(削髮) 등의 상징적인 훼손으로 나타났다.[19] 이러한 가혹한 폭력은 아내가 간통했음이 명백히 밝혀진 경우만이 아니라, 간통 혹은 부정이 의심되는 경우에도 자행되었다. 이를테면 "지나가는 남자에게서 담뱃불을 빌렸다" 거나, "동네 방앗간에 다른 남자와 함께 있다"거나 "친정에서 동백기름을 머리에 바르고 온 것으로 보아 품행이 부정할 것"이라는 추측만으로도 생명을 위협하는 폭행을 당하고 있었다.[20]

17 「癡情으로 私刑하고」, 『동아일보』 1922년 7월 9일; 「부뎡한 자긔 안해에게 말못할 악행」, 『동아일보』 1924년 10월 13일; 「品行이 不貞하다고 小妾을 烙刑斷髮」, 『동아일보』 1926년 10월 15일; 「不義妻를 烙刑」, 『동아일보』 1928년 1월 31일; 「妾의 淫行을 憤慨해 烙刑」, 『동아일보』 1931년 6월 22일; 「不貞자백하라고 소부에게 火針질」, 『동아일보』 1934년 2월 17일; 「친정 갓다고 삭발 후 烙傷」, 『동아일보』 1935년 9월 1일; 「乃妻를 사형」, 『동아일보』 1937년 8월 27일 등.

18 「割鼻 지ㅁ」, 『동아일보』 1921년 11월 13일; 「같이 살기 실탄다고 코를 무러떼어」, 『동아일보』 1924년 5월 5일; 「임신만삭된 己妻에게 削髮割鼻의 慘刑」, 『동아일보』 1925년 6월 11일; 「不正妻 割鼻 경찰에 잡혓다」, 『동아일보』 1931년 6월 19일; 「변심한 안해 코를 베어」, 『동아일보』 1934년 3월 29일; 「동거 거절한다고 기처를 난타 후 割鼻」, 『동아일보』 1934년 8월 17일; 「정부 못 잇는 乃妻에게 削髮斷鼻로써 보복」, 『동아일보』 1938년 12월 28일 등.

19 「嫉妬끗에 勒削」, 『동아일보』 1922년 8월 9일; 「不貞女의 末路」, 『동아일보』 1923년 5월 3일; 「임신 만삭된 기처에게 削髮 割鼻의 참형」, 『동아일보』 1925년 6월 11일; 「出奔햇든 不貞 안해 削髮당코 本夫告訴」, 『동아일보』 1926년 1월 12일; 「淫妻를 削髮逐出」, 『동아일보』 1926년 8월 6일; 「妻와 丈母兩人을 强制로 削髮逃走」, 『동아일보』 1927년 11월 24일; 「姦夫 둔 本妻를 削髮코 亂刺」, 『동아일보』 1937년 8월 22일; 「姦夫와 醜行現場서 削髮制裁爆笑劇」, 『동아일보』 1938년 9월 2일 등.

20 「少婦飲毒自殺」, 『동아일보』 1926년 7월 23일; 「子婦를 亂打하고 逮捕傷害로 被訴」, 『동아일보』 1926년 12월 16일; 「媤父母와 男便協力 結縛하고 亂打烙刑」,

3. 소송을 통해 본 폭력에 대한 여성들의 대응

1) 폭력에 대한 다양한 대응방식들

사생활이 엄격히 격리되고 이웃과의 소통이 단절된 오늘날과 달리 식민지시기에는 일상과 공간이 이웃에게 열려 있었기 때문에,21 아내나 며느리에 대한 학대 구타는 오늘날보다 훨씬 가시적인 형태로 마을이나 공동체 내에서 인지되었다. 지나친 폭력이 발생했을 경우 이를 규제하는 공동체적 규율이 조선시대 이래 오래된 전통으로 남아있는 곳도 있었다.22 그러나 이러한 공동체적 규제는 점차 약화된 한편,23 몰락한 농민

『동아일보』1934년 5월 27일.

21 조선에 머물렀던 미국인 선교사 제이콥 로버트 무스는 "마을에 비밀이란 없다. 누구나 자신의 일 만큼이나 다른 사람들의 일도 모두 알고 있다. 때로 자기 일보다 남의 일을 훨씬 잘 알고 있지 않나 하는 생각이 들 정도"라고 사생활이 이웃에 열려 있는 마을공동체의 모습을 흥미롭게 묘사하였다(제이콥 로버트 무스 지음, 앞의 책, 2008, 95쪽).

22 조선시대 이래로 향약 등에 '부부가 서로 때리고 욕하고 싸움하면 중벌에 처한다'는 규례가 포함되는 등, 지나친 폭력의 남용을 규제하는 공동체적 규율이 존재했다. 1931년 5월 옥구군에서는 시모가 17세 동갑내기인 두 며느리를 채찍으로 날마다 때려 견디다 못한 며느리들이 가출하여 자살한 사건이 일어났는데, 동네사람들은 시어머니를 붙들어다 옷을 벗긴 후 동리로 끌고 다니며 "조리"를 돌렸다(「媤母虐待에 難堪, 두동세 携手自殺」,『동아일보』1931년 5월 5일).

23 1939년 언양군에 사는 박종돈과 그의 아내, 아들은 며느리이자 아내인 정영순(23)을 학대한 일로 동네 진흥회에서 충고까지 받았으나, "하등 반성이 없이 도리어 한층 더 학대"하여 결국 며느리가 우물에 빠져 자살을 하고 말았다. 이러한 사건은 공동체적 규제가 제대로 작동하지 못하는 모습을 보여준다(「사랑 식고 학대 받어 젊은 人妻 投身」,『동아일보』1939년 4월 15일). 사적 폭력에 대한 공적인 규제의 강화 과정에서 마을 공동체의 규율은 점차 약화되어갔다. 자주 폭력을 수반했던 공동체적 제재는 이 또한 불법적인 '사형(私刑)'으로 취급되어 처벌되었다. 이러한 공

층들의 농촌 이탈로 공동체로부터 벗어나 사회에서 고립된 가족이 증가해갔다. 이에 따라 "암만 때렸단 대도 내 계집을 내가 쳤는데야 네가, 하고 덤비면 나는 참으로 할 말 없다"로 시작하는 김유정의 매 맞는 이웃 여성에 관한 소설 「슬픈 이야기」에서처럼,[24] 가족원에 대한 가부장의 권한은 더욱더 침범하기 어려운 것으로 인식되어 갔다. 가정에서 발생하는 폭력에 제3자가 개입하는 것은 점차 쉽지 않은 일이 되어간 것이다. 이러한 상황에서 남편이나 시부모의 폭력행위에 노출된 여성들은 가혹한 정도가 아니라면 쉽게 폭력에 방치되는 경우가 많았다. 그나마 여성들이 의지할 수 있는 건 친정부모와 친지들이었지만, 가부장적인 친정부모와 친지들은 사위의 폭행을 문제 삼기보다 딸에게 시집에서의 순종과 인내를 강요하는 것이 일반적이었다.

이렇게 주변으로부터 지지를 얻을 수 없는 상황에서 체념과 인내로 남편과 시부모의 폭력을 견디는 여성들이 많았다. 남편의 폭력과 학대, 축첩, 금전적 횡포 등에 대해 그저 "운명"과 "팔자"로 치부하고 견디는 아내들의 수기가 종종 언론에 보도되었음은 이를 보여준다.[25] 그러나 체념과 인내만으로 현실을 견디기 어려웠던 여성들은 종종 경찰에 호소하거나 도망 혹은 가출을 통해 폭력적 상황에서 벗어나려 했고, 자살이나 시집 방화, 남편살해 등 극단적인 선택을 하는 경우도 자주 발생했다. 1930년대 가출 여성이 증가하고 그 중 기혼여성들이 상당수를 점했던 상황,[26] 그리고 남편살해가 유난히 많이 발생했던 배경에는 단순히 조혼

___

동체적 규제에 대한 공권력의 처벌은 아내폭력에 대한 온정주의적 공동체의 대응까지도 무력화시키는 것으로, 이러한 과정을 통해 가족은 사적 공간으로 점차 변화하게 되었다.

24 김유정, 「슬픈 이야기」, 『원본 김유정 전집(개정판)』, 도서출판 강, 2007, 293~301쪽.

25 仁川 金○子, 「남편의 방종으로 십오년간 고통으로 지냈다」, 『동아일보』 1929년 12월 4일~6일.

뿐만 아니라 이러한 학대와 폭력 또한 놓여 있었던 것이다.

2) 여성이혼청구권 도입과 강상죄 규정 소멸

식민지시기 남편과 시부모의 폭력에 대한 여성들의 대응은 소극적이거나 극단적인 형태만 띤 것은 아니었고 법정 소송이라는 적극적인 방식으로도 나타났다. 이혼청구권이 허용되고 남편과 시부모에 대한 아내의 고소를 제한하는 법 규정(강상죄)이 사라진 이 시기, 법 규정의 변화에 의해 여성들에게 법정소송의 길이 열렸기 때문이다. 즉, 칠거지악을 이유로 남편의 아내에 대한 일방적인 이혼은 가능했으나, 아내가 남편을 먼저 저버리는 것은 처벌 대상이 되었던 조선시대와 달리, 1908년 이후 점차 재판이혼제도가 도입되고 일본민법이 의용되는 가운데 '배우자나 배우자의 직계존속으로부터 동거할 수 없는 학대 혹은 중대한 모욕을 당했을 때(의용일본민법 제813조 5, 7항)' 여성은 이혼을 청구할 수 있게 되었다. 또한 1912년 조선형사령이 공포됨으로써 조선시대 법조문에 존재했던 '처나 첩이 남편이나 남편의 조부모, 부모를 고소·고발하면 처벌한다'는 규정은 사라졌고, 폭력을 당했을 때 아내가 직접 남편이나 시부모를 고소할 수 있게 되었다(의용일본형사소송법 제259조).[27]

조선시대에도 법적으로는 남편이 아내를 구타해 뼈를 부러뜨리는 이상의 상해를 입힌 경우 이혼한다는 조항이 있었으나, 그때도 아내의 의사만으로는 이혼할 수 없었다. 관의 개입 하에 부처 모두의 의사를 파악

---

26 김명숙, 「일제강점기 여성출분(出奔)연구」, 『한국학논총』 37, 국민대 한국학연구소, 2012, 517쪽.

27 이혼법 및 형법의 변화에 대해서는 소현숙, 『식민지시기 근대적 이혼제도와 여성의 대응』, 한양대 사학과 박사학위논문, 2013, 제2장 제1절과 제6장 제1절 참조.

한 후 이혼 여부를 결정하도록 되어 있었는데, 『조선왕조실록』의 사례를 보면 관은 이혼보다 처에게 남편에 대한 도리를 강조하며 감수하라는 태도를 취했다. 또 남편의 아내에 대한 폭력을 처벌하는 규정도 존재했지만, 아내가 남편과 시부모를 고소할 수 없다는 법조항으로 인해, 이러한 규정을 아내가 활용하기는 사실상 어려웠다. 실제로 『조선왕조실록』의 아내에 대한 폭행 및 처벌 사례를 보면, 대부분 고소는 아내의 아버지 등 친정 남성이 한 것으로, 아내가 남편을 고소하기는 대단히 어려웠음을 알 수 있다.[28]

아내에 대한 이혼청구권의 허용과 강상죄 규정의 소멸은 그동안 가부장에게 폭넓게 허용되었던 사적인 형벌권이 제한되는 계기가 되었다. 여성들은 법정 소송을 통해 본격적으로 자신에게 가해진 폭력을 문제 삼고 이혼과 남편 및 시부모에 대한 법적 처벌을 요구할 수 있게 된 것이다. 친정이나 주변으로부터 보호나 지지를 받을 수 없었던 여성들은 폭행과 구타 등 피해사실을 호소하기 위해 경찰을 찾는 경우가 많았는데, 그곳에서 이혼이나 형사고소 같은 법적 조치를 안내받은 것으로 보인다.[29]

3) 법정 소송을 통한 대응

1908년 통감부의 사법제도 개편의 일환으로 일본식 재판소가 설립된 이래로 재판상 이혼청구가 심리되기 시작했다. 1908년 1건이던 이혼소

---

28 박경, 앞의 논문, 2008, 87~92쪽.

29 식민지시기 경찰은 치안뿐 아니라 행정, 사법사무까지 광범한 일상영역을 담당했다. 특히 1920년대에는 인사상담소를 설치하고 민중의 일상생활에 깊이 침투, 부부싸움이나 이혼 등 사생활 영역까지 광범하게 개입했다. 이에 관해서는 소현숙, 앞의 논문, 2013, 71~78쪽 참조.

송은 1916년 335건으로 빠르게 증가했다. 1916년 이후는 전국 통계가 없어서 정확히 알 수 없지만, 경성 등 지역통계들을 보았을 때 일시 감소하는 시기도 있었으나 대체로 증가추세였던 것으로 추측된다. 전체 이혼에서 재판이혼이 차지하는 비중은 1910년대 1% 전후였던 것이 점차 증가하여 1920~30년대에는 6~10%를 점했고, 10%를 초과하는 지역도 나타났다. 이렇게 증가해 간 이혼소송에서 무엇보다 주목되는 것은 여성원고의 비율이 매우 높았다는 점이다. 1910년대 이혼소송에서 90% 정도에 이르렀던 여성원고소송은 이후 점차 부처 간의 간격이 좁혀져 1940년대 초반에는 절반 정도 수준으로 낮아졌지만, 식민지시기 누적치를 보면 여성청구가 남성청구보다 두 배 이상 많았다.[30]

이렇게 증가한 이혼소송에서 남편과 시부모의 '학대와 모욕', 즉 폭력은 여성의 주요한 이혼청구원인 중 하나였다. 거의 절반에 가까운 소송에서 폭력이 문제시되었다.[31] 남편이나 시부모의 폭력이 생명을 위협하거나, 자신뿐 아니라 친정부모에게까지 미쳤을 때, 별거하는 중에 찾아와서 구타를 일삼는 등의 상황에서 여성들은 학대와 모욕을 이유로 이혼을 청구했다.[32]

---

30 자세한 통계내용은 소현숙, 위의 논문, 제2장 제2절 참조.

31 남아있는 통계를 살펴보면, 1908~1916년 전국통계에서 아내의 이혼청구원인 중 학대모욕은 48%를, 1928~1930년 해주지방법원 통계에서는 17%를 점하였다. 그러나 공식통계들은 중복된 원인 중 하나를 선택하는 경향이 있으므로, 실제 폭력이 어느 정도 발생하는가를 그대로 반영한다고 볼 수 없다. 또 학대모욕은 증명하기 까다롭고 승소율이 높지 않았기 때문에 점차 다른 원인들을 선택하는 쪽으로 경향이 변해간 것으로 추측된다. 이를 보완하기 위해 신문에 보도된 이혼소송의 원인을 살펴보면, 1910년부터 1940년까지 『매일신보』, 『동아일보』, 『조선일보』에 실린 여성청구 이혼소송 383건 중 약 48%에 달하는 182건의 사례에서 구타와 폭행이 나타났다. 자세한 내용은 소현숙, 위의 논문, 133~135쪽 참조.

32 「취후면 처를 난타」, 『매일신보』 1917년 2월 28일; 「본부의 구타로 결국 리혼을

재판정은 아내/며느리에 대한 폭력이 폭력임을 자기 경험에 기초하여 언어화하려는 여성들의 행위가 가시화되는 장이었다. 그러나 여성들의 언어가 쉽게 받아들여진 것은 아니다. 여성들의 증언은 남성들의 증언보다 덜 중요하고 열등한 것으로 간주되었다. 실제로 학대와 모욕을 원인으로 한 아내의 이혼청구는 기각되는 사례가 많았고, 이는 통계를 통해서도 확인된다.[33] 학대나 구타에 대한 구체적 증거를 갖추지 못하는 한, 여성들의 주장은 언제든지 거짓말로 배척되었다.[34] 몇몇 여성 측이 승소

하여」, 『동아일보』 1922년 6월 2일; 「구타가 이유로 여자가 또 리혼청구」, 『동아일보』 1922년 6월 14일; 「구타로 이혼소송」, 『조선일보』 1923년 3월 2일; 「시모학대로 이혼」, 『동아일보』 1925년 11월 10일 등.

33 1908~1916년 아내가 제기한 이혼청구소송 통계에서 주요 원인만을 뽑아서 각 원인별 수리건수에 대한 사실상 기각과 인용건수를 백분율로 나타내면, 다음과 같다.

〈표〉 주요이혼원인에 대한 처분결과(1908~1916)

이혼원인	수리(건수)	사실상 기각(%)	인용(%)
남편의 중혼	27	14.8	18.5
남편이 강도, 절도, 횡령죄로 복역	165	1.8	72.1
남편의 학대 모욕	624	30.1	15.7
남편의 악의 유기	153	24.8	33.3
남편 직계존속의 학대 또는 중대한 모욕	21	42.8	23.8
남편이 아내의 직계존속 학대 또는 중대한 모욕을 가함	14	28.5	35.7
남편의 생사 3년 이상 불명	77	7.7	49.3

* 출전: 司法府 法務科, 「朝鮮人間の離婚訴訟」, 『朝鮮彙報』 1918.2, 113쪽.

이 표에서 나타나듯이 '남편의 복역'이나 '생사불명'과 같은 항목은 사실상 기각의 수치가 낮고 인용 수치가 높다. 이는 원고인 아내 측의 주장이 재판관에게 사실로 인정되어 이혼이 허락되는 경우가 많음을 의미한다. 그에 비해서 '남편의 학대 모욕'이나 '남편 직계존속의 학대 또는 중대한 모욕' 항목은 사실상 기각의 수치가 높고 인용은 낮은 편에 속한다. 이는 원고인 아내 측의 주장이 사실로 인정되지 않아서 기각되는 경우가 많음을 의미한다. 1920~30년대에는 어떤지 정확히 알 수 없으나, 여전히 학대받았다는 아내의 주장이 사실로서 인정되지 않는 사례들이 나타나고 있음을 볼 때 이러한 상황이 크게 변화된 것으로 보이지는 않는다.

한 사례들은 아내에 대한 폭행이 너무 심해서 동네 사람들이 모두 목격하고 경찰도 목격하여 증언자로서 경찰을 법정에 세운 경우였다.[35]

한편, 아내가 경험한 폭력이 법정에서 사실로 인정된다고 해서 그것이 바로 '동거할 수 없을 정도의 학대와 모욕'으로 해석된 것은 아니다. 재판정은 무엇이 아내에 대한 동거할 수 없을 만한 학대 모욕이며, 사회적으로 용인될 수 없는 폭력인가에 대한 해석을 둘러싸고 남녀 사이에 투쟁이 벌어지는 정치적 공간이었다. 1920년 며느리가 간통했다는 혐의로 시부가 며느리를 "종려나무 줄로 양손을 묶고 몽둥이나 빨래방망이로 전신을 난타하고 가위로 모발의 일부를 절단하고 그 나머지 부분을 불태우고 음문(陰門)을 찢고 그 속에 손을 집어넣는 등 밤새워 참학(慘虐)을 계속"한 사건이 발생, 며느리가 이를 이유로 이혼을 청구하였다. 이에 대해서 남편 측은 아내가 간통한 경우 반성케 하기 위해 폭행하는 것은 "적법행위는 아니지만 인정상 당연한 행위"라며 이혼을 거절했다.[36] 또 전북 고창군 김례라는 젊은 농촌여자는 남편이 술만 먹고 집에 들어오면 함부로 구타하고 집밖으로 쫓아내고, 견디다 못해 친정으로 도망갔더니 찾아와서 집에 데려가는 중 개천에 차 넣고 몽둥이로 때려서 전치 3주의 중상을 입었다며 이혼을 청구하였다. 이에 대해 남편 측은 아내가 놀러 다니고 집안일은 돌보지 않으며 허영심이 많아서 누차 타일렀지만 듣지 않고 도리어 남편에게 함부로 덤벼드므로 "흥분한 끝에 몇 차례 때린 것인데 그만한 일로써 같이 살수 없는 학대를 하였다고 할 수는 없는 것"

---

34 「鳥의 雌雄的 離婚」, 『매일신보』 1915년 6월 22일.

35 「홍순복의 이혼소, 남편이 따린다고」, 『매일신보』 1915년 12월 1일; 「법정에 고부전」, 『매일신보』 1915년 12월 2일.

36 「이혼청구사건(1921년 민상 제429호 1921.12.23. 판결)」, 『(국역)고등법원판결록(민사편)』 8, 380~383쪽.

이라며 이혼을 거절하였다.[37] 고등법원까지 올라온 이러한 소송들에서 아내의 피해사실은 사실로 인정되었지만, 그것이 동거할 수 없을 만한 폭력인지 여부를 두고 설전이 오갔다. 위 사례들은 결국 아내의 승리로 귀결되었는데, 이는 폭력을 행사하는 남성 측의 감수성이 아닌 폭력을 당하는 여성의 감수성으로부터 폭력이 재해석되기 시작했음을 의미한다. 주목할 것은 그 성과가 단순히 재판부의 판결에서 기인한 것이 아니라, 패소 판결에도 불구하고 포기하지 않고 재판정에서 끝까지 싸워 결국 승소판결을 얻어낸 이름 없는 여성들의 행위로부터 비롯되었다는 점이다.

폭력을 가하는 남편이나 시부모에 대한 아내들의 항의가 단지 이혼소송을 제기하는 데 머무르지는 않았다. 1920년대부터 아내가 남편이나 시부모의 폭행에 대해 형사고소하는 사례가 점차 나타났다.[38] 고소사례들을 보면 전치 1주 정도의 비교적 가벼운 폭행사례도 있었지만 대개 전치 3주 이상의 중상이나 생명이 위독할 정도의 폭행인 경우가 많았다. 이러한 상해죄 고소에는 남녀평등에 눈뜬 '신여성'뿐 아니라, 일반 하층 여성들, 심지어 민며느리로 팔려간 어린 여성들도 가담했다.[39] 대부분은 피해자인 여성의 아버지나 오빠 등 친정식구들의 적극적인 지원 속에서 이뤄진 것으로 보이지만,[40] 여성 스스로 고소한 경우도 나타나는 것은 주목된다. 예컨대 경남 밀양군에 사는 "아비도 없고 노모뿐인 가난한 집 딸"

---

37 「안해 학대하는 남편은 단연 리혼해도 조타」, 『조선일보』 1935년 2월 7일.

38 「남녀동등에 중독, 남편을 드러 고소」, 『동아일보』 1922년 5월 20일; 「뺨 따렷다고 처가 남편을 고소」, 『동아일보』 1924년 2월 22일; 「부부간에 고소」, 『동아일보』 1925년 9월 1일; 「남편을 고소」, 『동아일보』 1925년 10월 14일; 「안해를 난타, 안해는 고소」, 『동아일보』 1926년 10월 3일 등.

39 「학대받든 소부가 남편을 걸어 고소」, 『중외일보』 1927년 5월 16일.

40 「媤母 걸어 고소」, 『동아일보』 1926년 2월 19일; 「二八少婦가 본부를 고소」, 『동아일보』 1930년 1월 11일.

구재석은 남편과 시부모의 구타에 맞서서 친정식구의 도움 없이 스스로 남편을 고소하였다.[41] 이러한 적극적인 여성들의 행위는 새로운 판례가 나타나는 계기가 되었다. 1939년 확실한 증거도 없이 간통을 구실로 아내를 폭행하고 이를 "당연한 부권(夫權) 행사"라 주장하는 남편에 대해 고등법원은 상고를 기각하고, "남편은 아내가 설사 그 명령에 순종치 않고 자의의 행동을 취한다 하여도 이에 대한 제재의 수단으로 폭행을 가하여도 좋다는 법적 근거는 없다"고 판결했다.[42] 그러나 매우 가혹한 폭행이 입증되지 않는 한 대체로 여성들의 고소는 소송취하나 기각으로 귀결되곤 했고 처벌되더라도 벌금형 등 매우 가벼운 처벌에 그쳤다.[43]

　이혼시의 재산분할권이나 친권 및 양육권, 형사고소에 따른 피해자 보호조치 등 적극적인 법적 조치가 갖춰지지 않은 당시 상황에서 아내/며느리들의 법정 소송은 그야말로 생존 그 자체를 위한 투쟁이었다고 할 수 있다.

---

41 「고자 남편 고소」, 『동아일보』 1932년 3월 12일.

42 「조선에서 처음 생긴 폭행 남편의 처벌, 인도적 입장에서 다시 생각할 문제」, 『조선일보』 1939년 6월 14일; 「夫權은 暴力이 아니다 女權擁護의 新判例」, 『동아일보』 1939년 6월 13일.

43 「빰 따렷다고 妻가 男便을 告訴」, 『동아일보』 1924년 2월 22일; 「이혼위자료 걸어차고 형사문제로 대항」, 『동아일보』 1934년 2월 3일; 「안해 빰 따리고 벌금 이십원!」, 『동아일보』 1935년 2월 18일.

4. 아내/며느리 폭력에 대한 사회적 무관심과 분열증적 시선

1) 폭력의 가시화와 사회적 무관심

아내 혹은 며느리에 대한 체벌이 정당한 가부장적 통제수단으로 남편과 시부모에게 관대하게 허용된 듯한 조선시대에도[44] '양반은 아무리 화가 나더라도 결코 아내를 때려서는 안 된다'는 규범이 존재하기도 했다.[45] 그러나 이는 어디까지나 가문의 화목을 최우선 가치로 삼는 유교적 도덕규범에 기초한 것으로, 폭력이 표상하는 남편과 아내 사이의 불평등한 권력관계를 문제 삼고 아내의 인권을 고려하여 남편의 폭력을 부정한 것은 아니다. 효나 친친(親親)의 원리에 따라 부모와 가장의 비행이 있더라도 고소할 수 없도록 한 것은, 조선시대에 가족 내 사적 관계의 규정이 사회적 정의나 공정성의 원리에 우선하는 것으로 받아들여졌음을 의미한다.[46] 국가는 법을 통해 가(家)의 구성원에 대한 가부장의 배타적 권리를 지지하고 남편의 아내에 대한 사적 통제를 허용하는 태도를 취한 것이다. 이와 같은 법 규정에서, 사회적으로 문제가 되는 것은 강상(綱常)의 질서[47]를 어지럽히고 남편과 시부모의 권위에 도전하는 아내 및 며느

---

44 『내훈』이나 『소학』 등에는 남편과 시부모의 매질을 아내나 며느리의 잘못을 꾸짖기 위한 것으로 정당화한다.

45 연암 박지원, 「양반전」.

46 김혜숙, 「조선시대의 권력과 성」, 『한국여성학』 9, 1993, 37쪽.

47 강상이란, 유교문화에서 사람이 늘 지키고 행해야 할 덕목인 삼강(三綱)과 오상(五常)을 말한다. 즉, 삼강은 임금과 신하, 부모와 자식, 남편과 아내 사이에 지켜야 할 도리로서, 군위신강(君爲臣綱), 부위자강(父爲子綱), 부위부강(夫爲婦綱)이고, 오상은 사람이 지켜야 할 다섯 가지 도리인 인(仁), 의(義), 예(禮), 지(智), 신(信)

리의 폭력행위이지, 남편이나 시부모의 폭력행위가 아니었다.

여성에 대한 학대와 폭력이 사회문제로 인식되기 시작한 것은 '남녀동등론'이 도입된 한말 개화 지식인들에 의해서였다. 1888년 박영효가 내정개혁을 요구하는 상소문에서, "남편이 부인에 대하여 폭력을 행사하는 것을 금하는 일"을 제시했음은 이를 보여준다.[48] 그러나 이러한 한말 남녀동등론은 이미 알려진 바와 같이 여성에게 새로운 권리를 부여하는 데 강조점이 있는 것이 아니라 제국주의의 침략 앞에서 조선의 국가적 강화를 도모하기 위한 하나의 방편이었다. 이 때문에 '남녀동등'의 기치 아래 여성들은 '국민'으로 새롭게 호명되었지만, 새로운 권리를 부여받기보다는 국민으로서 여성의 의무만 강요받는 상황으로 나아갔다.[49] 앞서 언급한 박영효의 요구가 "백성의 몸을 건강하게 보살핌으로써 백성을 굳세고 번성하게 할 것"이라는 항목에 배치된 것은 이를 잘 보여준다. 남편의 아내에 대한 폭력은 단지 여성의 인권이 아니라 '건강한 국민의 양성'을 가로막는 비문명적 현실로 포착된 것이다.

사회운동 및 여성운동이 본격화된 식민지시기에도 아내폭력문제는 거의 사회적으로 조명되지 못한 채 무시되었다. 여성 자신의 경험에 기반을 둔 운동보다는 민족 혹은 계급운동에 대한 여성의 동원과 헌신이 강하게 요구된 식민지 여성운동의 조건 하에서, 아내폭력으로 표상되는 민족 내부의 가부장적 권력관계는 주요한 투쟁과제로 제기되기 어려웠기 때문이다. 더욱이 공적 폭력이 만연한 식민지라는 조건은 사적폭력의 심각성에 대한 예민한 인식을 저지시켰다. 1910년대 일제에 의해 태형이

또는 오륜(五倫)을 말한다.

48 김갑천 역, 「박영효의 건백서-내정개혁에 대한 1888년의 상소문」, 『한국정치연구』 2, 1990, 271쪽.

49 전미경, 『근대계몽기 가족론과 국민생산 프로젝트』, 소명출판, 2004, 167~168쪽.

합법적인 형벌로서 부과되었던 상황과, 3·1운동 이후 비록 그것이 철폐되었지만, 경찰에 의한 고문과 신체적 폭력이 일상화되었던 정치적 조건 속에서, 가족 내에서 발생하는 사적 폭력은 그것이 사회적으로 가시화된다 하더라도 '문제'로서 주목되기 어려웠던 것이다.

2) '사형'의 의미

이러한 사회적 무관심 속에서도 당시 언론들이 아내/며느리에 대한 가혹한 폭력을 '사형(私刑)' 혹은 '악형(惡刑)'이라 보도하면서, 비판적인 시선을 드러냈음은 주목된다. 이 시기 사형이라는 말은 일본인이나 서양 선교사가 조선인에 가한 폭력에 대해서 주로 사용되었지만, 그에 더하여 아내/며느리에 대한 폭력에 대해서도 자주 쓰였다. 물론 사형이라는 용어는 조선시대에도 공적인 형벌에 대비되는 용어로 간혹 쓰였으나, 대부분 타인에 대한 불법적인 형벌과 관련될 뿐 가족원에 대한 징벌을 문제 삼는 경우는 흔치 않았다.[50] 강상 윤리 하에서 남편이나 시부모의 폭력은 아내가 죽음에 이르지 않는 한 사회적으로 문제시되기 어려웠고, 사형 범주로 포착되기도 어려웠던 것이다. 이에 비해서 식민지시기 폭력을 이유로 한 이혼 및 형사고소가 가능해진 상황 하에서, 죽음에 이르지 않는 폭력도 형사사건으로서 비화되고 사형의 범주로 인식될 수 있었다.

그렇다면, 당시 사형이란 무엇을 의미했을까. 1922년 간행된 『사형유찬(私刑類纂)』은 사형을 "사(私)는 공(公)에 대응한 말"로서, "하나의 개인 혹은 개인단체가 범죄자에 가하는 사적 형벌"이라고 정의했다.[51] 그

---

50 『조선왕조실록』에서 '私刑'이란 용어를 검색해 보면, 두 사례가 나오는데, 모두 타인에 대한 사적 징벌을 의미했다.

51 外骨, 『私刑類纂』, 半狂堂, 1922, 11쪽. 『사형류찬』은 법학자가 쓴 전문 법률서는

리고 사형의 기원을 설명하면서 "개인단체에 해를 끼치는 행위, 다중단체에 불이익을 초래하는 행위, 이것을 악행위로서 복수적으로 징벌을 가하는 것"으로, 국가조직이 성립해 복수적 징벌을 금지하고 국가에 형벌기관을 두어 모든 범죄인을 처벌하게 되었는데, 한 개인 또는 사적인 단체가 종래처럼 범죄인에게 직접 징벌을 가하는 일을 멈추지 않아서 최초로 공형·사형을 구별하게 되었다고 설명했다.[52] 즉, 남편/시부모의 아내/며느리에 대한 사형은 아내/며느리의 나쁜 행위에 대한 복수적 징벌을 의미하는 것으로서, 국가의 영역을 개인이 침범한다는 점에서 문제적인 것이지, 징벌당하는 자의 인권이 적극 고려되지는 않았음을 알 수 있다. 결국 아내/며느리에 대한 가혹한 폭력을 사형으로 명명하며 보도한 것은 그들의 인권에 대한 사회적 인식 변화를 함축하기보다는 가족을 기본단위로 하여 천황 아래에 수직적으로 연결된 국가를 조직하고, 이를 통해 국민을 생산하려고 했던 일제의 식민지 가족정책[53] 속에서 국가에 의한 가족 개입이 강화되어 나간 정황을 보여주는 것이다. 따라서 아내/며느리에 대한 사형사건들은 종종 보도되었지만, 그럼에도 불구하고 사건 보도 외에 특별한 사회적 관심이 제기되지는 않았다. 이는 아내 혹은 며느

아니다. 서문에 따르면, 저자는 "읽어서 재미있고, 들어서 진기한" 형벌 사실들을 모음으로써 일차적으로 독자들에게 흥미를 전하고자 했고, 동시에 공형(公刑)만을 다루는 법학연구자들에게 사형사건에 대한 관심을 환기시키고 참고자료를 제공하고자 했다. 편술과정에서 도쿄제대 법학부 교수 요시노 사쿠조(吉野作造), 나카다 가오루(中田薫), 호즈미 시게토(穗積重遠) 등 당대 내노라 했던 법학자들의 도움을 받았다고 기록했다. 게재된 사건들은 대부분 일본의 사례이지만, 대만·조선 등 식민지와 외국의 사례도 포함되어 있다.

52 위의 책, 11쪽.

53 가(家)제도의 이식을 통한 일제의 가족정책에 관해서는 홍양희, 『조선총독부의 가족정책 연구-'家'제도와 가정 이데올로기를 중심으로』 한양대 사학과 박사학위논문, 2004 참조.

리에 대한 사형사건과 달리, 일본인이나 서양 선교사에 의한 조선인 사형사건에 대해서는 이를 '민족문제'라는 구조적 폭력으로 인식하고 청년회나 신간회 등이 나서서 대책을 강구하고 진상조사나 여론 환기 등의 활동을 벌여나간 것과 대조된다.[54]

3) 여성의 적극적 실천과 사회의 분열적 시선

아내폭력에 대한 사회적 관심이 결여된 가운데도 여성들의 개별적인 법정소송은 꾸준히 나타났다. 이렇게 개별적인 저항이 지속된 것은 사회적 무관심 속에서도 폭행의 정당성에 대한 의문이 당사자인 여성들 내부에서 나타났음을 의미한다. 상황을 인식하는 여성들의 자각이 없다면, 동일한 학대나 폭력에 대해서도 반응은 달라질 수 있기 때문이다. 이를테면, 1922년 달성군의 김근수는 남편에게 몽둥이로 구타당하고 "지금은 남녀가 동등인대 내가 어째 남편에게 맞고 참고 있으랴"라며 남편을 고소했다. 1924년 경성부에 거주하는 박정자 역시 남편이 도박을 일삼으면서 학대하자 "이제껏 참아왔으나 현대의 남녀평등사상으로 볼 때에 도저히 이 모욕을 참을 수 없다"면서 이혼을 제기했다.[55] 자신이 당한 폭행을 개인이 아닌 남녀불평등이라는 사회적 구조의 산물로 보는 적극적 인식이 드러난다. 시대변화에 대한 감각은 단지 '신여성'만의 전유물이 아니었던 것이다.

그러나 위 김근수의 사례에서 기사의 제목이 "남녀동등에 중독"이라

---

54 일본인에 의한 조선인 사형사건에 대해서는 장용경, 「私刑과 식민주의」, 이상록 외, 『일상사로 보는 한국근현대사』, 책과 함께, 2006 참고.

55 「남녀평등에 중독, 남편을 드러 구타상해죄로 고소」, 『동아일보』 1922년 5월 20일; 「離婚訴訟提」, 『동아일보』 1924년 9월 25일.

표현된 것에서 드러나듯이, 여성들의 의식변화와 그에 따른 실천은 "남녀평등에 중독"된 지나친 행위로 비난되곤 했다. 남편의 학대를 이유로 개가를 고민하는 어느 민며느리에 대해서 "딸까지 있는 처지에서 개가하는 것은 옳지 아니합니다. 남편도 보통사람인 이상 아무 허물없는 아내를 공연히 학대할 리가 없으니 당신은 남편의 싫어하는 점을 고치고 아무쪼록 그 남편과 잘살 도리를 하시오"라고 답하는 『동아일보』 상담기사는 남편의 폭력이 아내의 잘못된 행동에서 비롯된다는 가부장적 믿음을 그대로 드러낸다.[56]

개별적이기는 하지만 여성들의 법정소송행위들이 나타나는 가운데 1930년대 언론은 폭력남편에 대한 여성의 이혼제기나 형사고소를 '여권' 차원에서 긍정적으로 해석하고 새로운 판례에 적극적으로 의미부여하였다.[57] 그러나 한편에서는 이를 비난하는 시선도 여전히 지속되었다. 특히 품행 문제로 아내가 폭력을 유발했다고 인식되는 경우에 이러한 비난은 더 강화되었다. 1933년 황해도 봉산군의 이보배는 "품행이 방정치 못하다는 구실로" 남편과 시부모, 시숙에게 집단 폭행을 당했다.[58] 몸을 결박하여 매달고 인두와 칼로 단글질을 하며 망치로 구타하는 등 보도에 나타난 폭행의 정도는 매우 심각했지만, 고소한 아내에 대해서 "자기의 품행부정을 꾸짖으며 구타하였다고 남편을 걸어 고소를 제기한 <초 모던> 부인"이라는 다소 비꼬는 태도로 보도했음은 이를 보여준다. 폭행의 정도나 심각성이 초점이 아니라, 폭행의 원인인 품행부정 문제가 더

---

56 「가정고문, 다른 데로 시집갈가」, 『동아일보』 1927년 1월 18일.
57 「離婚慰藉料 걸어차고 刑事問題로 對抗」, 『동아일보』 1934년 2월 3일; 「조선에서 처음 생긴 폭행 남편의 처벌」, 『조선일보』 1939년 6월 14일; 「夫權은 暴力이 아니다 女權擁護의 新判例」, 『동아일보』 1939년 6월 13일.
58 「己妻毆打코 警察에 被訴」, 『동아일보』 1933년 10월 17일.

주목받으면서 아내에 대한 비난의 시선이 드러나는 것이다. 계몽담론 수준에서의 여성해방이라는 수사와 사건보도기사의 행간에 나타나는 무의식적 비난의 시선이 분열적으로 교차하던 것이 당시의 상황이었다.

5. 글을 마치며

식민지시기 조선에서 아내/며느리에 대한 폭력은 일상적이었고 특히 부덕에서 벗어난 행위를 한 여성들에 대한 폭력은 매우 가혹했다. 당시 이러한 폭력은 '사형'이라 명명되며 비판되었지만, 사회는 이러한 문제에 무관심했고 여성인권에 대한 적극적 고려는 제기되지 못했다. 정치적 자유가 억압되고 공적 폭력이 만연한 식민지라는 조건에서 사적 폭력에 대한 예민한 시각을 갖기는 쉽지 않았다. 그러한 와중에서도 여성에게 허용된 이혼청구권과 남편/시부모에 대한 형사고소권을 활용하여 법정소송을 통해 남편/시부모의 폭력에 대항하는 여성들이 나타났다. 이들 여성들은 자신에게 가해진 폭력이 훈계로 미화될 수 없는 폭력이라 주장하며 새로운 판례를 이끌어내기 위해 싸웠다.

물론 이렇게 법적 투쟁을 하는 여성들은 전체적으로 보면 매우 소수에 불과하고 더 많은 피해여성들이 체념이나 가출, 자살, 남편살해와 같은 소극적이거나 우회적이거나 혹은 비극적인 방식으로 대응했음은 분명하다. 경제적 자립이 어려웠던 당시 상황에서 여성이 이혼을 각오하고 법정소송에 나선다는 것은 오늘날도 그렇지만 쉽지만은 않은 일이기 때문이다. 그럼에도 불구하고 이러한 개별적 여성들의 행위에 주목하는 것은, 그것이 이제까지 기록에서 찾을 수 있었던 최초의 여성피해자들의 저항행위이며 자신의 피해가 정당하지 않음을 인정받기 위한 투쟁이기 때문이다. 그런 면에서 아내폭력에 대한 저항이 1983년 <여성의 전화> 설립에 의해 처음 나타났다고 보는 기존의 견해는 수정될 필요가 있다. 사회운동은 늦게 시작되었으나 여성 피해자들은 운동이 시작되기 이전부터 온몸으로 고독한 싸움을 해왔던 것이다.

여성들의 법정 소송은 무수히 많은 사례들이 소송취하나 기각으로 귀결되었지만, 몇몇 경우들은 새로운 판례를 통해 가부장적 질서를 흔들며 사회적으로 허용될 수 없는 폭력의 범위를 재설정하는 계기를 열어주었다. 그러나 여성운동이나 사회운동의 뒷받침이 없는 상황에서 이러한 판결들은 사회 인식의 변화를 이끌어내는 동력으로 기능하지 못한 채 잊혀져갔다. 그런 면에서 여전히 1980년대 아내구타추방운동과 가정폭력방지법의 제정으로 귀결된 입법 활동은 중요한 역사적 의미를 지닌다. 여성운동의 조직적인 문제제기가 결합되었을 때 피해 여성의 경험은 비로소 사회적 의미를 적극적으로 획득할 수 있었던 것이다. 그러나 힘겹게 싸워 얻어낸 가정폭력방지법에 대해서 최근 일각에서는 그것이 지나치게 가정보호이데올로기에 기반을 둠으로써 인권보호라는 실질적 기능을 다 하지 못한다는 비판도 제기되고 있다. 오늘날 아내폭력은 명백한 범죄로 인식되지만, 적절한 처벌과 피해자의 안전 및 인권보장이 어떻게 현실에서 구체화될 수 있는지는 여전히 과제로 남겨져 있다. 법이 실질적인 기능을 할 수 있도록 꾸준히 관심을 갖고 새로운 대안을 마련해 나가는 것이 우리세대에게 부여된 과제일 것이다.

근대 한일 정조(貞操) 담론의 재구성*

한봉석

1. '정조'라는 감옥

미국의 저널리스트이자 활동가인 수전 손택은 그의 책 『은유로서의 질병』에서 본질을 은유하는 것의 무서움에 대해 이야기한 바 있다. 그녀는 결핵이나 암과 같은 질병들의 본질을 외면하고 이를 감정이나 개인의 특징과 결부지어 사고하는 사람들의 대응이 사회적 일탈과 질병에 대한 은유를 연결시키고, 종국에는 일탈 자체를 치료의 대상으로 타자화시키는 논리를 야기할 수 있다고 경고했다. 유방암을 치료하는 과정에서 백혈병까지 얻은 그녀가 멋진 은색 머리칼을 날리며 단호하게 적어내린 이 이야기는 메시지는 간단하지만 의미있는 성찰이었다.

그런 의미에서 우리가 흔히 사용하는 정조(貞操)라는 말 역시 다시 한 번 생각해볼 필요가 있다. 주디스 버틀러 이래 젠더·섹슈얼리티가 그저

---

* 이 글은 필자의 논문 「정조(貞操)담론의 근대적 형성과 법제화: 1945년 이전 조일 양국의 비교를 중심으로」(『인문과학』 55, 성균관대학교 인문학연구원, 2014)의 내용을 다듬고 간략히 한 「이성애 규범성의 장면들 Ⅰ: '정조(貞操), 그 만들어진 죄의식의 역사를 중심으로」(『퀴어인문잡지 삐라』 3, 노트인비트윈, 2016)의 원고를 일부 수정하여 다시 게재한 것이다. 읽는 이의 편의를 위해 본고에서 정조담론의 역사적 과정은 비교적 도식화, 소략화하였다. 따라서 역사적인 맥락이 더 궁금한 분은 2014년 논문을 참고하기 바란다.

육체에 새겨진 담론일 수 있고 심지어 몸의 물질성도 회의의 대상일 수 있다고 주장되지만, 여전히 '정조'는 우리 사회의 주박으로 작동한다. 이 말은 그 의미망 내외에 순결, 정절, 처녀성, 성교 등을 포함하고, 때때로 순결을 찬미하거나 혹은 부정(不貞)을 비하하기 위해 동원되곤 한다. 간명하게 말하자면 정조란 말은 지배와 차별을 위해 만들어진 말이다. 정조의 원형으로 여겨지는 정절은 실은 동아시아적 전통에서 탄생해서 명청대에 사회 지도원리로 표방되기 시작했다. 조선과 일본은 이를 문화적으로 수용했고, 특히 조선은 정절을 성리학적 국가통치의 표상으로 이해하고자 했다. 한편으로 식민지 조선에서 정절은 서구와 일본의 담론과 법제에 의해 재구성되었고, 이는 해방 이후 신형법(1953)의 성풍속 조항에 결국 '정조에 관한 죄'라는 항목으로 정리되었다. 이 과정에서 정조담론은 문화적으로는 일부일처제, 성과학, 우생학의 영향을 받아 담론화했고, 이때 근대 이전의 담론들이 근대적으로 변용되었다. 무엇보다도 식민지시기 민법과 형법을 통해 여성의 정조가 다뤄지면서 정조는 법리상 구체적 내용을 확보할 수 있게 되었다.

기존 정조에 관련된 선행연구들은 여성주의 맥락의 넓은 지형에 산개해 있다고 표현하는 것이 옳을 것이다. 이는 정조담론 자체가 일부일처제, 자유연애, 성과학, 우생학, 모성, 출산 등 근대가 여성에게 강제한 섹슈얼리티의 전형을 유지하는 데 핵심적인 키워드로 작용했기 때문이다. 또한 정조 담론 자체가 중국·일본과 밀접한 연관을 지으며 구성되었기 때문에 연구의 외연도 넓은 편이다. 원래 정조를 둘러싼 논쟁은 1910년대 일본의 신여성 집단인 '세이토(靑鞜)'에서 큰 논쟁이 있었고, 이후 담론에 큰 영향을 끼쳤다. 따라서 세이토에 대한 서은혜, 이지숙, 박유미 등 최근의 연구들은 주로 그들 사이의 정조 논쟁을 소개하고 당대 지형에서 여성주의적 의미 부여, 세이토 글의 문학적 가치를 조명하고자 하였다.[1] 한편으로 이 시기 일본의 일부일처제와 자유연애, 우생학의 결합 하에 결국 여성을 처녀와 추업부로 구분하게 되었던 과정을 설명한 기존 일본의 연구들 또한 정조 담론을 이해하는 데 중요한 선행연구들이라고 할 수 있다.[2] 그러나 이들 연구들은 정조 자체에 직접 집중한 연구는 아 니다. 정조 담론 자체에 집중한 연구들은 이명선, 소현숙, 김순전·장미 경, 박종홍이 있다.

이명선은 자유연애론과 정조의 관계를 고찰하면서, 식민지 근대 주체 로 상정된 것이 남성화된 주체였으며, 당대 신여성들의 정조론이 기존 성도덕에 대한 반박일 뿐만 아니라 성별불평등의 구조를 해체하고자 했 던 여성들의 욕망을 반영한 것이라고 지적한 바 있다.[3] 또한 소현숙은 식민지 시기 정조유린 소송을 분석하여 당시 소송에서 여성의 권리를 대 변하는 유일한 통로였던 정조유린위자료청구소송이 실제로는 정조의 권 리는 물론 의무 또한 강조하는 모순점을 지녔음을 지적하였다.[4] 한편으 로 김순전·장미경은 1920년대 여자고등보통학교수신서를 분석함으로써 수신교과서가 정조를 강조한 것은 당대 자유연애에 대한 대응 측면이 강 했고, 이는 당대의 변화한 정조관을 반영한 것이었음을 지적한 바 있다.[5]

---

1 서은혜, 「일본의 '신여성'운동과 『청탑』-초기 산문을 중심으로」, 『현대문학이론연 구』 13-1, 2000; 이지숙, 「1910년대 일본 여성소설의 섹슈얼리티-청탑 소설을 중 심으로」, 『일본문화학보』 21, 2004; 박유미, 『세이토(청탑)의 여성담론연구』, 충남 대학교 대학원 일어일문학과 박사학위논문, 2009.

2 가토 슈이치 지음, 서호철 옮김, 『'연애결혼'은 무엇을 가져왔는가-성도덕과 우생결 혼의 100년간』, 소화, 2013; 가와무라 구니미쓰 지음, 손지연 옮김, 『섹슈얼리티의 근대-일본 근대 성가족의 탄생』, 논형, 2013.

3 이명선, 『식민지 근대의 '신여성' 주체형성에 관한 연구-성별과 성의 관계를 중심으 로』, 이화여자대학교 대학원 여성학과 박사학위논문, 2002.

4 소현숙, 「'정조유린' 담론의 역설」, 『역사문제연구』 28, 2010; 소현숙, 『식민지시 기 근대적 이혼제도와 여성의 대응』, 한양대학교 사학과 박사학위논문, 2013.

문학 쪽에서도 정조는 중요한 관심사였다. 박종홍은 신여성과 신지식인 남성들의 텍스트를 바탕으로 신여성과 신지식인 남성들의 상호간 정조 관념에 차이가 있음을 지적하였다.6 한편으로 일본 내 정조에 대한 직접적인 연구성과들은 정조가 여성에 한해 강조된 덕목이었으며, 신체적으로 순결, 처녀 등이 요구된 담론이었음을 지적한 바 있다.7

이러한 문제인식 아래 여기서는 정조 담론의 형성과정을 살펴보도록 할 것이다. 이를 위해 우선 메이지 국가 수립 이후 일본의 정조 담론 형성을 수신교육, 성욕학, 그리고 민법의 측면에서 고찰하고, 그런 연후 조선 내 담론 형성과정을 '정조'라는 말이 근대적 의미로 등장하기 시작했던 1920~30년대를 중심으로 수신교육, 성욕학, 민법과 형법이라는 측면에서 살펴볼 것이다.

본고에서는 이를 위해 1876년부터 1945년 사이 정조를 키워드로 한 당대 발간 텍스트들을 주요 분석대상으로 동원하였다. 이 중 일본 측 사료들은 일본국회도서관에서 운용하는 Digital Library from the Meiji Era를 검색해서 시기별, 주제별로 중요한 것을 선별하여 사용하였다. 그리고 식민지 조선의 정조담론 분석에는 당대 중요하게 발간된 『동아일보』를 주로 활용하였고, 이를 보완하기 위해 특정 주제에 따라 『조선일보』 등의 다른 신문, 중요 잡지들을 분석했다.

---

5 김순전·장미경, 「조선총독부 발간 『여자고등보통학교수신서』의 여성상」, 『일본학 연구』 21, 2007.

6 박종홍, 「근대소설에 나타난 신여성의 '정조관념'」, 『한국문학논총』 34, 2003.

7 이 중 정조의 남녀평등에 관한 기존 연구에 대해서는 赤川學, 「1910年代,「貞操の 男女平等」の一局面」, 『人文科學論集: 人間情報學科編』 31, 1997 참조.

2. '정조' 담론의 탄생

1) 우리 안의 강박 ①: 정절

오늘날 정조는 "정절(貞節)" 혹은 "이성 관계에서 순결을 지니는 일"로 정의된다.[8] 좀 더 무식하거나 적나라한 표현을 찾자면 1950년대 남성 지식인의 말을 빌리면 된다. 소설가 정비석은 "정조라는 것은 즉 처녀막을 깨뜨린 남성에게 한해서만 성립될 수 있는 것"으로 친절히 설명한 바 있다.[9] 논의를 더 진행하기에 앞서 이 조합에 사용된 용어들의 역사적 기원을 살펴보자. 정절, 순결, 처녀막. 우선 뒤의 두 용어는 근대에 등장했다. 순결은 결혼 전 여학생들의 섹슈얼리티를 통제하기 위해 만들어졌다.[10] 처녀막은 근대에 발견되어 무려 인간 존재의 특수성을 증명하는 데 동원되었다. 한편 정절의 역사는 근대 이전으로 거슬러 올라간다. 정조 담론이라는 밀푀유의 가장 밑에 깔린 시트지가 정절인 셈이다.

정절은 육체적·정신적 순결을 포괄하는 '정(貞)'과 여성의 사회적 실

---

8 국립국어원 표준국어대사전, 정조09 참고(http://stdweb2.korean.go.kr/search/View.jsp).

9 정비석, 「정조란 무엇인가?: 여성각서(覺書) 제5장」, 『여성계』 4-3, 1955(이화형, 허동현 외, 『한국현대여성의 일상문화 1: 연애』, 국학자료원, 2005, 207쪽).

10 메이지 시기에 이르자 에도 시기에는 유효했던 결혼 전 여성의 성을 통제하는 여러 방법이 무력해졌다. 이에 당시의 '여자교육' 논자들과 과학의 이름을 빌려 학교에서 여성의 성에 대한 내적 통제를 기도했고, 결혼 이후의 여성과 달리 결혼 이전의 여성에게 추상적이지만 강력하게 강요된 것이 바로 '순결규범'이었다. 渡部周子, 『<少女>像の誕生: 近代日本における「少女」規範の形成』, 新泉社, 2007, 59~64쪽. 일본에서 이러한 순결규범은 곧 이데올로기화하여 1910~20년 초반의 화두로 자리 잡았다. 이러한 과정을 거쳐 순결은 육체적인 상태뿐 아니라 성신적 측면까지 강조하는 방식으로 강화된다. 명혜영, 「근대 <처녀>의 섹슈얼리티: 한일 초기 여성소설을 중심으로」, 『일본문화학보』 46, 2010, 310쪽.

천·의무를 강조하는 '절(節)', 두 가지 이념으로 구성된다.11 이 말은 중국 진나라 법령에 처음 등장하며, 이후 한나라 유향(劉向)의 『열녀전(列女傳)』, 반소(班昭)의 『여계(女戒)』 등을 통해 여성의 정절과 예교, 행동 규범에 대한 사회적 교화의 핵심으로 이용되기 시작했다.12 한반도에 이 개념이 전해진 것은 삼국시대였다. 그러다가 조선시대, 특히 『경국대전』에 이르러 본격적으로 쓰이게 되었다. 조선에 와서 정절은 '내외(內外)'와 '개가금지(改嫁禁止)'로 성문화되었다고 볼 수 있다.13 흔히 아는 삼종지의(三從之義) 같은 이야기도 이때 등장했다.

'정조'라는 말 역시 우리 역사에 존재했다. 그러나 조선시대에 정조는 남녀의 절개 모두를 칭송하는 데 쓰였다. 정(貞)이라는 개념은 원래 "힘들고 어려운 고비를 넘기며 고통스럽게 절개를 지키는 것"을 의미했다.14 따라서 구한말까지 '정조'는 충, 효, 열(烈)이라는 삼강(三綱)의 범주 안에 있는 행위를 찬사하는 말 정도로 사용되었다. 변화는 망국 이후에 일어났다. 정조의 근대적 기원은 그 죄가 깊다. 이것은 '문명'이라는 국가적 프로젝트에서 비롯했다. 그리고 끝없이 신화화되어 오늘에 이른다.

---

11 정(貞)은 원래 『주역(周易)』에 나오는 말로 남녀 모두에게 적용되며, '올바르다', '훌륭하다'의 뜻을 지닌다. '정'과 '절'의 의미를 구분한 것은 유향의 『열녀전』에서다. 이숙인, 『정절의 역사: 조선지식인의 성담론』, 푸른역사, 2014, 227~228쪽.

12 송경애, 「명청 시기 여성 교육서 고찰」, 『동북아문화연구』 34, 2013, 314쪽.

13 정확하게 이야기하자면 조선시대 『경제육전』에 명시된 실행의 내용 정의, 이른바 '내외'에 관한 규정, 그리고 『경국대전』에서 명시된 '개가부녀'의 자손에 대한 임용 금지가 큰 역할을 했다. 이상 조선시대 '정절' 형성의 법적 흐름에 대해서는 이숙인, 앞의 책, 2014, 26~28쪽, 53쪽 참조.

14 이숙인, 위의 책, 9쪽.

2) 우리 안의 강박 ②: 문명화

식민지 조선에서 '정조'라는 말이 본격적으로 사람들 사이에 회자되기 시작한 것은 1920년대 들어서이다. 이는 일본 유학생들을 매개로 한 결혼관, 연애관의 변화에 의해 촉발되었다. 그러나 본격적인 연애 시대가 만개하기에 앞서, 우리가 종종 놓쳐온 고리가 개화기 이래 1920년대 이전 조선 사회의 섹슈얼리티 변용에 '조건'으로 놓인다. 그 조건은 바로 문명화이다.

'문명(文明)' 담론은 1880년경 서구의 'civilization'이 일본의 번역을 통해 조선에 소개되면서 이 땅에 등장했다. 우리가 흔히 쓰는 '개화(開化)' 역시 이 문명개화를 의미한다. 당대 동아시아 지성으로 꼽혔던 후쿠자와 유키치(福澤諭吉)의 『문명론의 개략』(1875)에서 알 수 있듯이, 문명론은 결국 야만 - 반(半)개화 - 문명의 층위에서 꼭대기를 지향하는 것이었다. 거기에는 인종적 편견, 오리엔탈리즘 등이 기왕에 포함되었다. 그러나 공동체의 붕괴 앞에서, 많은 조선 지식인들은 문명과 민족, 그리고 애국을 연결해서 생각했다. 그것은 곧 망국 조선이 되살아나기 위한 강박으로 작용하기 시작했다.[15]

그런데 중요한 것은 한국 근대 여성 섹슈얼리티의 재구성이 바로 이 문명화를 조건으로 시작되었다는 점이다. 여전히 생리대조차 입에 담지 못하는 불학무도(不學無道)한 오늘날의 기준에서 볼 때, 1920년대 정조 논쟁이나 연애 논쟁의 국지전에서 여성의 승리는 이채로움을 넘어 놀랍기까지 하다. 김일엽(金一葉)은 이론적·실천적으로 섹슈얼리티 개방의 극단을 치달았다. 나혜석(羅蕙錫) 역시 한때나마 호기롭게 자신의 성애

---

15 노대환, 『문명』, 소화, 2010, 251~261쪽.

를 자랑했다. 그런데 이들이 이렇게 승리할 수 있었던 것은 부국(富國)의 방편이 문명화라는, 당대 지식인 사회의 합의가 있었기 때문이다. 더군다나 정조 논쟁 등은 이미 일본에서 들어온 것이었다. 서구인과 일본인의 입을 빌려, 문명의 가장 중요한 요건으로서 섹슈얼리티가 식민지 조선에 수입되었다. 구래의 남성들은 그런 문명화의 당위 앞에 잠시 할 말을 잃었던 것이다.

그런데 덫이 있었다. 문명화와 더불어 부국의 또 다른 요소로 손꼽혔던 일부일처제의 존재였다. 1910년대 중반부터 언론에서는 세계 각국의 혼인 실태를 이야기하며, 건전한 국민 양성을 위한 자손 생산 목적의 결혼을 제시했고 이것이 문명과 개조라는 관점에서 연결된 것은 식민지 조선에서 정조 담론이 형성되는 데 큰 영향을 끼쳤다.[16] 여기에 문명화의 가장 중요한 수단으로 차세대에 대한 교육이 강조되면서, 종래 열녀와는 달리 자식 교육을 책임질 수 있는 '부덕(婦德)'이 강조되기 시작했다. 그 전까지 관습으로 존재했던 조선시대의 일부일처제와 부덕이 문명화라는 관점에서 새로운 세대의 가치관으로 재탄생한 것이다. 문명화의 이름으로 다른 선택을 채 하기도 전에, 식민지 조선에서 섹슈얼리티의 재구성이 일부일처제와 부덕을 통해 중요한 조건으로 선택된 것이다.

3) 우리 밖의 조건 ①: 과학이라는 이름의 미신, 성과학

기실 조선에서 정조 담론의 재구성에 가장 큰 영향을 끼친 것은 당대 동아시아 담론 생산의 중심지였던 일본이다. 일본에서의 정조 논쟁은 조선은 물론 중국에도 영향을 끼쳤고, 각국 섹슈얼리티의 근대적 재생산에

---

16 이러한 관점에서 한 형제가 아내를 공유한다거나, 첩을 많이 두는 일은 '야만'으로 간주되었다. 「가정과 혼인」, 『권업신문』 1914년 3월 8일.

크게 기여했다.[17]

　메이지 시기 이전 일본에서는 정조를 정절의 의미로 사용하고 있었다. 이는 도쿠가와 막부 이래 중국의 고전들을 편집한 여훈서(女訓書)들이 일본 내에 이미 널리 퍼져 있었기 때문이다.[18] 일본 역시 조선처럼 전통적 섹슈얼리티를 재구성할 기회가 있었으나 천황제가 본격적으로 등장하며, 그 운신의 폭은 축소되었다. 1903년 국가가 본격적으로 교과서를 제정하고, 교육 통제를 강화하기 전까지 일반에게 소개된 도서 등을 바탕으로 정리해보면 1880년부터 1900년 사이 일본 내 정조의 용례들은 크게 두 범주로 구분할 수 있다. 첫 번째는 중국이나 조선에서 '정절' 또는 '열부'의 행위로 간주되었던 수행성을 정조의 내용으로 한 것, 두 번째는 수신교과에서 강조되었던 '부덕'이다. 1900년대에 이르면 이러한 기존 담론의 층 위로 새롭게 연애와 성과학 담론이 등장한다.

　19세기 말 리하르트 폰 크라프트에빙(Richard von Krafft-Ebing)이 성과학을 정초한 이래 이 학문은 동아시아의 정조 담론에 큰 흔적을 남겼다.[19] 이른바 처녀감별법, 성교반응설 혹은 '비처녀체액설'로 지칭되던 것들이다. 이를 뒷받침한 것은 해부학이었다. 제임스 에슈턴(James

17 일본 내 정조 논쟁은 『세이토』에서 촉발되었다. 자세한 내용은 김화영, 「근대화와 「여성」의 문제: 김일엽과 히라쓰카 라이초의 여성론의 비교를 통하여」, 『일본어문학』 39, 2007; 박유미, 앞의 논문, 2009 참조.

18 예컨대 중국의 고전을 편집해 소개한 쓰지하라 겐포(辻原原甫)의 『여사서(女四書)』, 에도 시대 부녀자의 도덕지침서였던 『여대학(女大學)』 등이 있다. 이들은 주로 칠거(七去)·삼종(三從)이나 정절 등 젠더차를 당연시한 논리 위에 동아시아 일반의 섹슈얼리티 규범을 설파했다. 하야카와 노리요, 「일본의 근대화와 여성상·남성상·가족상 모색」, 하야카와 노리요 외 지음, 이은주 옮김, 『동아시아의 국민국가 형성과 젠더: 여성표상을 중심으로』, 소명출판, 2009, 34쪽.

19 성과학의 성립과 변천에 대해서는 김학이, 『나치즘과 동성애』, 문학과지성사, 2013 참조.

Ashton)의 『조화기론(造化機論)』은 일본 개화 초기의 기념비적인 해부학적 성과학서로, 남녀 성기의 결합에 주목하는 한편 처녀막을 처녀의 육체적 증거로 제시한다. 이는 이후 일본인들의 성 담론에 막대한 영향을 끼쳤다.[20]

이 같은 해부학에 힘입어, 정조 담론을 과학이란 이름으로 구체화한 이들이 바로 당대 조일 양국에서 엄청난 독자와 명성을 확보하고 있던 성과학 혹은 성욕학의 대가, 사와다 순지로(澤田順次郎)와 하부토 에이지(羽太鋭治)이다. 이들이 공통적으로 주장한 것은 오스트리아 빈 출신 의사인 에드문트 발트슈타인(Edmund Waldstein)의 혈청진단법이었다. 하부토 에이지는 「정조의 생물학적 실증(貞操の生物學的實證)」이라는 글에서 다음과 같은 '과학적' 주장을 한다. 배경은 이러하다. 독일에서 임신진단법이 발견된 후, 1914년 오스트리아 빈 출신의 학자 발트슈타인과 루돌프 에클레르(Rudolf Ekler) 두 사람이 동물실험을 진행했다. 그리고 이를 통해 단 1회의 성교로도 여성의 혈액 내에 남성의 정자에 반응하는 특수한 발효소가 생성된다는 것을 발견했다. 이에 하부토는 여성의 자궁 내에 일단 진입한 정자가 소실되는 과정에서, 여성의 세포 내 진입이 이루어진다고 주장했다. 그중 일부는 백혈구에서 그 잔여물이 발견되지만, 나머지 대부분은 자궁 내 수란관의 점막으로부터 혈관으로 진입하게 된다는 것이 당시 하부토가 추론한 결론이었다.[21] 이러한 하부토의 주장, 그리고 이를 뒷받침하는 것으로 간주된 발트슈타인과 에클레르의 생물학적 실험 결과는 이후 여러 곳에서 인용되면서, 이른바 '비처녀체액설'을 강조하는 중요한 근거가 되었다.[22]

---

20 가와무라 구니미쓰 지음, 손지연 옮김, 앞의 책, 2013, 66~73쪽; 박유미, 앞의 논문, 2009, 109쪽 참조.

21 羽太鋭治, 『性欲生活と兩性の特徵』, 日本評論社出版部, 1920, 127쪽.

처녀막에 대한 강조도 '과학'의 이름으로 이루어졌다. 다나카 고우가이(田中香涯)는 『여성과 애욕(女性と愛慾)』(1923)에서 "비숍(ビショップ)"과 "데니켈(デニケル)" 같은 서구 과학자들에 의해 원숭이 등 '동물에게는 처녀막이 없다'는 사실이 밝혀졌고, 인류에게는 처녀의 순결을 존중하는 풍습이 동서고금을 막론하고 존재했으며 그것이 바로 '자연'적인 사실임을 강조한다. 이윽고 그는 놀라운 논리를 동원하는데, "처녀막을 파괴하게 하는 것"이 『효경(孝經)』의 신체발부수지부모(身體髮膚受之父母) 논리를 위반한 불효로 직결된다는 것이다. 또한 동서고금의 경전이나 관습이 오늘날의 과학으로 설명된다고 주장하며 고대 로마의 처녀판별법을 예로 든다. 이탈리아에 여전히 남아 있다는 이 풍습의 내용은 여성이 처음 성교를 행한 후의 진위 여부를 목둘레의 증가를 통해 판별할 수 있다는 것이다. 다나카는 이를 과학적으로 증명할 수 있다고 본다. 그의 말을 그대로 옮기자면 "성교한 후 여자의 목둘레[頸圍]가 증대하는 것은 후두 하부에 확장된 갑상선이 팽창한 까닭으로, 그 원인은 혈액 중에 흡수된 정액의 단백성분이 먼저 여성의 생식선인 난소에 작용하여, 그 내분비를 촉진한 까닭에 난소와 밀접한 내분비관계에 있는 갑상선에도 영향"을 미쳤기 때문이라는 것이다. 그리고 이 갑상선을 통한 변화는 여성의 정신생활에도 영향을 끼쳐 성교 이후에 여성의 정신생활에 저해가 오거나 감정이 농후하게 되는 것은 모두 이와 상관이 있다는 것이다.[23]

이는 '전통'이 어떻게 근대적으로 재구성되었는지, 그리고 막연한 근대 이전의 섹슈얼리티가 어떻게 근대과학이라는 이름 하에 젠더 이분법

---

22 田中香涯, 『女性と愛慾』, 大阪屋号書店, 1923, 152쪽; 羽太鋭治, 『性慾に對する女子煩悶の解決』, 隆文書院, 1921, 73쪽.

23 田中香涯, 위의 책, 145~153쪽.

적으로 재구성되었는지를 보여주는 명확한 사례이다. 이렇게 만들어진 과학은 곧 '자연', 혹은 정상성이라는 이름으로 대중에게 전달되었고, 정서적으로는 관습의 영역에서 규율을 관장하고 있던 '효'의 이름을 빌려 강하게 지지되었다고 할 수 있다.

이와 거의 동일한 내용이 식민지 조선에 전해졌다.[24] 우선 의학과 해부학의 전래로 정조와 관련해 여성의 신체 일부, 즉 '처녀막'의 존재가 민간에 알려졌다.[25] 그리고 성과학이라는 이름 아래 남녀 성별의 신체적 차이, 성역할의 차이에 대한 성교육이 이루어졌고, 급기야 일본으로부터 수입된 '비처녀체액설'이 일반에 알려졌다. 1926년 12월 『조선일보』 지면에는 '가정부인을 교육하는 기사'라는 타이틀로 비처녀체액설이 일반에 소개되었다.[26] 이어서 1932년 3월 13일 『동아일보』에서는 당시 "처녀 반응연구"로 박사가 된 노지마 다이지(野島泰治)와 고바야시(小林) 박사의 새로운 처녀감별법을 소개했다. 기사는 이들의 처녀감정법이 기존의 소변검사 방법과 달리 자비혈액(煮沸血液)에 의해 반응을 검사하는 것으

---

24 기존 연구는 조선에서 성과학이 일반에 전파된 사실과 관련해, 주로 성과학 도서의 판매, 성교육, 남성 지식인의 소비 등이 이성애 규범성의 재구성에 간여한 바에 주목했다(이명선, 「식민지 근대의 '성과학' 담론과 여성의 성」, 『여성건강』, 2-2, 2001; 전미경, 「1920-30년대 '모성담론'에 관한 연구: 『신여성』에 나타난 어머니 교육을 중심으로」, 『한국가정교육학회지』 17-2, 2005; 차민정, 「1920~30년대 '성과학' 담론과 '이성애 규범성'의 탄생」, 『역사와 문화』 22, 2011.

25 해부학은 1900년대 중반 이후 선교사들을 통해 국내에 소개되기 시작했다. 또한 비슷한 시기인 1909년에 벌써 매소부에 대한 신체적 검진이 의학이라는 이름으로 행해지고 있었다(고미숙, 『위생의 시대: 병리학과 근대적 신체의 탄생』, 북드라망, 2014, 120~121쪽).

26 「(가정부인) 처녀성을 잃은 자녀와 육체에 생기는 변화」, 『조선일보』 1926년 12월 18일. 이 기사는 처녀의 목덜미가 굵어지는 것이 비처녀의 증거라는 논리를 소개했다. 이는 일본 성욕학자 중 한 명으로 비처녀체액설을 지지했던 다나카 고우가이의 주장을 그대로 수용한 것이었다.

로 "엄정한 과학"이 일도양단의 격으로 "처녀" 선고를 내릴 수 있게 되었음을 전한다.[27] 이러한 이야기는 특히 지식인 남성들에게 큰 영향을 준 듯한데, 1932년 『여인』이라는 잡지의 '여인문의실' 코너에 남성의 동정은 확인할 수 없지만 여성은 가능하다고 주장하며, 관계 후에 여성은 처녀막이 파열되고 "남성의 정액이 여성의 혈액에 혼입되어서 그 가운데 단백질을 가지게 되는 것"이므로 불리하다고 설명하는 대목이 있다.[28] 이런 담론은 1933년경부터 점차 풍문으로 의심받기 시작했고,[29] 1935년에 이르면 의학적 견지에서 과학적 근거가 없음이 지적되기 시작했다.[30] 그러나 한번 형성된 담론은, 그 과학적 위상이 지식인들 사이에서 회의에 부딪혔음에도 1950년대에 다시 '상식'으로 재현되었다. 앞서 보았던 정비석류의 이야기는 1950~60년대 계속해서 매체에서 언급되었고, 결국 오늘날에 이르렀다고 할 수 있다.

---

27 「처녀인지, 아닌지 곳 알어낼 수 있다 전비혈액 반응검사로」, 『동아일보』 1932년 3월 13일. 원문기사의 제목은 자비혈액(煮沸血液)의 오기인 듯하다. 자비혈액반응 검사의 상세한 내용은 파악하지 못했는데, 혈액에 온도를 가해 그 반응을 보는 검사일 가능성이 크다.

28 「여인문의실」, 『여인』 5, 1932(이화형·허동현 외, 『한국근대여성의 일상문화 1: 연애』, 국학자료원, 2004)

29 신필호 외, 「(성문제를 중심으로 한) 제1회 부인과의사좌담회」, 『신여성』 7-5, 1933 (이화형·허동현 외, 위의 책, 347쪽).

30 이는 모두 전문 의사들의 답변이었다. 이 글에서 참고한 좌담회는 두 개인데, 그중 제국대학과 의학전문학교를 나온 박창훈이라는 의사는 김동환의 질문에 대해 한두 번의 관계로 여자의 신체에 변화가 오지 않는다고 답했으나, 정작 듣고 있던 다른 사람은 도쿄에서 있었던 어떤 의학자의 강연을 예로 들며 쉽게 수긍하지 않는 모습을 보였다(「여성을 논평하는 남성좌담회」, 『삼천리』 7-6, 1935, 111~113쪽). 같은 시기 다른 좌담회에서도 독일 의학박사 출신인 정석태(鄭錫泰)가 정액이 얼마 뒤 혈액에서 해소되어 버리기 때문에 흔적이 없다는 점을 들어 이러한 견해에 대해 반박했다(「설문: 약혼시대에 허신함이 죄일까?」, 『삼천리』 7-8, 1935, 185쪽).

4) 우리 밖의 조건 ②: '연애', 우생학과 수신교육

우생학31은 별도의 고찰을 거쳐야 할 만큼 중요한 주제인데, 성과학과 별개로 이 시기 정조 담론의 형성에도 큰 영향을 끼쳤다. 이는 노골적이기보다는 물밑에서, 낭만적인 '연애'와 가족을 지지하기 위한 차세대의 교육, 이른바 '수신교육'에 반영되어 조선에 전달되었다.

사실 개화기 이래 섹슈얼리티의 역사에서 가장 잔인하고 달콤한 돌풍은 자유연애의 바람이었다. 자유연애는 문명화의 필수요소로 생각되기도 했으나, 신지식인 남성이 연상의 부인을 버릴 명분을 제공했기에 당대에 폭넓게 받아들여졌다. 나혜석이 자신의 신혼여행에서 늙은 새신랑을 데리고 첫사랑의 묘지를 향할 수 있었던 것은 이러한 차고 넘치는 '시대정신' 덕분이었다. 이 광풍의 뒷면에서는 사실 스웨덴의 여성 사상가 엘렌 케이(Ellen Key)의 영육일치(靈肉一致) 연애관이 자리잡고 있었다. 그러나 조일 양국을 사랑의 열병에 빠뜨린 이 사상가의 주장에서 기실 중요한 것은 국가였다. 이 시기 연애결혼에 대해 연구한 가토 슈이치(加藤修一)에 따르면, 1911년 일본에 소개되어 자유연애 붐을 일으킨 엘렌 케이에게 연애란 종족 본능이라는 원천에서 생겨난 이차적 현상에 불과했다. 이러한 연애관에서 여성은 우성생식의 기계로서 국가를 위해 봉사해야 하는 처지였다.32

---

31 성욕학이라고 지칭된 성과학과 우생학은 그 세부적 내용과 목적이 달랐으나, 의학 발전을 기초로 등장한 점에서 공통적이다. 다만 성욕학은 인간의 성관계에서 정상과 비정상을 구분하고자 했고, 이 과정에서 여성의 신체에 주목했다. 이러한 정상성의 논리를 공유하며, 모성과 우생 등을 강조하는 우생학이 떠올랐다. 성과학과 우생학의 역사는 앵거스 맥래런, 임진영 옮김, 『20세기 성의 역사』, 현실문화연구, 2003 참조.

32 가토 슈이치 지음, 앞의 책, 2013, 125쪽, 158쪽.

정조를 지키는 것이 재생산과 긴밀하게 연결된다는 것은 일찍이 일본에서도 논의된 바 있다. 1913년『만조보(萬朝報)』기자였던 사카모토 마사오(坂本正雄)는 정조를 지켜야 하는 이유로 "순수한 혈통을 유지한 일문일족은 인간계의 최선최강"이며, 일부일처제 아래 정조를 지킨 양자의 결합을 통해 이 순수한 혈통이 유지될 때, "일본의 황실이 세계에서 관조하는 위치를 점하고, 야마토(大和) 민족이 세계 최강의 지위에 오를 것"이 진실로 명백하기 때문에 남녀 쌍방이 정조를 지켜야 한다고 주장했다.[33]

그리고 결혼과 연애, 정조를 둘러싼 수많은 갈등을 이면에 둔 식민지 조선에서는, 수신교과서를 통해 정조와 가정, 일부일처제의 연결고리를 차세대 여성에게 교육했다. 1919년 이래 여학생들에게 주어진 수신교과서에는 아예 '정조' 항목이 개설되었는데, 이때 키워드가 바로 '상냥하다(やさしい)'와 '위안(慰安)'이라는 말이다. 이들 수신서는 독신생활을 하는 이들을 "하등의 사정이 여의치 못했던" 비정상인으로 간주하고, 부부생활의 기초가 되는 핵심으로 정조를 제시했다. 여성은 위로 시부모, 아래로 자식, 옆으로 남편이라는 삼각구도 속에서 남편에게 '위안'을 주는 존재이자 '상냥함'을 지녀야 하는 존재로 상정되었다.[34] 특히 우생학의 측면에서 여성의 정조는 더욱 중시되었다. 『여자고등보통학교수신서』제4권의 제8과「배우자의 선택」에서는 불량한 유전 정도가 결국 악질, 심신박약, 저능 등 해독을 자손에게 미칠 수 있으므로 이 문제가 부부간

---

33 坂本正雄,『二十世紀之男女』, 警醒社書店, 1913, 40~41쪽.

34 이 글에서는 이 시기 여학생만을 대상으로 한 수신서를 분석했다. 당시 여학생이 접할 수 있었던 수신서로는 1919년『고등보통학교 수신교과서』(1~4), 1923년『고등보통학교 수신서』(1~5), 1925년『여자고등보통학교 수신서』(1~4), 1938년『중등교육여자수신서』(1~4), 1943년『국민과 수신』이 있다. 여기서는 1925년『여자고등보통학교 수신서』를 채택해 그 담론적 내용을 분석하고자 한다. 수신서의 분류에 대해서는 김순전·장미경, 앞의 논문, 2007, 156쪽 각주 4번에서 인용.

문제에 그치지 않음을 강조한다. 그리고 술에 취한 사람, 품행이 불량한 사람 역시 저능이나 불구로 연결될 유전인자를 가질 수 있음을 넌지시 이야기한다.[35] 결국 국가의 기초로 일부일처제의 부부, 그 부부의 중심축을 지키는 것으로 여성의 정조가 상정되었고, 이를 상실하면 우생학적 위기를 초래해 결국 국가적 위기로 이어진다는 논리이다. 말 그대로 여성의 정조 상실은 국가에 대한 '배신'이 되어버렸다.

3. 정조 '보호법익'화의 역사적 과정

한국이라는 공동체의 가장 큰 악습은, 이른바 '섹슈얼리티를 공(公)의 영역'으로 간주한다는 점일 것이다. 개인의 섹슈얼리티, 나아가 개인의 성적 자기결정권이 어떻게 공적인 영역에 속할 수 있는가 하면, 그것은 동아시아 일반에서 근대국가 수립 이후에 재구성된 익숙한 방식이었다. 앞서 살펴보았듯이 기존에 존재했던 여러 편견 혹은 관습은 근대과학과 교육, 제도라는 이름 아래 새로운 근대적 가치로 탈바꿈했다. 일본군 '위안부'라는 작명에 '위안'이 들어간 것은 앞서 수신교과서에 제시되었던 부인의 역할이 국가적 차원으로 확대된 데 지나지 않는다. 단지 이 위안의 주체가 가정 안에 있을 때는 정조를 지킨 주부로서 보호되고, 그 울타리 밖에 존재할 때는 '매소부(賣笑婦)'[36]로서 터부의 대상이 될 뿐이다.

이러한 근대적 변용은 더 큰 '폭력적 순간'을 계기로 규율화하지 않으면 안 되는데, 그것이 바로 법의 제정이다. 특히 개인의 섹슈얼리티에 대한 공공의 간섭, 그리고 대상화에 가장 크게 기여한 것은 민법과 형법이

---

35 조선총독부, 『여자고등보통학교수신서』 4, 1927, 50~51쪽 참조.
36 '웃음을 파는 여자'라는 뜻으로 메이지 시기에 성 판매자를 호명하던 방식이다.

다. 다음에서는 정조를 중심으로 민법의 재산권과 형법의 계수(繼受) 과정을 살펴보고, 이를 바탕으로 정조의 규율화를 논할 것이다.

1) 정조의 물신화: '재산권'의 문제

> "도쿠가와 막부 시대의 관습으로 부인이 정조를 침탈당했을 때는 7냥 2푼!"[37]

이 구절은 일본의 정조유린 소송에서 정조를 침탈당한 부인의 위안료를 상정하며 나온 말이다. 일본에서 정조유린에 대한 피해보상 사례가 드물기는 했지만, 이 말을 통해 근대에 접어들어 정조가 드디어 가격 측정의 대상이 되었음을 알 수 있다. 물론 '상품(上品)'은 순결한 자의 정조이며, '하품(下品)'은 품행이 방정하지 못한 자의 정조이다. 일본 법정에서 일어난 이런 실랑이는 곧 식민지로도 이어졌다.

구래의 관습이 여전히 지배하는 식민지 조선에서 사실 여성의 지위는 형편없었다. 부부 싸움에 불로 달군 부지깽이가 등장하는 것은 물론, 작두 등으로 여성의 신체를 훼손하는 일이 빈번히 발생한 시대였다. 옆집에서 그러한 무도함을 목격하더라도 그것은 감히 개입할 수 있는 영역도 아니었다. 1912년 조선민사령이 공포되면서, 일본은 본토의 민법체계를 조선에 그대로 도입했고, 그 결과 여성들은 민법상 호주와의 관계에서 종속적인 위치로 격하됨은 물론 4대 법률행위 무능력자로 비정되었다.[38]

이전에 조선시대 정절의 중요 요소 중 하나였던 재가금지는 식민지시

37　友次壽太郎, 『珍らしい裁判實話』, 法令文化協會, 1944, 132~133쪽.

38　홍양희, 「식민지시기 가족 관습법과 젠더질서: 『관습조사보고서』의 젠더인식을 중심으로」, 『한국여성학』 23, 2007, 94~95쪽.

기 호적제도의 정비과정에서 과부의 재혼이 친정과 시댁 호주의 동의를 받아야 하는 것으로 새롭게 규정되어, 그 위치가 법적으로 더욱 열악하게 변했다.[39] 이런 상항에서 여성이 자신의 재산권과 인격권을 보호받을 수 있는 유일한 법적 통로가 바로 '정조유린위자료청구소송'이었다고 할 수 있다.

일본과 조선 양측에서 1910년대부터 언론지상에 나타나기 시작한 이 소송의 핵심은 결국 '혼인예약의 불이행'에 따른 여성 정조의 '파훼' 혹은 '파손' 여부이다. 이때 바로 '보호법익'이라는 것이 등장한다. 이는 민법과 형법에서 법이 보호하는 구체적 대상을 지칭하는 말이다. 민법과 형법의 보호법익이 다른데, 민법이 보호하는 법익에서는 재산상의 손해 발생 여부를 우선 판단한다. 그 후 손해를 입은 피해자를 보호하기 위한 범위를 확정하고 보호하는 것이다.[40] 그렇기에 이 소송에서 보호법익이 되는 것은 장차 순결한 처녀로서 결혼할 수 있는 여성의 '정조'가 될 수밖에 없었다. 피해 여성은 정조의 파괴로 재산상 손실을 입었다는 논리인데, 이 때문에 여성의 신체 일부는 더 주목받게 되었고, 여성 신체를 인격체로 보지 않고 대상화하는 수순을 밟았다. 식민지시기 여성에게 주어진 유일한 탈출구에는 이러한 근대적 덫이 놓여 있었던 셈이다.

당시 조선 민사재판의 전범이 된 일본의 정조유린 재판에서 여성의 보호권익은 정조권과 정조의무, 두 가지였다. 정조권은 성교의 자유, 즉 여성의 성적 자기결정권을 보호한다. 그리고 정조의무는 혼인예약된 쌍방의 의무사항을 권고하는 것이다. 그러나 여성의 성적 자기결정권은 위자료를 논하는 과정에서 법적 교환가치로 상품화되었고, 혼인예약에 따

---

39 소현숙, 「수절과 재가사이에서」, 『한국사연구』 164, 2014, 70쪽.

40 임석원, 「법익의 보호범위의 확대와 해석의 한계: 형사법익과 민사법익의 비교를 중심으로」, 『법학연구』 41, 2011, 293쪽, 303쪽.

른 쌍방의 의무사항은 여성만의 의무로 전락했다.[41] 그 결과 민법에서 보호하는 것은 천부인권 등에서 이야기된 인간으로서 여성의 인격권이 아니라 상품으로 유통 가능한 여성의 정조가 되고 말았다. 이후 수많은 판례와 이야기, 담론들의 관계망은 이러한 법 정립 순간을 사회 일반에 확산시켰고, 이것은 정조 담론의 젠더 차별성을 강하게 지지하는 한 축이 되었다.

2) 정조의 공익화: 형법의 '계수'

한국 형법을 보면, 이성애 규범성에서 중요한 축인 정조와 죄의식은 물론, 게일 루빈이 누차 지적한 여러 섹슈얼리티의 표현이 거의 다 '범죄'로 규정되어 있다. 게일 루빈은 이 섹슈얼리티의 위계화에 주목하여 이성애 규범성의 역사를 추적했지만, 여기서는 그 공간적 이동에 따른 변화와 위계를 추적할 것이다. 결론부터 말하자면, 동아시아에서, 그리고 한국에서 섹슈얼리티를 다루는 형법의 '계수'[42]는 사적인 섹슈얼리티의 영역이 공적 영역으로 점차 흡수되어가는 방향으로 진행되었다. 그리고 이 과정을 통해, 동아시아 - 한국의 섹슈얼리티 규제는 서구보다 훨씬 공적인 성격을 띠게 되었다.

정조 담론이 형법과 맺어온 역사적 과정은 이러한 이성애 규범성의 한국적 특수성을 잘 보여준다. 식민지 조선에는 일찍부터 조선형사령이 시행되었지만, 국가의 섹슈얼리티, 나아가 정조에 대한 강제는 1930년대에 본격화되었다. 징후적으로 등장한 대표적 사건 중 하나가 바로 '도범

---

41 「정조와 위자료 1」, 『동아일보』 1928년 6월 19일.

42 일상에서 사용되지는 않지만, 다른 법을 참조하거나 그 법의 내용과 정신을 이어받는다는 맥락에서 쓰이는 법률용어이다.

(盜犯) 등의 방지 및 처분에 관한 법률'(이하 '도범방지법', 1930년 5월 23일 공포)의 공포였다. 도범방지법은 정당방위의 범위를 확장한 것이 특징인데,[43] 여성이 정조유린의 위기에 처할 경우 "피스톨로 쏘아서 상대자를 살상"해도 문제되지 않는다는 사실이 언론의 주목을 받았다. 이 경우 정당방위의 요건 자체에 주목하는 것이 옳았겠지만, 그 초점이 '정조'에 놓임으로써 정조라는 기표 아래 정당방위를 예전 수절(守節)의 감각과 연결시키는 신화화 과정을 단행했다. 이는 1930년대 급속히 보수화되어 가던 조일의 사회 분위기를 반영한 것이기도 했다. 당시 일본에서는 '정조정화연맹'이 결성되는가 하면 폐창운동이 진행되는 등 결혼과 생산을 중심으로 정조 담론이 급격히 보수화되기 시작했다.

결정적 변화는 형법의 성풍속 조항 강화로 나타났다. 1930년대 조선에서 여성의 섹슈얼리티에 간섭할 수 있었던 형법은 조선형사령 제22장 '외설간음 및 중혼의 죄'였다. 여기에는 간음·음행매개·간통·중혼 등의 항목이 포함되었다. 그러나 이 항목들은 개인의 성적 자기결정권을 보호하기보다는 공공의 법익이라는 측면에서 여성 신체에 접근했다. 그리고 이는 우생학, 일부일처 등의 관념에 의해 지지되었다. 실제로 당시 형법은 민법에서 제시한 정조라는 보호법익의 내용적 구성을 시도했다. 먼저 강간죄(177조)는 민법에서 정조의 훼손에 대해 '명예훼손'이나 '혼인계약 불이행' 등으로 간접적으로 정의하던 것을, "부녀의 의사에 반하여 강행한 부정의 교구(交媾)[44]"로 명확히 한다. 그리고 간음죄(182조)는 보호법익의 대상인 "음행의 상습 없는 부녀"가 "품행이 방정한 부녀"임을 확실히 했다. 간통죄(183조) 또한 우생학과 일부일처제의 측면에서, 부부관계

---

43 도범방지법은 1930년 9월 10일 총독부 제령으로 식민지에서도 실시되었다. 「도범방지법의 최초적용」, 『동아일보』 1930년 9월 27일.

44 남녀 간의 성교를 의미한다.

를 파괴하고 혈통의 혼란을 야기하며 친족의 융화를 깨뜨려 풍속을 저해하는 것으로 서술되었다.[45] 이제까지 담론 차원에서 존재해온 정조가 법의 보존적 성격을 빌려 완벽히 폭력화하고 물질화하는 과정이 이때 이루어진 것이다.

벤야민(Walter Benjamin)은 폭력과 권력, 법의 관계에 대해 고민했다. 그는 법의 제정이 국민의 동의 없이 이루어지고, 그런 법의 보존에 대한 회의가 애국심의 부재나 국가에 대한 반대로 읽히는 신화적 과정에 주목했다. 나아가 법과 폭력, 그리고 이후의 보존 과정이 모두 권력화하고, 폭력화하는 데 심각한 문제제기를 했다.[46] 벤야민의 이 같은 통찰은 식민지 형법을 그대로 계수하는 과정을 밟은 제헌헌법의 형법, 그리고 1953년 신형법 제정 과정에도 적용해볼 수 있다.

해방 이후 형법은 여러 번 개정을 거쳤는데, 오늘날 형법상 섹슈얼리티와 유관한 조항은 형법 제2편 각칙 중 제22장 '성풍속에 관한 죄', 제27장 '낙태의 죄', 제32장 '강간과 추행의 죄' 정도이다. 그런데 이 가운데 제32장 '강간과 추행의 죄'는 1953년 신형법에서 조금은 색다른 제목을 달고 있었다. 이른바 '정조에 관한 죄'이다. 세계 어디에서도 찾아보기 힘든 이 제목의 작제 과정은 식민지 시대 근대적으로 변주된 이성애 규범성 혹은 편견이 급기야 "조상들이 우리에게 남겨준" 것으로 전유되어 새로운 국가의 이성애 규범성을 구성하는 데 이용되었음을 알게 해준다.[47]

---

45 허재영 엮음, 『경찰학·주해 형법전서』, 도서출판 경진, 2013, 303쪽.

46 발터 벤야민은 법 정립적 폭력과 법 보존적 폭력을 구분하고, 법 정립 당시의 신화화 과정에 따른 현혹을 신화적 폭력으로, 이러한 폭력구조를 외부에서 완전히 와해할 수 있는 것을 신적 폭력으로 설명했다. 벤야민의 폭력론에 대해서는 이문영 편, 『폭력이란 무엇인가: 기원과 구조』, 서울대학교 통일평화연구원, 2015 참조.

47 신형법, 정조에 관한 죄에 대한 논의는 여러 기록을 통해 오늘날까지 전해진다. 당장 제정에 참여했던 엄상섭의 글이나, 국회 속기록 등 여러 자료집이 현존한다. 정

우생학, 성과학, 도쿠가와 막부의 '정조' 관념, 천황제-수신교육의 내용은 사실 조선의 전통이 아니다. 이는 모두 식민지 시기 일본을 통해 들어와 변주되어 만들어진 것이다. 오히려 해방 이후 신형법을 제정하며, 당시 계수의 대상으로 삼은 1870년 독일제국 형법과 1940년 일본 개정형법가안에 포함된 이성애 규범성을 더욱 편협하게 만들어낸 바로 그 순간, 지금 우리의 전통이 창조되었는지 모른다. 아래 형법의 계수 과정을 좀 더 살펴보자.

다음 표의 항목들은 오늘날 독일 형법에서 제12장 '신분, 혼인 및 가정에 대한 죄'와 제13장 '성적 자기결정에 대한 죄'로 명맥을 유지하고 있다.[48] 전자는 공공의 법익을, 후자는 개인의 법익을 옹호하는 구조인데, 이는 1871년 독일 형법에서도 마찬가지였다. 1907년 제정된 현행 일본 형법은 바로 이 독일제국 형법을 모범으로 했다.[49] 그러나 일본 형법은 섹슈얼리티에 관한 장을 공익과 사익으로 구분하지 않았다. 공익과 사익에 대한 법이익의 보호는 일본 개정형법가안에서 비로소 이루어진다. 개정형법가안은 다이쇼(大正) 데모크라시의 영향으로, 이에 대한 대응이 요구되던 시점에 윤리·도덕을 강조하는 독일 형법 고전학파의 주장과 형사정책의 실현을 주장한 실증주의 학파의 주장을 절충해 작성되었다. 이 과정에서 1927년과 1930년 독일 형법 개정초안을 많이 참고했다.[50] 또한 당대 분위기를 반영해 충효를 도의의 핵심이자 미풍양속의 중

조에 관한 죄를 언급하면서 여자가 정조를 지키는 것은 "조상들이 우리에게 남겨준 이 피의 순결을 고수해 나가"기 위해서라고 주장했던 것은 당시 방만수 의원의 발언이었다. 제2대 국회 16차 본회의 회의록 참조.

48 『獨逸刑法』, 법무부, 2008.

49 최준혁, 「독일법이 한국에 미친 영향: 한국형법의 역사와 정체성」, 『법학연구』 14-3, 2011, 196쪽.

50 劉全鐵, 「동아시아 국가에서 근대 獨逸刑法 계수의 문제점」, 『법학논총』 31-2,

	공적 영역 보호법익의 대상 – 결혼과 가족		사적 영역 보호법익의 대상 – 개인 섹슈얼리티	
	장	내용	장	내용
독일 형법 (1871)	제12장 개인의 결혼과 가족에 대한 죄	중혼, 간통	제13장 도덕과 품위를 해하는 죄	근친상간, 동성애, 강간, 음행매개
독일 형법초안 (1930)	제23장 혼인 및 친족관계에 대한 중죄 및 경죄	중혼, 간통, 혼인빙자	제21장 음행에 관한 죄	근친상간, 동성애, 음행
			제22장 음행매개, 부녀 매음행위 방조에 관한 죄	음행매개, 방조
일본 형법 (1907)	제22장 외설간음과 중혼의 죄	외설, 강간, 간음, 간통, 중혼		
조선형사령 (1912)	제22장 외설간음과 중혼의 죄	외설, 음화 반포, 간음, 음행매개, 간통, 중혼		
일본 개정 형법가안 (1940)	제22장 풍속을 해하는 죄	간통, 간음, 음행매개	제35장 간음의 죄	간음, 혼인빙자
한국 신형법 (1953)	제22장 풍속을 해하는 죄	간통, 음행매개, 음화 반포	제32장 정조에 관한 죄	강간, 추행, 간음, 혼인빙자

핵으로 삼았고 외설·간음에 대한 항목이 보완되었다. 특히 미풍양속이 강조되면서 '풍속을 해하는 죄'와 '간음의 죄'를 다시 분리하게 된 것

2011, 375쪽.

51 『法務資料: 日本改正刑法假案』5, 법무부조사국, 1948; 『법무자료: 獨逸刑法典·獨逸刑法 초안 및 브라질 형법전』6, 법무부조사국, 1948; 牧野英一, 『日本刑法』, 有斐閣, 1933; 牧野英一 著, 李鐘恒 編譯, 『日本刑法-下卷各論』, 英雄出版社, 1953; 허재영 엮음, 앞의 책, 2013; "The German Penal Code of 1871," Translated by Gerhard O. Mueller and Thomas Buergenthal, New York: New York University, 1961.

이다.[52]

그러나 단적으로 말해 이 계수 과정은 섹슈얼리티의 사적 영역에 대한 개인의 권리를 축소하고, 미풍양속의 측면에서 섹슈얼리티에 대한 국가의 관여, 즉 공적 영역의 개입을 확대하는 과정이었다. 원래 독일 형법 자체에서 공익과 결혼을 연결한 것은 기본적으로 여성의 성을 가정 내에 안치시키기 위해서였다. 이는 급속한 근대화 과정과 성과학에 힘입은 성 담론의 폭주 속에서 독일 사회를 규율하려는 근대 계몽주의자들의 기획이었다.[53] 일본 형법의 간통죄가 유부(有夫)를 대상으로 한 것 역시 독일 형법에 나타난 간통죄의 지향을 그대로 따랐기 때문이다. 단지 남녀 형평성이라는 측면에서 남성이 가정 밖에서 드러낸 성욕 역시 형벌에 포함할 필요가 있었는데, 그 결과 '음란(淫亂, Unzucht)' 개념이 만들어졌다. 한때 '음란'으로 표현되는 남성의 행위는 처벌에서 제외하자는 주장도 있었으나 곧 법에 수렴되었다.[54] 이상에서 알 수 있듯이 결국 남성 중심의 가족제도를 떠받치는 내용이 형법상 공공의 법익을 담당하는 부분을 차지하게 된 것이다.

한편으로 개인의 자유에 대한 법익은 독일 형법에서 두 가지 상이 복잡하게 얽혀 있었다. 하나는 사회규범을 벗어난 섹슈얼리티(근친상간이나 동성애 등)를 제어하는 것, 다른 하나는 개인의 성을 침해하는 행위

52　오영근·최종식, 「일본개정형법가안(日本改正刑法假案)에 관한 일고찰」, 『형사정책연구』 10-1, 1999, 127~129쪽.

53　1930년대 형법 개정 과정의 섹슈얼리티 논쟁에 대해서는 김학이, 앞의 책, 2013 참조.

54　유부남이 미혼 여성과 잠자리를 하는 것은 '간통'이 아니라 단순히 '음란'으로 정의되어야 하고, 이는 법적 처벌의 대상이 아니라는 주장이 당대에 있었다. 도기숙, 「간통죄와 여성의 섹슈얼리티: 18, 19세기 독일의 계몽주의 담론을 중심으로」, 『독일언어문학』 43, 2009, 96~100쪽.

(강간이나 음행매개 등)를 제어하는 것이다. 그러나 이는 오늘날 독일 형법에서 이야기하는 개인의 성적 자율권과는 내용이 다르다. 즉, 개인의 법익을 보호한다고 하지만 여전히 공공의 법익으로 간주되는 건전한 성풍속에 관한 내용이 이 조항에서 절반 이상을 차지한다. 이러한 흐름은 1930년대 독일 형법에서 강화되어, 실질적으로 개인의 법익에 대한 보호는 줄어들고 공공의 법익에 대한 보호가 강화되었다. 일본 개정형법가안은 독일 형법의 조문을 모방해 무의식적으로 그런 흐름을 차용한 것으로 볼 수 있다.

그런데 일본 개정형법가안은 독일 형법을 번역하고 항목을 이동하는 과정에서 원본보다 한걸음 더 나아가게 된다. 종래 독일 형법에서 개인의 법익에 속했던 음란물 반포, 음행매개 등의 죄를 모두 공공의 법익으로 이동한 것이다. 그 결과 성풍속이라는 이름 하에 공공의 법익을 강조하는 항목 비중이 독일 형법에 비해 더 커졌다.

이상이 1953년 신형법 '정조에 관한 죄' 장 제목이 결정되기까지 켜켜이 쌓인 역사적 배경이다. 요약하자면, 원래 형법과 섹슈얼리티의 관계에서 보호되는 법익의 대부분은 결국 '가부장제' 아래의 혼인이었다는 이야기이다. 개인의 성적 자기결정권을 보호하는 항목들이 있기는 했으나, 그나마도 독일 내부에서 점차 약해졌고 일본을 거치면서 현저히 약해졌으며 한국은 이를 그대로 수용했다는 것이다. 나아가 한국의 신형법은 항목 자체를 '정조에 관한 죄'로 정하고, 정조를 이미 공익의 영역에 전통이라는 이름으로 포함시켰기 때문에, 결국 개인의 성적 자기결정권에 관한 관심에서 더욱 멀어지고 국가 스스로 소유한 여성의 '정조'를 공적 자원 측면에서 관리하는 성격이 한층 강화되었다. 한국 이성애 규범성의 핵심인 정조를 오랫동안 물리적으로 떠받쳐온 법률적 배경은 바로 이와 같았다.

4. 맺음말

동아시아에서 여성의 섹슈얼리티를 '정절'로서 강박하려는 관습은 오래전부터 존재했다. 그것이 좀 더 폭력적 형태를 띠기 시작한 것은 명·청대에 이르러서였다. 조선시대의 경우 여성의 절개를 강조하기 시작했으나 재가금지와 내외를 권장하는 정도였을 뿐, 아직 근대적 폭력성은 가미되지 않았다. 식민지시기에는 근대화와 더불어 섹슈얼리티 담론이 새롭게 재구성될 기회가 있었다. 그러나 과학의 이름으로 등장한 우생학·성과학·해부학이 인간의 몸을 물신화했다. 일부일처제를 지탱하는 여러 인습과 편견이 과학으로 재포장되었다. 무엇보다도 천황제 아래의 수신교육은 한일 정조 담론의 주요 공통 요소이다. 우생학적 사고를 정조 담론으로 구체화한 것은 수신교육의 힘이다. 이런 작업은 대략 1920년대 말에 완성되었다.

그러나 담론 차원에 있던 '정조' 관념이 개인의 신체에 폭력으로 기입 가능해진 것은 역시나 법의 힘을 통해서였다. 민법은 여성의 정조권을 성적 자기결정권과 혼인 이행의 의무로 이분해서 정리하고, 계약 파기의 책임을 여성의 정조 훼손에서 찾았다. 비록 그 발상은 여성의 권익을 위한다는 데서 시작했으나, 결국 정조는 물신화되었다. 형법은 이 정조 담론의 세계적·동아시아적·한국적 배경을 오롯이 담고 있다. 1953년 신형법 '정조에 관한 죄'는 대륙법인 독일 형법의 가족관과 공익관의 연속이었다. 그러나 이는 1940년 일본 개정형법가안을 직접 계수하면서, 개인의 섹슈얼리티를 더욱 공적인 영역으로 끌어왔다. 오늘날 한국 사회의 정조담론은 독일의 가부장제, 일본의 천황제 윤리와 도덕, 조선의 관습이 얽힌 산물이다. 그러나 이는 정밀하게 분석되지 못했고, 다만 '전통'이라는 이름의 무사고(無思考)를 동반했을 따름이다.

아마미제도 '주변'형 국민문화의 성립과 전개

다카에스 마사야(高江洲昌哉) | 번역_장용경

1. 들어가며

이 논문집은 민중사에 관한 연구사 정리 및 새로운 주제 분석 등을 모은 것인데, 그 중에서도 이 논문은 새로운 틀을 제시한다는 의미가 강하다. 지금까지 민중사에서 주변·마이너리티 시점의 도입이 시도되었고, 몇 가지 귀중한 성과가 제출되기도 하였다. 민중사적인 접근에 한정된 것은 아니지만, 마이너리티 연구에서 문화와 아이덴티티 문제는 특히 중요한 주제인데, 전략적 문화본질주의 등 특기할 만한 성과도 나왔다. 물론 마이너리티의 주체성을 단일체로 환원시키지 않는 분석, 관계성(역사 구조) 속에서 다양한 활동을 찾아낼 필요성 등 몇 가지 과제가 남아있는 것도 사실이다. 이 논문에서는 아마미제도(奄美諸島. 이하 '아마미'로 약칭)의 근대사를 사례로, 이러한 문제들을 고찰하고자 한다. 이때 '일본과 오키나와의 관계성', '주변형 국민문화', '이름붙이기의 곤란함' 등을 키워드로 분석할 것이다. 이러한 고찰을 통해, 마이너리티의 아이덴티티 문제란, 관계성 속에서 만들어지는 주체의 다양성이자 그 선택 곤란함임을 지적하겠다. 이러한 접근 방식을 생각할 때 떠오르는 것은 학문의 폭력성(표상할 권리의 박탈 또는 발화의 정치성 등)이다. 피할 수는 없지만 난관에 부딪힐 가능성도 있어서, 이 글에서는 누가 역사를 서술하는가라고 하는 역사 서술의 주체성 문제에 한정하지 않고, 쓰는 쪽과 읽는 쪽 쌍방을 포괄하는 대화형 민중사의 가능성이라고 하는 지점에서 민중 사 서술의 가능성을 제시하고 싶다.

원래 필자가 '아마미'와 관계를 맺게 된 것은, '아마미'가 근대 일본의 도서(島嶼)지방제도사 분석을 위해 필요한 조사지의 하나였기 때문이다. 게다가 그 곳에는 민중사적 과제가 있기도 해서 나 자신도 '잊을 수 없는 타자'라고 의식하기는 했지만, 본격적으로 몰두할 수 있는 상황은 아니 었다. 그러던 중 2010년부터 현대사 강의를 담당하면서, 역사해석에서 다양성이 발생하는 원인을 역사서술에 감정이 개입하는 것을 통해 설명 한 것을 계기로, 역사해석과 감정의 관련성을 생각하게 되었다. 이렇게 현대사에서 느낀 문제를 '아마미'에 결부시켜 생각하게 된 것은 '아마미 사'의 논조 혹은 '아마미' 사람들의 역사인식과도 관련된다. 즉, '아마미' 의 역사는 피차별사라고 하는 '차별관'과 강하게 연관되어 이야기된다는 특징을 생각해냈기 때문이다. 현대사의 과제와 '아마미'를 결부시키는 재고 과정에서 '아마미사'에서도 역사인식에 관련된 문제1가 제기되어

---

1 아마미사를 견인하고 있는 유게 마사미(弓削政己)는 고난의 측면이 있음을 인정하 면서도, "섬 사람들이 역사를 만들어내고, 아마미제도의 독자적 문화와 산업을 육 성해왔습니다. 이들 아마미제도 사람들의 선진적, 문명적, 주체적 움직임은 제대로 평가되어야 합니다. 내리 수탈당하기만 했다면 아마미제도는 스러져버리고 말았을 것입니다. 시대의 제약을 받으면서 지금까지 뛰어난 산업과 문화를 만들어온 것이 실제 역사입니다(奄美市編, 『わたしたちの奄美大島』, 2012, 66쪽)"라는 자세를 제 시한다. 그런데 유게의 연구 자세에 대해서, 「역사는 연구자의 것인가」(原井一郎, 『南海日日新聞』, 2012년 6월 13일)라는 투서에서는 "아마미제도의 근세사는, (중 략) 특이한 경위를 더듬어왔다. 그러한 비참한 역사의 매커니즘 해명이야말로 과제 라고 생각하는데, 이름 없는 도민들의 소리 없는 목소리를 헤아리려는 시도 없이, 권력층이 남긴 고문서 독해의 역사해석만 활개치는 것은 어찌 된 일인가"라며, 유 게의 연구 자세에 비판적인 의견을 표했다. 다만, 이 투서는 앞에 인용한 유게의 문장을 비판한 것은 아니고, 막부 말기 아마미 설탕 수탈을 상대화한 전 가고시마대

있음을 알았고, 이들에게 촉발된 형태로 역사서술과 감정의 상관관계에 대해서 아마미를 사례로 좀 더 파고들어가고 싶다고 생각하게 되었다.

물론 다른 사람의 일을 계기로 한 것만은 아니다. 필자의 경험을 말하자면, 아마미 제도(諸島)를 둘러싼 제도사(制度史)를 이야기할 때 사료에 사용된 '민도(民度)'의 지체라는 논리가 정치적 언설이라고 설명했음에도 불구하고,[2] 그를 인용해 설명할 때 청중에게 다소 반발을 산 것도 계기가 되었다. 그렇지만 이뿐이라면 하나의 에피소드에 불과할 뿐이므로, 좀 더 '아마미사'의 문맥에 입각해 이 논문의 위치를 부여하고 싶다. 최근 '아마미사'를 '아마미제도사(奄美諸島史)'로도 부르기 시작했는데, 아마미제도 각 섬의 개성을 중시하는 역사를 그려내려는 기운이 높기 때문이다. 그에 더해 도민의 역사를 차별 때문에 괴로워하는 모습으로뿐 아니라, 보다 풍부한 생활을 그려내려는 실천, 차별환원사관의 상대화 등 지난 수년 동안 도민의 주체성을 그리려는 다양한 시도가 이루어졌다. 이러한 새로운 시도를 계기로 하여, 이제껏 간과되었던 문제가 드러났다. 차별상대사(差別相對史)에의 반발 등도 그 하나일 것이다. 이러한 새로운 시도가 불러온 감정과 역사서술의 긴장관계를 인지하면서, 앞서 말한 대화형 민중사라는 틀을 '아마미사' 논의에 대입하면 어떻게 될 것인가라는, 역사서술을 둘러싼 문제 속에 이 글을 위치시키고 싶다.

교수 하라구치 이즈미(原口泉)의 발언과 유계의 '아마미' 외자성씨기원(一字姓起源)에 대한 재고 논문 등을 직접적인 대상으로 삼고 있다. 도민에 밀착된 역사서술을 지향한다 하더라도, 도민의 역사관과 역사해석도 한 덩어리가 아니어서 갈등이 존재하는 것이 사실이다. 이것은 민중사의 서술 문제와 깊은 지점에서 통한다.

2 高江洲昌哉, 『近代日本の地方統治と「島嶼」』, ゆまに書房, 2009; 2012년 11월 24일 류큐대학 국제오키나와문화연구소 청년연구자세미나(琉球大學國際沖繩文化硏究所若手硏究者セミナー)에서의 　보고(「沖繩地方制度硏究と島嶼地方制度硏究を往還して」)와 그에 대한 질의응답.

즉, 다양한 민중사라고 하면서 안이하게 무독화(無毒化)된 역사해석론에 '기대지 않고', 게다가 도민(민중)의 입장에서, 차별사로 환원되지 않는 다양한 역사를 어떻게 서술할 수 있을까. 본고는 이러한 모색을 출발점으로 한다.

물론, 본고의 사색과 과제를 제시할 때, 많은 독자는 근대 일본의 마이너리티가 '일본인이 되는' 문화통합 문제를 떠올릴 것이다. 이 주제에 관해서는 가노 마사나오(鹿野政直)[3]나 도미야마 이치로(富山一郎)[4]의 연구에 의해, 국민국가의 주변을 고찰할 필요성 또는 '국민'이 된다는 것의 부정적 측면 등, '국민화'를 생각하는 시각이 풍부해진 것이 사실이다.

또한 필자와 비슷한 시각의 연구로 모리 요시오(森宣雄)의 「역사의 외부와 윤리」라는 논문이 있다. 모리는 글로벌 히스토리라는 연구 흐름에 연대하면서 '소멸 영역을 포함한 역사의 현상학'을 제기했다. 그런 한편 이 글은 "역사 외부 영역과의 접촉 방법(역사의 윤리학)을 검토한다"는 과제 아래, 자신이 해왔던 '아마미'의 성과(혹은 '아마미' 역사)와 레비나스 등 서양사상의 연계를 시도한 장대한 논문이다.[5]

애초에 원대한 이상이 없는 필자에게 모리의 자세를 비판할 권리는 없지만, 읽고 느낀 점을 말하자면, 제목에 '윤리'라고 이름 붙였듯 관계성이나 타자의 존재 등등 개방지향적이면서도 자기소급적인 접근법을 취하고 있다. 더욱 곤란한 것은 역사연구에서 마음가짐과 서술은 다른 차원의 이야기여서, 역사 분석을 역사의 윤리학으로 삼는 것 자체에 의문이 생긴다. 게다가 윤리를 연구 속에서 어떻게 취급할 것인가도 쉽지

---

3 鹿野政直, 「周辺から 沖縄」, 『化生する歷史學』, 校倉書房, 1998.

4 富山一郎, 『近代日本社會と「沖縄人」』, 日本經濟評論社, 1990; 富山一郎, 『戰場の記憶』, 日本經濟評論社, 1995.

5 森宣雄, 「歷史の外部と倫理」, 『立命館言語文化研究』 23-2, 2011, 41쪽.

않은 문제다. 윤리를 서술의 전면에 부각시키는 입장도 있지만, 마음가짐을 금욕화하여 명시하지 않는 입장도 있을 것이다. 윤리를 전면에 부각시키면 '타자의 역사를 구원한다는 윤리적 욕망'이 전경화(前景化)되어 주객전도를 초래할 우려가 있다. 문제는 것은 구원의 대상이자 주체로 존재하는 '타자'가, 자기 윤리의 정당화를 위한 '타자의 도구화'를 일으키는 것을 어떻게 방지할 것인가 하는 점이다. 간단히 말하면, 윤리를 전제로 하여 '구원한다'는 서술행위로 인해 '타자'의 도구화가 일어나지 않도록, 윤리를 상대화하는 또 다른 마음가짐이 필요한 것이다.

이상 간단하게 뒤돌아본 선행연구의 성과에 기초하여 민중사 서술에 관한 방법론을 주조하려 할 때, 필자는 마이너리티로서 상대하는 '타자'를 어디까지나 '불가지(不可知)의 타자'로 상정하고 있고, 역사가의 '윤리'로 구출할 수 있다고는 생각하지 않으며, 관계성이 구축된다고도 생각하지 않는다. 역사가와 '타자' 사이에는 끊임없는 '공백'이 있는데, 이러한 '공백'을 상정해 가면서 서술해야 할 것이다.

또한 모리의 논의가 있었다 해도, 일본사의 '주변'과 '마이너리티' 연구대상 리스트에 '아마미'가 의식되지 않았던 것도 사실이다. 그렇지만 연구대상 리스트에 '아마미'를 추가한다든가, 또는 종래의 논의를 '아마미'에 원용해서 서술하는 것에서 끝내서는 안 된다고 생각한다. '아마미'의 특유성을 찾아내고, 이론이라는 거푸집에 들이 붓지 않도록 주의 깊게 서술해가야 한다. 다시 말하면, 민중사 혹은 민중사를 실천한다는 것이 '윤리적인 자기 완결'로 끝나지 않기 때문에, 대화형 민중사라는 틀을 충실화시키는 것을 목표로 하고 싶다.

2. '일본인'에의 길

우선, 다음 문장을 읽어보기 바란다.

아마미오시마(奄美大島)는 일본 본토에서 분리되어 연합군의 통치 아래 놓이게 되었다. 도민은 지금 이렇게 냉엄한 현실 앞에 서 있다. / 류큐에 복속하거나 사쓰마번의 지휘 아래 있었다고는 해도, 오늘날까지 야마토(大和)민족으로서, 일본 국민으로서 끝끝내 살아왔던 도민에게 이보다 큰 "패전의 충격"은 없을 것이다. (중략) / 영토적으로 이러한 변천은 있었지만 민족적으로는 일본과 완전히 동일하며, 이번 전쟁에서도 남진작전의 기지로서 아마미 요새라는 중요한 역할을 맡아서, 승리를 위한 온갖 희생을 강요당하면서도 웃으며 전화(戰火) 한가운데로 뛰어들었던 것이다. 그럼에도 그에 대한 보답은 '일본으로부터의 분리통치'라는 패전의 고배였다. / 류큐에서 사쓰마로—그리고 진정한 일본이 되었더니, 또 다시 연합국의 지배하에 놓이게 된 아마미오시마— 전변이 몇 번이던가? 섬의 귀속문제는 도민이 짊어진 슬픈 역사적 숙명인 것이다.6

아시아·태평양전쟁에서 일본의 패전(1945)으로, 일본의 주변 도서 지역이 연합국의 통치 아래 놓인 것은 주지의 사실이다. 또한 미군 통치가

---

6 『住用村誌 資料編1 奄美の戰後處理事務』, 住用村, 2002, 239~240쪽. 지면 관계로 행갈이 부분은 사선으로 표시하였다. 이 기사는 신문기사의 번각(翻刻)인데 신문명과 게재일은 명확하지 않다. 그런데 『아사히연감(朝日年鑑) 쇼와(昭和)21년판』의 「구일본령아마미오시마(旧日本領奄美大島)」가 거의 같은 문장임을 확인했다. 다만, 『스미요촌지(住用村誌)』 수록 자료와 『아사히연감』 문장을 비교하면, 누락되거나 일부 문장의 자리를 옮겨 배치한 것이 있다. 무엇보다도 『스미요촌지』의 인상적인 말미, "애조로 떨리는 도가(島歌)의 리듬은 일찍이 맛보았던 알사스 로렌 민족들의 비애와 통하는 것이 있다"는 『스미요촌지』만의 독자적인 것이다.

초래한 '이민족 지배'가 일본 복귀운동＝
내셔널리즘을 환기했음이 오키나와 복귀
운동 사례를 통해 알려졌다. 단, 위에서 소
개한 문장은 종전 직후의 것이다('아마미'
는 1953년에 일본에 반환됨). 후술하겠지
만, 미군 통치→ 복귀운동이라는 도식으
로 복귀운동이 일어났음을 근거로, '아마
미'를 오키나와의 투영지(投影地)로 이해
해서는 곤란하다.

〈사진 1〉 이즈미 호로 동상

내셔널리즘(국민의식)이 근대 국민국가
형성의 산물이라면, '아마미'에게 1945년
은 국민으로서 '일본인'이 되고자 했던 나날
의 실천의 귀결임과 동시에 재확인의 출발점이 되었다.

이렇게 일본으로부터 분리된 '비애'가 복귀운동의 에너지원 중 하나
였다면, 복귀운동의 상징으로 일장기 '히노마루(日の丸)'가 선정된 것도
이해 못할 바는 아니다. '히노마루'를 흔드는 일이 일본인임을 증명하는
것 중의 하나라면, <사진 1>과 같이, 복귀운동의 지도자 이즈미 호로
(泉芳朗)의 공적을 기리기 위한 동상이 건립되었을 때, 이즈미가 히노마
루를 잡고 있는 디자인이 선정된 것이 갖는 의미는 크다.[7]

오키나와와는 달리 히노마루를 안은 동상이 1990년대에 세워졌다는
사실을 통해 일본인 의식을 강조할 수도 있지만, 한편으로 다음과 같은
사례도 있다. 오키노에라부(沖永良部) 섬 출신의 인류학자 다카하시 다
카요(高橋孝代)는 오키노에라부 사람들의 아이덴티티 분석으로 박사논

---

7 泉芳朗頌德記念像建立委員會 編, 『今ぞ祖國へ-泉芳朗頌德記念像建立記念誌』,
　　泉芳朗頌德記念像建立委員會, 1998.

문을 끝내고, 연구과정에 얽힌 일화 하나를 저서의 서장에 썼다. 즉, 2000년에 오키노에라부 출신 출판인 오야마 가즈토(大山一人)가 아마미 사람은 선주민족이라고 주장한 것을 신문에서 읽었을 때 자기를 일본인이라는 틀에 일치시킬 수 없었던 심정을 토로한 것이다. 다카하시는 일본인이라는 아이덴티티가 자신에게 불문의 전제에서 고찰의 대상이 된 과정을 다음과 같이 기술했다.

> "아마미 사람은 류큐 민족이며 선주민족"이라는, 『난카이일일신문(南海日日新聞)』에 게재된 기사에 대해, 필자가 관찰한 한 현지 아마미의 반응은 냉담했다. 그것은 "모처럼 일본인이 되었는데, 이제 와서 왜"라는 반응이라기보다는 일본인임에 의심조차 품지 않는 듯한 대다수 도민에게는, "일상과 동떨어진 이해 불가능한 언설"로 여겨졌다고 하는 편에 더 가까울지도 모르겠다. 필자 자신도, 미국에서 자신의 아이덴티티에 대한 의문을 가지기 이전에는 그렇게 반응했을지도 모른다. 일본인 이외 민족의식의 가능성 등은 전혀 의심조차 하지 않았기 때문이다.[8]

다카하시는 이러한 '선주민족' 발언에 대한 공감으로부터 경계인 아이덴티티 연구로 향한 것인데, 이즈미의 동상 건설과 다카하시의 연구 착수(문제의 발견)는 몇 년 밖에 차이가 나지 않는다. 게다가 다카하시가 지적한 현지의 반응을 생각하면, '아마미'에서 '일본인'으로의 구심성·원심성은 동전의 양면과 같이 동거하고 있었다고 해도 과언이 아닐 것이다. 따라서 이 논문은 다카하시가 취사선택한 "일본인임에 의심조차 품지 않았"다고 하는 사람들에 대해 문제를 제기한다. 즉, '아마미'에서 '일본인'임을 자명하게 여기는 행태들과 '경계성(境界性)'이 어떻게 병존하

---

8 高橋孝代, 『境界性の人類學』, 弘文堂, 2006, 4~5쪽.

고 있는가, '일본인' 의식이 어떻게 성립하여 전개해 온 것인가를 해명하는 것도 '아마미'를 고찰하는 하나의 입각점이 되지 않을까 생각한다.

3. '아마미'에서 본 '일본인'이라는 틀

앞에서 '아마미'를 '오키나와의 투영지'로 이해해서는 곤란하다고 했다. 왜냐면 오키나와의 일본 귀속기간은 시마즈의 류큐 출병(1609)에서 류큐 처분(1879) 사이의 '이국(異國)'기를 거쳐 근대의 강제적 편입으로 이해되는 것처럼, '아마미'에 비해서 짧았기 때문이다. 반면 '아마미'는 시마즈의 류큐 출병이 일본에 편입된 시점이고, 그 후 사쓰마번의 지배 아래 놓였으므로, 오키나와와 약 270년 차이가 난다. 오키나와보다 270년 더 긴 '야마토'화 기간이 존재하는 것이다.[9] 이 기간을 '일본인'화의 시점으로 평가한다면, 서두에 소개했듯이 "일본인임에 의심을 품지 않는다"는 말의 전제가 되므로, 귀속기간의 시간적 차이를 오키나와와 아마미를 동등하게 포괄하는 데 있어 주의해야 하는 근거로 삼을 수도 있다.

다만, 이 차이도 절대적인 것은 아니어서, 어떻게 평가하는가에 따라 차이가 생기는 것도 사실이다. 즉, 이 물리적인 270년이 오키나와와 '아마미'를 가르는 절대적으로 긴 기간은 아닐 수도 있다. 예컨대 시마즈의 류큐 출병 400년을 맞아 2009년에 오키나와와 '아마미'의 일부 사람들이 공동투쟁해서 가고시마 측에 역사인식을 추궁한 것처럼, 1609년의 사건

---

9 그렇지만 사쓰마번으로 편입된 후의 '아마미'는 '야마토'화를 금지당하는 등, 직선적인 '야마토'화가 진행된 것은 아니라는 통설적 이야기가 있다. 한편 마쓰시타 시로(松下志朗)의 『근세 아마미의 지배와 사회(近世奄美の支配と社會)』를 단서로 생각하면, 고정적으로 단절된 기간이 계속되었던 것은 아니다. 번 권력의 개입을 매개로 하는 '아마미' 사회의 변용과 '고집'의 측면을 띤 역사가 전개된 것이다.

은 자신들과는 관계없는 먼 과거의 이야기가 아니라, 400년 동안의 '유한(遺恨)'의 출발점이기도 했다.[10]

이 문제에 관해서 2009년에 가고시마현과 오키나와현이 「교류확대선언」을 하려 할 때 선언 중지를 요구하는 모임이 결성되어 요청서를 제출했는데, 요청서에는 다음과 같은 글이 있다.

> 1609년의 류큐 침략에 따라, 아마미 섬들은 류큐국의 영토에서 사쓰마번의 숨겨진 직할지로 바뀌어버렸습니다. 메이지기에 가고시마현에 편입되고 나서도, 미군정하 8년을 제외한 현재에 이르기까지, 아마미는 본토 통치 아래 놓여 차별과 수탈의 대상이 되었다고 볼 수 있습니다. (중략) 사쓰마의 아마미·류큐 침략을 '불행한 역사'로 정산(精算)하면서, 과거의 역사를 은폐하고 덮는 것, 사죄해야 할 것을 '교류'라 부르면서 아마미를 우롱하는 것을 아마미의 민중은 허락할 수 없습니다. (중략) 더구나 이러한 역사에 눈을 감고, 그러한 역사 사실이 정말 없었던 것처럼 해서, 이 계획을 아마미 땅에서 실행하는 것 등은 언어도단이고, 또한 시기상조라는 말조차 할 필요도 없는 문제입니다. 왜냐하면 오늘날에 이르기까지 아마미와 가고시마현의 400년간의 역사인식(검증과 총괄) 문제는 무엇 하나 해결되지 않았기 때문입니다.

여기서 제시한 2009년의 문제는 '아마미' 270년에 근현대 130년을

---

10 「교류확대선언」의 중지를 요구하는 아마미의 모임(「交流擴大宣言」の中止を求める奄美の會) 및 가고시마현의 역사인식을 묻는 모임(鹿兒島縣の歷史認識を問う會)에 대해서는, 『에도시기의 아마미제도(江戶期の奄美諸島)』에 대한 서평(『法政大學沖縄文化硏究所所報』 70, 2012)에서 간단히 소개했다. 가고시마현의 역사인식을 묻는 모임의 공개질문장 등은 다음 웹사이트에서 2011년 10월 7일에 취득했다. http://www.synapse.ne.jp/amamian/2010situmonnjyo.htmi. 2009년의 주요 움직임에 대해서는 仙田隆宜, 「島津藩の奄美·琉球侵略400年關連の主な集い」, 『德之島鄕土會報』 32, 2012를 참조.

더한다 해도 '야마토 세상'에 편입된 것 자체에 이의를 제기하는 사람이 있다는 것을 알려주며, 그렇다면 이 400년의 시대경험은 무엇이었던가를 묻게 만든다.

270년의 골을 조금 더 생각하기 위해, 1954년에 간행된 가시와 쓰네아키(柏常秋)의 『오키노에라부 민속지(沖永良部民俗誌)』를 거론하고자 한다. 이 책의 서설 중 「역사와 습속」이라는 부분에서 '야마토'화에 대해 가시와는 다음과 같이 서술했다.

> 경장의 역(慶長の役: 정유재란) 후에는 '야마토' 세상이 되어, 도민은 비로소 본토의 사상·문화에 접촉할 기회를 얻었는데, 그것이 이 섬의 습속에 미친 영향은 확실히 전에 없던 일이라 칭할 만한 것이었다. (중략) 젠오지(禪王寺)의 창립으로 함양된 불교사상은 장례 및 제사 습속을 현저히 불교식으로 만들었다. 또한 막부 말기부터 메이지기에 이르러서는 신도사상이 흘러넘쳤는데, 다카치호(高千穗)·스가와라(菅原) 등의 신사가 잇달아 건설되는 동시에 신사참배·봉납춤 등의 풍습이 시작되었고, 장의·신제에 신관이 참여하게 된 것 등도 주요한 것이다.[11]

그런데 '야마토'화를 '확실히 전에 없던 일'로 서술한 가시와도 「장제와 묘제」 부분에서는 "고래의 습속이 여전히 남아 있어서 매장습속과 습합되어 지금도 그대로 행해지고 있다"면서, "폐불훼석(廢佛毁釋) 후, 다카치호·스가와라 등의 신사가 잇달아 건설되고, 장의에 신관이 참여하는 것이 진기하지 않게 되었다지만, 그러나 그 영향은 극히 적어서 겨우 장례도구 일부를 신도식으로 바꾸고, 장례 식품으로 어육을 쓰는 바람을 일으킨 정도에 불과했다. 요컨대, 본도의 최근 풍속은 불교식을 중핵으

---

11 柏常秋, 『沖永良部民俗誌』, 凌霄文庫刊行會, 1954, 10쪽.

로 삼고 그것을 풍장(風葬)과 신도로 윤색한 것이다"라고 서술했다.[12] 서장에 비해 '야마토'화에 대한 평가 차이가 명백하다. 동일한 인물이 동일한 저서에서 습속을 기록하면서 '야마토 세상'을 어떻게 평가할 것인가에 대해 진폭을 보인다. 이는 일본과 풍경 차이가 큼에도 불구하고, '원(原)일본'이라는 관념을 가지고 일본과의 유대를 표명하려는 인식에서 유래한다고 할 수 있다. 말하자면, 가시와의 책에는 '야마토'화의 시점(視點)을 강조하려는 인식과, '야마토'와 '아마미' 사이에는 불일치가 있다는 언어화할 수 없는 인식이 상호모순적으로 병존하고 있다.

또 다른 예를 소개하고 싶다. 앞서 소개한 다카하시 다카요는 박사논문을 일부 개고한 논문의 제목을 「아마미·오키노에라부시마의 근현대와 '탈충입일(脫沖入日)'」이라 붙이고, 그 공간은 중층적인 '경계역(境界域)', 그 역사는 '오키나와와 아마미의 정신적 괴리'의 궤적이라고 함으로써, '일견 모순적인 아이덴티티'를 가진 오키노에라부시마 사람들의 역사에 주목했다고 하면서도, 당연히 기본적 틀은 답습하는 논문을 발표했다. 그런데 그 서두에 "지금까지 아마미·오키나와의 문화연구는 일본의 '원일본'이 남아 있는 지역으로서 가치 부여된 것도 있어서 '전통' 문화가 중심이 되었다. (중략) 그러나 '전통문화' 예찬의 한편에는 침묵해 온 것도 적지 않다"고 선행연구를 정리한다. 그렇지만 문화연구의 '원일본'론이 어떻게 '불일치' 인식과 공존해왔는가, 바꾸어 말하면, '아마미' 민속 연구자들에게 내면화되어 왔는가에 대한 비판은 회피되었다.[13]

즉, '원일본'론을 지지하는 감정이 어느 정도로 일반적 의식으로 공유

---

12 柏常秋, 위의 책, 131~132쪽.『沖永良部民俗誌』의 간행 경위에 대해서는, 高橋孝代, 앞의 책, 2006을 참조.

13 高橋孝代, 「奄美·沖永良部の近現代と「脫沖入日」」, 吉成直樹 編, 『聲とかたちのアイヌ·琉球史』, 森話社, 2007.

되었는지 알 수 없지만, 그것은 복귀운동을 담보하도록 일본에 대한 유대를 자명시하는 방향으로 향했는지도 모른다. 다만 그 한편에서 그것만으로 환원되지 않는 '불일치' 인식도 지속되었을 것이다. 그것이 다카하시의 '경계성' 발견이나 2009년에 행동한 '아마미' 사람들의 의식 저류에 있는 '일본인'에 대한 원심성이라는 공통경험인지도 모른다. 물론 필자가 문제 삼고자 하는 것은 '일본인'에 대한 원심성이 면면히 지속되고 있다는 점이 아니라, 불일치 인식이 언어화되지 않은 데에는 '아마미'의 '야마토'화에 해당되는 근대가 국민의식이 함양되던 시대였고, 그러한 국민의식의 함양이라는 시대적인 의미가 크게 영향을 미쳤다는 점이다.

4. '아마미'의 국민화와 폭력의 문제

다카하시는 앞의 논문에서, 가톨릭 배격운동을 다룬 고자카이 스미(小坂井澄)의 "'순수' 일본인으로서의 자신감 상실과 그 반대급부인 '일본인화'에 대한 초조감이 근대 아마미 사람의 갈등이 되고 있다"라는 문장을 인용하고,[14] 가톨릭 배격운동을 '아마미'의 근대를 말할 때 특기할 사항으로 기술했다. 이 사건으로 '아마미'의 일본국민화 궤적이 그렇게 단순하지 않았고 어두운 측면이 있었음을 이해할 수 있겠지만,[15] 원고 매수나 자료적 제약 때문인지는 몰라도 다카하시는 인용만 하고 그를 검증하지는 않았다. 다시 말해 가톨릭 배척운동이 '아마미'의 '특성'이 만들어낸 '아마미'의 토양이 낳은 공통경험이라고 할 수 있는지 아닌지, 그렇지 않으면 우연히 '아마미오시마'에 있던 기독교계 학교가 습격당한 국

---

14 小坂井澄, 『「悲しみのマリア」の島-ある昭和の受難』, 集英社, 1984, 14쪽.
15 高橋孝代, 앞의 책, 2006; 高橋孝代, 앞의 논문, 2007.

지적 사건인지 애매한 채로 남아 있다.[16] 더 나아가 오키노에라부의 차이를 특기한 다카하시가 왜 조금의 망설임도 없이 아마미오시마의 사례를 인용할 수 있었는지도 의문이라면 의문이다.

이 가톨릭 배격운동에 대해 최근 서현구(徐玄九)는 정치사상사의 관점에서, "아마미오시마의 가톨릭 배격운동과 그로 인해 야기된 파문은 공간적 확대와 함께 강도를 더해가면서, 동시대적인 '공진(共振)현상'으로 일본 본토는 물론이고 식민지 대만·조선에도 파급되어 갔다"며, 일본 파시즘체제 성립기의 '내부의 적' 배제를 생각하기 위한 '모형'으로 이 문제를 고찰했다. 그는 보편의 시점을 취하면서도, '아마미'의 역사는 "다른 어떤 지역보다도 변화의 정도가 격렬하고, 극단에서 극단으로 치닫는다"고 하여, '변화의 정도'를 '아마미' 특유의 '개성'으로 보았다.[17]

물론 정도의 문제를 개성으로 파악할 수도 있겠다. 또한 가톨릭 배격에 주목하면 '공진관계'라는 서현구의 포괄방법도 수긍할 수 있지만, 파시즘체제 확립기라는 시간 축에 주목하면, 예컨대 혈맹단사건 같은 테러와 가톨릭 배격운동의 사상적 기반이 동질적인가 이질적인가라는 문제가 당연히 제기될 것이다. 즉, 일본 내셔널리즘 적출자의 행동과 '포섭과 배제'로 괴로워하는 '아마미'의 역사 개성에서 유래한 배격운동을 동렬

16 고자카이는, 가톨릭 배격을 추진하고 선도한 것은 본토에서 온 군인이었지만 "실제로 손을 쓴 것은 섬사람들, (중략) 소박한 일반 대중이며, 시대적 배경이라는 것을 물론 무시할 수 없을지라도, 그들의 마음속에 크게 차지하고 있던 것은, (중략) 앞서의 '일본인화'에 대한 초조였음에 틀림없다(小坂井澄, 앞의 책, 1984, 15쪽)"고 서술했듯이, 공통경험으로 포괄하려는 경향이 강하다. 다만, 고자카이의 상세한 르포를 읽다 보면, '초조'로 설명할 수 있을지 의문을 갖게 되는 것도 사실이다. 자료적 제약도 있기 때문에 실증이 곤란한 것은 말할 필요도 없다. 그럼에도 다양한 해석 가능성을 상기하는 것은 '변경의 마이너리티'를 단일화하여 속단적 레테르를 붙이는 폐해를 피하기 위해서이며, 유보적인 사고로 임하는 것이 중요하다고 본다.

17 徐玄九, 「奄美におけるカトリック排撃運動」, 『沖縄文化研究』 37, 2011, 83쪽.

로 논할 수 있는가 하는 의문인 것이다. 만약 분별할 수 있다면, 일본 파시즘기 '일본 내셔널리즘'은 다층적이라고 말하는 것이어서, 내셔널리즘에서 유래한 폭력적 행동도 좀 더 신중히 분석할 필요가 있다. 덧붙이자면, '내부의 적'을 배제하는 행동을 설명할 때에 '극단'이라는 '정도'로써 설명할 수 있다면 비교가능성이라는 편리한 사고법을 손에 넣을 수는 있겠지만, 그럼으로써 역사경험의 고유성(특유성)은 경시되고, 표면적인 이해에 빠질 위험성도 없지 않다. 요컨대, 고유성에 대한 무자각이 '차이'에 대한 예민함을 잃게 하고, 다른 의미에서 과거의 단순화라는 감각의 위기로 이어진다고 생각한다. '정도'와 '질적 차이'의 문제가 자각되지 않게 되는 것이다.

문제는 국민의식이 함양되었기 때문에 '야마토'화가 촉진되었고, 나아가 불일치가 은폐되었다는 것이다. 이러한 과정은 해명되어야 한다. 그렇지만 '아마미사'에서는 근대라는 시대를 충분히 검토하지 않았다는 문제가 있다.[18] '아마미'의 국민화라는 '근대 경험'을 분석하는 것은 커다란 의미가 있다. 그런데 일본근대사에서 '국민의 문화 통합'에 대한 분석은 종래 '균일한 국민으로 변화해간다'고 해석하려는 경향이 강했다. 그러나 앞에서 들었던 '아마미' 사람들이 보여준 자기인식의 특성도 문화통합의 산물이었다고 한다면, '아마미'로부터 본 '국민으로서의 문화통합'은 '일탈'(위화감)과 '편입'(동일화·교화)의 경합이었다고 할 수 있다. 그렇다면 문화적 장치가 있기는 하지만, 전국 어디에서나 '긴타로엿(金太郎飴)'처럼 국민이 똑같이 재생산될 리는 없음을 이해할 것이다. 국민화도 역사적 배경과 지역적 다양성의 영향을 받는다. '국민의 문화통합' 문제를 다시 생각해 보면, '균일화'라는 해석도 좀 더 신중한 설명이 필요하다.[19]

18 이 점에 관해서 최근에 민속학자 마치 겐지로(町健次郎)가 근대의 민속변용을 의식적으로 연구해왔다.

5. '아마미'에서의 아마미 문화의 자립과 민속 변용

앞에서 '아마미'가 1609년 류큐에서 할양되어 사쓰마번의 지배 아래 놓였고, 그럼에도 여전히 '이국' 취급을 받았다고 했는데, 다른 한편 근대가 되자 '아마미'를 원일본으로 파악하려는 사고가 존재하게 되었다. 예컨대, 시게노 유코(茂野幽考)는 『아마미오시마 민족지(奄美大島民族誌)』(1927)의 서문에서, "민족의 친화단결은 국가 흥륭의 근간이다. 오시마와 류큐는 역사적으로 거슬러 올라가 원류를 더듬어보면, 언어적으로 일본 고대에 귀결되고, 신대(神代) 야마토 민족의 민족적 혈조(血潮)로 귀결됨을 발견할 것이다"라며, 동조론(同祖論)적인 사고를 기술했다. 마찬가지로 가네히사 다다시(金久正)는 언어학의 입장에서 『아마미에 살아

---

19 예컨대, 우에노 지즈코(上野千鶴子)는 니시카와 나가오(西川長夫)의 『증보 국경을 넘는 방법(增補 國境の超え方)』(平凡社ライブラリー, 2001)에 대한 해설에서, 90년대 국민국가론의 유행을 평가하면서, "일본에서의 다른 지적 유행과 마찬가지로 개념이 충분히 소화되어 성숙하지 않은 채로 순식간에 식상해졌다. '국민국가' 패러다임은 어디를 자르더라도 긴타로엿과 같이, '또 시작이군'이라는 말로 대할 수밖에 없게 되었다"라며(469쪽), 검토해야 할 여지가 남아 있음에도 유행이 끝나버리는 일본의 '지(知)'의 축소재생산'적인 상황을 총괄했다. 그렇지만 이 지적에 대해 니시카와 나가오는, "우에노 지즈코 씨의 이 문장은 매우 나쁜 문장이라고 생각합니다. (웃음) 그런데 어찌된 셈인지 모두 약속이나 한 듯이 이 부분을 인용합니다. (중략) 유행하다가 금방 식상해진다는 판단도 잘못됐습니다"라고 반응했다(『<私>にとっての國民國家論』, 213쪽). 90년대 이래 오키나와·'아마미'에 관한 주목과 언급은 국민국가론과 포스트콜로니얼론에 의해 견인되어 왔다고 할 수 있다. 그렇지만 첫 충격이 희석되고, 어느 정도 정위치(定位置)가 부여된 듯한 느낌도 있어서, 앞의 우에노 지즈코의 해설과 궤를 같이 하는 것처럼 전개되었다. 이 점과 관련하여, 본 논문의 제목에 내건 '주변'형 국민문화라는 포괄보다는 굴절형·박탈형과 같이 도민의 주체에 입각하여 '고쳐 읽은' 용어를 사용하는 것도 가능할 것이다. 그럼에도 '주변'이라는 용어를 붙인 것은 '주변'이라는 자명성이 '문화통합'이라는 근대의 국민통합 장치에 의해서 생겨난 역사적 산물임을 강조하기 위해서이다.

있는 일본 고대문화(奄美に生きる日本古代文化)』(1963)를 출판했는데, 그 서문에서 "아마미오시마에는 (중략) 일본의 최고(最古) 고전에서나 찾아 볼 수 있는 상대어(上代語)와 그에 얽힌 옛 풍속신앙들이 여전히 많이 존재하고 예전의 모습을 간직하고 있어서, 이 섬의 지식인들에게는 기키만요(記紀万葉)가 마치 이 섬의 생활기록인 듯한 착각마저 불러일으킬 정도로 친근하게 다가온다"라며, '아마미'를 '원일본'으로 지적했다. 전후(戰後)에 간행됐지만 가네히사는 전전부터 활동했고, 가시와와 마찬가지로 야나기다(柳田)의 관여가 있었다. 가네히사의 경우에는 특히 도쿄대학 언어학 교수였던 핫토리 시로(服部四郎)의 비호에 큰 영향을 받았다. 소위 '민간학'(향토연구)이 융성했던 시기에, 중앙과 지방(또는 일본·오키나와·'아마미') 연구자 사이의 네트워크로 인해 '아마미'의 지적 세계에 '동조론'이 미친 영향을 무시할 수는 없다. '아마미'에서 이 같은 '원일본'관의 생성과 공유에 일조한 것이 노보리 쇼무(昇曙夢)라는 학자였는데, 마치 겐지로는 노보리의 '동조론'적 사고에는 이하 후유(伊波普猷)의 '일류동조론(日琉同祖論)'이 영향을 미쳤다고 지적했다.[20]

덧붙여, 앞에 소개했던 시게노가 아마미 가톨릭 배격운동에 가담했다는 지적도 있어서, 민속학적 사고와 1930년대라는 시대 상황의 친화성도 문제가 될 것이다. '원일본'론을 지지하는 심경과 '황국'시대의 경험이 전후 어떻게 계승되었는가를 분석하는 것이 복귀운동과 그 사상적 유산을 측정하는 열쇠가 된다고 하겠다.

물론 '황국'관을 탈각한 형태긴 하지만, 현재 이러한 '원일본'론적 '아마미'상을 대표하는 것이 시모노 도시미[下野敏見. 1929년 치란정(知覽町) 출생]일지도 모른다. 그는 1993년에 발표한 「아마미문화의 원류와

20 町健次郎, 「鄕土史家·昇曙夢」, 2012년 11월 24일 류큐대학 국제오키나와문화연구소 청년연구자세미나.

박물관(奄美文化の源流と博物館)」이라는 논문에서, 아마미문화는 일본 문화의 성격과 공통되는 북방성, 남방성, 대륙성을 가지고 있는데, "고졸한 점에서는 단연 뛰어나다. (중략) 실로 본래 일본의 모습은 아마미에서만 볼 수 있다고 해도 과언이 아닐 것이다"라고 서술했다. 게다가 2005년의 간행본에서도 그를 수정하지 않았으므로, '아마미'를 평가하는 전제로 '원일본'을 놓는 사고는 지속되는지도 모르겠다.[21]

이렇게 '야마토'나 '오키나와'에 덧붙여 '아마미' 문화를 평가하려는 자세에 대해서, 최근 쓰하 다카시[津波高志. 1947년 나고(名護), 옛 하네지(羽地) 출생]는 "사쓰마의 류큐 침공을 돌이켜보면, 그것은 아마미 원래의 류큐 문화를 오늘날과 같은 상황으로 변화시킨 출발점이었다고도 할 수 있다"[22]고 하여, 문화의 기저뿐 아니라 변용에도 주목하라고 제언했다. 쓰하의 발언 배경에는 아마미제도에서 야에야마제도(八重山諸島)에 이르는 류큐호(琉球弧)의 문화를 어떻게 생각하고 말할 것인가 하는 문제의식이 있다. 또 '변용'에 주목하는 것은 그 '담당자'에 초점을 맞추는 것이 된다. 이러한 쓰하의 제언과 작금의 '아마미' 문화에 관한 높은 발신력과 관심을 생각하면, '아마미' 문화를 '원형' 보존으로 평가하는 대신에 독자성을 가지고 '자립'한 어떤 것으로 포착하려는 경향이 강해졌다고 할 수 있다.

---

21 다만, 시모노는 2002년에 간행된『거리의 일본사55 가고시마의 항구와 사쓰난제도 (街道の日本史55 鹿兒島の湊と薩南諸島)』에서 "사쓰난제도는 야마토문화와 류큐 문화가 접촉하는 조경(潮境)이다. (중략) 조경의 사쓰난제도는 야마토·류큐문화가 균열하는 지역이기도 하다. 이러한 지역을 원점으로 삼아 일본을 보고 대륙을 조망하려는 시각은 민속에 국한되지 않으며, 역사에서도 참신한 연구성과를 가져올 가능성이 있다"(247쪽, 249쪽)고 서술했음에 유의할 필요가 있다.

22 津波高志,「薩摩侵攻と奄美の文化変容」, 津波高志 編,『東アジアの間地方交流の過去と現在』, 彩流社, 2012, 407쪽.

확실히 이제까지 종속적인 말로써 존재의의를 표시해온 아마미문화 서사를 재고하여, 그 독자성/'자립'을 논하는 것은 매우 중요한 작업이다. 다만 역사과정과 문화론의 역사를 돌이켜 생각해 보면, '아마미'문화를 이야기하면서 '아마미' 속에 문화적 가치가 있는 것처럼 설명하는 것으로 충분할까 싶은 의구심이 생긴다. 즉, 문화적 가치＝'고유성'을 담보로 하려는 언설은 외피(일본인 의식, 문화규범)－핵(섬에 대한 소속의식, 문화규범)과 같은 도식으로 이해하는 것이 될지도 모른다. 그보다도 근대 '아마미'의 경험과 근대 일본의 국민화(일본인 의식의 주입)의 상호교류에 의해, 핵 부분이 융합(변용)되었다고 이해하는 것, 즉 문화본질적 이해와 반대로 외관(섬에 대한 소속의식, 문화형태)－내실(일본인 의식과 ○○도인 의식의 융합)의 상호작용적 가변 구도로 이해하는 것이 낫지 않을까. 이러한 외관과 내실의 부정합(갈등, 길항)에 골머리를 썩는 과정으로 '아마미'의 역사(문화사/사회사)를 포착하는 것이 역사과정의 실상에 가까운 것은 아닐까 생각한다. 이것이야말로 외피는 강렬한 난토(南島)의 개성을 표시하면서도 '히노마루'를 주저없이 흔드는 행위(일상화)의 성립, 또는 의식(자기인식)과 외관(외부의 시선)의 간극으로 인한 '소외감' 이나 '위화감'을 만들어온 것은 아닐까.23

원래, '아마미'에서의 근대라는 것은 '아마미'문화 형성기의 한 시기임과 동시에 '아마미'를 포함한 일본 전체에서 '국민'문화가 형성된 시기이기도 하다. 이것이 1945년부터 복귀(현재까지)를 규정하는 '아마미'의 문화적 특질이 된 것이다. 무엇보다도 표층－기층이라는 구도와, 기층은 불변한다는 전제 자체를 의심하는 것이 매우 중요하다고 생각한다.

---

23 2013년 3월 3일에 해당 부분에 관해 잡담할 때, 기야마 소이치(喜山莊一)는 노보리나 오야마에게는 전후 경험(1945년에 의한 가치관의 전환)이 없는 것은 아닐까라고 지적했다. 이 점은 이후 검증이 필요한 중요한 주제라고 생각하므로 기록해둔다.

6. '아마미'에서 본 '아마미'라는 틀

이와 같이 '일본인'이라는 틀이 어떻게 수용되었는가 하는 물음의 전제로서, '아마미'에서 살아가는 사람들이 "자신들"의 집합명사를 어떻게 선택하는가도 논의해야 할 문제이다.

1959년에 시마오 도시오(島尾敏雄)는 「아마미라 불리는 섬들(アマミと呼ばれる島々)」에서, "아마미오시마, 기카이시마(喜界島), 도쿠노시마(德之島), 오키노에라부시마, 요론시마(与論島)를 통튼 총체적인 이름을 찾을 수 없습니다. 뭔가 있기는 있습니다만, 모두 어딘가 인위적인 무리가 따르는 것처럼 느껴집니다. '아마미'라고 하든 '아마미군도'라고 하든, 억지로 하나로 묶으려는 의도가 두드러져서 생활감정 속에서 자연스럽게 생겨난 말투는 아닌 것으로 생각됩니다"[24]라고 하여, '총체적인 이름'을 붙이는 것의 어려움을 토로했다. 이러한 모티프는 1962년 오시마군 시정촌(市町村)의회의원연수회에서의 연설, 「내가 본 아마미(私の見た奄美)」에서도 "아마미라는 말이 그렇게까지 여기저기의 섬에 뿌리내리고 있는 것 같지는 않습니다. 그래서 아마미라고 하더라도 그 섬들 모두가 포함된다는 점에는 자신이 없습니다"[25]라고 되풀이되었다. 이러한 시마오의 곤혹은 1975년의 「가게로마지마노미노우치(加計呂麻島呑之浦)」[26]에도 표출되었는데, '아마미'에 사는 사람들을 표현하는 말의 부재가 십수 년 동안 시마오를 괴롭혔다고도 할 수 있다. 이것이 외부사회에서 찾아온 문학자의 감성에 의한 것이 아님은 일본 복귀 50주년을 기념하는 심포지엄 발언에서도 확인할 수 있는데,[27] 본고에서 여러 번 소개한

---

24 島尾敏雄, 『新編・琉球弧の視点から』, 朝日新聞社, 1992, 145쪽.

25 島尾敏雄, 『ヤポネシア序説』, 創樹社, 1977, 13쪽.

26 島尾敏雄, 앞의 책, 1992.

다카하시도 그의 저서에서 이 점을 지적했다.[28]

여기서 확인하고 싶은 점은 외부인이 '아마미'라는 말로 포괄할 만큼 내부사회가 한 덩어리가 아니었다는 점이다. 이러한 '곤혹'의 가장자리에 '일본인'이라는 구분틀이 존재하고 있었다.

물론, 이러한 '아마미'에 대하여 마에토시 기요시(前利潔)가 '무국적'이라는 말을 부여하고, 다카하시 다카요가 '경계성'이라는 말을 부여했듯이, 최근에는 어떤 것으로도 환원되지 않는다는 점에서 '아마미'의 특성을 표현하려는 행위가 나타난다. 요컨대 '아마미'에게는 경계의 애매성이 '지역특성'이 되었다고 할 수 있다. 여기서 '아마미' 사람들이 '일본인'임을 드러내면서도, 그것을 흘러넘치는 '위화감'이라는 것이 있고, 순수한 일본인화에 대한 회구와 단념이 있었음을 발견할 수 있다. 여기에다 기야마 소이치(喜山莊一)는 아마미제도를 가고시마도 오키나와도 아닌 상태로 평가하면서, '400년의 실어를 넘어서(四〇〇年の失語を越えて)'라는 부제가 붙은 『아마미 자립론(奄美自立論)』을 간행했다. 기야마가 아마미제도를 '아마미'라는 말로 덮어쓰는 것에 위화감을 표명한 데서 볼 수 있듯이, 적절한 말을 찾을 수 없다는 심정이 '실어'라는 표현에 포함되어 있다. 그것은 시마오 도시오가 적절한 말을 찾지 못해 탄식했듯이, 기나긴 축적을 가진 것이다.[29]

---

27 「奄美學」刊行委員會 編, 『奄美學　その地平と彼方』, 南方新社, 2005.

28 高橋孝代, 앞의 책, 2006.

29 이 점과 관련하여, 아마미제도를 포함한 '난세이제도(南西諸島)'라는 표기가 있다. 2012년 11월에 마쓰시타 시로(松下志朗)와 함께 『난세이제도사료집(南西諸島史料集)』의 편집을 맡은 야마시타 후미타케(山下文武)에게 "왜 『난세이제도사료집』이라는 이름으로 했는가"라고 질문하자, 마쓰시타가 제안했다고 대답했지만, 무엇보다 야마시타 자신이 '난세이제도'라는 말에 친화성을 가지고 있음을 보여주는 응답도 하였다. '난세이제도'에 대한 친화성이 세대 간의 문제인지 어떤지는 금후의

요컨대 '아마미'라고 표현되는 공간은 '일본인'이면서도 위화감을 지니고, 가고시마현에 대해서는 차별당해 왔다는 역사관을 가지며, 아마미제도의 나제(名瀬) 지역에서 떨어져서 보면 '아마미'라는 포괄법에 위화감을 가지고 있고, 오키나와를 문화적 동포로 생각하면서도 무시당하고 있다는 감정을 가진 사람들이 많이 있는 공간인 것이다.[30]

7. 나오며

이처럼 사쓰마에 착취되었다는 역사관을 가지고 있고[반사쓰마 감정, 반면 사이고 다카모리(西鄕隆盛)를 '경모'하는 생각은 강하다], 일본과의 '풍속' 차이를 전제로 하면서도, '아마미'에서는 '원일본', '동조'론을 담

검토 과제이다. 이와 관련되어 현재 '류큐호(琉球弧)'라는 표기가 자주 나오는데, 공간적으로 합치되는 난세이제도와 '류큐호'라는 표기의 변화에 대해서도 검토가 필요하다. 또한 근대에 들어 지방통치를 위해 고대에 기원을 둔 군(郡)이라는 용어가 지방제도에 재활용되었지만, 아마미제도에는 해당되는 군이 존재하지 않았기 때문에 새롭게 오시마군(大島郡)이라는 명칭과 구역이 창설되었다. 군이 고대를 본따 만들어졌지만, 오시마군 자체는 메이지기의 '발명'이다(高江洲昌哉, 앞의 책, 2009). 즉, 아마미군도를 하나로 포괄하는 명칭이 있는 듯하지만, 실은 없다는 것을 이 점에서도 확인할 수 있다.

30 예컨대 연구라는 한정이 붙지만, 1976년에 간행된 다니가와 겐이치(谷川健一) 편, 『오키나와·아마미와 일본(沖縄·奄美と日本)』에서는 "아마미 연구자와 오키나와 연구자가 무릎을 맞대고 각자의 입장에서 발언하려는 시도가 지금까지 없었다는 것은 난토(南島) 연구의 불행이었다"고 썼다(3쪽). 또한 다카라 구라요시(高良倉吉)는 1996년에 "오키나와가 아마미에서 떨어진 이유는 여럿 있지만, 가장 큰 원인은 아마미는 가고시마의 일부이며, 오키나와와 다르다고 생각하는 현의 경계[縣境] 의식에 있다"고 서술했다(高良倉吉, 『「沖縄」批判序説』, 42쪽). 이렇게 생각하면, 역설적이긴 하지만 2009년의 가고시마현·오키나와현의 교류확대선언 프로젝트는 이후 다양한 각도의 분석을 기다린다.

보로 '일본국민'화의 언설이 편성되고, 문화통합의 발걸음이 진전되어 왔다. 이것은 전후, 복귀 후에도 지속되었다. 그런데 복귀 50주년경을 경계로, 마에토시, 다카하시 등 '아마미' 주변 사람들에 의해 '아마미'='일본'을 상대화하려는 목소리가 강해져왔다. 탈'국민국가'의 방향성이 드세어진 오늘날(어쩌면, 2010년 이후로는 국민국가의 재편 및 강화가 드세어질지도 모르지만), '주변 민중'을 탈국민국가의 도구로 삼지 않기 위하여, 또 국민의식을 재통합하는 역사의 필요성으로 인해 이러한 지역의 역사를 단순화(배제)하지 않기 위해서라도, 주변에 놓인 사람들의 다양성과 복잡한 역사 전개를 신중히 살피고, 표현해나가는 것이 대화 가능한 민중사 연구의 과제인 것은 아닐까 생각한다.

새로운 민중사를 모색하는 한일 네트워크
- 역사문제연구소 민중사반과 아시아민중사연구회, 교류의 발자취 -

허영란

1. 민중사라는 출발점

오늘날 '민중사'라는 기표는 제각각 다른 상상을 불러일으킨다. 그것이 더 이상 자명한 개념이 아니게 되자 한동안 그 탄생과 성장, 변용의 과정에 대한 검토가 이루어졌다. 변화된 현실에서 어떻게 재해석할 수 있을지에 대한 논의도 있었다. 한편에서는 '민중'이라는 개념이 현실에 대한 자유로운 사유를 방해하기 때문에 이제는 그만 벗어나자고 주장하는 목소리도 있다. '민중'은 '변혁운동'과 떼려야 뗄 수 없는 자기 역사를 가지기 때문이다. '변혁'이나 '운동'이 낡은 이념이 된 마당에, 단일한 대오를 이루어 사회변혁을 성취해낼 거대 주체를 가정하는 것은 비현실적이라고 여기는 것이다. 그렇게 볼 수도 있다.

그러나 역사적 개념은 화석처럼 고착되어 있는 것이 아니라 지속적으로 변용되면서 맥락에 따라 새로운 의미를 가질 수 있다. 특히 현실을 이해하고 바꾸어 나가려는 의지와 실천이 소멸하지 않는 한, 공동선을 추구하는 다양한 주체들, 그들 사이의 공조를 상상하는 일은 멈추지 않을 것이다. '민중'은 그러한 사유의 토대가 되는 중요한 자산이다. 1990

년대까지는 차이보다 통합성을 낙관했다. 사회구조적 모순으로 인해 그것이 필연적으로 실현될 것이라 믿었다. 역사서술 또한 그러한 믿음과 낙관을 담았다. 그러나 지금은 단일성에 대한 희망 섞인 확신보다는 다양한 경계와 다층적인 차이를 이해하고 인정하는 것이 더 중요한 과제가 되었다. 그리고 그것에 바탕을 둔 공동의 실천을 모색하는 것이 필요해졌다. 그래서 오늘날 굳이 '민중사'를 말한다면 그것은 역사적 맥락 안에서 이루어지는 연대의 상상과 모색을 가리키기 위해서일 것이다.

물론 이것은 나의 생각이다. 그렇지만 역사문제연구소(이하 '역문연')의 민중사반이 십년 이상 활동을 지속할 수 있는 동력이 그 같은 전환된 문제의식에 있다고 보기 때문에, 전혀 근거 없는 주장은 아니다. 세대와 전공, 소속을 뛰어넘어 다양한 연구자가 참여하는 민중사반은 무척 효율적이거나 생산적인 모임이라고 하기는 어렵다. 연구모임을 정기적으로 진행하고 있지만, 확고한 테제를 공유한 것도, 외적으로 드러난 성과가 뚜렷한 것도 아니다. 그럼에도 불구하고 '민중사반'이라는 이름을 걸고 느림보 걸음을 멈추지 않는 것은, 차이의 이론화와 그것에 바탕을 둔 연대의 실천을 추구하는 데 동의하기 때문이다. 느리고 우왕좌왕하면서도 멈추지 않는 공동의 걸음들, 그것이야말로 민중사반의 가장 중요한 존재 이유일지도 모르겠다.

이러한 민중사반의 역사는 일본 아시아민중사연구회(이하 '아민연')와의 교류를 출발점으로 삼고 있다. 그리고 이 책은 민중사반과 아민연의 연구와 소통의 산물이다. 이것을 이루어내기까지의 발자취를 더듬어 보는 것이 이 글의 목적이다.

2. 교류의 시작

역문연과 아민연의 교류는 1991년으로 거슬러 올라간다. 아민연은 "동아시아 지역 민중사의 국제적인 상호연구"를 목적으로 1991년에 발족했다. 그 해 8월에 역문연을 방문하여 '19세기 한국과 일본의 민중운동'을 주제로 합동토론회를 개최했다. 87년 민주화운동의 열기가 아직 식지 않았던 시점이라 역문연은 민중을 변혁주체로 설정하는 1980년대 민중사학의 패러다임을 고수하고 있었다. 반면 아민연은 계급투쟁사와 인민투쟁사를 비판하면서 보다 다층적인 성격을 갖는 민중사 또는 민중사상사를 대안으로 추구했다. 일본 역사학계는 이미 포스트모던 역사학의 영향을 받으면서 탈계급, 탈인민의 역사학을 모색하고 있었던 데 반해, 한국 역사학계는 역사유물론에 입각한 진보사학의 인식을 견지했다.

상당한 인식 차에도 불구하고 양측은 근대이행기 동아시아 민중사를 비교연구할 필요성에 공감했다. 그래서 1996년의 예비 심포지엄을 거쳐 1997년 8월에는 도쿄에서 '18~19세기 근대 이행기의 동아시아 민중사'라는 주제로 심포지엄을 개최했다. 2년 뒤인 1999년 8월에는 서울에서 '동아시아에서의 국민형성과 민중'을 주제로 대규모 심포지엄을 열었다. 당시 일본 측은 근대국가 형성 과정에서 정치적 중간층의 역할, 국민형성이라는 근대적 주체의 문제를 주로 고민했다. 그에 반해 한국 측은 근대이행기 주체형성 문제를 민족문제와 직결시켜 인식했으며, 일본의 국민국가 논의를 식민지 경험을 가진 한국에 적용하는 것에 부정적이었다.

비교연구를 통해 역사상의 차이만이 아니라 역사학자들의 인식 간극을 확인한 가운데, 논의가 더 진전되지 못한 채로 교류는 중단되었다. 20세기 말의 세계사적 격변은 역사학자에게 '변혁'과 '주체'라는 문제를 근본에서부터 새롭게 사유할 것을 요구했다. 그것은 민중 주체의 변혁운동사, 아래로부터의 역사에 대한 기존의 인식을 반성적으로 재해석해야 하는 사학사적 과제였다. 또한 역사학이 현실과 어떻게 만나야 할 것인가라는 실천적 과제를 제기하는 것이기도 했다.

3. 민중사반과 아민연 공동워크숍

양측의 교류는 2005년 9월에 서울에서 열린 워크숍을 계기로 재개되었다. 이어 2006년부터 민중의 존재양태에 대한 비교연구를 주제로 삼아, 한국과 일본을 오가며 공동워크숍을 개최하기로 합의했다. 그 사이에 역문연 내에는 기존의 민중사학을 비판적으로 인식하는 연구자들이 나타났고, 아민연에도 젊은 회원들의 참가가 늘었다. 그리하여 2006~2007년에는 여름과 겨울 두 차례, 2008년부터 금년까지는 원칙상 매년 2월경에 한 차례씩 교차 방문의 형식으로 워크숍과 답사를 진행해왔다.

2005년 당시 역문연에서는 교류를 도맡을 연구모임으로 (범)민중사반을 결성했다. 배항섭, 허수, 허영란, 장용경, 홍동현, 이경원 등 30대 중반에서 40대 초반의 비교적 젊은 연구자들이 중심이 되었는데, 이 시점부터 '민중' 개념의 재해석과 민중사의 확장을 적극적으로 모색하기 시작했다. 민중을 단일한 변혁주체로 재현하는 민중운동사를 지양하면서, 다성적 주체로서의 민중, 그들의 일상생활과 의식을 연구해야 한다는 것이 새로 꾸려진 민중사반이 공유하는 출발점이었다.

교류는 '근대이행기 동아시아 민중의 존재양태 비교와 상호관련성 검토를 위한 국제적 네트워크 구축을 위한 워크숍'이라는 긴 이름을 내걸었지만, 매번의 발표는 편차가 적지 않았다. 공동의 주제를 설정하여 발표와 토론을 진행하는 경우도 있고, 응축된 주제 없이 자유롭게 진행된 경우도 있었다. 2005년부터 2016년까지 민중사반과 아민연의 공동워크숍의 발표 내용을 연도별로 정리하면 다음과 같다. 공동워크숍에서 발표된 주제를 통해 상호 교류의 관심이 변화해온 궤적을 대강 파악할 수 있다.

시점	발표 내용	장소
2005. 9.3.	〈근대이행기 동아시아 민중의 존재양태 비교와 상호관련성 검토를 위한 국제적 네트워크 구축〉 ·모색기, 한국 '민중사'의 현재(허영란) ·동학농민전쟁에 대한 인식의 변화와 과제(홍동현) ·내셔널리즘을 둘러싼 상극: 1990년대 이후 일본내 역사연구의 동향에 대해서 (檜皮瑞樹) ·일본에서의 최근 민중사 연구 동향(水村曉人)	서울
2006. 2.11.	〈한일 양국의 민중사 연구동향 및 관련 개별연구〉 ·최근 한국에서의 '민중' 및 '소수자'를 둘러싼 몇 가지 문제(장용경) ·일본근현대사연구에서 「민중」·「주체」의 현재(大川啓) ·교조신원운동기에 나타난 유교적 측면에 대한 고찰(이경원) ·전시기(戰時期)의 민중상을 둘러싸고(佐々木啓)	도쿄
2006. 8.26.	〈한국과 일본의 구관조사사업 및 연구현황 개관〉 ·조선총독부의 '구관'·'풍속' 조사에 대하여(허영란) ·통감부 및 총독부의 「구관조사」에 관한 연구에 대하여(鈴木文) ·일본의 「구관조사」 사업 연구의 현황(檜皮瑞樹)	서울
2007. 2.3.~ 4.	〈한국 구관조사사업 등에 관한 개별 연구〉 ·학자 - 경찰 - 식민지(佐野智規) ·일제시기, 식민권력에 의한 '계(契)' 조사사업의 검토(문영주) ·구관조사자료와 상고(上告)사료에 나타나는 권력과 민중의 관계(中西崇) ·오키나와현의 구관조사 연구 현황과 전망(高江洲昌哉) ·19세기 일본의 지지편찬사업과 지역조사(白井哲哉) ·한국의 지리지 편찬과 그 활용(김종혁) ·19세기 민란의 성격 재검토: 지주제 및 외세에 대한 인식을 중심으로(배항섭)	도쿄
2007. 8.25.	〈한일 민중사연구자 간의 네트워크 형성을 위한 워크숍〉 ·식민지 구관조사의 목적과 실태(허영란) ·민중사와 역사수정주의 비판(배성준) ·근대의 민중과 미신(荻野夏木) ·탄광을 필드로 한 마이너리티 연구의 실천과 가능성에 대하여(佐川享平)	안동
2008. 2.16.	·식민지 구관조사와 식민지 관습(배성준) ·'아래로부터의 민중사' 연구를 위한 하나의 가능성, 근대시기 동계(洞契) 연구 (이용기)	도쿄

	·1894년 향촌지배층의 동학농민전쟁 인식(홍동현) ·식민통치·학문적 지식·민중: 조선총독부 조사자료 『조선의 취락』·『부락제』에서의 안동지역 기술을 사례로(中嶋久人) ·쇼와(昭和)공황기 지쿠호(筑豊)탄광지역에서의 한일 노동자들의 관계에 대하여(佐川享平)	
2009. 2.1.	·1870년대 유행가를 통해서 본 민중의 문명개화관과 대외관(青木然) ·아마미 독립경제를 다시 생각함(高江洲昌哉) ·1960년대 전반 탄광촌의 현실과 탄광노동자의 대응(이홍석) ·북조선사에서 민중사 연구는 어떻게 가능한가?(이신철)	서울
2009. 9.22.	〈深谷克己·安在邦夫 선생, 정년 및 고희 기념 워크숍〉 ·일본에서의 민중사 연구의 현황: 국민국가론과 신자유주의의 관계 속에서(佐々木啓) ·1980~90년대 '민중사학'의 형성과 소멸에 대한 연구노트(배성준) ·18~19세기 일본 민중의 조선관: 조루리(淨瑠璃)와 가부키(歌舞技)라는 미디어를 통하여(須田努)	서울
2010. 2.21.	·'새로운 민중사'의 방향 모색과 민중사반의 포지션(이용기) ·1950년대 조봉암·진보당의 '피해대중론'과 민중(이홍석) ·공공권을 둘러싼 이론적 검토: 일본 근대에 있어서 공공권의 전개·서설(中嶋久人) ·근대 일본의 국가와 도덕: 1900년 전후의 이노우에 데쓰지로(井上哲次郎)를 중심으로(繁田眞爾)	도쿄
2011. 1.30.	〈1부〉 ·'한국병합' 100년과 일본사회: 2010년의 동향(太田亮吾) ·'한국병합' 100년과 일본사회: 국제심포지엄 「'한국병합' 100년을 묻는다」를 중심으로(田中元曉) ·신자유주의 시대 역사학의 조건과 민중사의 모색(배성준) 〈2부〉 ·19세기 쇼군(將軍) 권위의 변질과 민중: 닛코샤(日光社) 참배를 사례로 하여(椿田有希子) ·식민지기 지역 주민대회에 대한 검토(한상구)	서울
2012. 2.19.	·식민지기 '민중' 개념(허수) ·현상의 과제들에 대한 민중사 연구자의 '당사자'성: 원자력발전소를 둘러싸고(中嶋久人) ·공감과 연대의 민중사를 위하여(김아람·이홍석·장미현)	도쿄
2013. 2.22. ~23.	〈1주제 : 한일 양국의 민중사 연구시각과 연구동향 비교〉 ·19세기 후반 민중운동사 연구의 민중상에 대한 비판적 검토(배항섭) ·일본 사학사에서의 민중사 연구(須田努) 〈2주제 : 마이너리티와 민중사〉 ·마이너리티 연구와 민중사: 아이누사 연구와 부락사 연구의 시각에서(檜皮瑞樹) ·민중의 폭력과 형평의 조건(장용경)	울산

	〈3주제 : 민중의 다중적 경험의 재현 방법〉 •고베(神戶) 항만노동자와 청국인노동자 비잡거운동: 민중의 배외적 내셔널리즘에 대한 재검토(靑木然) •'산업전사'의 시대: 민중의 징용 경험(佐々木啓) •식민지시기 여성 이혼청구권의 도입과 '역사적 행위자'로서 조선 여성(소현숙) •울산국민보도연맹사건의 기억과 역사화: 국가사와 지역사의 사이(허영란)	
2014. 2.23. ~24.	•1894년 동학농민군의 봉기의식에 대한 연구: 경상도 예천지역 사례를 중심으로 (홍동현) •동학농민전쟁 농민군주도층의 유교적 실천윤리(이경원) •1960년대 산업재해보상보험제도의 시행과 산재(産災)노동자(장미현) •1950년대 한국 정상가족의 형성과 '섹슈얼리티': 정조담론을 중심으로(한봉석) •근대 조선에서의 경찰과 민중(伊藤俊介) •민중사 입장에서 다나카 쇼조(田中正造)를 다시 읽는다(中嶋久人) •아마미제도(奄美諸島)의 '주변'형 국민문화의 성립과 전개: 그 단서로서(高江洲昌哉)	도쿄
2015. 2.8.	•식민지시기 소수자 연구의 동향과 민중사(소현숙) •한일 관계 속의 소수자, 전시체제기 '내선결혼(內鮮結婚)·내선혼혈(內鮮混血)'에 대한 포섭과 배제(이정선) •뱌쿠렌 사건(白蓮事件) 신문 보도를 통해 본 1920년대 초 사회구조: 청년지식인과 민중의 '자유'관을 중심으로(雨宮史樹) •전시기(戰時期) 일본의 지식인론과 그 애로(太田亮吾)	서울
2016. 1.30.	•내지의 서단 지역 요나구니무라(与那國村)의 민중 간 대립: 1924~1933년의 '자치'에 착목하여(柳啓明) •19세기 동아시아 민중운동에서 보이는 폭력의 강도(强度)에 대한 비교사적 연구 (배항섭) •동아시아의 민중을 어떻게 그릴까: 『일한 민중사 연구의 최전선』 서평(大月英雄) •민중과 마이너리티 사이에서: 『일한 민중사 연구의 최전선』에 대한 서평(조형근) •최전선, 그 앞으로?(中嶋久人, 佐野智規) •식민지기 백백교 사건과 계몽하는 빛(장용경)	이바 라키

초기의 교류는 민중사의 사학사적 의미, 민중의 개념 등 민중사를 둘러싼 양국의 연구 동향을 검토하고 소개하는 것에서 출발했다. 또 1991년 당시 중요한 주제였던 19세기 민중운동, 특히 동학에 대한 새로운 연구들도 소개되었다. 동학은 1980년대 이래의 민중운동사를 계승하면서도 민중사의 새로운 문제의식을 담아내고자 하는 연구로서, 지금까지도 중요하게 다루어지는 주제이다.

2006년 2월의 워크숍에서는 교류의 생산성을 높이기 위해 공동 주제를 설정하는데 동의했다. 그렇게 해서 2006년 8월부터 2008년 2월까지 한국과 일본의 '구관조사'를 공동의 주제로 삼았다. 구관조사는 근대이행기 민중의 삶에 접근할 수 있는 통로이자 국가에 의한 지식의 구축, 국민형성 과정을 살펴볼 수 있는 다면적 주제이기 때문이다. 그것과 병행해서 현대사 연구자들은 노동사, 지역사 등 민중의 다층성에 접근하기 위한 연구를 꾸준히 발표했다. 2011년에는 강제병합 100주년을 맞이해서 한일관계사를 민중사의 관점에서 살펴보았고, 그와 더불어 민중의 다층성에 대한 연구 역시 지속적으로 상정되었다.

2013년 2월에 울산에서 열린 공동워크숍은 그간 이루어진 양측의 교류사를 정리하고 새로운 도약을 모색하기 위한 체계적인 논의의 자리였다. 당시 설정된 세 가지 주제, 즉 '민중사'의 역사와 개념, 마이너리티와 민중, 민중의 다층성은 초기 교류 때부터 양측 모두 지속적으로 관심을 기울여온 의제였다. 위에서 소개한 공동워크숍 프로그램을 통해서도 알수 있듯이, 민중사반과 아민연의 논의는 민중사 연구 동향과 개념을 검토하고 민중의 다층성에 대한 다양한 연구 발표에 이어, 민중과 마이너리티(소수자)의 관계라는 순서로 무게중심이 서서히 바뀌어왔다. 2013년의 워크숍은 그러한 교류의 역사를 체계적으로 돌아보는 자리였고, 그것을 동력으로 삼아 민중사반과 아민연의 공동저작을 출판하기로 확정했다. 2013년 10월에는 민중사반 자체적으로도 저서를 출간했다. 2005년 이래 민중사반이 모색해온 '새로운 민중사'에 대한 고민들을 담은『민중사를 다시 말한다』(역사비평사)가 그것이다.

2014년과 2015년의 워크숍에서는 상대적으로 젊은 연구자들이 주도적으로 참여하면서 민중과 마이너리티(소수자) 문제가 본격적인 의제로 떠올랐다. '민중의 부정적인 집단성이나 배타성'에 주목하면서 민중에게 차별받는 소수자의 역사를 제기하는 것에서 출발, '정상성'을 전제로 소수자를 만들어내고 배제하는 소수자 정치 등을 논의하기 시작했다. 그렇지만 현재 한국 역사학계에서 마이너리티 연구 자체가 폭넓게 이루어진 것은 아니다. 아직도 이론적인 논의를 크게 벗어나지 못한 형편이다. 향후 민중사반에서는 젊은 반원들의 주도로 마이너리티 연구가 축적되면서, 민중사 맥락에서 그것을 해석하기 위한 토론이 활발하게 이루어질 것으로 예상된다. 아민연은 민중사반에 비해 마이너리티 연구의 역사가 조금은 더 길고, 그것을 민중사와 연계시켜 해석하고자 하는 의식은 상대적으로 옅어 보인다. 이러한 조건을 감안하면 마이너리티 연구는 양측의 교류에서 앞으로 더욱더 중요한 주제로 떠오르게 될 것이다.

4. 공동저서의 의미와 전망

민중사반과 아민연은 각각 자체적으로 연구 활동을 지속하는 한편, '민중(사)'라는 키워드를 매개로 정기적인 상호 교류를 통해 성과를 소통해왔다. 양측 모두 여러 세대의 연구자들이 참여한다는 공통점과 더불어, 각 연구자들의 주제의식에서 발산되는 원심력을 존중하는 풍토를 공유하고 있다. 그런 것들이 상호 교류를 지속할 수 있었던 문화적 토대가 되었다.

두 단체가 정례 교류를 시작한 지 10년을 넘긴 2015·2017년, 일본과 한국에서 공동 저서를 출간하게 되었다. 2008년경 처음으로 공동 저작을 준비해보자는 이야기가 나왔지만 그것을 현실로 만들기까지 많은 난관을 넘어야 했다. 젊은 역사학자들이 중심이 되어 이만한 수준으로 자율적인 교류를 지속해왔다는 것도 의의가 크지만, 거기서 이루어진 논의를 되짚어 보고 확장시킬 수 있는 계기를 마련했다는 것은 더욱 의미 있는 사건이다. 이 책은 그간 공동워크숍에서 발표하고 토론했던 논의를 줄기로 삼아 편집되었으며, 그간의 교류에서 표출되고 수렴된 양측의 민중사 인식이 담겨있다. 민중사 연구 동향과 방법론적 고민, 민중의 다층성과 그 의미, 민중과 마이너리티라는 주제로 나뉘어 이 책에 수록되어 있는 글들은 민중사반과 아민연의 교류의 역사이자 성과이다. 1990년대의 교류와 비교해 볼 때, 민중사반과 아민연의 인식이 상당한 정도로 접근해 있다는 것을 확인할 수 있다.

그러나 아쉬움도 있다. 무엇보다 양측이 교류를 시작하면서 천명했던 동아시아 민중사의 상호비교는 제대로 시작조차 하지 못했다. '동아시아'라는 공간을 통해 추구했던 일국사의 극복, 비교연구를 통해 새로운 민중사의 지평을 개척하는 일은 미래의 과제로 남겨졌다. 민중사반과 아민연 회원들이 필자로서 공동으로 참여하고 있지만, 충실한 비교연구나 동아시아사적 시각에 입각한 연구 성과라고 의미를 부여하기는 어렵다. 비슷한 주제의식에 기반을 둔 각각의 연구들을 묶어놓은 상태를 벗어나지 못했기 때문이다.

어쩌면 다른 언어와 역사, 연구사를 가진 역사학자들이 상호 소통과 이해를 쌓아 그것을 화학적 공동연구로까지 발전시킨다는 것은 거의 실현 불가능한 목표일지도 모른다. 그것을 조만간에 이루어낼 수 없다고 하더라도, 이질적인 배경과 문제의식을 가진 역사학자들이 지속적인 교류와 소통을 통해서 얻을 수 있는 것이 무엇인지에 대해서는 분명하게 짚어볼 필요가 있겠다.

공동워크숍의 가장 큰 의미는 연구자들이 얻는 지적 자극일 것이다. 또 자기의 인식, 자신이 속한 연구공동체의 사유를 객관화시켜 바라볼 수 있는 기회라는 점도 중요하다. 학문생태계 역시 다양성이 확보될 때

건강하게 유지될 수 있다. 민중사반과 아민연의 활발한 교류와 치열한 토론은 일단 양측 연구 생태계의 다양성에 기여하는 바가 크다.

또한 한일 양국의 시민사회가 서로를 이해하고 연대하는 데도 기여할 수 있다. 현재 한국과 일본 사이에는 역사투쟁이 끊이지 않는 상황이고, 자국 내에서도 역사적 기억을 둘러싸고 치열한 이념투쟁을 치르고 있다. 그런데 학계와 시민사회는 오히려 점점 고립되고 분산되어 있는 실정이다. 민중사반과 아민연의 교류는 각 시기의 역사적 현안을 대내외적으로 환기하고 나아가 각국의 현실적 과제에 대한 이해를 높이는 데도 도움이 된다. 일본 후쿠시마 원전 사고 및 그 이후 이루어진 일본 사회의 탈핵 논의를 소개한 것이라든가, 4·16 세월호 사건을 둘러싼 기억 문제와 후속 처리 문제를 공유한 것이 대표적인 사례이다.

그동안 민중사반과 아민연의 교류에서 도출된 주된 주제는 민중의 다양성과 다층성, 민중과 마이너리티의 관계, 지식인에 의한 재현의 역사학 등이다. 이것은 민중과 관련된 여러 가지 평면적 서사의 다양성을 나열한 것이 아니다. 민중의 다층성을 강조하는 것은 권력과의 긴장, 마이너리티에 대한 배제와 폭력, 지식인에 의한 재현과 그 균열에 주목하는 것이다. 민중이 그 다양성에도 불구하고 또는 바로 그 다층성을 기반으로, 역사적 현실 속에서 어떻게 권력과 대결하고, 타자와 관계를 설정하며, 그것을 통해 자기를 재구성하는지 살피는 것이다. 향후 양측의 교류를 통해 동아시아 민중사에 대한 연구와 소통이 이런 관점에서 더욱 깊어지고 확장되기를 기대한다.

필자소개

스다 쓰토무(須田努)

메이지(明治)대학 정보커뮤니케이션학부 교수. 전공은 일본 근세·근대의 민중사·사회문화사이고, 2016년 현재 『산유테이 엔초(三遊亭円朝)와 민중세계』, 『요시다 쇼인(吉田松陰)의 시대』를 집필중이다. 대표 논저로 『'악당'의 19세기』(青木書店, 2002), 『이콘이 붕괴하기까지』(青木書店, 2008), 『막말(幕末)의 세상바꾸기』(吉川弘文館, 2010), 『사쓰마 조선 도공촌의 400년』(岩波書店, 2014/ 공편저), 「에도시대 민중의 조선·조선인관」(『사상』 1029, 2010) 등이 있다.

조경달(趙景達)

지바(千葉)대학 문학부 교수. 한국의 19세기사와 식민지사가 주된 전공이고, 특히 민중사와 사상사에 관심을 갖고 있다. 최근에는 비교사적 관심에서 일본근대사도 연구하고 있다. 대표 논저로 『근대 조선과 일본』(열린책들, 2015/ 岩波書店, 2012), 『식민지 조선과 일본』(한양대학교출판부, 2015/ 岩波書店, 2013), 『동아시아근현대통사』(岩波書店, 2014/ 공저) 등이 있다.

배항섭

성균관대학교 동아시아학술원 HK교수. 19세기 민중운동사를 전공했고 최근의 관심 주제는 19세기의 동아시아사 연구를 통해 근대중심주의와 서구중심주의를 넘어 새로운 역사상을 구축하는 데 있다. 대표 논저로 『조선후기 민중운동과 동학농민전쟁의 발발』(경인문화사, 2002), 『19세기 민중사연구의 시각과 방법』(성균관대학교출판부, 2015), 『동아시아는 몇 시인가?』(너머북스, 2015/ 공저), 「근대이행기의 민중의식」(『역사문제연구』 23, 2010), 「19세기 후반 민중운동과 공론」(『한국사연구』 161, 2013) 등이 있다.

이경원

가톨릭대학교 국사학과 강사. 동학농민전쟁을 연구하고 있고 특히 동학농민군의 의식세계, 동학과 유교 등의 주제에 관심을 가지고 있다. 대표 논문으로 「1894년 농민전쟁 주도층의 유교적 성격에 대한 고찰」(가톨릭대학교 국사학과 석사학위논문, 2002), 「동학과 유교의 관련성에 대한 검토」(『역사연구』 27, 2014) 등이 있다.

홍동현

연세대학교 부설 다산실학연구원 연구원. 한국 근대 민중사를 전공하고 있다. 현재 19세기 민중의 일상과 자율성, 그리고 근대 이후 민중의 역사적 경험을 근대 엘리트층이 어떻게 기억하고 전유하려 했는지에 대한 연구를 진행하고 있다. 대표 논문으로 「1894년 동학농민전쟁에 대한 문명론적 인식의 형성과 성격」(『역사문제연구』 26, 2011), 「새로운 민중사의 등장과 새로운 동학농민전쟁사 서술에 대한 모색」(『남도문화연구』 27, 2014) 등이 있다.

이토 슌스케(伊藤俊介)

후쿠시마(福島)대학 경제경영학류 준교수. 한국 근대사를 전공하고, 근대이행기 국가 권력의 존재 양태를 민중의 대응을 중심으로 연구하고 있다. 대표 논문으로 「갑오개혁과 왕권구상」(『역사학연구』 864, 2010), 「갑오개혁기의 경찰과 민중」(『지바사학』 61, 2012), 「전쟁극과 가와카미 오토지로(川上音二郎)」(『일본역사』 805, 2015) 등이 있다.

나카지마 히사토(中嶋久人)

군마현 다테바야시시(館林市) 시사편찬전문위원회 전문위원, 도쿄도 고가네이시(小金井市) 시사편찬위원, 와세다(早稲田)대학 강사. 일본 근현대사 전공으로, 근대 초기의 자유민권운동과 도시사 등을 연구했다. 최근에는 2011년 후쿠시마 제1원자력발전소 사고를 계기로 아시오 광독, 미나마타병, 후쿠시마 제1원전 등을 축으로 한 일본 근현대 환경 문제의 역사를 구상하고 있다. 대표 논저로는 『폭력의 지평을 넘어서』(青木書店, 2004/ 공편저), 『수도 도쿄의 근대화와 시민사회』(吉川弘文館, 2010), 『전후사 속의 후쿠시마 원전』(大月書店, 2014) 등이 있다.

사사키 케이(佐々木啓)

이바라키(茨城)대학 인문학부 준교수. 일본 근현대사 전공으로, 전시기의 노동력 동원이나 사회통합 양상에 대해 연구해왔다. 최근에는 전후 초기의 노동운동, 식량투쟁을 분석하고 있다. 대표 논문으로 「'산업전사'의 세계: 총력전체제하의 노동자문화」(『역사평론』 737, 2011), 「패전 전후의 노동자통합」(『인민의 역사학』 197, 2013), 「총력전 수행과 일본사회의 변용」(『(岩波講座)日本歴史 18: 近現代 4』, 岩波書店, 2015) 등이 있다.

장미현

연세대학교 국학연구원 역사와공간연구소 전문연구원. 한국 산업화 이행기 노동사를 전공했다. 한국 현대의 역사에서 주요 정부 사업으로 등장한 노동사업과 그 핵심 당사자인 노동자들이 노동사업에 대해 가진 인식과 대응에 관심을 가지고 있다. 대표 논문으로 『박정희 정부 시기 기술인력정책의 전개와 숙련노동자의 대응』(연세대학교 박사학위논문, 2016), 「'비판적 국민' 형성을 위한 역사교육으로」(『역사비평』 107, 2014), 「산업화시기 여성 노동자들의 숙련과 '작업장 질서'의 전복」(『역사문제연구』 36, 2016) 등이 있다.

히와 미즈키(檜皮瑞樹)

도쿄경제대학 사료실 촉탁직원. 일본 근대사, 아이누·와진(和人) 관계사를 전공했다. 대표 논저로 「19세기 민중의 대외관: 이적의식과 구세주상」(『일탈하는 백성』, 東京堂出版, 2010), 「야나기 무네요시(柳宗悦), 민예운동과 나에시로가와(苗代川)의 근대」(『사쓰마 조선 도공촌의 400년』, 岩波書店, 2014), 『인정 이데올로기와 아이누 통치』(有志舍, 2014) 등이 있다.

장용경

국사편찬위원회 편사연구관. 식민지기 사상사를 전공했고, 최근의 관심사는 한국 근현대 사상사를 '세속화'의 측면에서 분석하는 것이다. 대표 논문으로 「한국 근현대 역사학의 반식민 주체와 역사의 '정상화'」(『역사문제연구』 31, 2014), 「일제 시기 본부 살해 사건과 여성주체의 재현」(『민중사를 다시 말한다』, 역사비평사, 2013) 등이 있다.

아오키 젠(靑木然)

담배와 소금 박물관 학예원. 일본 근대사를 전공했다. 현재는 오락작품의 표상이나 노동현장에서의 관계성 등을 분석함으로써 민중의 조선·중국 인식을 고찰하려 하고 있다. 대표 논문으로 「청일전쟁기의 오락: 민중의 세계관에 대한 일고찰」(『아시아민중사연구』 15, 2010), 「일본 민중의 서양문명 수용과 조선·중국 인식: 오락에 비친 자아상 독해」(『사학잡지』 123-11, 2014) 등이 있다.

소현숙

한양대학교 비교역사문화연구소 HK연구교수. 한국근대사를 전공했고 『식민지시기 근대적 이혼제도와 여성의 대응』으로 박사학위를 받았다. 최근의 관심 주제는 식민지시기 가족법, 우생학, 마이너리티의 역사이다. 대표 논저로 『일상사로 보는 한국근현대사』(책과함께, 2006/ 공저), 『식민지 공공성』(책과함께, 2010/ 공저), 「식민지시기 '불량소년' 담론의 형성」(『사회와역사』 107, 2015), 「'만들어진 전통'으로서의 동성동본금혼제와 식민정치」(『대동문화연구』 96, 2016) 등이 있다.

한봉석

역사문제연구소 연구원. 1950년대 농촌 및 미국의 대한 원조를 중심으로 공부했다. 현재는 냉전, 문화, 섹슈얼리티 등에 대해 관심을 두고 분야를 확장 중이다. 대표 논저로 「정조(貞操) 담론의 근대적 형성과 법제화: 1945년 이전 조일(朝日) 양국의 비교를 중심으로」(『인문과학』 55, 2014), 「1950년대 미국 대한 기술원조의 역사적 한 맥락: 제2대 경제조정관 윌리엄 원(William E. Warne)의 활동을 중심으로」(『한국인물사연구』 23, 2015) 등이 있다.

다카에스 마사야(高江洲昌哉)

가나가와(神奈川)대학 등 강사. 일본 근대사 전공으로, 오키나와와 도서지역의 지방제도를 테마로 박사학위를 취득하고 오키나와 지방제도사와 정치사를 연구해왔다. 최근에는 국민국가의 통합 기능에 대한 관심에서부터 '아마미'를 사례로 한 문화통합 문제에 관심을 갖고 있다. 그 외 사학사와 역사교육에 관한 논문도 썼다. 대표 논저로『근대 일본의 지방통치와 '도서(島嶼)'』(ゆまみ書房, 2009), 「일본 '내지'의 도청(島廳) 설치와 식민지의 도청 설치」(『아카이브학연구』22, 2015), 「사이고 다카모리전(西鄕隆盛傳)과 '아마미'」(『JunCture』7, 2016) 등이 있다.

허영란

울산대학교 역사문화학과 교수. 한국 근현대 사회사·지역사를 전공했고 최근의 관심 주제는 지역정치, 한국의 공업화, 장생포 고래잡이 등으로, 지역의 관점에서 한국 사회변동의 의미를 재해석하는 연구를 진행하고 있다. 대표 논저로『일제시기 장시 연구』(역사비평사, 2009), 『미래를 여는 한국의 역사 5』(웅진지식하우스, 2011/ 공저), 『장생포이야기: 울산 고래포구의 사람들』(울산시 남구, 2012), 「1936년 '달리조사'와 식민지 농촌 아카이빙」(『사학연구』120, 2015) 등이 있다.

〈번역자〉

이경원, 배항섭, 홍동현, 한봉석, 장미현, 장용경→〈필자〉

유상희

한신대학교 국사학과 졸업. 서울대학교 대학원 국사학과 석사 수료.